Die Anwendung der Vorschriften des Allgemeinen Landrechts für die Preußischen Staaten über die eheliche Gütergemeinschaft in der Praxis des Königlichen (Geheimen) Obertribunals in der Zeit von 1837 bis 1879

Schriften zur Preußischen Rechtsgeschichte

Begründet von Jörn Eckert†
Fortgeführt von Stefan Christoph Saar

Band 4

PETER LANG
Frankfurt am Main · Berlin · Bern · Bruxelles · New York · Oxford · Wien

Simone Leona Schmüser

Die Anwendung der Vorschriften des Allgemeinen Landrechts für die Preußischen Staaten über die eheliche Gütergemeinschaft in der Praxis des Königlichen (Geheimen) Obertribunals in der Zeit von 1837 bis 1879

PETER LANG
Europäischer Verlag der Wissenschaften

Bibliografische Information der Deutschen Nationalbibliothek
Die Deutsche Nationalbibliothek verzeichnet diese Publikation in der Deutschen Nationalbibliografie; detaillierte bibliografische Daten sind im Internet über <http://www.d-nb.de> abrufbar.

Zugl.: Kiel, Univ., Diss., 2006

D 8
ISSN 1610-319X
ISBN-10: 3-631-55871-6
ISBN-13: 978-3-631-55871-3

www.peterlang.de

Vorwort des Herausgebers

Professor Dr. *Jörn Eckert*, der Begründer der „Schriften zur Preußischen Rechtsgeschichte“, ist am 21. März 2006 in seinem 52. Lebensjahr einem schweren Leiden erlegen. Sein früher Tod hat in der Rechtswissenschaft, der Rechtsgeschichte zumal, eine Lücke hinterlassen, die sich nicht wird füllen lassen. Freunde, Kollegen und Schüler trauern um einen hervorragenden Juristen und Rechtslehrer, dessen Arbeitsfeld das geltende Bürgerliche Recht, die Rechtsgeschichte der ehemaligen DDR und die Rechtsgeschichte Preußens im 18. und 19. Jahrhundert umfasste. *Jörn Eckerts* Persönlichkeit und Werk hat *Werner Schubert* (Kiel) einfühlsam gewürdigt (NJW 2006, S. 1329 f.).

Der Bitte, in der Nachfolge *Jörn Eckerts* die „Schriften zur Preußischen Rechtsgeschichte“ zu betreuen, bin ich gerne gefolgt. Die in der Einleitung zum ersten Band der Schriftenreihe skizzierte Konzeption soll im Grundsatz unverändert bleiben. Die „Schriften zur Preußischen Rechtsgeschichte“ stehen auch zukünftig offen für anspruchsvolle Untersuchungen zur Spruchpraxis preußischer Gerichte unter der Geltung des Allgemeinen Landrechts; eine thematische Erweiterung ist beabsichtigt, indem die Reihe Beiträge zur preußischen Staats- und Verfassungsgeschichte aufnehmen soll.

Stefan Chr. Saar — Potsdam im November 2006

Vorwort

Die vorliegende Arbeit wurde im Juni 2005 fertiggestellt und der Rechtswissenschaftlichen Fakultät der Christian-Albrechts-Universität zu Kiel als Dissertation vorgelegt.

Zu besonderem Dank verpflichtet bin ich meinem verehrten, leider viel zu früh verstorbenen Doktorvater Herrn Prof. Dr. Jörn Eckert, der die Bearbeitung des Themas anregte und mich in vorbildlicher Weise unterstützte.

Mein Dank gilt ferner Herrn Prof. Dr. Werner Schubert für die Fortführung meiner Betreuung und die Erstellung des Erstgutachtens.

Dank schulde ich auch Herrn Prof. Dr. Hans Hattenhauer für die schnelle Erstellung des Zweitgutachtens.

Für die Unterstützung bei der Fertigstellung der Arbeit möchte ich mich außerdem bei den Mitarbeitern des Geheimen Staatsarchivs Preußischer Kulturbesitz in Berlin-Dahlem, Herrn Dr. Krause von der Rechtswissenschaftlichen Fakultät der Christian-Albrechts-Universität zu Kiel, Herrn Dr. Gerd Backenköhler und Frau Elisabeth Seybold bedanken.

Schließlich gilt mein Dank meinen Eltern und meinem Bruder Gunnar, dass sie mich bei meiner Promotion immer und in jeder Weise unterstützt haben.

Hamburg, im November 2006 — Simone Leona Schmüser

Meinen Eltern und meinem Bruder

Inhaltsverzeichnis

Abkürzungsverzeichnis

Abt.	Abteilung
AcP.	Archiv für civilistische Praxis
ABGB	Allgemeines Bürgerliches Gesetzbuch für Österreich
AGB	Allgemeines Gesetzbuch für die Preußischen Staaten
AGO	Allgemeine Gerichtsordnung
ALR	Allgemeines Landrecht für die Preußischen Staaten
Art.	Artikel
CJF	Corpus Juris Fridericianum
GA	Germanische Abteilung
GStA	Geheimes Staatsarchiv Preußischer Kulturbesitz Berlin Dahlem
HA	Hauptabteilung
N.C.C.	Novum Corpus Constitutionum
r.	Rückseite
Rep.	Repositur
Tit.	Titel
v.	Vorderseite
ZRG	Zeitschrift der Savigny-Stiftung für Rechtsgeschichte

Gegenstand der Untersuchung

Gegenstand der vorliegenden Untersuchung ist die Rechtspraxis des Königlichen (Geheimen) Obertribunals für die preußischen Staaten (Obertribunal) unter der Herrschaft des Allgemeinen Landrechts für die Preußischen Staaten von 1794 (ALR) und der Allgemeinen Gerichtsordnung von 1793 (AGO) im 19. Jahrhundert. Speziell wird in dieser Arbeit auf die Rechtsprechung zur Gütergemeinschaft unter Eheleuten gemäß dem ehelichen Güterrecht des ALR durch die Senate des Obertribunals eingegangen. Forschungsgrundlage bilden die Gerichtsentscheidungen, die das Obertribunal seit 1837 bis zu seiner Auflösung 1879 in einer eigenen Entscheidungssammlung veröffentlichte. Daneben konnte auf inoffizielle Sammlungen privater Herausgeber zurückgegriffen werden, die eine Auswahl von Erkenntnissen gesammelt hatten, die nach ihrer Auffassung interessant oder bedeutend waren.

Die Analyse der Gerichtserkenntnisse erfolgt anhand der Entscheidungsergebnisse und Entscheidungsgründe ausgewählter Fälle. Dabei wird auch die zeitgenössische Literatur und die Gesetzgebung berücksichtigt. Untersucht wird am Beispiel des Rechts über die eheliche Gütergemeinschaft die Entwicklung und die Wechselwirkung zwischen richterlicher Rechtspraxis, Rechtswissenschaft und Gesetzgebung in den preußischen Staaten nach Inkrafttreten des Allgemeinen Landrechts unter Berücksichtigung der Revisionsbestrebungen Mitte des 19. Jahrhunderts. Was war in Bewegung und was wurde umgesetzt? Welche Kritiken und Kontroversen ergaben sich im 19. Jahrhundert in Bezug auf das bestehende Recht und die Kodifikation im ALR in Praxis und Wissenschaft?

Mit der Einführung des ALR 1794 sollte ein allumfassendes Gesetzbuch für die preußischen Staaten geschaffen werden, welches das bestehende materielle Recht allumfassend zusammengefasst in einer verständlichen Art und Weise festhalten sollte. Damit verbunden war ursprünglich eine enge Bindung der Richter an den Wortlaut des Gesetzes; Auslegung und Rechtsfortbildung sollten unterbunden werden. Aufgrund der verworrenen Rechtslage in den preußischen Staaten durch das Nebeneinander von römischem und gemeinem Recht einerseits und Provinzialrechten andererseits war es für die Richter sicherlich vorteilhaft, nun ein allumfassendes Gesetzeswerk vorzufinden. Aber konnte wirklich jeder Fall geregelt werden? Musste das Gesetzeswerk nicht weiter entwickelt und an veränderte politische, soziale und gesellschaftliche Situationen angepasst werden? Kam der Gesetzgeber im 19. Jahrhundert diesen Entwicklungen nach? Wurde er bei dieser Aufgabe durch die Praxis unterstützt? Wie verhielt es sich mit der richterlichen Bindung an den Wortlaut des Gesetzes? War diese überhaupt durchführbar und hielten sich die Richter an diese Vorgabe, oder verschafften sich die Richter bald nach dem Inkrafttreten des ALR wieder größere Entscheidungsspielräume?

Die Arbeit unterteilt sich in zwei Hauptabschnitte. Der erste Abschnitt leitet in das Thema ein und stellt die Entwicklung des Obertribunals und der Rechtsanwendung im ALR dar. Im zweiten Abschnitt erfolgt die Analyse der Entscheidungen des Obertribunals.

Die Untersuchung beginnt im ersten Hauptabschnitt mit einer geschichtlichen Einleitung, bezogen auf die institutionelle und organisationsrechtliche Entwicklung des Obertribunals. Es wird auf die Entstehung der Entscheidungssammlungen und die Gestaltung einer einheitlichen Rechtsprechung eingegangen. Der Gesetzgeber war Anfang des 19. Jahrhunderts im Gegensatz zu seiner ursprünglichen Grundhaltung im ALR bemüht, eine freiere richterliche Rechtsanwendung einzuführen. Erste Zeichen dafür setzte er bereits kurz nach dem Inkrafttreten des ALR durch die Lockerung der Auslegungsvorschriften im ALR. Den Richtern wurde neben der Wortlautinterpretation auch die logische und historische Interpretation zugestanden. Durch die Schaffung einer obersten Instanz für die preußischen Staaten mit dem Obertribunal ab 1782, welches allein in dritter Instanz für die Revision und Nichtigkeitsbeschwerden in Zivil- und Strafsachen zuständig sein sollte, und der Veröffentlichung der Entscheidungsgründe des obersten Gerichtshofes in öffentlichen Entscheidungssammlungen ab 1837 sollte eine einheitliche Rechtsprechung geschaffen werden, die in der Lage sein sollte, durch Interpretation das Recht in einem gesetzlich zulässigen Umfang gesellschaftlichen und wirtschaftlichen Veränderungen anzupassen oder Unklarheiten und Lücken zu beseitigen.

Im zweiten Teil der Arbeit folgt vor der Untersuchung der Rechtsprechung des Obertribunals eine Darstellung der Rechtsentwicklung im Allgemeinen und des ALR in Preußen. Das grundsätzlich seit 1794 in Preußen geltende ALR musste sich seinen Geltungsbereich teilweise mit dem französischen Code Civil in dem zu Preußen gehörenden Rheinland und den jeweiligen Provinzialrechten und Statuten der einzelnen Provinzen teilen. In dem ALR selber waren Subsidiaritätsvorschriften eingebaut, um das Nebeneinander zu regeln. Verbesserungen und Änderungen der Rechtslage wurden während der Revisionsbestrebungen im 19. Jahrhundert diskutiert. Diese wurden aber nur in Ausnahmefällen umgesetzt und die Revisionsbemühungen zum ALR wurden 1848 eingestellt. Das ALR blieb bestehen, ergänzt und erläutert durch Verordnungen, Reskripte und Gesetze des Gesetzgebers und der Rechtsprechung des obersten Gerichtshofes.

Diese Rechtsprechung des Obertribunals wird im Folgenden in Bezug auf das Recht der Gütergemeinschaft unter den Eheleuten anhand des ALR unter Beachtung der Materialien, der Literaturmeinungen und der gesetzlichen Revisionsvorhaben untersucht und bewertet. Im Recht der Gütergemeinschaft hatten sich einige Problemfelder in der Praxis herauskristallisiert. So bereiteten zunächst die Anwendung und Auslegung der Provinzialrechte in Abgrenzung zu den Vorschriften des ALR Schwierigkeiten. Des Weiteren musste das Obertribunal das Wesen der Gütergemeinschaft definieren. Es musste sich mit der Entstehung oder Ausschließung der Gütergemeinschaft aufgrund Gesetzes oder aufgrund von Verträgen auseinandersetzen, die rechtlichen Folgen des Bestehens der Gütergemeinschaft in Bezug auf einzelne Handlungen eines Ehegatten, das Einwilligungserfordernis durch die Ehefrau und die Verfügungsbefugnisse des Ehemannes verbindlich feststellen. Die Interpretation setzte grundsätzlich am Wortlaut an, aber aufgrund systematischer und logischer Auslegung versuchte das Obertribunal durchaus, vorhandene Lücken und Unklarheiten durch einschränkende oder erweiternde Anwendung zu beseitigen. Dabei orientierte es sich an der allgemeinen Ansicht über die Verhältnisse und Kompetenzen zwischen den Eheleuten, wobei für die Senate des Obertribunals aufgrund der Vorschriften im ALR und gesellschaftlicher Ansichten der Ehemann allein das Haupt der Familie darstellte und ihm somit grundsätzlich ein allumfassendes Verfügungs- und Verwaltungsrecht über das gemeinschaftliche Vermögen zugestanden wurde. Die Frau musste sich unterordnen, und ihre Einwilligung in die Handlungen des Ehemannes wurde grundsätzlich vermutet. Von diesem System löste sich das Obertribunal kaum. Auf der anderen Seite versuchte es dem im Recht der ehelichen Gütergemeinschaft des ALR weit angelegten Drittschutz gewisse Grenzen aus der Vernunft heraus aufzuzeigen, indem es mit Gut- und Bösgläubigkeit des Dritten in Bezug auf die güterrechtlichen Verhältnisse argumentierte. Daraus erwuchsen einige einschränkende Auslegungen des Wortlautes verschiedener Vorschriften des ALR. Die Rechtsanwendung der Senate des Obertribunals zeigte durchaus die Möglichkeiten der freien Rechtsinterpretation und Rechtsfortbildung auf. Gemäß der herrschenden Lehren in der Rechtswissenschaft versuchte das Obertribunal bei der historischen und systematischen Auslegung, den Grund für die Vorschriften und damit den Willen des Gesetzgebers durch Interpretation zu ermitteln.

1. Teil: Das Königliche (Geheime) Obertribunal für die preußischen Staaten

1. Kapitel: Institutions- und Organisationsgeschichte des Königlichen (Geheimen) Obertribunals für die preußischen Staaten

1874 stellte das Obertribunal mit seinen verschiedenen Senaten für Zivil- sowie Straf- und Disziplinarrecht den höchsten Gerichtshof für die preußischen Staaten dar. Zuständig war es für Revisionsentscheidungen und bei Nichtigkeitsbeschwerden. Diese Stellung als oberste Instanz in Preußen war hart erkämpft und hatte sich erst im Laufe des 19. Jahrhunderts gefestigt.

A) Institutionsgeschichte des Obertribunals

Das „Königliche (Geheime) Obertribunal für die preußischen Staaten“ hatte sich im Laufe des 18. und 19. Jahrhunderts aus dem Kammergericht zu Berlin und dem Oberappellationsgericht für die Mark Brandenburg heraus zu einer eigenständigen Revisionsinstanz in Preußen und schließlich 1874 zum alleinigen obersten Gerichtshof in Zivil- und Strafsachen für die preußischen Gebiete entwickelt. Allerdings wurde es bereits 1879 durch das Reichsgericht abgelöst. Die institutionelle Entwicklung des Obertribunals als Revisionsgericht war eng verbunden mit der gesamten Entwicklung des Gerichtswesens und der Rechtsvereinheitlichung in Preußen und den preußischen Territorien. Aufgrund der in den preußischen Ländern von Provinz zu Provinz unterschiedlichen gerichtlichen Einrichtungen und deren Zuständigkeiten und Rechtsordnungen bildete sich eine einheitliche Ordnung mit einem für alle Gebiete zuständigen obersten Gerichtshof erst im Laufe des 19. Jahrhunderts heraus.

I. Vorläufer und Anfänge des Obertribunals seit dem 16. Jahrhundert

Als Vorläufer für das Obertribunal können das Kammergericht in Berlin und das Oberappellationsgericht für die Mark Brandenburg betrachtet werden. Gemäß der ersten Kammergerichtsordnung aus dem 16. Jahrhundert war das Kammergericht zu Berlin als ordentliches Gericht für die Mark Brandenburg zuständig für alle Sachen und Personen, die nach der bisherigen Einrichtung keinem Gerichtszwang unterworfen waren und nur dem Landesherrn unterstanden[1]. Das Kammergericht war daneben auch als oberster Gerichtshof des Landes und als Appellationsgericht für Urteile der Hof- und Landgerichte, der Stadtgerichte, der Amtleute und Niedergerichte und bei Entscheidungsverweigerung durch die ordentliche Justiz zuständig[2].

Als Kaiser Leopold I. am 16. Dezember 1702 dem König Friedrich I. in Preußen für seine Reichsländer ein, zunächst noch auf die Summe von 2500 Goldgulden beschränktes, „privilegium de non appellando“[3] übertrug, führte dies zur Revision der Kammergerichtsordnung[4] und der Einrichtung eines Oberappellationsgerichtes für die Kurmark Brandenburg, welches in der Zeit von 1702 bis 1748 den obersten Gerichtshof darstellen sollte[5]. Dieses neu eingerichtete Oberappellationsgericht, auch Tribunal genannt, war für die Kurmark Brandenburg und deren brandenburgisch-preußische Landesteile, soweit sie im Deutschen Reich lagen (Pommern, Magdeburg, Halberstadt, Minden und Cleve) zuständig[6]. 1716 wurde das Oberappellationsgericht mit weiteren oberen Provinzgerichten der preußischen Länder zusammengelegt, und zwar mit dem Ravensbergischen Appellationsgericht und dem Orangischen Tribunal für die Grafschaften Tecklenburg und Lingen und das Fürstentum Meurs[7]. Als oberster Gerichtshof war das Oberappellationsgericht ab 1731 auch in Revisionssachen aus Preußen tätig[8]. Ab 1746 gingen zudem die Appellationen aus dem Herzogtum Schlesien an das Oberappellationsgericht[9]. Das Recht zur Veröffentlichung und Vollziehung der Entscheidungen stand zu diesem Zeitpunkt dem König zu[10].

---

1 Holtze, Geschichte des Kammergerichts in Brandenburg-Preußen, Bd. I, S. 130 ff., 165 ff., 184.

2 Koch, Der preußische Civil-Prozeß, S. 59; Holtze, a.a.O., Bd. I, S. 196 f.

3 Vor diesem Zeitpunkt standen die Gerichte der Reichsländer unter der unbedingten Abhängigkeit von der Reichsgerichtsgewalt, vgl. Koch, Der preußische Civil-Prozeß, S. 73.

4 Kammergerichtsordnung der Chur- und Mark Brandenburg von 1709.

5 Sonnenschmidt, Geschichte des Königlichen Ober-Tribunals zu Berlin, Vorrede S. VI.

6 Sonnenschmidt, a.a.O., S. 60.

7 Koch, Der preußische Civil-Prozeß, S. 73, 74; Sonnenschmidt, a.a.O., S. 60.

8 Sonnenschmidt, a.a.O., S. 62.

9 Sonnenschmidt, a.a.O., S. 62.

10 Koch, Der preußische Civil-Prozeß S. 77; Dopke, Eichhorn als Rechtsgutachter – seine Gutachten für Spruchkollegien, das Obertribunal und Private, S. 57 f.; Sonnenschmidt, a.a.O., S. 63.

II. Zusammenlegung von Kammergericht und Tribunal und Einrichtung des Obertribunals als 4. Senat des Kammergerichts (1748 – 1782)

Nach dem Erwerb des unbeschränkten „privilegium de non appellando" durch Friedrich II.[11] waren die letzten reichsrechtlichen Hindernisse für die Vereinheitlichung der Gerichtsverfassung in den preußischen Gebieten beseitigt worden und so konnte der territoriale Zuständigkeitsbereich des obersten Gerichts durch Vereinnahmung bestehender oberster Provinzialgerichte nach und nach erweitert werden. Ein erster Schritt hin zu einer Rechtsvereinheitlichung wurde vollzogen.

Durch ein Reformvorhaben im Jahr 1748 sollten in den verschiedenen preußischen Provinzen ein einheitliches Prozessverfahren eingeführt und Formalitäten und Weitläufigkeiten des bisherigen gerichtlichen Verfahrens abgeschafft werden[12]. Im Rahmen dieser Justizreform wurde das Oberappellationsgericht aufgelöst, indem es mit dem Kammergericht zusammengelegt wurde und so einen neuen obersten Gerichtshof bildete[13]. Dieser führte die Bezeichnung „Großes Friedrichskolleg" oder Kammergericht[14]. Drei Senate des neuen Gerichtshofes, gebildet aus dem ehemaligen Kammergericht, stellten Mittelinstanzen dar, während der 4. Senat als „Tribunal", gebildet aus dem Oberappellationsgericht, als oberste Revisionsinstanz fungierte[15]. Dieser 4. Senat war zwar Teil des Gerichtshofes, die Verbindung zu den anderen Senaten war aber locker[16]. Eine Einschränkung in seiner Zuständigkeit ergab sich für das „Tribunal" allerdings durch das Tribunal in Königsberg, welches als Sonder-Oberinstanz für Ostpreußen weiterhin bestehen blieb[17]. In Abgrenzung zu diesem ostpreußischen Tribunal in Königsberg erhielt der 4. Senat 1772 die spezielle Bezeichnung „Obertribunal"[18].

Schließlich wurde der Gerichtshof 1773 zum „Königlichen Geheimen Obertribunal" umbenannt[19]. In der Instruktion für die Ostpreußische Regierung vom 30. Juli 1774 wurde das Obertribunal zum Revisionshof auch für Ostpreußen und Lauenburg ernannt, wobei das Königsberger Hofgericht und Tribunal dem Obertribunal als Mittelinstanz untergeordnet wurde und das Obertribunal dessen

---

11 25. Juni 1733 für die vorpommerschen Lande, 31. Mai 1746 für die Reichslande.

12 Koch, Der preußische Civil-Prozeß, S. 81; Holtze, a.a.O., Bd. III, S. 246.

13 Bornhak, Preussische Staats- und Rechtsgeschichte, S. 243; Sonnenschmidt, a.a.O., S. 68; Holtze, a.a.O., Bd. III, S. 246.

14 Bornhak, a.a.O., S. 243; Holtze, a.a.O., Bd. III, S. 247.

15 Bornhak, a.a.O., S. 243 f.; Sonnenschmidt, a.a.O., S. 69; Holtze, a.a.O., Bd. III, S. 236 ff.

16 Bornhak, a..a.O., S. 244; Sonnenschmidt, a.a.O., S. 71.

17 Bornhak, a.a.O., S. 244; Schmidt, Beiträge zur Geschichte des preußischen Rechtsstaats, S. 100.

18 Sonnenschmidt, a.a.O., S. 70 f.

19 Sonnenschmidt, a.a.O., S. 70.

Funktion übernahm[20]. Damit stand das Obertribunal nun auch den ostpreußischen Gerichten vor. 1782 erhielt das Obertribunal im Zuge der Justizreform unter der Leitung von Großkanzler Carmer mit der Neuregelung des Justizwesens in der Kur- und Neumark Brandenburg seine Selbständigkeit gegenüber den anderen 3 Senaten des obersten Gerichtshofes[21]. Das Berliner Kammergericht wurde vom Tribunal abgetrennt und dem Obertribunal ebenfalls als Mittelinstanz unterstellt[22].

III. Weitere Entwicklung des Obertribunals bis 1874

Damit übernahm das „Königliche Geheime Obertribunal" als selbständiger Gerichtshof Preußens die Stellung und die Funktion des früheren Oberappellationsgerichtes (1703-1748) und des 4. Senates des Kammergerichts, des Tribunals, (1748-1782) ein. Es stellte von nun ab die 3. Instanz bzw. die Revisionsinstanz dar.

Trotz der Abtrennung des Obertribunals vom Kammergericht und der Einrichtung als oberster Gerichtshof spiegelte sich in den nächsten Jahrzehnten des 18. Jahrhunderts und zu Beginn des 19. Jahrhunderts weiterhin die Zerrissenheit und Uneinheitlichkeit der preußischen Rechtsordnung mit ihrem Nebeneinander von preußischem, gemeinem, provinziellem und französischem Recht in der Gerichtsverfassung wider. Territoriale und gesellschaftliche Änderungen des 19. Jahrhunderts erschwerten die von immer mehr Seiten geforderte Rechtseinheit in den deutschen und preußischen Staaten. So bestanden auch noch im Laufe des 19. Jahrhunderts neben dem Obertribunal weiterhin Gerichtshöfe, mit denen es sich die oberste Instanz teilen musste. Als weitere oberste Gerichtsinstitutionen waren z.B. Oberappellationsgerichte für das gemeinrechtliche Gebiet Neuvorpommern in Greifswald und für die Provinz Posen[23] oder der rheinische Kassations- und Revisionshof in Berlin vorhanden. Nur langsam wurde dieses Nebeneinander aufgehoben. 1833 erhielt das Obertribunal die Stellung einer übergeordneten Revisionsinstanz in Zivil- und Strafsachen im Instanzenzug in den land- und gemeinrechtlichen Teilen der Monarchie[24].

---

20 Sonnenschmidt, a.a.O., S. 70 f.; Koch, Der preußische Civil-Prozeß, S. 83; Schmidt, Beiträge zur Geschichte des preußischen Rechtsstaats, S. 100.

21 Bornhak, a.a.O., S. 264; Holtze, a.a.O., Bd. III, S. 352 ff.

22 Bornhak, a.a.O., S. 264; Sonnenschmidt, a.a.O., S. 112 f.; Schmidt, Beiträge zur Geschichte des preußischen Rechtsstaats, S. 100.

23 Schmidt, Beiträge zur Geschichte des preußischen Rechtsstaats, S. 124.

24 Verordnung über das Rechtsmittel der Revision und der Nichtigkeitsbeschwerde vom 14. Dezember 1833, Preußische Gesetzsammlung 1833, S. 302, 308, § 26: „Die Entscheidung in der Revisions-Instanz, und über die Nichtigkeitsbeschwerde, wird aus-

Durch die Bestimmung in § 27 der Verordnung vom 2. Januar 1849[25] wurde das „Königliche Geheime Obertribunal“ umbenannt in „Königliches Obertribunal“; der Zusatz „Geheim“ musste aufgrund der Einführung des Grundsatzes der Öffentlichkeit in den Zivilprozess entfallen.

Die Zuständigkeitsaufteilung umfasste zu diesem Zeitpunkt noch immer nicht die gesamten preußischen Gebiete. Während der Revolutionszeit 1848/1849 wurde der Einheitsgedanke dementsprechend vorangetrieben. In weiteren Schritten wurde dem Obertribunal nach und nach die Revisionszuständigkeit für alle Provinzen übertragen, so bildete das Obertribunal in dieser Zeit die dritte und letzte Instanz für die Provinzen Brandenburg, Pommern, Preußen, Posen, Schlesien, Sachsen und Westfalen, sowie für die zu den Rheinprovinzen gehörenden Kreise Neuss und Duisburg und die hohenzollernschen Lande[26].

Das Obertribunal wurde mit Justizkollegien zusammengelegt, die aufgrund territorialer Gewinne Preußens im 19. Jahrhundert gegründet worden waren. Dies betraf die Zusammenlegung mit dem Rheinischen Revisions- und Kassationshof – seine Errichtung war nach der Einverleibung der Rheinprovinzen nach dem Wiener Kongress am 21. Juni 1819[27] angeordnet worden – aufgrund des Gesetzes vom 17. März 1852[28]. Die preußische Nationalversammlung hatte als Verfassungsgrundsatz die Vereinigung der Gerichtshöfe – des Obertribunals mit dem rheinischen Kassations- und Revisionshof – beschlossen[29]. Aufgrund des Gesetzes vom 06. Februar 1874 übernahm das Obertribunal schließlich auch die Zuständigkeit des 1867 für die neu gewonnenen Gebiete, u.a. für das ehemalige Kö-

schließlich dem Geheimen Ober-Tribunal beigelegt. Die Geschäfte werden unter die Senate nach Unserer Order vom 19ten Juli 1832 vertheilt.“

25 Verordnung über die Aufhebung der Privatgerichtsbarkeit und des eximirten Gerichtsstandes, sowie über die anderweitige Organisation der Gerichte vom 02. Januar 1849, Preußische Gesetzsammlung 1849, S. 1, 9: § 27: „Die nach Artikel 91. der Verfassungsurkunde zu bewirkende Vereinigung des Rheinischen Revisions- und Kassationshofes mit dem Geheimen Ober-Tribunal zu Berlin, welches künftig den Namen Ober-Tribunal führt, wird einem besonderen Gesetz vorbehalten.“

26 Sonnenschmidt, a.a.O., S. 300.

27 Verordnung über die Auflösung der Revisions- und Kassationshöfe für die Rheinprovinzen zu Koblenz und Düsseldorf, und über die Errichtung eines Revision- und Kassationshofes an deren Stelle zu Berlin vom 21. Juni 1819, Preußische Gesetzsammlung 1819, S. 162 f.

28 Gesetz betreffend die Vereinigung der beiden obersten Gerichtshöfe vom 17. März 1852, Preußische Gesetzsammlung 1852, S. 73 ff.

29 Vgl. § 27 der Verordnung über die Aufhebung der Privatgerichtsbarkeit und des eximirten Gerichtsstandes, sowie über die anderweitige Organisation der Gerichte vom 02. Januar 1849, Preußische Gesetzsammlung 1849, S. 1, 9; Verfassungsurkunde für den preußischen Staat vom 31. Januar 1850, Preußische Gesetzsammlung 1850, S. 17 ff.

nigreich Hannover, die Herzogtümer Schleswig und Holstein, eingerichteten Oberappellationsgerichts in Berlin[30]. Bis zu seiner Auflösung kurze Zeit später im Jahr 1879 infolge der Justizreform von 1877 stellte das Obertribunal nun territorial gesehen den obersten Gerichtshof für Zivil- und Strafsachen für die gesamte preußische Monarchie.

IV. Auflösung des Obertribunals

Obwohl dem Obertribunal nun endlich seit 1874 die Kompetenzen als oberster Gerichtshof für alle preußischen Territorien zugeteilt worden waren, verlor es bereits in den 70er Jahren des 19. Jahrhunderts im Zusammenhang mit der Gründung des Norddeutschen Bundes und der Gründung des Deutschen Reiches Teile seiner sachlichen Zuständigkeit und wurde schließlich ganz aufgelöst. 1870 wurde auf Betreiben Preußens für das Handels- und Wechselrecht das Bundesoberhandelsgericht als einheitliche oberste Instanz (später Reichsoberhandelsgericht) eingerichtet. Aufgrund der Schaffung eines Reichsgerichtes als obersten Gerichtshof für das Reich[31] sollte das Obertribunal in Preußen schließlich ganz aufgelöst werden, um dem Reichsgericht die erforderliche Autorität und Existenzgrundlage zu sichern[32].

Seit dem Jahre 1878 befand sich das Obertribunal damit im Auflösungsprozess[33]. Die vom Obertribunal innegehabten Zuständigkeiten gingen auf das neu geschaffene Reichsgericht in Leipzig[34] oder auf das Oberlandesgericht Berlin

30 Gesetz vom 06. Februar 1874, betreffend die Vereinigung des Oberappellationsgerichts mit dem Obertribunal, Preußische Gesetzessammlung 1874, S. 19 f.; Verordnung vom 27. Juni 1867, betreffend die Errichtung eines obersten Gerichtshofes für die durch das Gesetz von 20. September 1866 und den beiden Gesetzen vom 24. Dezember 1866 der preußischen Monarchie einverleibten Landestheile, mit Ausnahme des Gebietes der vormaligen freien Stadt Frankfurt, des vormaligen Oberamtsbezirkes Meisenheim und der Enklave Kaulsdorf, Preußische Gesetzsammlung 1867, S. 1103 ff.

31 §§ 125-141 Teil 1 Tit. 9 des Gerichtsverfassungsgesetzes, Reichstagsabdrucksache 1874-1876.

32 Schubert, Die Aufhebung des Berliner Obertribunals im Jahre 1789 und die Übertragung des Präsidiums des Reichsgerichts an Eduard von Simson, Rechtshistorische Reihe Bd. 60, S. 419, 424 ff.

33 Sonnenschmidt, a.a.O., Vorrede S. VI.

34 §§ 3, 15 des Einführungsgesetzes zum Gerichtsverfassungsgesetz vom 30. Dezember 1876, Reichstagsabdrucksache 1874 – 1876; Ausführungsgesetz zum Deutschen Gerichtsverfassungsgesetz vom 24. April 1878, § 19, Preußische Gesetzsammlung 1878, S. 230, 233; Gesetz bestreffend die Übergangsbestimmungen zur Deutschen Zivilprozessordnung und der Deutschen Strafprozessordnung vom 31. März 1879, § 44, Preußische Gesetzsammlung 1879, S. 332, 343.

(Kammergericht) über[35]. Ein Teil des freiwerdenden Richterpersonals wurde in das neue Reichsgericht eingegliedert[36]. Das Reichsgericht nahm am 01. Oktober 1879 seine Tätigkeit in Leipzig auf. Gleichzeitig wurde das preußische Obertribunal aufgelöst[37].

B) Organisationsgeschichte des Obertribunals und sachliche Zuständigkeit

Nicht nur die Zuständigkeit musste aufgrund der territorialen Veränderungen innerhalb des preußischen Staatsgebietes und des dadurch zeitweilig bedingten Nebeneinanders unterschiedlicher Gerichtshöfe neben dem Obertribunal als oberster Instanz wiederholt geregelt werden, sondern auch die innere Organisation des Obertribunals aufgrund der immer größer werdenden Anzahl von Rechtsfällen, die an das Obertribunal aufgrund der stetig anwachsenden Zuständigkeitsgebiete herangetragen wurden.

Die territorialen Zuständigkeitserweiterungen für das Obertribunal waren daher auch verbunden mit organisatorischen Veränderungen. Der Aufgabenerweiterung und der dadurch erhöhten Anzahl von Prozessen konnte das Obertribunal nicht ohne personelle Vergrößerung oder Einschränkung der Zuständigkeit Herr werden. So erfolgte z.B. 1803 eine Abgabe der Revisionszuständigkeit an Provinzialgerichte bei einem Streitwert von unter 500 Talern für die Revision[38]. Diese Delegierungen wurden in den folgenden Jahren immer mehr erweitert. So wurden Revisionssachen mit einem Streitwert von unter 2000 Talern ab 1815 an die Oberlandesgerichte verwiesen[39]. Die Einschränkungen der Revision durch eine Erhöhung der Revisionssumme für die Revision beim Obertribunal bewirkten nicht die erhoffte Verringerung der anhängigen Prozesse beim Obertribunal[40]. Außerdem führten sie verstärkt zu einer Aufsplitterung der obersten Instanz auf unterschiedliche Gerichtshöfe. Schließlich wurde 1833 die Aufhebung der Delegierung der Revisionszuständigkeit an die Oberlandesgerichte angeordnet[41]. Die Revisionsinstanz stellte wieder ausschließlich das Obertribunal.

---

35 Schubert, Die Aufhebung des Berliner Obertribunals im Jahre 1789 und die Übertragung des Präsidiums des Reichsgerichts an Eduard von Simson, Rechtshistorische Reihe Bd. 60, S. 419, 432 ff.

36 Döhring, Obertribunal zu Berlin. In: Handwörterbuch zur deutschen Rechtsgeschichte, Bd. III, Sp. 1169; Schubert, a.a.O. S. 419, 437.

37 Ausführungsgesetz zum Deutschen Gerichtsverfassungsgesetz vom 24. April 1878, § 12 Nr. 1, Preußische Gesetzsammlung 1878, S. 230, 232.

38 Vgl. Anhang zur AGO, § 129.

39 Anordnung vom 14. März 1815, v. Kamptz Jahrbücher, Bd. 5, S. 13.

40 Koch, Der preußische Civil-Prozeß, S. 85.

41 Verordnung über das Rechtsmittel der Revision und der Nichtigkeitsbeschwerde vom 14. Dezember 1833, § 26, Preußische Gesetzsammlung 1833, S. 302, 308.

Die Entwicklung und Erweiterung des Aufgabengebietes spiegelt sich auch in der inneren Struktur des Obertribunals wider. Als das Obertribunal im 18. Jahrhundert seine Tätigkeit aufnahm, bestand es noch aus einem Senat, der mit einem Chefpräsidenten und 10 Tribunalsräten besetzt gewesen war[42]. Ende der zwanziger und Anfang der dreißiger Jahre des 19. Jahrhunderts wurden immer wieder Erleichterungen der gerichtlichen Aufgaben, Beschleunigung der Verfahren und eine Entlastung des Obertribunals diskutiert und teilweise auch durch Verordnungen, Reskripte oder Kabinettsordern umgesetzt. Die bisherigen Bemühungen, das Obertribunal durch Delegierungen der Revisionszuständigkeiten zu entlasten, hatten keinen Erfolg. Außerdem wurden durch diese Maßnahmen die Bestrebungen um einen einheitlichen Gerichtsaufbau mit einem einzigen obersten Gerichtshof an der Spitze behindert. So wurde 1832 der Geschäftsbetrieb zur Entlastung des Obertribunals durch Erweiterung des Personals neu geregelt[43]. Das Obertribunal wurde in drei Senate unterteilt. Jedem Senat wurden unterschiedliche sachliche Rechtsgebiete zugewiesen und zusätzliches Personal wurde eingestellt[44]. Die Gerichtsbarkeit des Obertribunals erstreckte sich zu diesem Zeit-

---

42 Koch, Der preußische Civil-Prozeß, S. 84; Sonnenschmidt, a.a.O., S. 111.

43 Allerhöchste Kabinettsorder vom 19. Juli 1832, den Geschäftsbetrieb des Geheimen Ober-Tribunals und die Ausfertigung der Revisions-Erkenntnisse mit den Entscheidungsgründen betreffend, Preußische Gesetzsammlung 1832, S. 192 f.

44 Die Kabinettsorder vom 19. Juli 1832, Preußische Gesetzsammlung 1832, S. 192 f., enthielt wesentliche Änderungen für den Geschäftsbetrieb des Obertribunals und zwar folgende: „Zur Beschleunigung der Entscheidungen des Geheimen Ober-Tribunals bestimme Ich hierdurch auf den Bericht des Staatsministeriums vom 25sten v. M. und nach dessen Anträgen:

1. Das Geheime Obertribunal wird in drei Senate getheilt, und jedem derselben eine angemessene Anzahl von Räthen überwiesen.

2. Der Präsident des Geheimen Obertribunals oder sein Stellvertreter leitet die sämmtlichen Geschäfte. Er führt den Vorsitz in allen drei Senaten.

3. Die Vertheilung der Mitglieder in die Senate erfolgt durch den Justizminister, welchem die Aufsicht über das Geheime Obertribunal zusteht. Es hat derselbe auch künftig am Schlusse jeden Jahres einige Räthe aus dem einen in den anderen Senat zu versetzen. Die Mitglieder der verschiedenen Senate haben gleichen Rang.

4. Jeder Senat bearbeitet die ihm zugetheilten Spruchsachen selbständig. Bei der Vertheilung soll jedoch möglichst darauf gesehen werden, dass jedem Senat gewisse Gattungen derselben ausschließlich zugewiesen werden. Der Justizminister hat deshalb die erforderlichen Anordnungen zu treffen, dabei aber hauptsächlich zu berücksichtigen, dass alle aus einer Provinz eingehende Rechtssachen, auf deren Entscheidung besondere Verfassungen, Rechte oder andere provinzielle Eigenthümlichkeiten einwirken, stets demselben Senate zur Bearbeitung und Entscheidung zugetheilt werden.

5. Zur Abfassung giltiger Beschlüsse eines Senates ist die Anwesenheit von mindestens 7 Mitgliedern, den Präsidenten eingeschlossen, erforderlich. Die Relation ei-

punkt auf alle Landesteile mit Ausnahme der Teile des Rheinlandes, in denen das französische Verfahrensrecht galt[45]. Für alle Streitigkeiten galt dieselbe Revisionssumme[46].

Die sachliche Zuständigkeit des Obertribunals ergab sich vor allem aus der Verordnung vom 14. Dezember 1833 und nicht aus der AGO[47]. Gemäß § 26 der Verordnung entschied das Obertribunal bei Einlegung der Revision oder der Nichtigkeitsbeschwerde[48]. Gemäß § 21 der Verordnung musste sowohl die Revi-

---

nes abwesenden Referenten wird zwar verlesen, sein Votum aber bei Zählung der Stimmen nicht mitgerechnet.
6. Enthält ein Senat wegen Krankheit, Tod oder Abwesenheit von Mitgliedern nicht die vorgeschriebene Zahl, so ergänzt der Präsident dieselbe aus den beiden anderen Senaten, aus welchen er, mit Beobachtung der Reihenfolge, eine gleich große Anzahl von Räthen einberuft.
7. Ergiebt sich vor dem Vortrage der Relation, dass die beiden Referenten auf die Abänderung zweier gleichförmiger Erkenntnisse antragen, und muss daher die Sache anderweit zu Referieren vertheilt werden, oder wird beim Vortrag die Abänderung zweier gleichförmiger Erkenntnisse beschlossen, so wird aus jedem der beiden anderen Senate ein neuer Referent ernannt.
Bei dem Vortrag der Sache müssen demnächst aber noch so viel Mitglieder aus jedem der anderen Senate der Reihenfolge nach vom Präsidenten zugezogen werden, dass der Beschluß mindestens von 13 Mitgliedern, den Vorsitzenden eingeschlossen, berathen und von diesen nach der Stimmenmehrheit gefasst wird.
8. Alle Revisionskenntnisse, ohne Unterschied der Gerichtshöfe, von welchen sie ergehen, sollen mit Entscheidungsgründen versehen, mit diesen ausgefertigt und den Parteien publiziert werden."

45 Verordnung vom 14. Dezember 1833, Preußische Gesetzsammlung 1833, S. 302 ff.; Reskript vom 05. Januar 1835, v. Kamptz Jahrbücher, Bd. 45, S. 307; Reskript vom 16. Januar 1835, v. Kamptz Jahrbücher, Bd. 45, S. 308; Allerhöchste Kabinettsorder vom 13. Juni 1833 die Revisionsinstanz in Neuvorpommern betreffend, v. Kamptz Jahrbücher, Bd. 45, S. 433.

46 Verordnung über das Rechtsmittel der Revision und der Nichtigkeitsbeschwerde vom 14. Dezember 1833, §§ 1, 2, Preußische Gesetzsammlung 1833, S. 302: § 1: „Das Rechtsmittel der Revision findet in allen Fällen statt, in welchen die Revisionsbeschwerde Familien- oder Standesverhältnisse, Ehrenrecht, Ehegelöbnisse oder Ehesachen, allein oder in Verbindung mit andern daraus hergeleiteten Ansprüchen, zum Gegenstand hat. § 2 Betrifft dagegen die Revisionsbeschwerde lediglich das Vermögen, so ist die Revision nur alsdann zulässig, wenn die beiden ersten Erkenntnisse ganz oder zum Theil verschiedenen Inhalts sind, und wenn zugleich der dieser Verschiedenheit unterliegende Gegenstand der Beschwerde über Fünfhundert Thaler beträgt, oder in Gelde nicht abzuschätzen ist."

47 Preußische Gesetzsammlung 1833, S. 302 ff.

48 Preußische Gesetzsammlung 1833, S. 302, § 26: „Die Entscheidung in der Revisions-Instanz, und über die Nichtigkeitsbeschwerden wird ausschließlich beim Geheimen Ober-Tribunal beigelegt. Die Geschäfte werden unter die Senate nach Unserer Order vom 19ten Juli 1832 vertheilt."

sion als auch die Nichtigkeitsbeschwerde innerhalb einer Frist von 6 Wochen eingelegt werden[49].

Die Verordnung regelte i.V.m. der AGO die Zulässigkeit der Revision oder der Nichtigkeitsbeschwerde. In Familien- und Standesfragen, Ehrenrechte und Ehesachen konnte gemäß § 1 der Verordnung die Revision stets eingelegt werden[50]. Bei ausschließlich vermögensrechtlichen Streitigkeiten mussten zwei von einander abweichende Urteile der ersten Instanzen vorliegen und der Beschwerdegegenstand eine bestimmte Revisionssumme erreichen[51]. Der Entscheidung des Obertribunals mussten die in den erstinstanzlichen Verfahren festgestellten Tatsachen zu Grunde gelegt werden; neue Tatsachen und Beweise durften nicht beachtet werden[52]. Konnte eine definitive Entscheidung anhand dieser Tatsachen getroffen werden, fasste das Obertribunal ein Urteil, andernfalls wurde der Rechtsstreit zur weitergehenden Untersuchung und Beurteilung zurückverwiesen.

Die Nichtigkeitsbeschwerde ersetzte, bis auf eine in § 28 der Verordnung geregelte Ausnahme, grundsätzlich die in Titel 16 der AGO vorgesehene Nullitätsklage bei zivilrechtlichen Rechtsstreitigkeiten, Steuervergehen und Untersuchungssachen gegen Beamte wegen Dienstvergehen[53]. Voraussetzung für die

---

49 Preußische Gesetzsammlung 1833, S. 302, 307, § 21: „Die Frist zur Einlegung des Rechtsmittels der Revision und der Nichtigkeitsbeschwerde beträgt sechs Wochen, vom Tage der Zustellung des ausgefertigten Erkenntnisses an die Parthei oder deren Stellvertreter an gerechnet. Diese Frist wird für den Fiskus verdoppelt. Eine Verlängerung der Frist findet nicht statt."

50 Preußische Gesetzsammlung 1833, S. 302, § 1: „Das Rechtsmittel der Revision findet in allen Fällen statt, in welchen die Revisionsbeschwerde Familien- oder Standesverhältnisse, Ehrenrechte, Ehegelöbnisse oder Ehesachen, allein oder in Verbindung mit andern daraus hergeleiteten Ansprüchen zum Gegenstande hat."

51 Preußische Gesetzsammlung 1833, S. 302, § 2: „Betrifft dagegen die Revisionsbeschwerde lediglich das Vermögen, so ist die Revision nur alsdann zulässig, wenn die beiden ersten Erkenntnisse ganz oder zum Theil verschiedenen Inhalts sind, und wenn zugleich der dieser Verschiedenheit unterliegende Gegenstand der Beschwerde über Fünfhundert Thaler beträgt, oder in Gelde nicht abzuschätzen ist."

52 Dopke, Eichhorn als Rechtsgutachter – seine Gutachten für Spruchkollegien, das Obertribunal und Private, S. 64 f.

53 Preußische Gesetzsammlung 1833, S. 302, 303, § 4: „Dagegen soll künftig, sowohl in Zivilsachen, als in den wegen Steuervergehen oder gegen Beamte wegen Dienstvergehen eingeleiteten Untersuchungssachen, wider Erkenntnisse erster oder zweiter Instanz, gegen welche die Gesetze kein ordentliches Rechtsmittel zulassen, der beeinträchtigten Parthei oder der beteiligten Staats- oder Dienstbehörde ein Rechtsmittel der Nichtigkeitsbeschwerde gestattet seyn, jedoch nur: 1) wenn das angefochtene Urtheil einen Rechtsgrundsatz verletzt, er möge auf einer ausdrücklichen Vorschrift des Gesetzes beruhen, oder aus dem Sinne und Zusammenhange der Gesetze hervorgehen, oder wenn dasselbe einen solchen Grundsatz in Fällen, wofür er nicht be-

Zulässigkeit der Nichtigkeitsbeschwerde war allerdings, dass gegen das erst- oder zweitinstanzliche Urteil kein ordentliches Rechtsmittel eingelegt werden konnte[54]. Die Nichtigkeitsbeschwerde kam zudem in Betracht, wenn eine wesentliche Prozessvorschrift verletzt bzw. ein Rechtsgrundsatz unberechtigt angewendet worden war[55]. Das angefochtene Urteil wurde vom Obertribunal auf seine Nichtigkeit überprüft. Auch hier konnte das Obertribunal nur ein eigenes Urteil fällen, wenn eine weitere Feststellung nicht erforderlich war. Ansonsten wurde das Urteil der unteren Instanz aufgehoben und zur weiteren Untersuchung zurückverwiesen[56].

Nach der Vereinigung mit dem rheinischen Revisions- und Kassationshof im Jahr 1852 bestand der höchste Gerichtshof aus 5 Zivilsenaten und einem Senat für Strafsachen. Der erste Senat war hauptsächlich für das Personenrecht und damit u.a. für das gesamte Familienrecht zuständig, der zweite und der dritte Senat teilten sich hauptsächlich das Sachenrecht, während sich der vierte Senat u.a. auf die Streitigkeiten aus dem Obligationenrecht konzentrieren sollte[57]. Bei Zweifeln wies der Chefpräsident die einzelnen Rechtsfälle einem Senat zu. Bei einer zweifelhaften Frage, bei der ein Senat von einem früheren Urteil eines anderen Senates abweichen wollte, traten die Senate zum Plenum zusammen und entschieden den Rechtsfall[58]. Der fünfte – der sog. rheinische Zivilsenat – wurde speziell für alle zivilrechtlichen Angelegenheiten nach französischem Recht aus dem Bezirk Köln und aus den Landesteilen, in denen das gemeine deutsche Recht galt, eingerichtet[59].

Nach 1874 gliederte sich der Gerichtshof schließlich in 8 Senate und beschäftigte einen Präsidenten, fünf Vize-Präsidenten und 62 Obertribunalsräte als Richter. Die Senate gliederten sich wie folgt: ein Senat für das Personenrecht, zwei Senate für das Sachenrecht, ein Senat für das Obligationenrecht, zwei Zivil-

---

stimmt ist, in Anwendung bringt; 2) wenn es eine wesentliche Prozessvorschrift verletzt."

54 Preußische Gesetzsammlung 1833, S. 302, 303, vgl. § 4 der Verordnung.

55 Preußische Gesetzsammlung 1833, S. 302, 303, vgl. § 4 der Verordnung.

56 Dopke, Eichhorn als Rechtsgutachter – seine Gutachten für Spruchkollegien, das Obertribunal und Private, S. 65.

57 Sonnenschmidt, a.a.O., S. 309.

58 Allerhöchste Kabinettsorder vom 19. Juli 1832, den Geschäftsbetrieb des Geheimen Ober-Tribunals und die Ausfertigung der Revisions-Erkenntnisse mit den Entscheidungsgründen betreffend, Preußische Gesetzsammlung 1832, S. 192 f.; Allerhöchste Kabinettsorder vom 1. August 1836, die Erhaltung der Einheit der Rechtsgrundsätze in den richterlichen Entscheidungen betreffend, Preußische Gesetzsammlung 1836, S. 218 f.; Verordnung über das Verfahren in Zivilprozessen vom 1. Juli 1846, Preußische Gesetzsammlung 1846, S. 291 ff.

59 Sonnenschmidt, a.a.O., S. 309.

senate für das Rheinland und die 1866 annektierten Gebiete, ein Senat mit zwei Kammern für Strafrecht und ein Disziplinarsenat für Untersuchungen gegen richterliche Beamte[60].

Sachlich war das Obertribunal zu diesem Zeitpunkt kurz vor seiner Auflösung im Zivilrecht generell für die Revisionen und Nichtigkeitsbeschwerden zuständig[61]. Ausgenommen waren von der Zuständigkeit zu diesem Zeitpunkt die Handelsrechtsangelegenheiten aufgrund des neuen Handelsgerichtshofes. Die Zuständigkeit bezog sich auch auf Militärangehörige. Im Strafrecht war das Obertribunal bei Nichtigkeitsbeschwerden zuständig. Außerdem waren dem Obertribunal auch Kompetenzkonflikte zwischen Appellationsgerichten oder Untergerichten und Beschwerden gegen gerichtliche Verfügungen und Disziplinarverfahren zugewiesen. Des Weiteren konnte es bei Streitigkeiten zwischen deutschen Fürsten angerufen werden[62].

2. Kapitel: Methodenlehre, Bemühungen um eine einheitliche Rechtsprechung und Entstehung der Entscheidungssammlung des Obertribunals

1837 begann das Obertribunal, in einer eigens dafür angelegten Sammlung seine Entscheidungen mit den Entscheidungsgründen zu veröffentlichen. Diesem Schritt waren einige durchgreifende Veränderungen in den Ansichten über die richterliche Rechtsanwendung im preußischen Recht vorangegangen. Vor 1837 wurden den Parteien die Entscheidungsgründe der Revisionsentscheidungen gemäß § 22 Teil I Titel 15 AGO nicht generell bekannt gegeben[63]. Dies hatte zu Beratungen zwischen Gesetzgeber und Obertribunal über die Frage geführt, ob nicht wenigstens die Gründe schriftlich festgehalten und den Parteien gegenüber bekannt zu geben seien, wenn das Obertribunal zwei gleichlautende Urteile der vorherigen Instanzen abändern wollte[64].

Um die Bedeutung dieser Entscheidungssammlung zu verstehen, soll daher zunächst, bevor die einzelnen Entscheidungen untersucht werden, die Entstehungsgeschichte der Sammlung beleuchtet werden. Die Entwicklung der richter-

60 Sonnenschmidt, a.a.O., S. 383 ff.

61 Vgl. Verordnung über das Rechtsmittel der Revision und der Nichtigkeitsbeschwerde vom 14. Dezember 1833, Preußische Gesetzsammlung 1833, S. 302 ff.

62 Sonnenschmidt, a.a.O., S. 388 ff.

63 § 22 Teil I Titel 15 AGO: Bei Revisionserkenntnissen bedarf es nicht der Beifügung von Entscheidungsgründen.

64 Vgl. GStA, I. HA., Rep. 97 a, Nr. 410.

lichen Auslegungsfreiheiten, der Publizität der Entscheidungsgründe und der juristischen Methodenlehre stehen in einem engen Zusammenhang.

A) Richterliche Auslegung unter der Herrschaft des ALR

Die Redaktoren des ALR hatten bei der Kodifikation des Allgemeinen Gesetzbuches für die preußischen Staaten unter dem Einfluss der augenblicklichen Verhältnisse, der gesellschaftlichen Bedürfnissen am Ende des 18. Jahrhunderts und der vorherrschenden Ansichten des aufgeklärten Absolutismus gestanden. Zwar vollzog sich bereits zum Ende des 18. Jahrhunderts ein Wandel im Naturrechtsdenken vom mathematisch-systematischen zu einem empirisch-historischen Denken und damit auch eine grundlegende Änderung des Verständnisses der Gesetzgebung und der richterlichen Rechtsanwendung, die Redaktoren des ALR wurden aber noch überwiegend von den alten Ideen beeinflusst. Die Ideen des mathematisch-systematischen Naturrechts und der Aufklärung prägten die Ende des 18. Jahrhunderts entstehenden Kodifikationen in Preußen, wie die AGO und das ALR. Die Möglichkeit und eventuell auch die Notwendigkeit einer fortschreitenden Rechtsentwicklung durch gegenseitige Unterstützung zwischen Gesetzgebung, Rechtswissenschaft und Rechtsprechung wurde nicht bedacht, bzw. eine solche Rechtsfortbildung bei der Redaktion des Gesetzbuches zunächst nicht unterstützt.

I. Stellung der Richter nach den Vorschriften der AGO von 1793/95

Die AGO von 1793/95 führte nicht nur zu einer einheitlichen Gerichtsordnung für die preußischen Staaten, sondern reformierte allgemeine Grundsätze des Prozessrechts, den Gang des Verfahrens und den Richterstand. Oberstes Ziel war die Gewährleistung der Wahrheitsfindung durch schnelle Verfahren, in denen die Parteien nicht einer Willkür ausgesetzt wurden[65]. Den Richtern wurden durch Einführung eines Verhandlungs- und Untersuchungsgrundsatzes vielfältige Möglichkeiten eingeräumt, durch Instruktionen von Amts wegen den Sachstand aufzuklären und die Wahrheit herauszufinden[66]. Ihre Aufgabe bestand darin, durch richtige Anwendung der Gesetze auf die durch sie ermittelten Tatsachen Rechtsstreitigkeiten zu entscheiden[67]. Beeinflusst durch das mathematisch- systemati-

---

65 Busch, Die Entstehung der Allgemeinen Gerichtsordnung für die Preussischen Staaten von 1793/95, S. 82, 177.

66 Busch, a.a.O., S. 86 ff., 158 ff.

67 Vgl. Einleitung zur AGO, Nr. 6: „Der vom Staat geordnete Richter, welcher den Streit durch richtige Anwendung des Gesetzes auf die dabei zum Grunde liegenden Thatsa-

sche Naturrecht und die Gedanken der Aufklärung aber verblieb gemäß § 32 der AGO das Interpretationsmonopol beim Monarchen bzw. bei einer von diesem mit der Aufgabe der Auslegung der Gesetze betrauten Einrichtung[68]. Die Richter sollten zwar die Wahrheit von Amts wegen ermitteln und die entsprechenden Gesetze anwenden, bei Unklarheiten aber sollten sie selber keine Auslegung der Gesetze vornehmen können. Dieses Recht stand ausschließlich dem Gesetzgeber zu.

II. Auslegungslehre des aufgeklärten Absolutismus

Während der Herrschaft des aufgeklärten Absolutismus als Staats- und Rechtsform herrschte die Ansicht vor, dass die Gesetze als Ausdruck des Willens des Gesetzgebers aufzufassen seien. Gesetzsauslegung bestand also in der subjektiven Ermittlung des Willens dieses Gesetzgebers. Aufgrund dieser Auffassung wurde nach herrschender Ansicht im 18. Jahrhundert dem Monarchen neben der Gesetzgebungsgewalt auch die Rechtsauslegungsbefugnis, in Form der sog. authentischen Auslegung, zugesprochen, weil er am besten seinen in den Gesetzen festgehaltenen Willen ermitteln könne[69]. Der Souverän selber besaß das Recht, seine Gesetze zu erklären und auszulegen, die seinen Willen darstellten. Diese authentische Auslegung erfolgte u.a. durch königliche Reskripte, Verordnungen oder Kabinettsorder.

Rechtswissenschaftlich entwickelte sich die Ansicht, dass bei der Interpretation zunächst nach der sog. grammatischen Auslegung vorgegangen werden müsse. Anschließend konnte auf die logische Auslegung zurückgegriffen werden. Bei der grammatischen Auslegung wurde der Wortsinn der Vorschrift herangezogen, bei der logischen Auslegung wurde das mit dem verkündeten Gesetz verfolgte Ziel, also der Wille des Gesetzgebers, gesucht[70]. Es ging vor allem um die Ermittlung der wahren Absichten und Beweggründe des Gesetzgebers, um dann zu

---

chen entscheiden soll, hat die nächste Pflicht, folglich auch das nächste Recht, sich von der wahren und eigentlichen Bewandniß dieser Thatsachen zu versichern." Einleitung AGO, Nr. 7: „Der Richter ist also schuldig und befugt, den Grund oder Ungrund der in einem Prozesse vorkommenden Thatsachen selbst und unmittelbar zu untersuchen, und so weit es zur richtigen Anwendung der Gesetze auf den vorliegenden Fall erforderlich ist, ins Licht zu setzen."

68 § 32 Teil I Titel 13 AGO: „Wenn es aber auf den Sinn eines wirklich vorhandenen und auf den vorliegenden Fall anwendbar scheinenden Gesetzes ankommt, und dieser Sinn, nach der Mehrheit der Stimmen im Kollegio, für dunkel und zweifelhaft angesehen wird, so muß darüber bei der Gesetzkommission angefragt werden."

69 Conrad, Richter und Gesetz vom Absolutismus zum Verfassungsstaat, S. 7 ff.

70 Coderch, Die logische Auslegung. In: Das nachfriderizianische Preußen (1786-1806), S. 245, 246; vgl. Thibaut, Theorie der Logischen Auslegung des Römischen Rechts, 2. Auflage 1806.

entscheiden, ob der Gesetzestext zu erklären, einzuschränken oder zu erweitern war[71]. Der objektive Sinn und Zweck wurde nicht herangezogen.

III. Einfluss der Auslegungslehren des aufgeklärten Absolutismus auf die Kodifikation des Allgemeinen Gesetzbuches für die preußischen Staaten

Die Lehre über die authentische Interpretation fand sich auch im ALR von 1794 in § 6 Teil II Titel 1 ALR wieder: „Das Recht, Gesetze und allgemeine Polizeiverordnungen zu geben, dieselben wieder aufzuheben und Erklärungen darüber mit gesetzlicher Kraft zu erteilen, ist ein Majestätsrecht". Dies entsprach der Regelung in § 9 Teil II Titel 1 AGO: „Se. Königliche Majestät Selbst ist oberster Richter.". Beeinflusst durch die Rechtslehren des aufgeklärten Absolutismus war daher ursprünglich unter der Herrschaft des ALR von 1794 eine Rechtsauslegung durch die Praxis und die Theorie aus Gründen der Rechtssicherheit und Rechtsgleichheit nicht erwünscht gewesen[72]. Bei der Rechtsfindung durch die Richter war darauf zu achten, dass diese nicht willkürlich ihre Entscheidungen treffen konnten und die endgültige Entscheidung über die Auslegung einer Rechtsnorm bei dem Gesetzgeber lag.

Viele Rechtsgelehrte schrieben später in den Lehrbüchern über das ALR, dass das ALR mehr den Charakter eines Lehrbuchs als denjenigen eines Gesetzbuches gehabt habe[73]. Dieser Charakter des ALR sei vor allem durch die Anordnung des Königs Friedrichs des Großen entstanden, ein einfaches, populäres und zugleich materiell vollständiges Gesetzbuch zu schaffen[74]. Das neue Gesetzbuch sollte einen allgemeinen Rechtsberater darstellen mit der Absicht, die Arbeit der Richter auf eine Art mechanische Gesetzesanwendung zu beschränken und so Rechtsunsicherheit zu bekämpfen. Jeder einzelne Rechtsfall sollte vollständig aufgeführt und geregelt werden[75]. Die Redaktoren verfolgten mit einer umfangreichen Gestaltung des ALR die Vermeidung von Kontroversen und Diskussionen[76]. Da-

---

71 Coderch, Die logische Auslegung. In: Das nachfriderizianische Preußen (1786-1806), S. 245, 246.

72 Wesenberg, Neuere deutsche Privatrechtsgeschichte im Rahmen der europäischen Entwicklung, S. 144.

73 Z.B. Schmidt, Lehrbuch des preußischen Rechts und Prozesses mit Rücksicht auf das gemeine Recht und den gemeinrechtlichen Prozess, Bd. I, S. 21.

74 Vgl. Anordnung über die Grundsätze der Reform, GStA, I. HA, Rep. 84, XVI, Bd. 1, Fol. 3 ff.

75 Bornemann, Systematische Darstellung des Preußischen Civilrechts, Bd. I, S. 11; Schmidt, Lehrbuch des preußischen Rechts und Prozesses mit Rücksicht auf das gemeine Recht und den gemeinrechtlichen Prozess, Bd. I, S. 21.

76 Hattenhauer, Allgemeines Landrecht für die preußischen Staaten von 1794, Einführung S. 8.

durch sollte gewährleistet werden, dass die Auslegung der Gesetze allein vom Gesetzgeber ausging.

Die Aufgabe der Gerichte und der einzelnen Richter bestand grundsätzlich in der Anwendung des Rechts und der Verwirklichung des Gesetzes im Einzelfall. Die Redaktoren des ALR hatten aus den Erfahrungen der Praxis heraus die Erkenntnis, dass die Gerichtspraxis auch eine rechtsschöpferische Tätigkeit nach sich ziehen konnte, vor allem dann, wenn die Interpretation der Gesetze und deren analoge Anwendung zu den gerichtlichen Entscheidungen beitrugen und die getroffenen Bewertungen nicht nur für den Einzelfall Geltung erlangten, sondern sich über einen längeren Zeitraum in mehreren Entscheidungen festigten[77]. Die wiederholte Rechtsanwendung auf den konkreten Fall, die Auslegung der vorhandenen Gesetze und Gewohnheiten durch die Richter, unter Umständen auch eine Weiterentwicklung des Rechts bzw. eine Anpassung an neue Umstände und veränderte Situationen konnten sich als Gerichtsgebrauch zu einer Art Gewohnheitsrecht entwickeln[78]. Aufgrund der Erfahrungen aus dem Strafrecht aus dem 18. Jahrhundert sprachen sich viele Rechtswissenschaftler für eine restriktive Regelung gegenüber den Richtern aus. Interpretationen und Kontroversen, wie sie den Rechtswissenschaftlern vom römischen Recht her bekannt waren, sollten vermieden werden[79]. Willkürliche und widersprüchliche Urteilsfindungen sollten unterbunden werden[80]. Entscheidend sollte allein der Wille des Gesetzgebers sein.

Nach Ansicht der Redaktoren und des Königs war diese Gefahr des Gerichtsgebrauchs zum Schutz der gesetzgeberischen Gewalt des Königs und seines Justizministeriums durch entsprechende Regeln im Allgemeinen Gesetzbuch zu schützen. So erklärt sich auch die Kabinettsorder vom 14. April 1780 über das

---

77 Vgl. Jordan, Bemerkungen über den Gerichtsgebrauch, dabei auch über den Gang der Rechtsbildung und die Befugnisse der Gerichte, AcP, Bd. 8, S. 191, 210 ff.; Mohnhaupt, Sammlung und Veröffentlichung von Rechtsprechung im späten 18. und 19. Jahrhundert in Deutschland. In: Geschichte der Zentraljustiz in Mitteleuropa, S. 403, 416 ff.

78 Dernburg, Lehrbuch des Preußischen Privatrechts, Bd. I, S. 45 ff.; Jordan, Bemerkungen über den Gerichtsgebrauch, dabei auch über den Gang der Rechtsbildung und die Befugnisse der Gerichte, AcP, Bd. 8, S. 191, 210 ff.; Mohnhaupt, Sammlung und Veröffentlichung von Rechtsprechung im späten 18. und 19. Jahrhundert in Deutschland. In: Geschichte der Zentraljustiz in Mitteleuropa, S. 403, 416 ff.

79 Schade, Die Anfrage bei der Gesetzkommission innerhalb des preußischen Zivilprozesses (1781-1798), S. 3.

80 Thieme, Die preußische Kodifikation, Privatrechtsgeschichtliche Studien II, ZRG (GA), Bd. 57, S. 355, 397 ff.; Eckert, Der Gesetzesbegriff des Preußischen Allgemeinen Landrechts in Theorie und Praxis. In: Zur Ideen- und Rezeptionsgeschichte des Preußischen Allgemeinen Landrechts, S. 40, 48, 49.

Justizwesen, in der Friedrich II. erklärte, dass es weder Richtern, noch irgendwelchen Kollegien oder Ministern erlaubt sei, die Gesetze einschränkend oder erweiternd zu interpretieren[81]. Bei Zweifeln und Mängeln sollte allein der Gesetzgeber zur Entscheidung befugt sein.

IV. Ausgestaltung der Auslegungsregeln im ALR

Die Rechtswissenschaftler des aufgeklärten Absolutismus und die Redaktoren des ALR hielten es für möglich, ein Gesetzbuch zu schaffen, welches so präzise und klar in seinen Vorschriften war, dass es keiner anderen Auslegung mehr als der wörtlichen durch die Richter bedurfte[82]. Sollte doch einmal ein Fall auftreten, bei dem diese Auslegung nicht zu einem sicheren Ergebnis führen konnte, musste die weitere Auslegung dem Gesetzgeber überlassen werden. Nach der Lehre des aufgeklärten Absolutismus verblieb den Richtern die grammatische Auslegung. Nur der Souverän bzw. seine Beauftragten sollten die logische Auslegung durchführen[83].

Nach der Revision der Monita und des umgearbeiteten Entwurfes trat das ALR aufgrund des Publikationspatentes vom 05. Februar 1794 zum 1. Juni 1794 in Kraft[84]. Die strenge Rechtslehre des aufgeklärten Absolutismus hatte allerdings leichte Modifikationen in Bezug auf die Auslegung erfahren[85]. Bei der Ko-

---

81 Vgl. Hattenhauer, Das ALR im Spiegel von Erwartung, Lob und Kritik. In: Zur Ideen- und Rezeptionsgeschichte des Preußischen Landrechts, S.101, 104 f.

82 Vgl. Montesquieu, Vom Geist der Gesetze (L'Esprit des Lois); Hattenhauer, Allgemeines Landrecht für die preußischen Staaten von 1794, Einführung S. 12 ff.; Beccaria, Über Verbrechen und Strafen (De los delitos y de las penas), § 4, S. 71 ff.; Coderch, Die logische Auslegung. In: Das nachfriderizianische Preußen (1786-1806), S. 245, 248.

83 Coderch, Die logische Auslegung. In: Das nachfriderizianische Preußen (1786-1806), S. 245, 248.

84 Publikationspatent vom 05. Februar 1794, GStA, I. HA., Rep. 84, XVI, Nr. 7, Bd. 83, Fol. 437 ff.

85 Nach dem Entwurf des allgemeinen Gesetzbuches durften die Richter nach dem Wortlaut, dem Zusammenhang und dem Gegenstand des Gesetzes entscheiden; weitergehende Auslegung nach den historischen Auslegungsmethoden oder Analogien war ihnen allerdings weiterhin verboten; Entwurf des allgemeinen Gesetzbuches: Einleitung § 34: „Der Richter darf bey Entscheidung streitiger Fälle den Gesetzen keinen Sinn beylegen, der nicht durch die Worte, den Zusammenhang und den Gegenstand des Gesetzes deutlich bestimmt ist." § 35: „Findet der Richter den Sinn des Gesetzes zweifelhaft, so muß er vor Abfassung des Urtheils die Erklärung der Gesetzkommission einholen." § 36: „Dergleichen Erklärungen schon vorhandener Gesetze gehen ohne Unterschied auf alle sowohl vergangne als künftige Fälle, welche nach der Zeit, wo die zweifelhafte Rechtsfrage dadurch bestimmt worden, zur richterlichen

difikation des ALR hatten die Redaktoren sich zwar unter anderem an dem Corpus Juris Fridericianum (CJF) von 1749 orientiert[86]. Dieser hatte ein striktes Kommentierverbot vorgeschrieben, um möglich Abirrungen durch richterliche Entscheidungen oder rechtswissenschaftliche Werke von den gesetzlichen Regeln zu verhindern[87]. Neben der grammatischen Auslegung war nach den Regeln der endgültigen Fassung des ALR von 1794 nun für die Richter aber teilweise auch eine systematische und logische Auslegung möglich. § 46 der Einleitung des ALR lautete: „Bey Entscheidungen streitiger Rechtsfälle darf der Richter den Gesetzen keinen anderen Sinn beilegen, als welcher aus den Worten, aus dem Zusammenhange derselben, in Beziehung auf den streitigen Gegenstand, oder aus dem nächsten unzweifelhaften Grunde des Gesetzes, deutlich erhellet."

Mit dem „unzweifelhaften Grund des Gesetzes" war keine teleologische Auslegung und Suche nach dem objektiven Sinn und Zweck des Gesetzes gemeint, sondern die Fragestellung nach dem der Entstehung der Vorschrift historisch zugrundeliegenden Grund[88]. Die Richter bewegten sich bei der Rechtsanwendung in methodisch eng vorgeschriebenen Grenzen[89].

Gemäß den §§ 47, 48 der Einleitung des ALR waren die Richter verpflichtet, bei Zweifeln über den Sinn von Gesetzen die Gesetzkommission anzurufen[90]. Sollte der Richter weder nach der grammatischen noch nach der zugelassenen systematisch-logischen Auslegung bei einer Unklarheit des Gesetzes zu einer eindeutigen Lösung kommen, war er verpflichtet, die Entscheidung der Gesetzkommission zu überlassen.

Die Redaktoren hielten das ALR als Gesetzbuch für so vollständig, „dass daraus mit Hilfe seiner bloßen natürlichen Logik sichere und zuverlässige Folgerungen für die einzelnen Fälle hergeleitet werden können". Gesetzeslücken waren

---

Entscheidung gelangen." § 37 schloss mit dem Hinweis, dass diese dann allgemeine Geltung habe.

86 Hattenhauer, Allgemeines Landrecht für die preußischen Staaten von 1794, Einführung S. 8.

87 Vgl. Schade, a.a.O., S. 3.

88 Hattenhauer, Preußens Richter und das Gesetz (1786-1814). In: Das nachfriderizianische Preußen (1786-1806), S. 37, 49 f.

89 Hattenhauer, Preußens Richter und das Gesetz (1786-1814). In: Das nachfriderizianische Preußen (1786-1806), S. 37, 50.

90 § 47 Einleitung ALR: „Findet der Richter den eigentlichen Grund des Gesetzes zweifelhaft, so muß er, ohne die prozeßführenden Parteien zu benennen, seine Zweifel der Gesetzgebungscommission anzeigen, und auf deren Beurtheilung antragen."
§ 48 Einleitung ALR: „Der anfragende Richter ist zwar schuldig, den Beschluß der Gesetzgebungscommission bey seiner folgenden Erkenntiß in dieser Sache zum Grunde zu legen; den Parteien bleiben aber die gewöhnlichen Rechtsmittel dagegen unbenommen."

für die Redaktoren undenkbar[91]. Dies ergab sich aus der Regelung in § 49 der Einleitung des ALR. Sollte der Richter keine Vorschrift finden, die den konkreten Fall regelte, sollte er auf die allgemeinen Grundsätze des Gesetzbuches zurückgreifen[92].

Des Weiteren unterdrückte das ALR die Bildung von Juristenrecht, in dem es zusätzlich zu den Regelungen in §§ 47, 48 der Einleitung des ALR in § 6 der Einleitung des ALR verfügte, dass auf die Meinung der Rechtslehrer oder ältere Urteile bei künftigen Entscheidungen keine Rücksicht genommen werden sollte[93]. Die Veröffentlichung der Entscheidungsgründe wurde abgelehnt, da allein die rechtliche Norm als Entscheidungsgrundlage dienen sollte[94].

Gesetzesinterpretation und Rechtsauslegung durch die Richter waren nach den Vorschriften des ALR methodisch immer noch stark eingeschränkt und die eigentliche Gesetzesauslegung wurde einer dafür seit 1781 eigens eingerichteten Gesetzkommission überlassen[95]. Die Interpretation sollte nur dem Gesetzgeber und den Entscheidungen der Gesetzkommission zustehen. Die Richter hatten sich bei der Auslegung vor allem an den Wortlaut zu halten. Bei Zweifeln über die Gesetzesanwendung waren die Richter verpflichtet, bei der Gesetzkommission des Gesetzgebers eine Entscheidung in der Rechtsfrage einzuholen. Diese Gedanken lagen auch der AGO von 1793/95 zugrunde[96]. So war im Erkenntnisverfahren vorgeschrieben, dass die Richter bei Unklarheiten und Zweifeln über den Sinn einer Vorschrift die Gesetzkommission anzurufen hatten[97].

---

91 Benthaus, Eine Sudeley?- Das ALR für die Preußischen Staaten von 1794 im Urteil seiner Zeit, S. 101 f.; Conrad, a.a.O., S. 17; Wagner, Die Wissenschaft des gemeinen römischen Rechts und des Allgemeinen Landrechts für die preußischen Staaten. In: Wissenschaft und Kodifikation des Privatrechts im 19. Jahrhundert, Bd. I, S. 119, 146 f.; Mohnhaupt, Privilegien und „gemeines Wohl" im ALR. In: 200 Jahre Allgemeines Landrecht für die preußischen Staaten, S. 105.

92 § 49 Einleitung ALR: „Findet der Richter kein Gesetz, welches zur Entscheidung des streitigen Falles dienen könnte, so muß er zwar nach den in dem Gesetzbuche angenommenen allgemeinen Grundsätzen, und nach den wegen ähnlicher Fälle vorhandnen Verordnungen, seiner besten Einsicht gemäß, erkennen."

93 § 6 Einleitung ALR: „Auf die Meinung der Rechtslehrer, oder ältere Aussprüche der Richter, soll, bey künftigen Entscheidungen, keine Rücksicht genommen werden."

94 In der AGO war daher auch in § 22 Teil I Titel 15 die Veröffentlichung der Entscheidungsgründe in der Revisionsinstanz untersagt: „Bei Revisionserkenntnissen bedarf es nicht der Beifügung von Entscheidungsgründen."

95 Bornhak, a.a.O., S. 260 f.; Hattenhauer, Preußens Richter und das Gesetz (1786-1814). In: Das nachfriderizianische Preußen (1786-1806), S. 37, 50.

96 Busch, a.a.O., S. 148 f.

97 § 32 Teil I Titel 13 AGO: „Wenn es aber auf den Sinn eines wirklich vorhandenen und auf den vorliegenden Fall anwendbar scheinenden Gesetzes ankommt, und die-

Bereits vor Inkrafttreten des ALR bestand die wichtigste Aufgabe der Gesetzkommission in der Prüfung und Entscheidung von streitigen Rechtsfragen, die von Landeskollegien und Gerichten bei Zweifeln und Unklarheiten und Gesetzeslücken eingereicht wurden[98]. Die Aufgabe der Gesetzkommission, bei Unklarheiten des Allgemeinen Gesetzbuches die Auslegung und Entscheidung für die zur Einreichung der zweifelhaften Fälle verpflichteten Gerichte auszusprechen und Schwachstellen des Gesetzbuches dem Gesetzgeber anzuzeigen, sollte sich nach der Kodifikation fortsetzen[99].

V. Bewertung

Die Anfragepflicht bei der Gesetzkommission stellte eine Entmündigung der Richter dar. Der Gesetzgeber übernahm die Aufgabe der Judikative, die Rechtsanwendung in der Praxis zu bestimmen. Er setzte nicht nur das Recht durch die Kodifikationen fest, sondern entschied auch über die Auslegung von unbestimmten oder zweifelhaften Vorschriften. Konnte in der Zeit des aufgeklärten Absolutismus der König bereits durch Machtsprüche[100] die Entscheidungen der Gerichte ändern bzw. aufheben, so übernahm nun eine Institution des Gesetzgebers anstelle der Richter die Entscheidung über unklare oder zweifelhafte Rechtsfragen. Die Richter konnten anfänglich hauptsächlich nur den Gesetzeswortlaut für ihre Rechtssprüche heranziehen.

Die Einrichtung der Gesetzkommission war im Entwurf des Allgemeinen Gesetzbuches nicht unumstritten. Die Beschneidung der Rechte der Judikative stellte einen Einriff in die Gewaltenteilung dar, auf die im aufgeklärten Absolutismus viel Wert gelegt wurde. So sind durchaus kritische Stimmen in den Monita zu finden, die sich sowohl gegen die Einrichtung der Gesetzkommission als auch für eine freiere richterliche Auslegung aussprachen[101]. Einige Kritiker lehnten die Einrichtung der Gesetzkommission als einen Eingriff in die Gewaltenteilung ab. Durch die Entscheidung der Gesetzkommission werde durch eine Institution des Gesetzgebers in laufende Verfahren der Judikative durch Machtsprüche einge-

---

ser Sinn, nach der Mehrheit der Stimmen im Kollegio, für dunkel und zweifelhaft angesehen wird; so muß darüber bei der Gesetzkommission angefragt werden."

98 Schade, a.a.O., S. 2 f.

99 Vgl. Regelung in §§ 32-35 Teil I Titel 13 AGO, die bei Dunkelheit eines Gesetzes die Einholung einer Entscheidung der Gesetzkommission vor Urteilsprechung vorsahen; Bornhak a.a.O., S. 261; Hattenhauer, Preußens Richter und das Gesetz (1786-1814). In: Das nachfriderizianische Preußen (1786-1806), S. 37, 50 f.

100 Z.B. im Müller-Arnold-Rechtsstreit, vgl. Hülle, Müller Arnold-Prozeß, in Handwörterbuch zur deutschen Rechtsgeschichte, Bd. III, Sp. 726 ff.

101 GStA, I. HA., Rep. 84, XVI, Nr. 7, Bd. 72, Fol. 43 f.

griffen und die Richter hörten auf, Richter zu sein[102]. Dies stehe im Widerspruch zu der den Landesherren gegenüber gemachten Zusicherung, nicht in den geordneten Gang der Justiz einzugreifen[103].

Johann Georg Schlosser wandte sich in seinen Briefen über die Gesetzgebung im Jahr 1789 gegen die Lehre des aufgeklärten Absolutismus, die Richter auf die grammatische Auslegung zu beschränken[104]. In bestimmten Situationen müsse auch ein Richter nach anfänglicher Anwendung der grammatischen Auslegung auf die logische Auslegung zurückgreifen können, z.B. bei Gesetzeslücken und dem Fehlen eines allgemeinen Rechtsgedankens in den Vorschriften für einen bestimmten Rechtsbereich[105]. Nach Schlosser sollten die Richter bei allen ihren Entscheidungen auch auf den Grund des Gesetzes eingehen dürfen[106].

Diese Einwände konnten sich zunächst noch nicht durchsetzen. Zu groß waren die Befürchtungen vor willkürlichen Entscheidungen und Rechtsbeugungen durch die Richter. Durch ihre Entscheidungen könnten sich die Richter zu Gesetzgebern aufschwingen. Undurchschaubar erschienen die Urteile insbesondere in der Revisionsinstanz, da es aufgrund der fehlenden Veröffentlichung der Gründe an einer Überprüfbarkeit des richterlichen Vorgehens fehlte. Der Gesetzgeber benötigte daher ein Mittel zur Kontrolle der Richter und meinte dieses in der Einsetzung der Gesetzkommission gefunden zu haben. Weil der Gesetzgeber einen Eingriff in die Gewaltenteilung durch eine zu freie Rechtsprechung fürchtete, beschnitt er seinerseits die Judikative in ihren Rechten.

VI. Gesetzentwurf über das Verfahren vor dem Obertribunal und der Gesetzkommission

Das Obertribunal besaß trotz seiner Einrichtung als oberste gerichtliche Instanz aufgrund der restriktiven Auslegungsregeln des ALR anfänglich kaum ein Mitspracherecht bei der Auslegung und Rechtsanwendung. Seine Autorität in der Gesetzeshierarchie und Rechtsprechung war durch die Einrichtung der Gesetzkommission als ausschlaggebende Einrichtung für die Rechtsauslegung erheblich eingeschränkt. Das in dritter Instanz fungierende Obertribunal sollte zudem selber keine direkte Anfrage an die Gesetzkommission stellen, sondern war zur Zu-

102 Anmerkungen zu § 35 des Entwurfes, GStA, I. HA., Rep. 84, XVI, Nr. 7, Bd. 72, Fol. 44 r.

103 Anmerkungen zu § 35 des Entwurfes, GStA, I. HA., Rep. 84, XVI, Nr.7, Bd. 72, Fol. 44 r.

104 Johann Georg Schlosser, Briefe über die Gesetzgebung überhaupt und den Entwurf des preußischen Gesetzbuches insbesondere, Frankfurt 1789, Nachdruck 1970.

105 Schlosser, a.a.O., S. 203, 204.

106 Schlosser, a.a.O., S. 201 ff., 211.

rückverweisung verpflichtet[107]. Das untergeordnete Gericht musste dann die Anfrage stellen. Danach konnten die Parteien erneut Revision bei dem Obertribunal einlegen[108].

Diesen Missstand sollte ein der Justizdeputation vorgelegter Entwurf von 1786 bereits aufheben[109]. Das Obertribunal sollte danach selber die Aufgabe der Rechtsauslegung bei unklaren Gesetzen ohne Rückfrage bei der Gesetzkommission übernehmen. Das Tribunal sollte bei Entscheidungen, die es in zweifelhaften Fällen traf, diese dem Justizministerium anzeigen, damit dieses die Probleme und Ansichten der Praxis bei Gesetzesvorhaben berücksichtigen konnte. Dieser Entwurf ist zwar nicht in Kraft getreten, er kann aber als Vorläufer für die spätere Änderung der Regelungen hinsichtlich der richterlichen Auslegung, die 1798 eingeführt worden sind, angesehen werden.

VII. Weitere Entwicklung bis 1798

Svarez[110], dem die Revision des Entwurfes zum ALR und der eingegangenen Monita oblag, hatte sich bereits 1788 in seinem Werk „Inwiefern können und müssen Gesetze kurz sein" auch zu dem Punkt der Auslegung der Gesetze geäußert. Oberste Priorität bestand für ihn darin, durch Schaffung von klaren und eindeutigen Gesetzen und möglichst wörtlicher Anwendung eine willkürliche Auslegung durch die Richter zu vermeiden[111]. Die Revision hatte zunächst noch nicht zu einer entscheidenden Änderung der eingeschränkten Auslegung durch die Richter und der Verlagerung der Auslegungskompetenz weg von der Gesetzkommission geführt. Das ALR von 1794 sollte als „ius certum" Rechtseinheit und -sicherheit schaffen[112]. Um eine Rechtsprechungs- bzw. Rechtsvereinheitlichung zu gewährleisten, wurde zunächst an der Gesetzkommission als Hilfestellung für die Richter festgehalten.

Die Einzelfallentscheidungen der Gesetzkommission allerdings schienen nicht ihr Ziel zu erreichen. Es fehlte wohl an der Akzeptanz durch die Richter, die ihre Autorität gefährdet sahen, und an der fehlenden Veröffentlichung der Entschei-

107 Vgl. Schade, a.a.O., S. 121.

108 Vgl. Schade, a.a.O., S. 121.

109 GStA, I. HA., Rep. 84, IX, Generalia, Nr. 1, Bd. 2, Fol. 36 ff.

110 Carl Gottlieb Svarez (1746-1798).

111 Conrad, a.a.O., S. 18, 19.

112 Thieme, Die preußische Kodifikation, Privatrechtsgeschichtliche Studien II. ZRG (GA), Bd. 57, S. 355, 395; Hattenhauer, Das ALR im Spiegel von Erwartung, Lob und Kritik. In: Zur Ideen- und Rezeptionsgeschichte des Preußischen Landrechts, S.101, 104 f.

dungen durch die Gesetzkommission[113]. Das Zusammenspiel von Gesetzgebung, Rechtswissenschaft und Gerichtsgebrauch war bisher im 18. Jahrhundert und in der ursprünglichen Fassung des ALR von 1794 unterbunden worden. Die Redaktoren hatten die bevormundende Ausgestaltung des Landrechts in Anbetracht der Gefahren richterlicher Willkür zum Zeitpunkt der Kodifikation des Landrechts noch für angemessen gehalten. Doch die staatlichen und rechtlichen Entwicklungen in den folgenden Jahren nach dem Inkrafttreten des ALR zeigten die Schwächen des Gesetzbuches und seiner Vorschriften, auch in Bezug auf die richterliche Auslegung der Gesetze auf. Zwar wurden die Richter im Jahr 1786 noch einmal durch eine Kabinettsorder[114] auf ihre Anfragepflicht bei der Gesetzkommission hingewiesen, dennoch konnte diese nicht verhindern, dass bereits zu diesem Zeitpunkt eine Entwicklung eingesetzt hatte, die schließlich zur Auflösung der Gesetzkommission führte.

Die Beschränkungen und die Rechtsfigur der Anrufung der Gesetzkommission im ALR waren nicht von langer Geltung. Mit der Kabinettsorder vom 8. März 1798 und dem Reskript vom 21. März 1798 wurden die §§ 47, 48 der Einleitung ALR durch die Bestimmung ersetzt, der Richter habe nach den allgemeinen Auslegungsregeln zu entscheiden[115]. Der König vertrat die Ansicht, dass es nicht ersichtlich sei, warum die Richter nicht ebenso gut bei zweifelhaften Gesetzen die Unklarheiten aufklären können[116]. 1803 wurden die Regeln der Kabinettsorder in den Ersten Anhang § 2 zum ALR an Stelle der ursprünglichen §§ 47 und 48 der Einleitung zum ALR aufgenommen[117].

Von nun an konnten die Richter beim Fehlen gesetzlicher Vorschriften und auch bei zweifelhaften und unklaren Gesetzen gemäß den allgemeinen Regeln der Auslegung entscheiden. Sie waren lediglich bei problematischen Fällen ver-

---

113 Thieme, Die Zeit des späten Naturrechts, ZRG (GA) Bd. 56, S. 202, 262; Schade, a.a.O., S. 139.

114 Kabinettsorder vom 01. November 1786, GStA, I. HA., Rep. 84, XVI, Nr. 1, Bd. 2, Fol. 182.

115 Vgl. Bornhak, a.a.O., S. 261; Benthaus, a.a.O., S. 101 ff.; Conrad, a.a.O., S. 17; Hattenhauer, Preußens Richter und das Gesetz (1786-1814). In: Das nachfriderizianische Preußen (1786-1806), S. 37, 53.

116 Kabinettsorder vom 08. März 1798, vgl. Hattenhauer, Das ALR im Spiegel von Erwartung, Lob und Kritik. In: Zur Ideen- und Rezeptionsgeschichte des Preußischen Allgemeinen Landrechts, S. 110 f.

117 Vgl. § 2, Erster Anhang, Berlin 1803: „Findet der Richter den Sinn des Gesetzes zweifelhaft, so liegt es ihm zwar ob, den vorliegenden Fall nach den allgemeinen Regeln wegen Auslegung der Gesetze zu entscheiden, und findet die Anfrage an die Gesetzcommission während des Laufs des Prozesses nicht mehr statt. Er muß aber die vermeintliche Dunkelheit des Gesetzes dem Chef der Justiz zum Behuf künftiger Legislation anzeigen."

pflichtet, dem Justizministerium die fragliche Rechtslage zu melden, so dass der Gesetzgeber das Problem durch eine Neuregelung aus der Welt schaffen konnte. Dies hatte praktisch das Ende der Gesetzkommission zur Folge, die offiziell aber erst 1815 mit Errichtung eines Staatsrats aufgelöst wurde[118]. Durch ein Reskript wurde 1806 die authentische Interpretation ausschließlich dem Justizministerium übertragen[119].

Unter der Vorgabe, ein vollständiges Gesetzbuch zu schaffen, hatten die Redaktoren des ALR verkannt, dass ein auch noch so ausführliches Landrecht nicht in der Lage sein würde, wirklich auf alle Fragen eine klare und eindeutige Antwort zu geben. Vollständigkeit in allen Einzelheiten konnte nicht erreicht werden. Der Gesetzgeber konnte auch nicht durch die Schaffung einer Gesetzkommission die Aufgabe der Rechtsanwendung für die Gerichte übernehmen. Eine freiere richterliche Entscheidungspraxis erschien notwendig. Den Richtern wurde dementsprechend das Recht zur eigenständigen Auslegung und Interpretation der Gesetze zugestanden. Sie sollten nicht mehr nur ein Spruchautomat sein[120]. Durch Anordnungen, u.a. vom 13. Juni 1842[121], wurde den Richtern ihre Pflicht zur Auslegung der Gesetze immer wieder in Erinnerung gebracht. Was allerdings unter den allgemeinen Auslegungsregeln zu verstehen war, definierte der Gesetzgeber nicht weiter. Zur näheren Bestimmung sind daher die Ausführungen der sich zu diesem Zeitpunkt parallel entwickelnden Rechtswissenschaft heranzuziehen.

B) Entwicklungen in der Rechtswissenschaft

Die Rechtswissenschaft im ausgehenden 18. Jahrhundert war geprägt gewesen von den Ideen des Naturrechts und der Aufklärung. Die Bestrebungen gingen dahin, die Jurisdiktionsgewalt in die Hände des Staates und damit des Monarchen zu legen und eine Kodifikation basierend auf den Gedanken des mathematisch-systematischen Naturrechts und der Aufklärung zu schaffen[122]. Die Gesetzgebungsgewalt des absoluten Herrschers sollte dabei nicht nur die Setzung neuen

---

118 Hattenhauer, Preußens Richter und das Gesetz (1786-1814). In: Das nachfriderizianische Preußen (1786-1806), S.37, 53; Benthaus, a.a.O., S.101 ff.

119 Vgl. Bornhak, a.a.O., S. 261.

120 Coderch, Die logische Auslegung, In: Das nachfriderizianische Preußen (1786-1806), S. 245, 253.

121 Allerhöchste Kabinettsorder vom 13. Juni 1842, Justiz-Ministerial-Blatt 1842, S. 214 f.

122 Busch, a.a.O., S. 38.

Rechts umfassen, sondern darüber hinaus auch die Entscheidungsgewalt über die Auslegung der geschaffenen Gesetze.

Das ALR basierte auf dieser alten mathematisch-systematischen Naturrechtslehre, welche vor allem auf den Ideen der Naturrechtssystematiker Gottfried Wilhelm Leibniz[123], Samuel Pufendorf[124] oder Christian Wolff[125] aufbaute. Diese gingen von einer grundsätzlichen Zeitlosigkeit und Absolutheit des Naturrechts aus[126]. Nach der ursprünglichen Naturrechtslehre sollten Kommentare und Urteile nicht zur Fortentwicklung des grundsätzlich unabänderlich gedachten Gesetzes führen. Dies entsprach der Grundhaltung des ALR von 1794[127].

Wie die Redaktoren des ALR war die Rechtswissenschaft unter dem Einfluss des Naturrechts zunächst davon ausgegangen, dass grundsätzlich die authentische Interpretation durch den Gesetzgeber entscheidend sei und die Richter an diese gebunden seien. Die Rechtswissenschaft des Absolutismus hatte diese authentische Interpretation aus dem römischen Recht abgeleitet[128]. Nach dem römischen Recht stand dem Kaiser nicht nur die Gesetzgebung zu, sondern auch das Recht zur Interpretation der Gesetze. Die Gerichte waren bei der Anwendung der Gesetze an diese kaiserliche Interpretation gebunden[129]. Sinn und Zweck der authentischen Interpretation war es, Konflikte zwischen den unterschiedlichen Ansichten der Gerichte untereinander und zwischen ihnen und der Auffassung der Gesetzgebung durch die bindende Entscheidung des Gesetzgebers zu vermeiden[130]. So konnten z.B. Verordnungen oder Reskripte nach zeitgenössischer Ansicht die Wirkung einer authentischen Interpretation entfalten[131].

Diese naturrechtliche Lehre bekam aber schon kurze Zeit nach dem Inkrafttreten des ALR Anfang des 19. Jahrhunderts durch neu aufkommende Ansichten Konkurrenz, die sich von den Gedanken der Systematik und Allgemeingültigkeit

---

123 Gottfried Wilhelm Leibniz (1646-1716).

124 Samuel Pufendorf (1632-1694).

125 Christian Wolff (1679-1754).

126 Eckert, Gesetzesbegriff und Rechtsanwendung im späten Naturrecht. In: Der Staat. Band 37, Heft 4, 1998, S. 571, 574.

127 Dernburg, Lehrbuch des Preußischen Privatrechts, Bd. I, S. 22; Wieacker, a.a.O., S. 331, 332.

128 Dernburg, Lehrbuch des Preußischen Privatrechts, Bd. I, S. 35.

129 Dernburg, Lehrbuch des Preußischen Privatrechts, Bd. I, S. 35.

130 Wieacker, Privatrechtsgeschichte der Neuzeit unter besonderer Berücksichtigung der deutschen Entwicklung, S. 329.

131 Landwehr, Das Allgemeine Landrecht in der Rechtspraxis seiner ersten Jahre – dargestellt an den Vorschriften des ersten Anhangs zum ALR aus dem Jahre 1803. In: Das nachfriderizianische Preußen (1786-1806), S. 67, 81 ff.; Dernburg, Preußisches Privatrecht, Bd. I, S. 36.

des Rechtssystems abwandten[132]. Das alte Naturrecht wurde zwar in der Wissenschaft weiterhin behandelt, aber nicht mehr als Rechtsquelle herangezogen[133]. Im 19. Jahrhundert schwand der Glaube an die alleinige Befähigung der gesetzgebenden Gewalt zur Auslegung der Gesetze[134]. Der Wandel der Ansicht über die authentische Interpretation und die Bindungswirkung der Reskripte des Justizministers zeigte sich zum Beispiel auch in der Kabinettsorder vom 06. September 1815[135]. Diese bestimmte, dass die Gerichte in ihrer Entscheidung nicht an die Ansichten des Justizministeriums gebunden sein sollten. Allerdings sollten die Bestimmungen des Justizministeriums bei der Bewertung durch die Praxis aufgegriffen und verarbeitet werden.

I. Kodifikationsstreit

Nachdem zunächst am Anfang des 19. Jahrhunderts 1815 mit der Gründung des Deutschen Bundes politisch die Ideen von Restauration und repressiver Sicherheitspolitik verfolgt wurden, verstärkten sich zunehmend die Forderungen nach Einheit und Freiheit der Nation und der Vereinheitlichung des Rechtswesens durch Schaffung einer einheitlichen neuen Kodifizierung[136]. Die nationalen Kodifikationsbestrebungen in den europäischen Staaten führten auch in den deutschen Staaten und damit auch in den preußischen Ländern zu vermehrten Diskussionen in der Rechtswissenschaft über den Sinn und Zweck der Kodifikationen und einer Abkehr vom Naturrecht und der naturrechtlichen Methodenlehre. Namentlich

---

132 Busch, a.a.O., S. 19; Eckert, Gesetzesbegriff und Rechtsanwendung im späten Naturrecht. In: Der Staat. Bd. 37, Heft 4, 1998, S. 571, 574 ff.

133 Schröder, Recht der Wissenschaft Geschichte der juristischen Methode vom Humanismus bis zur historischen Schule (1500-1850), S. 202 ff.; Klippel Die Philosophie der Gesetzgebung. Naturrecht und Rechtsphilosophie als Gesetzgebungswissenschaft im 18. und 19. Jahrhundert. In: Gesetz und Gesetzgebung im Europa der Frühen Neuzeit, hrsg. von Barbara Dölemeyer und Diethelm Klippel, Zeitschrift für historische Forschung, Bd. 22, S. 232, 245 ff.

134 Dernburg, Lehrbuch des Preußischen Privatrechts, Bd. I, S. 35; Eckert, Gesetzesbegriff und Rechtsanwendung im späten Naturrecht. In: Der Staat. Bd. 37, Heft 4, 1998, S. 571, 574 ff.

135 Allerhöchste Kabinettsorder wegen der Einwirkung des Chefs der Justiz in die formellen Verfügungen der Gerichtsbehörden vom 06. September 1815, Preußische Gesetzsammlung 1815, S. 198.

136 Vgl. Thieme, Die Zeit des späten Naturrechts, ZRG (GA) Bd. 56, S. 202, 221 ff.; Eckert, Der Gesetzesbegriff des Preußischen Allgemeinen Landrechts in Theorie und Praxis. In: Zu Ideen- und Rezeptionsgeschichte des Preußischen Allgemeinen Landrechts, S. 39, 40 f.; Dernburg, Lehrbuch des Preußischen Privatrechts, Bd. I, S. 22, 23.

nach den Befreiungskriegen gegen Napoleon wurde die Forderung nach der Schaffung einer einheitlichen Kodifikation für alle deutschen Staaten laut.

Hervorzuheben ist hier der Kodifikationsstreit zwischen Thibaut[137] und Savigny[138]. Thibaut sprach in seiner Schrift „Über die Nothwendigkeit eines allgemeinen bürgerlichen Rechts für Deutschland“ von 1814[139] von der Notwendigkeit einer einheitlichen Kodifikation für die deutschen Staaten. Savigny, der Begründer der historischen Rechtsschule, veröffentlichte als Antwort auf die Schrift von Thibaut im selben Jahr seine Gegenansicht in der Schrift „Vom Beruf unserer Zeit für Gesetzgebung und Rechtswissenschaft“[140].

Savigny lehnte dabei nicht den Gedanken der Rechtsvereinheitlichung ab, sondern wandte sich gegen die Konkretisierung des unhistorischen Vernunftrechts in einer Kodifikation. Er vertrat die Ansicht, dass eine umfassende Kodifikation wie das ALR einen Eingriff in den natürlichen Gang des Rechts darstellte, und lehnte das statisch-systematische materielle Naturrechtsdenken ab[141]. Nach der von Savigny begründeten historischen Rechtsschule konnte positives Recht nur aus der Erschließung der geschichtlichen Zusammenhänge und der Volksüberzeugung heraus gewonnen werden und nicht durch den willkürlichen Willen des Gesetzgebers[142]. Charakteristisch seien historisches Wachstum und Kontinuität[143]. Dabei bildeten Gewohnheitsrecht und Juristenrecht die Grundlagen, während das Gesetz nach Ansicht der historischen Rechtsschule keine entscheidende Rechtsquelle darstellte, sondern lediglich das positive Recht zusammen-

137 Anton Friedrich Justus Thibaut (1772 – 1840).

138 Carl Friedrich von Savigny (1779-1861).

139 Anton Friedrich Justus Thibaut, Über die Notwendigkeit eines allgemeinen bürgerlichen Rechts für Deutschland. In: Thibaut und Savigny. Ihre programmatischen Schriften, S. 62 ff.

140 Carl Friedrich von Savigny, Vom Beruf unserer Zeit für Gesetzgebung und Rechtswissenschaft. In: Thibaut und Savigny. Ihre programmatischen Schriften, S. 97 ff.

141 Vgl. Bornemann, Die Rechtsentwicklung in Deutschland und deren Zukunft mit besonderer Hinsicht auf Preußen, S. 55; Wesenberg, a.a.O., S. 159.

142 Savigny, Vom Beruf unserer Zeit für Gesetzgebung und Rechtswissenschaft. In: Thibaut und Savigny. Ihre programmatischen Schriften, S. 97, 103 f.; Savigny, Über den Zweck dieser Zeitschrift, ZgeschRW Bd. 1 (1815), S. 1, 4.; Schröder, a.a.O., S. 192; Döhring, Geschichte der deutschen Rechtspflege seit 1500, S. 328 f.; Wieacker, a.a.O., S. 353.

143 Savigny, Vom Beruf unserer Zeit für Gesetzgebung und Rechtswissenschaft. In: Thibaut und Savigny. Ihre programmatischen Schriften, S. 97, 104; Savigny, Juristische Methodenlehre, nach der Ausarbeitung von Jacob Grimm, S. 31 ff.

fasste oder gegebenenfalls ergänzte[144]. Durch wissenschaftliches Recht konnten Lücken geschlossen werden[145].

II. Entwicklungen in der Methodenlehre

Neben den Diskussionen über die Rechtsvereinheitlichung und die Notwendigkeit einer neuen Kodifikation, vollzog sich zu Beginn des 19. Jahrhunderts auch ein Umbruch in der Methodenlehre. So sprach sich Thibaut bereits Anfang des 19. Jahrhunderts dafür aus, sich von der rein buchstäblichen und begrifflichen Gesetzesanwendung und der bestehenden Auslegungsmethodik des alten Naturrechts abzuwenden[146]. Für Thibaut setzte sich die Auslegung aus der grammatischen und der logischen Auslegung zusammen, wobei er die logische Auslegung in die Ermittlung der Absicht des Gesetzgebers und die Interpretation der Gründe des Gesetzes unterteilte[147]. Nicht mehr nur der Wille und die Absicht des Gesetzgebers, sondern auch der objektive Grund des Gesetzes, das, was der Gesetzgeber aufgrund allgemeiner Prinzipien ausdrücken müsse, sollte bei der logischen Auslegung der Gesetze entscheidend sein[148]. Dabei konnte die logische Auslegung mit dem Wortlaut übereinstimmen, diesen aber auch erweitern, einschränken oder ergänzen[149]. Eine solche Rechtsanwendung sei zwar kein Gesetz, werde aber durch die Anwendung in der richterlichen Entscheidung zum Gesetz erhoben[150]. Der Richter durfte somit und sollte sogar von dem Wortlaut der Gesetze bei vernünftigen Gründen für eine Rechtsfortbildung abweichen.

Savigny und die Anhänger der historischen Schule lenkten ihr Augemerk auf die geschichtliche Betrachtungsweise für die Ermittlung der Intention des Gesetzgebers[151], ohne objektive oder subjektive Elemente bevorzugt zu beachten[152]. Bei Auslegung sollte objektiv der Wortlaut, der Kontext und der Sprachgebrauch herangezogen werden und subjektiv Eigentümlichkeiten und Stil des Gesetzge-

144 Schröder, a.a.O., S. 194, 201 f.; Coing, Europäisches Privatrecht 1800-1914, Bd. II, S. 41, 42; Wesenberg, a.a.O., S. 159.

145 Schröder, a.a.O., S. 196 f.; Savigny, Vom Beruf unserer Zeit für Gesetzgebung und Rechtswissenschaft. In: Thibaut und Savigny. Ihre programmatischen Schriften, S. 97, 103 f.

146 Döhring, a.a.O., S. 335; Thibaut, Theorie der logischen Auslegung des römischen Rechts.

147 Thibaut, Theorie der logischen Auslegung des römischen Rechts, S. 13, 22.

148 Thibaut, Theorie der logischen Auslegung des römischen Rechts, S. 12 ff.

149 Thibaut, Theorie der logischen Auslegung des römischen Rechts, S. 24 f.

150 Thibaut, Theorie der logischen Auslegung des römischen Rechts, S. 59.

151 Schröder, a.a.O., S. 211.

152 Schröder, a.a.O., S. 211, 213.

bers[153]. So bevorzugte Savigny in Bezug auf die Auslegung die doktrinale Methode, die keine teleologische Deutung zuließ, um so eine gesetzgeberische Tätigkeit zu vermeiden[154]. Die Auslegung sollte darin bestehen, den Gedanken des Gesetzes zu erkennen und zu erklären und ihn nicht zu korrigieren. Extensive oder restriktive Auslegung sollten vermieden werden. Allein der Gedanke, der im Gesetz ausgesprochen werde, egal ob klar oder dunkel, sei entscheidend bei der Interpretation[155]. Jede Abweichung vom Wortlaut und Korrektur durch den Richter sah Savigny als willkürlich an[156]. Es sei die Aufgabe des Richters, nachzuvollziehen, nicht aber selbst rechtsschöpfend tätig zu werden[157]. Der Rechtswissenschaft hingegen wurde die Möglichkeit der systematischen Bearbeitung und Darstellung des Rechts zugesprochen[158].

Wurde zum Zeitpunkt der Kodifizierung und des Inkrafttretens des ALR bei der eigentlichen Gesetzesauslegung allgemein die grammatische Auslegungsmethode bevorzugt, so setzte sich der Gebrauch der historischen und logischen Argumente im Laufe des 19. Jahrhunderts vor allem in privaten juristischen kasuistischen Werken und Fallsammlungen durch[159]. Den Richtern sollten ihre vorhergehenden Entscheidungen als Leitfäden bei zukünftigen Rechtssprüchen helfen[160]. Die Fallsammlungen sollten Praxis und Theorie verbinden[161].

---

153 Schröder, a.a.O., S. 213.

154 Savigny, Juristische Methodenlehre, nach der Ausarbeitung von Jacob Grimm, S. 18.

155 Savigny, Juristische Methodenlehre, nach der Ausarbeitung von Jacob Grimm, S. 18 f. Aus diesen Ansichten der historischen Rechtsschule entwickelte sich später die Begriffsjurisprudenz. Unter der Begriffsjurisprudenz war die Überzeugung zu verstehen, dass jeder juristische Fall begrifflich-logisch gelöst werden könne. Die Anhänger der Begriffsjurisprudenz fürchteten die Vielfalt der Meinungen, die entstehen könnten, wenn Richter die engen Grenzen einer am Gesetzeswortlaut und der Logik ausgerichteten Auslegung einmal verließen. Vgl. Larenz, Methodenlehre der Rechtswissenschaft, S. 19 ff.; Coing, a.a.O., Bd. II, S. 47.

156 Savigny, Juristische Methodenlehre, nach der Ausarbeitung von Jacob Grimm, S. 39 f.

157 Savigny, Juristische Methodenlehre, nach der Ausarbeitung von Jacob Grimm, S. 14, 18 f.

158 Savigny, Juristische Methodenlehre, nach der Ausarbeitung von Jacob Grimm, S.15.

159 Vgl. Bornemann, Systematische Darstellung des preußischen Civilrechts mit Benutzung der Materialien des Allgemeinen Landrechts; Koch, Allgemeines Landrecht für die Preußischen Staaten; Dernburg, Lehrbuch des Preußischen Privatrechts und der Privatrechtsnormen des Reiches.

160 Gans, Beiträge zur Revision der Preussischen Gesetzgebung, S. 16.

161 Koch, Beurteilung der ersten 10 Bände Entscheidungen des Königlichen Ober-Tribunals, S. 7.

Es entwickelte sich als allgemeine Auslegungsregel im 19. Jahrhundert eine wissenschaftliche Interpretation, die sich in die grammatische, die logische, die systematische und die historische Interpretation unterteilte[162]. Diese wurden aber als gleichwertig nebeneinander gestellt[163]. Auch Savigny ließ im Laufe der Zeit bei der Auslegung neben der von ihm geforderten engen Bindung an den Gesetzeswortlaut eine stärkere Berücksichtigung des Gesetzeszweckes und des in der Gesamtanschauung des Rechtsinstituts gegebenen Sinnzusammenhanges zu[164]. Ausgehend vom Wortlaut waren bei dieser Interpretation die Absicht des Gesetzgebers, aber auch die Stellung im Gesetz und der historische Zusammenhang zu berücksichtigen[165].

Nach den Auslegungsregeln waren die Richter nunmehr nur dann verpflichtet, bei dem Wortlaut stehen zu bleiben, wenn dieser vollständig den Willen des Gesetzgebers widerspiegelte[166]. War dies nicht der Fall, so standen dem Richter zur Ermittlung des anzunehmenden Willens des Gesetzgebers die Möglichkeiten zur extensiven oder restriktiven Interpretation oder sogar der Analogie offen[167]. Die Rechtswissenschaft ging im Laufe des 19. Jahrhunderts davon aus, dass der Gesetzgeber, wenn er durch Veröffentlichung und Inkrafttreten der Gesetze einmal seinen Willen kund getan hatte, die Durchführung und Anwendung den Richtern zu überlassen habe. Dazu gehörte auch die Auslegung des Rechts[168]. Die Richter wurden nicht mehr als bloßer „Subsumtionsautomat" angesehen[169]. War am An-

162 Schröder, a.a.O., S. 213 ff.; Schmidt, Lehrbuch des preußischen Rechts und Prozesses mit Rücksicht auf das gemeine Recht und den gemeinrechtlichen Prozess, Bd. I, S. 43 f.

163 Schröder, a.a.O., S. 213 ff.; Schmidt, Lehrbuch des preußischen Rechts und Prozesses mit Rücksicht auf das gemeine Recht und den gemeinrechtlichen Prozess, Bd. I, S. 43 f.

164 Larenz, a.a.O., S. 18.

165 Schmidt, Lehrbuch des preußischen Rechts und Prozesses mit Rücksicht auf das gemeine Recht und den gemeinrechtlichen Prozess, Bd. I, S. 43 f.

166 Jordan, Bemerkungen über den Gerichtsgebrauch, dabei auch über den Gang der Rechtsbildung und die Befugnisse der Gerichts, AcP, Bd. 8, S. 191, 210 ff.

167 Schmidt, Lehrbuch des preußischen Rechts und Prozesses mit Rücksicht auf das gemeine Recht und den gemeinrechtlichen Prozess, Bd. I, S. 43 f; Jordan, Bemerkungen über den Gerichtsgebrauch, dabei auch über den Gang der Rechtsbildung und die Befugnisse der Gerichts, AcP, Bd. 8, S. 191, 210 ff.; Landwehr, Das Allgemeine Landrecht in der Rechtspraxis seiner ersten Jahre. In: Das nachfriderizianische Preußen (1786-1806), S. 67, 83 ff.

168 Dernburg, Lehrbuch des Preußischen Privatrechts, Bd. I, S. 16; Jordan, Bemerkungen über den Gerichtsgebrauch, dabei auch über den Gang der Rechtsbildung und die Befugnisse der Gerichts, AcP, Bd. 8, S. 191, 210 ff.

169 Eckert, Gesetzesbegriff und Rechtsanwendung im späten Naturrecht. In: Der Staat. Bd. 37, Heft 4, 1998, S. 571, 575.

fang des 19. Jahrhunderts noch der Gedanke vorherrschend, dass nur der unmittelbare Gesetzesgrund berücksichtigt werden sollte und entfernte oder ähnliche Gründe nicht zu beachten waren, so setzte sich zum Ende des 19. Jahrhunderts der Gedanke einer objektiveren Gesetzesinterpretationslehre durch[170]. Damit wurde der Interpretation durch die Gerichte mehr Gewicht beigelegt. Nicht allein der Begriff sollte entscheidend sein, sondern der vom Gesetzgeber in dem Gesetz festgelegte Sinn und Zweck der Normen. In der Rechtswissenschaft erkannte man die Nachteile der engen Regelungen des ALR und die geringe Akzeptanz der Entscheidungen der Gesetzkommission. Durch Gerichtsgebrauch sollte neben dem geschriebenen Recht und dem Gewohnheitsrecht durchaus die Möglichkeit bestehen, bei Unklarheiten oder Lücken Recht zu schaffen[171]. Die Richter sollten ihre Urteile im Einzelfall durchaus schöpferisch fällen[172].

Eine zu freie richterliche Interpretation konnte einen Eingriff in die Sphäre des Gesetzgebers darstellen. Der Versuch, die Richter an den Wortlaut zu binden und eine Gesetzkommission einzurichten, sollte die Gewaltenteilung schützen[173], doch konnte die Einschränkung der richterlichen Freiheit für die Rechtsprechung und die Entwicklung des Rechts in Preußen im Allgemeinen auf die lange Sicht nicht von Vorteil sein. So wie die Rechtsprechung sich nicht zum Gesetzgeber aufschwingen sollte, sollte auch der Gesetzgeber nicht selber durch Machtsprüche und Auslegung in die Aufgaben der Jurisprudenz eingreifen. Im Gegensatz zu den Redaktoren des ALR hielten die Rechtswissenschaftler im 19. Jahrhundert Interpretation und Rechtsfortbildung durch Gerichtsgebrauch nicht für hinderlich, sondern vielmehr für das gesamte Rechtswesen für förderlich und notwendig[174]. Die Bindungswirkung wurde allerdings unterschiedlich beurteilt[175]. Überwiegend erkannten sie dem Gerichtsgebrauch zwar keine formelle Bindungskraft wie bei Gesetzen oder anerkanntem Gewohnheitsrecht zu, da er lediglich das Ergebnis einer Rechtsanwendung nach den Regeln der Auslegung darstellte. Aber mit der

---

170 Vgl. Dernburg, Lehrbuch des Preußischen Privatrechts, Bd. I, S.17 f.

171 Vgl. Wächter, Beitrag zu der Lehre vom Gerichtsgebrauch, AcP, Bd. 23, S. 432, 433.

172 Thieme, Die Zeit des späten Naturrechts, ZRG (GA), Bd. 56, S. 202 ff; Eckert, Der Gesetzesbegriff des Preußischen Allgemeinen Landrechts in Theorie und Praxis. In: Zur Ideen- und Rezeptionsgeschichte des Preußischen Allgemeinen Landrechts, S. 39, 43.

173 Ogorek, Richterkönig oder Subsumtionsautomat?, Zur Justiztheorie im 19. Jahrhundert, Rechtsprechung, Materialien und Studien, S. 56 f.

174 Jordan, Bemerkungen über den Gerichtsgebrauch, dabei auch über den Gang der Rechtsbildung und die Befugnisse der Gerichts, AcP, Bd. 8, S. 191, 210 ff.; Wächter, Beitrag zu der Lehre vom Gerichtgebrauch, AcP, Bd. 23, S. 432 f.; Beseler, Volksrecht und Juristenrecht, S. 302.

175 Beseler, a.a.O., S. 342 ff.

Rechtskraft des jeweiligen Urteils entfaltete er für die Parteien seine endgültige Bindungswirkung ähnlich einem Gesetz[176].

C) Bemühungen der Gesetzgebung um eine einheitliche Rechtsprechung

Die Kodifikationsgeschichte des ALR hat gezeigt, dass der Gesetzgeber ein Gesetzbuch geschaffen hatte, dass inhaltlich und redaktionell nach nicht so vollkommen war, wie es die Redaktoren angestrebt hatten. Die dem Gesetzbuch zugrundegelegten Ideen des alten Naturrechts waren durch die Entwicklung in der Rechtswissenschaft bereits bei seinem Inkrafttreten überholt. So hatte sich vor allem die vom König vertretene Auffassung des systematischen Naturrechts zunächst bei der Kodifikation des ALR durchgesetzt, die Richter in ihrer Freiheit der Urteilsfindung weiterhin erheblich einzuschränken, obwohl inzwischen nicht mehr das Richterbild des „Subsumtionsautomaten" als Ideal angesehen wurde. Durch die Vorgabe, jedes Detail ausführlich zu regeln und ein einziges allumfassendes Gesetzbuch zu schaffen, verlor die Kodifikation an Übersichtlichkeit. Es fehlte die Festlegung allgemeiner Prinzipien. Das Ziel, kontroverse oder willkürliche Gerichtsentscheidungen und widersprüchliche Diskussionen zu vermeiden, musste auf anderem Wege erreicht werden, insbesondere nachdem den Richtern die Auslegung nach den allgemeinen Regeln doch wieder gestattet worden war.

Die geschichtliche Entwicklung des Obertribunals als Institution für die preußischen Staaten ist kennzeichnend für das neue Naturrechtsdenken und die aufkommenden Bestrebungen um Rechtseinheit in Preußen und in den anderen deutschen Staaten im 18./19. Jahrhundert. Der Gesetzgeber war bestrebt, eine einheitliche Rechtsprechung innerhalb der Gerichtshierarchie zu erreichen. Ein oberster Gerichtshof sollte durch seine Entscheidungen Richtlinien setzen, denen die Gerichte in den unteren Instanzen folgen konnten. Nicht mehr nur die ausführlichen Regelungen in einem Gesetzbuch sollten einheitliche Urteile garantieren, sondern zusätzlich die Urteile des obersten Gerichtshofes.

Unter dem Einfluss der historischen und philosophischen Strömungen der Rechtswissenschaft erkannte man, dass Kommentare und Urteile für die Weiterbildung der Gesetze hilfreich sein konnten. Die Veränderungen und der Wandel der Ansichten in Bezug auf Richter- / Juristenrecht zeigten sich in dem Aufkommen gedruckter Entscheidungssammlungen in der Mitte des 19. Jahrhunderts.

---

176 Vgl. Jordan, Bemerkungen über den Gerichtsgebrauch, dabei auch über den Gang der Rechtsbildung und die Befugnisse der Gerichts, AcP, Bd. 8, S. 191, 238 ff. m.w.N.; a.A. Thibaut, System des Pandektenrechts, Bd. I, § 16, S. 15: Thibaut legte dem Gerichtsgebrauch oberer Gerichte für Unterinstanzen allgemein gesetzliche Kraft bei.

Die Urteile aus den Entscheidungssammlungen des obersten Gerichtshofes sollten den Gerichten bei der Entscheidungsfindung bei Unklarheiten und Zweifeln als Grundlage dienen. Dies sicherte eine einheitliche Auslegung des geltenden Rechtes.

Die Einrichtung des Obertribunals als oberster Gerichtshof zusammen mit der Kodifikation des ALR Ende des 18. Jahrhunderts war ein wichtiger Schritt zur Rechts- und Gerichtsvereinheitlichung in den preußischen Staatsgebieten. Landesgerichte und Regierungen, die bisher außerhalb der Kontrolle eines gemeinschaftlichen Gerichts am Hofe des Fürsten gewesen waren, wurden im Laufe der Entwicklung unter dem Obertribunal als Zentralstelle in Berlin zusammengefasst. Mit der institutionellen Entwicklung des Obertribunals änderte sich der Gesamtcharakter der Justizverfassung und damit auch die Stellung der Gerichte. Bezweckte die Justizverfassung ursprünglich nur die Ordnungsmäßigkeit der Rechtspflege, wurde allmählich mehr Wert auf die Beschleunigung der Urteilsfindung und die objektive Wahrheitsfindung gelegt, vor allem aber sollte schließlich eine Gleichförmigkeit der gerichtlichen Entscheidungen der einzelnen preußischen Gerichte in einem einheitlichen Hierarchiesystem angestrebt werden[177].

Nachdem das Obertribunal 1833 durch Zuweisung der Zuständigkeit für Revisionen und Nichtigkeitsbeschwerden für die preußischen Gebiete als oberster Gerichtshof etabliert worden war, fand der Gesetzgeber schließlich eine Lösung für eine einheitliche, unter der Autorität des Obertribunals stehende und gleichzeitig vor Willkür geschützte Rechtsprechung in den Regelungen der Kabinettsorder von 1836[178]. Die beiden Werkzeuge, die der Gesetzgeber einsetzte, waren zum einen die Einführung der Plenarentscheidungen bei abweichenden Entscheidungen und die Veröffentlichung der Entscheidungen der Senate des Obertribunals.

I. Einführung der Entscheidungssammlung des Obertribunals 1836/37

Anfang des 19. Jahrhunderts begann die Öffentlichkeit auf die Bekanntmachung der Entscheidungen und deren Gründe durch die Gerichte Wert zu legen[179]. Die

177 Koch, Der preußische Civil-Prozeß, S. 57, 75, 81.

178 Allerhöchste Kabinettsorder vom 01. August 1836, die Erhaltung der Einheit der Rechtsgrundsätze in den richterlichen Entscheidungen betreffend, Preußische Gesetzsammlung 1836, S. 218 f.

179 Vgl. Mohnhaupt, Sammlung und Veröffentlichung von Rechtsprechung im späten 18. und 19. Jahrhundert in Deutschland. In: Geschichte der Zentraljustiz in Mitteleuropa, S. 404 ff.; Hocks, Gerichtsgeheimnis und Begründungszwang, S. 175 ff.

Rechtswissenschaftler wollten durch die Veröffentlichung der Gesetzesmaterialien und Urteile eine Grundlage erhalten, die sie wissenschaftlich bearbeiten konnten. Es hatte sich herausgestellt, dass die Kodifikationen trotz ihrer Ziele nicht in der Lage waren, jeden denkbaren Rechtsfall zweifelsfrei zu regeln. Die Wissenschaft und Rechtspraxis war für die Fortbildung notwendig. So hatte man in Frankreich die begründeten Erkenntnisse der Gerichtshöfe zur Schließung von Gesetzeslücken herangezogen[180]. Die Rechtswissenschaftler beklagten, dass in Ermangelung einer wissenschaftlichen und öffentlichen Urteilsbegründung in Preußen der Aufbau einer praktischen Rechtswissenschaft unterbleibe[181]. In der Rechtswissenschaft entwickelte sich im Laufe des 19. Jahrhunderts die Ansicht, dass das Obertribunal als preußischer oberster Gerichtshof anstelle des Gesetzgebers mit seinen Reskripten, Verordnungen und Novellen daher auf die Rechtsanwendung und Fortbildung einwirken solle[182].

Ein an den damaligen Justizminister Kircheisen gerichtetes Schreiben des Staatskanzlers Fürst Hardenberg vom 09. Januar 1818 sprach ein aktuelles Problem in Bezug auf die Stellung und Autorität des Obertribunals an: „Bei meiner Durchreise durch das Herzogthum Sachsen habe ich vernommen, dass einige jüngst bei dem Königlichen Obertribunal in sächsischen Sachen ergangene reformatorische Erkenntnisse bei vielen, welche von den unterliegenden Rechtsverhältnissen nähere Kenntnisse hatten, die Meinung veranlasst, als würden die Urtel wohl anders ausgefallen sein, wenn ein mit der sächsischen Rechtsverfassung genau bekannter Jurist an den Deliberationen des Königlichen Obertribunals Antheil genommen hätte. So unbegründet auch diese Meinung in Beziehung auf die spezielle Entscheidung sein mag, so muss sie doch künftig bei jedem reformatorischen Urtel neue Nahrung gewinnen, da das Geheime Obertribunal keine Gründe seiner Abänderung giebt, um daraus über deren Angemessenheit sich zu belehren. Es ist aber höchst wichtig, dass ein Justizhof, wie das Königliche Obertribunal, wegen seiner Aussprüche überall volles Vertrauen geniesse, und dass die Parteien, welche die endliche Entscheidung ihrer Prozesse von selbigem erwarten, in ihm nicht nur gründliche Rechtskenntnisse überhaupt, sondern auch

---

180 Brinkmann, Über richterliche Urtheilsgründe, nach ihrer Nützlichkeit und Nothwendigkeit, so wie über ihre Auffindung, Entwicklung und Anordnung; nebst Bemerkungen über den richterlichen Stil und Ton, S. 58.

181 Brinkmann, a.a.O., S. 59; Hocks, a.a.O., S. 179; Jordan, Bemerkungen über den Gerichtsgebrauch, dabei auch über den Gang der Rechtsbildung und die Befugnisse der Gerichts, AcP, Bd. 8, S. 191, 196 f.

182 Bornemann, Die Rechtsentwicklung in Deutschland und deren Zukunft mit besonderer Hinsicht auf Preußen, S. 72, 73.

diejenigen, welche eine vielfach abweichende Provinzialverfassung häufig und wiederkehrend voraussetzt, vereinigt finden."[183]

Vertrauen in die Entscheidungen und die Möglichkeit der Einflussnahme auf die Rechtsentwicklung konnte das Obertribunal nur erhalten, wenn dem Publikum die Entscheidungsgründe öffentlich dargelegt wurden. Durch das Gesetz vom 21. Juni 1825[184], die Kabinettsorder vom 19. Juli 1832[185] und die Verordnung über das Rechtsmittel der Revision und der Nichtigkeitsbeschwerde vom 14. Dezember 1833[186] ebnete der Gesetzgeber den Weg für die Möglichkeit, bei der Rechtsfindung und Rechtsgestaltung frühere Entscheidungen und wissenschaftliche Veröffentlichungen in die Rechtsfindung einzubeziehen. Endgültig wurde der Schritt zur Sicherung einer einheitlichen Rechtsprechung durch das Obertribunal als höchste Instanz mit der Kabinettsorder vom 01. August 1836[187] vollzogen. Der König und sein Justizministerium hatten erkannt, dass in der bisherigen Gerichtsordnung eine Einrichtung, die die Gleichheit der Urteile garantierte, fehlte. Die Aufspaltung der Gerichtszuständigkeiten in den preußischen Staaten, vor allem auch in Bezug auf die Aufspaltung der obersten Instanz zwischen dem Obertribunal und anderen obersten Gerichtshöfen, hatte bislang eine derartige Einheit nicht zugelassen. Die Veröffentlichung der Entscheidungen sollte gleichzeitig eine größere Transparenz bei der Urteilsfindung herbeiführen und somit eine Kontrolle der Richter gewährleisten.

1. Verhandlungen über die Frage, ob die Entscheidungen des Obertribunals in Revisionssachen mit Entscheidungsgründen zu versehen waren, und die Veröffentlichung der Entscheidungsbegründungen

Anfang des 19. Jahrhunderts wurden Diskussionen und Verhandlungen zwischen dem König, dem Staatsrat und dem Justizministerium, das wiederum die Gerichte heranzog, geführt. Diese Beratungen über die Einführung der Urteilsbegründung stellen ein gutes Beispiel für die vom Gesetzgeber im 19. Jahrhundert angestrebte Zusammenarbeit zwischen Rechtsprechung und Gesetzgebung dar. Das Obertri-

183 Sonnenschmidt, a.a.O., S. 187 f.

184 Gesetz vom 21. Juni 1825 die Mittheilung der Entscheidungsgründe der Revisionserkenntnisse betreffend, Preußische Gesetzsammlung 1825, S. 161.

185 Allerhöchste Kabinettsorder vom 19. Juli 1832 den Geschäftsbetrieb des Geheimen Obertribunals und die Ausfertigung der Revisionserkenntnisse mit den Entscheidungsgründen betreffend, Preußische Gesetzsammlung 1832, S. 192.

186 Verordnung über das Rechtsmittel der Revision und der Nichtigkeitsbeschwerde vom 14. Dezember 1833, Preußische Gesetzsammlung 1833, S. 302.

187 Allerhöchste Kabinettsorder vom 01. August 1836, die Erhaltung der Einheit der Rechtsgrundsätze in den richterlichen Entscheidungen betreffend, Preußische Gesetzsammlung 1836, S. 218 f.

bunal wurde vermehrt in den Vorbereitungsphasen von Gesetzen, Verordnungen etc. herangezogen, um mit Gutachten und Berichten den Standpunkt der Praxis zu verdeutlichen, der dann unter Umständen von dem Gesetzgeber befolgt und in den Entwurf eingearbeitet werden konnte. Während der Entwurfsphase zu den Verordnungen und Gesetzen in den 20er und 30er Jahren des 19. Jahrhunderts waren die Mitglieder des Obertribunals immer wieder durch den König oder den Justizminister aufgefordert worden, Stellungnahmen zu den Überlegungen des Gesetzgebers abzugeben. Aus Gründen der Mehrarbeit für die Richter sprachen sich die Berichte des Obertribunals allerdings zunächst immer wieder gegen die Beifügung der Gründe aus, während der König und seine Minister die Begründungspflicht für vorteilhaft und die Mehrarbeit für die Obertribunalsräte durch das Verfassen der Entscheidungsgründe für erträglich hielten.

a) Verhandlungen im Jahr 1809

1809 griff der Justizminister im Namen des Königs die Frage auf, ob den Revisionserkenntnissen des Obertribunals die Entscheidungsgründe beizufügen seien, wenn das Obertribunal durch seine Entscheidung zwei vorangegangene gleichlautende Urteile abändern wollte. Durch das Reskript vom 03. Juni 1809 forderte er die Mitglieder des Obertribunals auf, in einem gutachterlichen Bericht ihre Ansichten über das Vermerken von Entscheidungsgründen bei ihren Entscheidungen mitzuteilen[188].

Grundsätzlich waren bis zu diesem Zeitpunkt die Entscheidungen des Obertribunals nicht mit Urteilsgründen zu versehen und zu veröffentlichen[189]. Die Parteien und die unteren Gerichte blieben im Ungewissen über die Gründe der Abänderung oder der Bestätigung der Urteile. Das Obertribunal war bisher nur aufgrund einer Kabinettsorder vom 05. März 1799[190] verpflichtet gewesen, dem

188 GStA, I. HA., Rep. 97 a, Nr. 410, Fol. 1.

189 § 22 Teil I Titel 15 AGO: „Bei Revisionserkenntnissen bedarf es nicht der Beifügung von Entscheidungsgründen."

190 Kabinettsorder vom 05. März 1799, GStA, I.HA., Rep. 97 a, Nr. 410, Fol. 35: „Seine Königliche Majestät von Preußen haben die in dem Berichte des Justiz-Departments vom 30sten November und dessen Beilagen, für und wider die Bekanntmachung der Gründe solcher Revisions-Erkenntnisse, wodurch zwei gleichlautende Erkenntnisse der beiden ersten Instanzen abgeändert werden, angeführten Momente, reiflich erwogen und darauf beschlossen, zwar nicht die unbedingte Mittheilung der Entscheidungsgründe solcher Urtelsprüche, statt dessen aber festzusetzen, daß in jedem solchen Fall einer der Referenten, welcher pro Reformatoria gestimmt hat, das Urtel mit Gründen absetzen soll; dieses Urtel muß in der nächsten Session vollständig verlesen und dann erst vollzogen; ohne Beifügung der Entscheidungsgründe zur Publikation versandt, mit Beifügung derselben aber ab-

Justizdepartment die Gründe zu übermitteln, welches dann auf Anfrage der Parteien über die Offenlegung an die Parteien entschied. 1798 hatte sich das Obertribunal zur Offenlegung der Gründe ablehnend geäußert[191], woraufhin der König mittels der Kabinettsorder vom 05. März 1799[192] festgelegt hatte, dass zwar dem Verlangen auf Bekanntgabe nicht unbedingt nachgegangen werden müsse. Im Falle der Abänderung zweier gleichlautender Urteile der ersten Instanzen in der Revisionsentscheidung sollte einer der Referenten aber eine Abschrift der Urteilsgründe bei dem Großkanzler hinterlegen. Im Falle einer Beschwerde und eines Antrages auf Bekanntgabe der Begründung konnte unter Umständen eine entsprechende Mitteilung an die Parteien aufgrund der hinterlegten Urteilsgründe vorgenommen werden.

Die Mitglieder des Obertribunals wurden nun 1809 erneut aufgefordert, ihre Haltung zu überdenken, vielleicht auch veranlasst durch Erkenntnisse der letzten Jahre[193]. Um die Autorität des Obertribunals zu stärken, sollte mit dem Reskript an das Obertribunal angeregt werden, Urteile des Obertribunals, die die erstinstanzlichen Entscheidungen abänderten bzw. aufhoben, mit den Entscheidungsgründen für die Parteien zu veröffentlichen. In dieser Angelegenheit holten der König und das Justizministerium mehrere Voten des Obertribunals ein[194]. In den vorgelegten Berichten des Obertribunals lehnte die Mehrheit der Mitglieder die Beifügung der Entscheidungsgründe allerdings weiterhin als unzweckmäßig und überflüssig ab[195]. Die Obertribunalsräte sahen sich durch ihre Rechtsprechungspraxis seit 1798 nicht veranlasst, von ihrer damaligen Ansicht abzuweichen[196]. Ein Motiv für die Ablehnung war die Befürchtung der Mehrarbeit, da die Parteien auch für bereits abgeschlossene Verfahren eine Veröffentlichung der Gründe verlangen könnten und außerdem so gegen bereits rechtskräftige Erkenntnisse

---

schriftlich und versiegelt dem Justizdepartment, ohne daß es dazu eines Anschreibens bedarf überreicht, von demselben aber erst wenn eine Parthei darüber Beschwerde führt, eröffnet und alsdann geprüft werden, ob es rathsam oder zu Ausführungen einer etwanigen Nullität nothwendig sey, derselben die Gründe mitzutheilen, als welchenfalls solches zu verfügen ist. Hierbei muß der Großkanzler dafür sorgen, daß die von dem Revisions-Richter angenommenen, nicht in dem klaren Buchstaben des Gesetzes gegründeten Rechtsprinzipien gelegentlich bekannt gemacht oder den Gesetzen einverleibet werden. Hiernach hat das Justizdepartment das weiter erforderliche zu veranlassen."

191 GStA, I. HA., Rep. 97 a, Nr. 410, Fol. 1; Das Obertribunal lehnte in einem Verfahren den Parteiantrag auf Bekanntgabe der Entscheidungsgründe ab.

192 Vgl. Sonnenschmidt, a.a.O., S. 202.

193 GStA, I. HA., Rep. 97 a, Nr. 410, Fol. 1.

194 GStA, I. HA., Rep. 97 a, Nr. 410, Fol. 1 ff.

195 Vgl. GStA, I. HA., Rep. 97 a, Nr. 410, Fol. 15, 17.

196 Vgl. GStA, I. HA., Rep. 97 a, Nr. 410, Fol. 17, 18.

den Parteien trotz der Rechtskraft eine erneute Möglichkeit der Wahrnehmung ihres Rechts auf rechtliches Gehör und Durchsetzung ihrer Interessen gegeben werde müsse[197]. Außerdem befürchteten die Obertribunalsräte, durch die Bekanntgabe der Gründe auch geheime königliche Instruktionen bekannt geben zu müssen, die nicht für die Öffentlichkeit geeignet waren[198]. Die Gegenansicht, dass die Beifügung der Gründe nicht schädlich sei, konnte sich nicht durchsetzen. Für die Minderansicht brachte die Veröffentlichung der Gründe für die Rechtsprechung keine Nachteile mit sich, solange die Revisionsurteile weiterhin nur in den engen gesetzlichen Grenzen neu aufgerollt oder Vollstreckungen daraus durch die Parteien verhindert werden konnten[199]. Die Angelegenheit wurde dann zunächst entsprechend der weiterhin überwiegend ablehnenden Haltung der Obertribunalsräte vom Justizministerium nicht weiter verfolgt.

b) Erste Ansätze zur Urteilsbekanntmachung

Nachdem die Anfrage 1809 zu keinem neuen Ergebnis geführt hatte, griff Anfang der 20er Jahre der amtierende Justizminister Kircheisen das Problem erneut auf. Am 25. Januar 1823 erging eine Allerhöchste Kabinettsorder an den Staatsrat[200] betreffend den Antrag des Justizministeriums „wegen der den Revisions-Erkenntnissen, wodurch zwei gleichlautende Urtel ganz oder zum Theil abgeändert werden, beizufügenden und den Partheien zu publizierenden Entscheidungsgründe". Der König forderte den Staatsrat auf, den Bericht des Justizministers[201] für

197 Vgl. GStA, I. HA., Rep. 97 a, Nr. 410, Fol. 15, 15 r, 18.
198 Vgl. GStA, I. HA., Rep. 97 a, Nr. 410, Fol. 15 r.
199 GStA, I. HA., Rep. 97 a, Nr. 410, Fol. 19 f.
200 GStA, I. HA., Rep. 97 a, Nr. 410, Fol. 32 ff.
201 GStA, I. HA., Rep. 97 a, Nr. 410, Fol. 32-35: „Durch ältere Observanz und neuere Gesetze, besonders durch die Gerichtsordnung de 1795 15. Titel § 22 ist festgesetzt: daß bei Revisions-Erkenntnissen es nicht wie in den beiden früheren Instanzen der Beifügung der Entscheidungsgründe bedürfe.
Bei den veränderten Opinionen gab diese zu mannigfaltigen Reklamationen der Partheien Gelegenheit, und auf den Bericht des Justizdepartments, mit welchem der Großkanzler zum Theil nicht einig war, sondern für meinen jetzigen alleruntertänigstens Antrag stimmte, geruhten Ew. Königliche Majestät durch die Kabinetsordre vom 5ten März 1799 es zwar im Allgemeinen dabei zu belassen, jedoch dem Revisionsrichter anzubefehlen, wenn in dieser letzten Instanz zwei konforme Urtel abgeändert worden, die Abschrift dieser Sentenz mit den motivirten Gründen dem Großkanzler einzusenden, um unter gewissen ausgedrückten Umständen, die Partheien auf ihr Verlangen, davon in Kenntniß zu setzen.
Ich füge die Anschrift dieser Allerhöchsten Kabinettsordre alleruntertänigst bei, die von meinen Vorgängern und von mir bisher ohne Ausnahme befolget ist.

seine weitere Entschließung in der Angelegenheit zu begutachten. Dem Staatsrat und dem Obertribunal wurde der Antrag zur Abänderung der § 22 Teil I Titel 15

Ich finde mich jedoch veranlasst, bei dem so häufigen Andringen der Partheien, welche, nachdem sie zwei gleichlautende Urtel für sich hatten, in dritter Instanz den Prozeß verloren, ohne zu erfahren, warum, ihnen die Entscheidungsgründe des Revisionsrichters zukommen zu lassen. Ew. Königliche Majestät meine Bedenken gegen bisherige Einrichtung allergehorsamst vorzutragen.
Die Vorschrift der Gerichtsordnung, dass es bei Beifügung der Gründe bei erfolgter Reformatoria nicht bedürfe, hat das für sich, dass mit der Revisionsinstanz der Prozeß beendet, es auf den Werth der Entscheidungsgründe nicht ankommt, die Mittheilung der Gründe nur zu ihrer Bekrittelung und Widerlegung Gelegenheit giebt, die zu nichts führet und keine rechtlichen Folgen hat.
Dies ist jedoch nur halb wahr. Viele fiskalische Behörden, Gutsbesitzer, Unterthanen etc. sind in dem Fall, ähnliche Prozesse anzustellen; sie ahnen nur, warum sie abgewiesen sind. Wüßten sie es gewiß, so würden sie sich hüten, eines ähnlichen Gegenstandes wegen neue Prozesse anzustellen, über deren Rechtsmäßigkeit sie durch frühere konforme Urtel bestärkt sind, und doch in der dritten Instanz den Prozeß verloren haben, der wiederum in Revisorio an das Kollegium gebracht wird, welches das für sie nachteilige Urtel gesprochen hat.
Ich halte es ferner für sehr zweckmäßig, dass die Richter in den Provinzen bei der großen Verschiedenheit der Gesetzgebung und deren ganz neuen Gegenständen etc von den belehrenden Ansichten der höchsten Gerichte unterrichtet werden.
Ich finde es hart, dass die Partheien, die so viel Hoffnung für sich hatten, den Prozeß gewinnen, ihn jetzt verlieren, ohne den Trost zu haben, warum dies geschehen ist.
Endlich sehe ich daraus keinen wesentlichen Nachtheil, vielmehr halte ich das Gute überwiegend. Ich bin 36 Jahre Mitglied des für die Kameral-Justiz-Sachen bestellten Ober-Revisions-Kollegiums gewesen, welches in Revisorio und besonders wenn zwei konforme Urtel abgeändert wurden, die Entscheidungsgründe beigefügt und sie den Partheien mit publizieren ließ.
Nicht ein einziges Mal ist in diesem langen Zeitraume ein Nachtheil daraus wahrzunehmen gewesen.
Für alle Revisionsurtel, auch dann, wenn die Bestätigung erfolget, die bisherige Verfassung abzuändern, dazu fehlet es einmal an jenen Gründen und würde den Kollegien, die schon die Arbeiten ihres Berufes nicht zwingen können, eine neue Last auflegen, deren es nicht bedarf, da ereignenden Falls der Beschwerden, die Gründe aus den vorhandenen Relationen ersehen werden können.
Bei E. Königlichen Majestät trage ich allerunterthänigst darauf an:
Mit Abänderung der Gerichtsordnung Titel 15 § 22 und der Kabinetsordre vom 5ten März 1799 zu befehlen, dass wenn in der Revisions-Instanz zwei gleichlautende Urtel, ganz oder zum Teil abgeändert werden, die Entscheidungsgründe beizufügen, und den Partheien mit zu publizieren; wogegen es der Einsendung der Abschrift desselben an den Justiz-Minsiter nicht weiter bedürfe. Berlin 1823, 15 Januar, Kircheisen."

AGO[202] und der Kabinettsorder vom 05. März 1799 dahingehend vorgelegt, dass Revisionsentscheidungen, welche zwei gleichlautende Urteile ganz oder zum Teil abänderten, mit Entscheidungsgründen zu versehen seien[203]. In ihren gutachterlichen Berichten sprachen sich die Mitglieder des Obertribunals weitgehend immer noch ablehnend gegen die Beifügung der Entscheidungsgründe aus[204]. Dennoch erging am 24. Juli 1823 eine königliche Kabinettsorder mit der Anordnung, dass für den Geltungsbereich der AGO die Entscheidungsgründe der Revisionserkenntnisse den Parteien in dem Fall bekannt gemacht werden sollten, in dem zwei gleichförmige Urteile in der Revisionsinstanz ganz oder zum Teil abgeändert wurden[205]. In dieser Kabinettsorder regte der König zudem an, über die Sammlung und den Abdruck der Entscheidungen nachzudenken. Aufgrund der Kabinettsorder erließ der König das entsprechende Gesetz vom 21. Juli 1825, welches die Mitteilung der Entscheidungsgründe der Revisionserkenntnisse betraf[206].

Gegen die Meinung der Mehrzahl der Obertribunalsräte setzte der Gesetzgeber die Pflicht der Bekanntmachung der Urteilsgründe in der letzten Instanz für einen speziellen Fall durch. Sollte das Obertribunal die in ihren Urteilen übereinstimmenden Gerichte der ersten Instanz überstimmen wollen, musste es die Gründe den betroffenen Parteien bekannt geben. Diese Entscheidung des Gesetzgebers war nicht nur wichtig für die Parteien, sondern vor allem für die Gerichte der ersten und zweiten Instanz. Diesen sollte angezeigt werden, warum das Obertribunal ihre Meinung für falsch hielt, damit diese bei erneutem Auftreten des Rechtsproblems entsprechend der Ansicht des obersten Gerichtshofes entscheiden konnten. Für die Zukunft konnten die unteren Instanzen dann die Begründung des Obertribunals bei der Entscheidung heranziehen und liefen nicht Gefahr, dass das Obertribunal in dem nächsten Rechtsfall ihre Entscheidung wieder aufheben würde. Diese Einheit der Rechtsprechung sollte den Gerichten nach Außen und gegenüber den Parteien zu mehr Anerkennung und Verständnis verhelfen.

c) Ausweitung der Veröffentlichung der Entscheidungsgründe

Der Gesetzgeber gab sich mit dieser Regelung über die Bekanntmachung der Entscheidungsgründe des Obertribunals nur bei Abänderung beider erstinstanzli-

202 § 22 Teil I Titel 15 AGO: „Bei Revisionserkenntnissen bedarf es nicht der Beifügung von Entscheidungsgründen".
203 GStA, I. HA., Rep. 97 a, Nr. 410, Fol. 32.
204 GStA, I. HA., Rep. 97 a, Nr. 410, Fol. 33 f.
205 GStA, I. HA., Rep. 97 a, Nr. 410, Fol. 43, 44.
206 Gesetz, die Mittheilung der Entscheidungsgründe der Revisions-Erkenntnisse betreffend vom 21. Juni 1825, Preußische Gesetzsammlung 1825, S. 161.

cher Urteile aber nicht zufrieden. Die Parteien konnten auch ein Interesse an der Offenlegung haben, wenn das Obertribunal den ersten Instanzen in seinem Urteil zustimmte. Gerade der unterlegenen Partei sollte dadurch angezeigt werden, dass die Entscheidungen nicht willkürlich gefällt worden waren. Am 24. Mai 1831[207] ordnete der König gegenüber dem Obertribunal an, dass den Parteien auf deren Anfrage in jedem Fall die Entscheidungsgründe bekannt zu geben waren, da die Ungewissheit über die Entscheidungsgründe auch in den Fällen, in denen keine Abänderungsgründe vorhanden waren, nachteilig sei. Daher waren die Abschriften der Gründe für jede Entscheidung bei entsprechenden Ämtern zu hinterlegen, bei denen die Parteien sich anschließend nach den Urteilsgründen erkundigen konnten[208].

Im November 1831[209] erging ein weiteres Reskript an das Obertribunal in Bezug auf die Handhabung der Veröffentlichung der Entscheidungsgründe. In dieser rügte der König die Einstellung und Handhabung der Mitglieder des Obertribunals in Bezug auf das Beifügen der Gründe[210]. Das Obertribunal könne von der Anweisung nicht entbunden werden, dass die Gründe in allen Revisionsentscheidungen festzustellen waren. Die Niederschrift der Entscheidungsgründe sei nützlich und der Aufwand an Mehrarbeit unbeachtlich. Es genüge, wenn die Gründe in einfachen Vermerken als ein Leitfaden dargelegt würden. Gerade bei wichtigen Zweifeln über die Rechtsgründe stellten sie für spätere Entscheidungen der Senate des Obertribunals, aber auch für die unteren Instanzen eine wichtige und notwendige Hilfestellung dar. So wollte der Gesetzgeber der Rechtsbeugung durch Urteile entgegengetreten. Es sei die Pflicht des Obertribunals, durch die Festlegung der Gründe eine Kontinuität in seinen Entscheidungen sicherzustellen[211]. Der König appellierte an die Ehre und Würde des obersten Gerichtes, seine Entscheidungen mit Sorgfalt zu treffen. Bemerkenswert war in diesem Reskript, dass sich der König in seiner Begründung für die Anordnung nicht nur auf das Vertrauen der Parteien auf die sorgfältige Beurteilung durch das Gericht, sondern auch auf die Präjudizienwirkung der Entscheidungen des Obertribunals in Bezug auf die unteren Instanzen, die Gesetzgebung und Rechtswissenschaft berief[212]. Der Gesetzgeber versuchte nicht mehr, die Rechtsfortbildung durch die Praxis zu unterbinden, sondern vielmehr diese anzuregen. Der König stellte es daher den Mitgliedern des Obertribunals trotz ihres Protestes anheim, ein Präjudizienbuch anzulegen, um die Einheit der Rechtsprechung zu garantie-

207 GStA, I. HA., Rep. 97 a, Nr. 410, Fol. 56.
208 GStA, I. HA., Rep. 97 a, Nr. 410, Fol. 56.
209 GStA, I. HA., Rep. 97 a, Nr. 410, Fol. 63 f.
210 GStA, I. HA., Rep. 97 a, Nr. 410, Fol. 63 f.
211 GStA, I. HA., Rep. 97 a, Nr. 410, Fol. 63 f.
212 GStA, I. HA., Rep. 97 a, Nr. 410, Fol. 63 f.

ren[213]. In der Verordnung vom 14. Dezember 1833 wurde in § 25 schließlich die allgemeine Pflicht zur Ausfertigung der Revisions- und Nichtigkeitsbeschwerdenerkenntnisse mit Gründen für Gericht und Parteien angeordnet[214].

2. Uneingeschränkte Veröffentlichung und Anlegung einer Entscheidungssammlung

Am 01. August 1836 wurde die entscheidende Kabinettsorder[215] erlassen, um die Einheit der Rechtsgrundsätze in den richterlichen Entscheidungen in den einzel-

---

213 GStA, I. HA., Rep. 97 a, Nr. 410, Fol. 63 f.

214 Verordnung über das Rechtsmittel der Revision und der Nichtigkeitsbeschwerde vom 14. Dezember 1833, Preußische Gesetzsammlung 1833, S. 302, 307 f.; vgl. Quellenangaben bei Schubert / Regge, Quellen zur preußischen Gesetzgebung des 19. Jahrhunderts, Gesetzrevision (1825-1848), Abt. II, Bd. 11/1, S. XXIV ff., S. 67 ff.

215 Allerhöchste Kabinettsorder vom 01. August 1836, die Erhaltung der Einheit der Rechtsgrundsätze in den richterlichen Entscheidungen betreffend, Preußische Gesetzsammlung 1836, S. 218 f.:
„1. Jeder der drei Senat des Geheimen Obertribunals hat ein Protokollbuch über alle in jeder Sitzung erfolgten Vorträge und Entscheidungen zu führen, und zugleich besondere Spruchrepetitorien anzulegen, worin auf den schriftlichen Antrag des Referenten oder auf den Beschluss des Senates, die in jeder Sache ergangenen Entscheidungen über Rechtsfragen, die unter den Parteien streitig, oder außerdem bei Bearbeitung der Sachen der Gegenstand einer näheren Erörterung gewesen sind,
a) nach der Reihenfolge der Titel und Paragraphen der Gesetzbücher, sowie einzelner Gesetze oder Verordnungen, und
b) nach alphabetischer Ordnung der Rechtsgegenstände
eingetragen werden.
2. Diese Repetitorien der einzelnen Senate sind durch gegenseitige Übertragung stets vollständig, jeder Senat also in fortlaufender Kenntnis von den Beschlüssen der beiden anderen Senate in Beziehung auf die Entscheidung streitig gewesener und zur näheren Erörterung gediehener Rechtsfragen, zu erhalten.
3. Falls ein Senat durch Stimmenmehrheit beschließt, von einem bisher behaupteten Rechtsgrundsatze, oder von der durch ihn selbst oder durch einen anderen Senat bis dahin befolgten Auslegung und Anwendung einer gesetzlichen Vorschrift abzugehen, so ist die dadurch zweifelhaft gewordene Rechtsfrage an das Plenum des Geheimen Obertribunals zu bringen.
4. Das Plenum entscheidet darüber, auf den Vortrag zweier neuen, aus den anderen Senaten gewählten Referenten, und seine Entscheidung dient in der vorliegenden Rechtssache dem betreffenden Senate zur Norm. Diese Entscheidung wird in das Protokollbuch des ersten Senates und in sämtliche Spruchrepetitorien eingetragen.
5. Sollte dieselbe Rechtsfrage in der Folge noch einmal zweifelhaft werden und das Plenum von seinem früheren Beschlusse abweichen, so hat das Geheime Obertribunal nach vorgängiger Entscheidung der vorliegenden Rechtssache, dem Justizmi-

nen Senaten des Obertribunals endgültig sicherzustellen. Gleichzeitig sollte durch die Regelungen eine Rechtseinheit in den unteren Instanzen durch die Autorität der Entscheidungen des Obertribunals als oberste Instanz garantiert werden.

Die Kabinettsorder von 1836 sollte aufgrund der geänderten internen Geschäftsaufteilung nach außen die Einheit der Rechtsprechung des Obertribunals sicherstellen. In den vorangegangen Jahren war der interne Geschäftsbetrieb des Obertribunals mehrmals neu geregelt worden, z.B. durch die Kabinettsorder vom 19. Juli 1832[216] sowie die Verordnung von 1833[217].

Aufgrund der großen Menge von Spruchsachen war das Obertribunal durch die Kabinettsorder von 1832 in mehrere Senate unterteilt worden, die sich aus selbständigen und unabhängigen Richterkollegien zusammensetzten. Zwar wurden den einzelnen Senaten unterschiedliche Rechtsmaterien zugeteilt, doch auch hier konnte es zu Überschneidungen kommen. Durch Reskripte waren im Jahr

---

nister den Fall anzuzeigen, und, unter Beifügung eines Gesetzesentwurfes und der Motive, auf Einholung einer deklaratorischen Vorschrift anzutragen.
6. Dem Plenum wird außerdem die Befugnis beigelegt auch schon bei der ersten Entscheidung,
a) Wenn ein überwiegendes praktisches Bedürfnis dazu vorwaltet, und
b) Wenn es wahrnimmt, dass sich bei einem der Gerichte erster oder zweiter Instanz eine, den Grundsätzen des Geheimen Obertribunals entgegenstehende Rechtsansicht festgestellt hat, die legislative Erledigung des bestehenden Zweifels in der zu 5. bestimmten Weise in Antrag zu bringen.
7. Über jede Entscheidung des Plenums ist von demselben unter Einreichung eines Auszuges aus dem Protokollbuch und aus den Spruchrepetitorien, an den J.-M. zu berichten, dem es überlassen bleibt, von einer solchen Entscheidung dem K.-G. und den OLG Mitteilung zu machen, und, wenn mehrere derselben eine legislative Bestimmung für notwendig oder wünschenswert erachten, das Weitere deshalb in Antrag zu bringen.
8. Über die Ausführung dieser Maßregel rücksichtlich der Form, namentlich wegen Anlegung der Protokollbücher und Repetitorien, haben Sie, der JM Mühler, mit dem Chef-Präsidenten des Geheimen Obertribunals und den Senats-Vize-Präsidenten die erforderlichen Rücksprachen zu nehmen und etwaige Schwierigkeiten auszugleichen."

216 Allerhöchste Kabinettsorder vom 19. Juli 1832, den Geschäftsbetrieb des Geheimen Ober-Tribunals und die Ausfertigung der Revisions-Erkenntnisse mit den Entscheidungsgründen betreffend, Preußische Gesetzsammlung 1832, S. 192 f.

217 Verordnung über das Rechtsmittel der Revision und der Nichtigkeitsbeschwerde vom 14. Dezember 1833, Preußische Gesetzsammlung 1833, S. 302. Diese führte in § 26 (Preußische Gesetzsammlung 1833, S. 308) die ausschließliche Entscheidungskompetenz des Obertribunals in der Revisionsinstanz und der Nichtigkeitsbeschwerde für die preußischen Staaten ein: „Die Entscheidung in der Revisionsinstanz und über die Nichtigkeitsbeschwerde wird ausschließlich dem Geheimen Obertribunal beigelegt. Die Geschäfte werden unter die Senate nach Unserer Ordre vom 19. Juli 1832 verteilt."

1835 die Geschäftsbereiche der Senate des Obertribunals nach gewissen Rechtsmaterien derart aufgeteilt worden, dass der I. Senat sich hauptsächlich mit dem Personenrecht, Ehesachen, Familien- und, Erbrecht, Standes- und Ehrenrechten, beschäftigte, der II. Senat hauptsächlich mit den Grundstücksstreitigkeiten (z.B. Erwerb, Verwaltung, Verkauf) und der III. Senat vor allem mit den Obligationsrechten, den Handels- und Wechselsachen[218]. Bei Zweifeln, ob eine Sache zu dem einen oder anderen Senat gehörte, entschied zwar der Präsident, welcher der einzelnen Senate die eingehende Sache zu verhandeln hatte. Allerdings zeigte die Praxis, dass – auch später, als die Anzahl der Senate sich noch erhöhte[219]- unterschiedliche Senate Entscheidungen zu dem gleichem Problem treffen konnten. Überschneidungen konnten sich zum Beispiel ergeben, wenn es bei Grundstücksstreitigkeiten aufgrund des ehelichen Güterrechts um die schuldrechtlichen Wirkungen eines Vertrages ging. Hier konnten zum Beispiel Entscheidungen des I., II. oder III. Senates des Obertribunals erfolgen.

Es musste ein Weg gefunden werden, um Widersprüche in den Entscheidungen der verschiedenen Senate des Obertribunals zu vermeiden und die Gleichheit der Urteile und deren Autorität bereits innerhalb des Obertribunals herzustellen. Die Redaktoren des ALR hatten die Berücksichtigung von anderen Richtersprüchen bei der Urteilsfindung noch unterbinden wollen. Allein der Wortlaut des Gesetzes sollte einheitliche Rechtssprüche garantieren. Es wurde deutlich, dass die Unabhängigkeit der Gerichte bei der Rechtsfindung durch Urteile oberster Instanzen nicht aufrechterhalten werden konnte. Der Gesetzestext allein war kein ausreichendes Mittel, um Widersprüche zu vermeiden und Rechtsklarheit zu schaffen. Die Gerichte sollten zwar unabhängig in ihrer Entscheidung sein, und doch wurde eine oberste Autorität benötigt, die Richtlinien für die Entscheidungsfindung herausgab, um Rechtssicherheit und Rechtseinheit für die preußischen Staaten zu schaffen. Innerhalb des Obertribunals sollten Plenarentscheidungen diese Einheit garantieren. Zur Erreichung des zweiten Zieles, der Gesamtvereinheitlichung der Rechtsprechung, sollte das Obertribunal durch die Veröffentlichung seiner Entscheidungen Vorgaben für die Praxis liefern, denen sich die unteren Gerichte in ihrer Rechtsprechung anschließen sollten.

Dementsprechend führte die Kabinettsorder vom 01. August 1836 die Autorität der Präjudizien des Obertribunals sowohl für die einzelnen Senate als auch

218 Reskripte vom 23. Januar und 23. Mai 1835, vgl. Sonnenschmidt, a.a.O., S. 240 ff.

219 Z.B. nach der Vereinigung des Obertribunals mit dem rheinischen Revisions- und Kassationshof aufgrund des Gesetzes, betreffend die Vereinigung der beiden obersten Gerichtshöfe vom 17. März 1852, Preußische Gesetzsammlung 1852, S. 73 ff. Nach der Vereinigung bestand der höchste Gerichtshof als Obertribunal aus 5 Zivilsenaten und einem Senat für Strafsachen.

für die Gerichte der unteren Instanzen ein[220]. Alle Senate vereinigten sich zu dem Plenum, wenn ein Senat durch Stimmenmehrheit beschloss, von einem bisher befolgten Rechtsgrundsatz, einer bisher angenommenen Auslegung oder Anwendung einer gesetzlichen Vorschrift abzuweichen. Das Plenum entschied dann über die Rechtsfrage, aber auch in der Sache selber. Bei erneutem Auftreten des Rechtsproblems und abweichender zweiten Entscheidung durch das Plenum, musste das Obertribunal nach erfolgter Entscheidung dem Justizminister diesen Fall mit einem Vorschlag für eine Gesetzesänderung anzeigen[221]. Um diese innerhalb des Obertribunals aufgestellte Autorität der Präjudizien auch auf die anderen Gerichte wirken zu lassen und die einheitliche Fortbildung des Rechts zu garantieren, musste das Obertribunal ab 1837 der Aufforderung des Justizministeriums folgend durch eine fortlaufende offizielle Sammlung seine Entscheidungen öffentlich bekannt geben[222]. Das Obertribunal sollte von nun an nach den Vorstellungen des Justizministeriums als Bindeglied zwischen Praxis und Wissenschaft dienen. Die Entscheidungen des obersten Gerichtshofes sollten aufgrund der Autorität des obersten Gerichtshofes in die Urteilsbegründungen der anderen Gerichte einfließen und gleichzeitig der öffentlichen Beurteilung unterliegen.

II. Vertiefung des Einheitsgedankens in der Rechtsprechung

Die Vorstellungen des Justizministeriums in Bezug auf die Auswirkungen und Vorteile einer einheitlichen Rechtsprechung durch einen obersten Gerichtshof setzten sich auch im Gesetzgebungsverfahren für das Gesetz vom 07. Mai 1856[223] fort. Dieses Gesetz betraf erneut die Erhaltung der Einheit der Rechts-

---

220 Allerhöchste Kabinettsorder vom 01. August 1836, die Erhaltung der Einheit der Rechtsgrundsätze in den richterlichen Entscheidungen betreffend, Preußische Gesetzsammlung 1836, S. 218, 219.

221 Allerhöchste Kabinettsorder vom 01. August 1836, die Erhaltung der Einheit der Rechtsgrundsätze in den richterlichen Entscheidungen betreffend, Preußische Gesetzsammlung 1836, S. 218, 219.

222 Allerhöchste Kabinettsorder vom 01. August 1836, die Erhaltung der Einheit der Rechtsgrundsätze in den richterlichen Entscheidungen betreffend, Preußische Gesetzsammlung 1836, S. 218 f.

223 Gesetz, betreffend die Erhaltung der Einheit der Rechtsgrundsätze in den richterlichen Entscheidungen des Obertribunals vom 07. Mai 1856, Preußische Gesetzsammlung 1856, S. 293: „§ 1 Die Bestimmungen der K.O. vom 1. August 1836 kommen bei allen Zivil-Senaten des Obertribunals, sowie dem Senate für Strafsachen zur Anwendung.
§ 2 Die Entscheidungen des Plenums des Obertribunals über streitig gewordene Rechtsfragen erfolgen unter Mitwirkung der Mitglieder aller Senate. In Strafsachen, in Sachen aus dem Gebiete des rheinischen Rechtsverfahrens und in Ehesachen

grundsätze in den richterlichen Entscheidungen des Obertribunals und griff die Regeln der in dieser Angelegenheit bereits 1836 ergangenen Kabinettsorder auf. Aufgrund der Umstrukturierung innerhalb des Obertribunals und der Vermehrung der Senate musste die Geltung der Kabinettsorder von 1836 neu geregelt werden.

Das Obertribunal war in den der Kabinettsorder von 1836 folgenden Jahren auf 6 Senate angewachsen. Ein besonderer Senat, der sog. rheinische Senat, übte seit dem Vereinigungsgesetz vom 17. März 1852[224] gemäß § 2 dieses Gesetzes

---

wird vor Erlassung der Plenarentscheidung der Generalstaatsanwalt mit seinem Antrage gehört.
§ 3 Zur Abfassung gültiger Beschlüsse einer Abteilung des Senates für Strafsachen ist die Teilnahme von wenigstens 7 Mitgliedern erforderlich. Die Zahl der Mitglieder muss immer eine ungerade sein.
§ 4 Die Entscheidung einer Strafsache erfolgt durch die vereinigten Abteilungen des Senates für Strafsachen:
1) wenn es sich um eine Beschwerde oder Nichtigkeitsbeschwerde in Sachen handelt, welche in Gemäßheit des Gesetzes vom 23. April 1853 (GS S.162) zu Kompetenz des Kammergerichts gehören;
2) wenn eine Abteilung beschließt, vor einem durch sie selbst oder durch die andere Abteilung oder durch einen Zivilsenat bisher behaupteten Rechtsgrundsatzes, oder einer bis dahin befolgten Auslegung und Anwendung einer gesetzlichen Vorschrift abzugehen;
3) wenn eine Abteilung in einer Sache wegen der Wichtigkeit oder Zweifelhaftigkeit der dabei zu entscheidenden Rechtsfrage die Verweisung derselben an die vereinigten Abteilungen für angemessen erachtet, oder wenn der Generalstaatsanwalt mit Ermächtigung des Justizministers darauf anträgt.
Der Senat für Strafsachen ist beschlussfähig, wenn mit Einschluss des Vorsitzenden, wenigstens 11 Mitglieder Teil nehmen.
§ 5 Die nachstehenden Bestimmungen der K.O. vom 1. August 1836 werden hierdurch aufgehoben:
1) die Bestimmungen unter Nr. 3, wonach die Entscheidung des Plenums auch dann eintreten soll, wenn ein Senat von einem durch ihn selbst bisher behaupteten Rechtsgrundsatze, oder einer durch ihn selbst bis dahin befolgten Auslegung und Anwendung einer gesetzlichen Vorschrift abzugehen beschließt.
Dagegen bleibt jedem Senat unbenommen, in einem solchen Falle die betreffende Rechtsfrage an das Plenum zu bringen.
2) Die Bestimmungen unter Nr. 4, wonach keiner der Referenten im Plenum aus den Mitgliedern des Senates gewählt werden soll, welcher die streitig gewordene Rechtsfrage an das Plenum gebracht hat.
3) Die Bestimmungen unter Nr. 5, wonach das Plenum von einem früheren Beschlusse abweichen sollte, das Obertribunal nach vorgängiger Entscheidung der vorliegenden Rechtssache, auf Einholung einer deklaratorischen Vorschrift anzutragen hat.
Der abweichende neuere Beschluss hat die Kraft eines ersten Beschlusses."

224 Gesetz, betreffend die Vereinigung der beiden obersten Gerichtshöfe vom 17. März 1852, Preußische Gesetzsammlung 1852, S. 73 ff.

die Gerichtsbarkeit für die Zivilsachen aus dem Bezirk des Appellationsgerichtshofes zu Köln aus. Aufgrund der Erweiterung des Obertribunals infolge der neuen Kompetenz in Beschwerde- und Kriminalangelegenheiten und der Einrichtung des rheinischen Senates nach Auflösung des rheinischen Revisions- und Kassationshofes war nun der Geltungsbereich der Regeln aus der Kabinettsorder vom 01. August 1836 neu festzulegen.

Das Gesetz betreffend die Vereinigung der beiden obersten Gerichtshöfe vom 17. März 1852[225] regelte zwar die Auflösung des Revisions- und Kassationshofes und die gleichzeitige Einrichtung eines neuen Senates bei dem Obertribunal für die Sachen, über die bisher nach rheinischem Recht der alte Revisions- und Kassationshof geurteilt hatte. Es enthielt aber keine Regelung, ob für diesen Senat und seine Rechtsprechung auch die Regeln der Kabinettsorder vom 01. August 1836 gelten sollten.

Am 03. März 1856 wurde mit Genehmigung des Königs Friedrich Wilhelm III. vom Justizministerium der Entwurf zu einem Gesetz über die Erhaltung der Einheit in den richterlichen Entscheidungen des Obertribunals den beiden Häusern des Landtages, zunächst dem Abgeordnetenhaus und dann dem Herrenhaus, zur verfassungsmäßigen Beschlussfassung vorgelegt[226]. Der Gesetzentwurf[227] betraf die am 01. August 1836 ergangene Kabinettsorder über die Erhaltung der Einheit in den richterlichern Entscheidungen des Obertribunals[228]. Diesem Entwurf waren als Grundlage für die Beschlussfassung Motive beigefügt[229]. Aufgrund der Entwicklungen in Bezug auf die Organisation und Zusammensetzung

225 Vgl. Gesetz, betreffend die Vereinigung der beiden obersten Gerichtshöfe vom 17. März 1852, Preußische Gesetzsammlung 1852, S. 73 ff.

226 Allerhöchste Ermächtigung des Justizministeriums vom 03. März 1856, GStA, I. HA., Rep. 97 a, Nr. 393, Fol. 110 f.; Sammlung sämmtlicher Drucksachen des Hauses der Abgeordneten aus der ersten Session der IV. Legislatur-Periode 1855 bis 1856, Band IV, Nr. 162, S. 1; Sammlung sämmtlicher Drucksachen des Herrenhauses Sitzungs-Periode von 1855 bis 1856, Bd. II, Nr. 153, S.1.

227 Sammlung sämmtlicher Drucksachen des Hauses der Abgeordneten aus der ersten Session der IV. Legislatur-Periode 1855 bis 1856, Band IV, Nr. 162, S. 3 u. 4; Sammlung sämmtlicher Drucksachen des Herrenhauses Sitzungs-Periode von 1855 bis 1856, Bd. II, Nr. 153, S. 3 u. 4.

228 Allerhöchste Kabinettsorder von 01. August 1836, die Erhaltung der Einheit der Rechtsgrundsätze in den richterlichen Entscheidungen betreffend, Preußische Gesetzsammlung 1836, S. 218 f.

229 GStA, I. HA., Rep. 97 a, Nr. 393, Fol. 112 ff.; Sammlung sämmtlicher Drucksachen des Hauses der Abgeordneten aus der ersten Session der IV. Legislatur-Periode 1855 bis 1856, Band IV, Nr. 162, S. 5-10; Sammlung sämmtlicher Drucksachen des Herrenhauses Sitzungs-Periode von 1855 bis 1856, Bd. II, Nr. 153, S. 5-10.

des Obertribunals sollten die Regeln der Kabinettsorder den zwischenzeitlichen Veränderungen angepasst werden[230].

Das Justizministerium ging in der Begründung für die Erstreckung der Kabinettsorder auch auf den rheinischen Senat davon aus, dass es ansonsten zu Missständen und Widersprüchen führen würde, wenn der rheinische Senat frei und ungebunden von den Entscheidungen des Plenums und der Präjudizien in seiner Gerichtsbarkeit entscheiden könne[231]. Vor allem bei allgemeinen Rechtsfragen, die sowohl nach dem im Rheinland geltenden französischen Recht als auch den anderen Rechtsbereichen generell von Bedeutung waren (z.B. der Frage der Kollision der Gesetze), sei eine einheitliche Rechtsprechung aller Senat erstrebenswert[232]. Ansonsten würden die Konflikte zwischen den Gerichtsbarkeiten nur noch weiter zunehmen[233]. Daher sollten alle Senate in den Geltungsbereich der Kabinettsorder vom 01. August 1836 einbezogen werden.

In § 1 des neuen Gesetzentwurfes[234] sollte die Kabinettsorder vom 01. August 1836[235] auf alle Zivilsenate und den Strafsenat des Obertribunals anwendbar sein. Diese Feststellung war nach Ansicht des Gesetzebers notwendig geworden, da nach der Zusammenlegung des rheinischen Revisions- und Kassationshofes mit

230 GStA, I. HA., Rep. 97 a, Nr. 393, Fol. 110 ff.; Sammlung sämmtlicher Drucksachen des Hauses der Abgeordneten aus der ersten Session der IV. Legislatur-Periode 1855 bis 1856, Band IV, Nr. 162, S. 5, 6; Sammlung sämmtlicher Drucksachen des Herrenhauses Sitzungs-Periode von 1855 bis 1856, Bd. II, Nr. 153, S. 5, 6.

231 GStA, I. HA., Rep. 97 a, Nr. 393, Fol. 112 r; Sammlung sämmtlicher Drucksachen des Hauses der Abgeordneten aus der ersten Session der IV. Legislatur-Periode 1855 bis 1856, Band IV, Nr. 162, S. 6, 7; Sammlung sämmtlicher Drucksachen des Herrenhauses Sitzungs-Periode von 1855 bis 1856, Bd. II, Nr. 153, S. 6, 7.

232 GStA, I. HA., Rep. 97 a , Nr. 393, Fol. 112 r; Sammlung sämmtlicher Drucksachen des Hauses der Abgeordneten aus der ersten Session der IV. Legislatur-Periode 1855 bis 1856, Band IV, Nr. 162, S. 6; Sammlung sämmtlicher Drucksachen des Herrenhauses Sitzungs-Periode von 1855 bis 1856, Bd. II, Nr. 153, S. 6.

233 GStA, I. HA., Rep. 97 a, Nr. 393, Fol. 113; Sammlung sämmtlicher Drucksachen des Hauses der Abgeordneten aus der ersten Session der IV. Legislatur-Periode 1855 bis 1856, Band IV, Nr. 162, S. 7; Sammlung sämmtlicher Drucksachen des Herrenhauses Sitzungs-Periode von 1855 bis 1856, Bd. II, Nr. 153, S. 7.

234 Sammlung sämmtlicher Drucksachen des Hauses der Abgeordneten aus der ersten Session der IV. Legislatur-Periode 1855 bis 1856, Band IV, Nr. 162, S. 3; Sammlung sämmtlicher Drucksachen des Herrenhauses Sitzungs-Periode von 1855 bis 1856, Bd. II, Nr. 153, S. 3: „ § 1 Die Bestimmungen der Kabinets-Ordre vom 1. August 1836 (Gesetz-Sammlung S. 218.), die Erhaltung der Einheit der Rechtsgrundsätze in den richterlichen Entscheidungen betreffend, kommen bei allen Civil-Senaten des Ober-Tribunals, sowie dem Senate für Strafsachen, zur Anwendung."

235 Allerhöchste Kabinettsorder vom 01. August 1836, die Erhaltung der Einheit der Rechtsgrundsätze in den richterlichen Entscheidungen betreffend, Preußische Gesetzsammlung 1836, S. 218 f.

dem Obertribunal 1852 Unklarheit darüber herrsche, ob die Grundsätze der Kabinettsorder von 1836 auf die neuen Senate des Obertribunals anwendbar seien; vor allem ob sie für den rheinischen Senat galten, der nach der Neureglung für diejenigen Gebiete des Rheinlandes zuständig sein sollte, die unter der Herrschaft des Code Napoléon standen[236].

In § 5 des Gesetzentwurfes sollten zudem u.a. folgende Bestimmungen der Kabinettsorder vom 01. August 1836 aufgehoben werden: „Die Bestimmung unter Nr. 3, wonach die Entscheidung des Plenums auch dann eintreten soll, wenn ein Senat von einer durch ihn selbst bis dahin befolgten Auslegung und Anwendung einer gesetzlichen Vorschrift abzugehen beschließt. Dagegen bleibt jedem Senat unbenommen, in einem solchen Fall die betreffende Rechtsfrage an das Plenum zu bringen."[237]

In der Begründung für den Gesetzentwurf wurden zunächst die in der Vergangenheit bereits getroffenen Maßnahmen hervorgehoben[238]. In den Motiven wurde vor allem die Notwendigkeit betont, in den Entscheidungen des höchsten Landesgerichtshofes eine Einheit herbeizuführen und zu erhalten. Dies sei auch der Bewegrund gewesen, dem Obertribunal bereits 1831 die Anlegung eines Präjudizienbuches anzuraten[239]. Aus dem gleichen Grunde sei die Kabinettsorder vom 01. August 1836 erlassen worden, um nach der Aufteilung des Obertribunals in mehrere Senate, weiterhin durch die Plenarentscheidungen und Präjudizien eine einheitliche Rechtsprechung unter den Senaten zu gewährleisten[240]. Als Folge

---

236 GStA, I. HA., Rep. 97 a, Nr. 393, Fol. 112 ff.; Sammlung sämmtlicher Drucksachen des Hauses der Abgeordneten aus der ersten Session der IV. Legislatur-Periode 1855 bis 1856, Band IV, Nr. 162, S. 5, 6; Sammlung sämmtlicher Drucksachen des Herrenhauses Sitzungs-Periode von 1855 bis 1856, Bd. II, Nr. 153, S. 5, 6.

237 Sammlung sämmtlicher Drucksachen des Hauses der Abgeordneten aus der ersten Session der IV. Legislatur-Periode 1855 bis 1856, Band IV, Nr. 162, S. 4; Sammlung sämmtlicher Drucksachen des Herrenhauses Sitzungs-Periode von 1855 bis 1856, Bd. II, Nr. 153, S. 4.

238 GStA, I. HA., Rep. 97 a, Nr. 393, Fol. 112 ff.; Sammlung sämmtlicher Drucksachen des Hauses der Abgeordneten aus der ersten Session der IV. Legislatur-Periode 1855 bis 1856, Band IV, Nr. 162, S. 5 ff.; Sammlung sämmtlicher Drucksachen des Herrenhauses Sitzungs-Periode von 1855 bis 1856, Bd. II, Nr. 153, S. 5 ff.

239 GStA, I. HA., Rep. 97 a, Nr. 393, Fol. 112; Sammlung sämmtlicher Drucksachen des Hauses der Abgeordneten aus der ersten Session der IV. Legislatur-Periode 1855 bis 1856, Band IV, Nr. 162, S. 5; Sammlung sämmtlicher Drucksachen des Herrenhauses Sitzungs-Periode von 1855 bis 1856, Bd. II, Nr. 153, S. 5.

240 GStA, I. HA., Rep. 97 a, Nr. 393, Fol. 112; Sammlung sämmtlicher Drucksachen des Hauses der Abgeordneten aus der ersten Session der IV. Legislatur-Periode 1855 bis 1856, Band IV, Nr. 162, S. 5; Sammlung sämmtlicher Drucksachen des Herrenhauses Sitzungs-Periode von 1855 bis 1856, Bd. II, Nr. 153, S. 5.

seien mehr als 2600 Präjudizien seit Erlass der Kabinettsorder ergangen und veröffentlicht worden[241].

Nach dem neuen Gesetz sollte das Plenum nicht zusammentreten, wenn ein Senat von einem durch ihn selbst bisher behaupteten Rechtsgrundsatz oder von einer durch ihn selbst bis dahin befolgten Auslegung oder Anwendung einer gesetzlichen Vorschrift abweichen wollte. Es sollte dem Senat in einem solchen Falle die Wahlmöglichkeit der Anrufung des Plenums gegeben werden, aber nicht die Vorlagepflicht bestehen bleiben. Die Bestimmung der Nr. 3 der Kabinettsorder vom 01. August 1836 sollte aufgehoben werden, da nach den bisher gemachten Erfahrungen diese sich nicht als zweckmäßig bewährt hatte[242]. In den Motiven zu der Abänderung hieß es: „Diese Bestimmung erscheint in ihrer Unbedingtheit nicht angemessen. Denn erstens kann jeder Senat in Folge zufälliger Umstände wie z.B. des Eintritts anderer Mitlieder, oder einer vielleicht zu weiten Fassung der früheren Gründe, Grundsätze aufgestellt haben, die er selbst demnächst aufgeben zu müssen glaubt, und deren Verbesserung ihm daher auch allein überlassen bleiben kann.“[243]

Ein weiterer wichtiger Grund sei darin zu sehen, dass das Leben fortgehend Rechtsverhältnisse hervorbringe, deren Entwicklung die Jurisprudenz folgen müsse, und welche, wie im Leben, so auch in der rechtlichen Auffassung, also in der Rechtsprechung, erst langsam zu einer Feststellung gelangten. Jedem Senat müsse auf seinem Rechtsgebiet die Verfolgung dieser Entwicklung überlassen werden. Jeder einzelne Senat sei aufgrund der thematischen Aufteilung besser geeignet als die anderen Senate, der wechselnden tatsächlichen und rechtlichen Entwicklung auf seinem Rechtsgebiet zu folgen. In den Motiven hieß es weiter: „Wie es ein Missgriff sein würde, wenn man in solche sich erst gestaltenden Rechtsverhältnisse zu frühzeitig mit der Gesetzgebung eingreifen wollte, so ist es auch nicht rathsam, allzuhalb mit Plenar-Beschlüssen auf eine derartige Rechts-

241 GStA, I. HA., Rep. 97 a, Nr. 393, Fol. 112; Sammlung sämmtlicher Drucksachen des Hauses der Abgeordneten aus der ersten Session der IV. Legislatur-Periode 1855 bis 1856, Band IV, Nr. 162, S. 5; Sammlung sämmtlicher Drucksachen des Herrenhauses Sitzungs-Periode von 1855 bis 1856, Bd. II, Nr. 153, S. 5.

242 GStA, I. HA., Rep. 97 a, Nr. 393, Fol. 114; Sammlung sämmtlicher Drucksachen des Hauses der Abgeordneten aus der ersten Session der IV. Legislatur-Periode 1855 bis 1856, Band IV, Nr. 162, S. 9; Sammlung sämmtlicher Drucksachen des Herrenhauses Sitzungs-Periode von 1855 bis 1856, Bd. II, Nr. 153, S. 9.

243 GStA, I. HA., Rep. 97 a, Nr. 393, Fol. 114; Sammlung sämmtlicher Drucksachen des Hauses der Abgeordneten aus der ersten Session der IV. Legislatur-Periode 1855 bis 1856, Band IV, Nr. 162, S. 9; Sammlung sämmtlicher Drucksachen des Herrenhauses Sitzungs-Periode von 1855 bis 1856, Bd. II, Nr. 153, S. 9.

entwicklung einwirken zu wollen“[244]. Hier wird deutlich, dass der Gesetzgeber, der König und sein Justizministerium im Gegensatz zu der ursprünglichen Festlegung des ALR erkannt hatten, dass eine Rechtsfortbildung bei der Rechtsanwendung durch die Gerichte, insbesondere durch das Obertribunal, nicht nur nicht zu verhindern, sondern sogar in gewissen Grenzen wünschenswert war.

Mit der Beratung des Entwurfs des Gesetzes und der Motive des Justizministeriums wurde eine vereinigte Kommission für das Justizwesen betraut. In ihrem Bericht vom 15. April 1856[245] stimmte sie der Argumentation des Justizministeriums zu dem neuen Gesetz und der Abänderungen einiger Vorschriften der Kabinettsorder von 1836 überwiegend zu. Zwar gab es auch Gegenargumente gegen die Anwendbarkeit der Kabinettsorder auf den rheinischen Senat des Obertribunals, z.B. dass das Institut der Präjudizien nach dem rheinischen Recht nicht zulässig sei, der rheinische Revisionshof dem Obertribunal auch durch die Vereinigung nicht untergeordnet werden sollte, Konflikte zwischen Gerichten in der Natur der Sache lägen und das Plenum durch seine Entscheidungen die Tätigkeit der Legislative ersetze[246]. Doch konnten sich diese gegen das Argument der einheitlichen Rechtsprechung und der Einrichtung eines einzigen obersten Gerichtshofes für ganz Preußen bei der Abstimmung nicht durchsetzen[247]. In der Kommission behielt die Meinung die Oberhand, die das Obertribunal als einen Gerichtshof behandelte, dessen unterschiedliche Senate alle gleich zu behandeln seien und so alle unter die Vorschriften der Kabinettsorder zu fallen haben[248].

---

244 GStA, I. HA., Rep. 97 a, Nr. 393, Fol. 114; Sammlung sämmtlicher Drucksachen des Hauses der Abgeordneten aus der ersten Session der IV. Legislatur-Periode 1855 bis 1856, Band IV, Nr. 162, S. 9; Sammlung sämmtlicher Drucksachen des Herrenhauses Sitzungs-Periode von 1855 bis 1856, Bd. II, Nr. 153, S. 9

245 GStA, I. HA., Rep. 97 a, Nr. 393, Fol. 115 ff.; Bericht der vereinigten Kommissionen für das Justizwesen und für die Berathung des Antrags des Abgeordneten Reichensperger, die Reform des Hypothekenrechts im Bezirke des Rheinischen Appellations-Gerichtshofes betreffend, über den Entwurf eines Gesetzes, betreffend die Erhaltung der Einheit in den richterlichen Entscheidungen des Ober-Tribunals (Nr. 162 der Drucksachen) in der Sammlung sämmtlicher Drucksachen des Hauses der Abgeordneten aus der ersten Session der IV. Legislatur-Periode 1855 bis 1856, Bd. VI, Nr. 268, S. 1-29.

246 GStA, I. HA., Rep. 97 a, Nr. 393, Fol. 120; Sammlung sämmtlicher Drucksachen des Hauses der Abgeordneten aus der ersten Session der IV. Legislatur-Periode 1855 bis 1856, Bd. VI, Nr. 268, S. 11-13.

247 GStA, I. HA., Rep. 97 a, Nr. 393, Fol. 122, 123; Sammlung sämmtlicher Drucksachen des Hauses der Abgeordneten aus der ersten Session der IV. Legislatur-Periode 1855 bis 1856, Bd. VI, Nr. 268, S. 14 ff.

248 GStA, I. HA., Rep. 97 a, Nr. 393, Fol. 121 r; Sammlung sämmtlicher Drucksachen des Hauses der Abgeordneten aus der ersten Session der IV. Legislatur-Periode 1855 bis 1856, Bd. VI, Nr. 268, S. 14: „Der Zweck der einheitlichen Rechtspflege

Das Ziel einer einheitlichen Rechtspflege im Interesse des Gesetzes und der Bürger sei höher zu bewerten. Alle übrigen Aspekte haben sich unterzuordnen[249]. Es sei zweckmäßig, für den Betrieb bei dem Obertribunal eine Regelung zu treffen, die die Einheit der Rechtsgrundsätze in den richterlichen Entscheidungen gewährleiste. Darüber hinaus sollte durch die Autorität des Obertribunals als höchster Gerichtshof bei den übrigen Gerichten generell eine einheitliche Rechtsprechung erreicht werden. So sollte verhindert werden, dass durch Wechsel der Rechtsansichten in den unterschiedlichen Instanzen und Gerichtsbezirken eine Rechtsungewißheit entstehen konnte[250].

Der Bericht erwähnte als Begründung auch die Überlegungen bei der Revision der Verfassungsurkunde 1849/50, in denen die Gefährdung der Einheit der Rechtsprechung durch das Nebeneinander von preußischer Gesetzgebung und der Gesetzgebung in den Rheinprovinzen diskutiert worden war. Als Ergebnis wurde festgestellt, dass grundsätzlich die höchste Instanz innerhalb der preußischen Monarchie nur einem einheitlichen Gerichtshof anvertraut werden könne, um das Ziel der Einheit und Gleichförmigkeit der Rechtspflege zu erreichen[251]. Dementsprechende Bestimmungen wurden auch in der Verfassungsurkunde vom 31. Januar 1850 festgehalten[252].

Somit sollten die Vorschriften der Kabinettsorder auch auf den rheinischen Senat angewandt werden. In Bezug auf die Abänderung der Bestimmung der Nr.

---

im Interesse des Gesetzes und der Rechtssuchenden sei der höhere Gesichtspunkt, dem sich alle übrigen Rücksichten unterzuordnen hätten. Dieser höhere Zweck liege der Bestimmung der Verfassung über Vereinigung der beiden obersten Gerichtshöfe zu Einem einzigen, sowie dem Organisationsgesetz vom 17. März 1852 zum Grunde, so dass das gegenwärtige Obertribunal ein diesem Zwecke dienendes organisches Ganze bilde. Es müsse die Ansicht zurückgewiesen werden, als habe durch die Vereinigung lediglich eine äußerliche Zusammenfügung der beiden obersten Gerichtshöfe herbeigeführt werden sollen, ohne dass der Rheinische Senat sich als integrierender Teil des Rechtskörpers und als dessen Zwecke, Einheit der Rechtspflege, dienend, ansehen dürfe."

249 GStA, I. HA., Rep. 97 a, Nr. 393, Fol. 115 ff.; Sammlung sämmtlicher Drucksachen des Hauses der Abgeordneten aus der ersten Session der IV. Legislatur-Periode 1855 bis 1856, Bd. VI, Nr. 268, S. 14.

250 GStA, I. HA., Rep. 97 a, Nr. 393, Fol. 115 ff.; Sammlung sämmtlicher Drucksachen des Hauses der Abgeordneten aus der ersten Session der IV. Legislatur-Periode 1855 bis 1856, Bd. VI, Nr. 268, S. 14, 15.

251 GStA, I. HA., Rep. 97 a, Nr. 393, Fol. 121 r; Sammlung sämmtlicher Drucksachen des Hauses der Abgeordneten aus der ersten Session der IV. Legislatur-Periode 1855 bis 1856, Bd. VI, Nr. 268, S. 16.

252 Verfassungsurkunde für den preußischen Staat vom 31. Januar 1850, Art. 92, Preußische Gesetzsammlung 1850, S. 17, 31: „Es soll in Preußen nur ein oberster Gerichtshof bestehen."

3 der Kabinettsorder folgten die Abgeordneten ebenfalls den Ausführungen der Motive und stimmten der Regelung in dem Entwurf zu[253].

Das Herrenhaus stimmte dem Gesetzesentwurf, wie er vom Abgeordnetenhaus redigiert und beschlossen worden war, am 25. April 1856 zu[254].

Durch das neue Gesetz[255] konnte ein Senat des Obertribunals seine eigene Meinung abändern, ohne eine Anfrage an das Plenum weiterleiten zu müssen. Hob ein Senat seine alte Rechtsprechung auf, störte dies nicht das einheitliche Rechtsprechungsbild nach außen. Vielmehr verdeutlichte dies, dass der einzelne Senat nicht bei veralteten Rechtsansichten stehen bliebe, sondern auf Grund seiner eigenen speziellen Kenntnisse auf einem Rechtsgebiet seine eigene Rechtsanwendung den Entwicklungen und Veränderungen anpassen konnte, ohne die Entscheidungskompetenz an das Plenum abgeben zu müssen. Nur bei sich widersprechenden Entscheidungen durch verschiedene Senate musste die Einheit durch die Plenarentscheidungen hergestellt werden. Eine Änderung innerhalb des eigenen Senates stellte den normalen Verlauf innerhalb der Rechtsanwendung dar, das Recht von Zeit zu Zeit fortzubilden. Die Senate sollten innerhalb des ihnen zugewiesenen Rechtsgebietes eigenständig das Recht anwenden, auslegen und entwickeln. Änderungen in den Rechtsansichten sollten nicht verhindert werden, sondern vielmehr zum Vorteil des geltenden Rechts und des preußischen Volkes ohne unnötige Verfahrensabläufe möglich sein.

3. Kapitel: Bewertung

Das Obertribunal etablierte sich nur langsam in seiner Stellung als oberster Gerichtshof für die preußischen Staaten. Deutlich zu erkennen ist aber, dass der Gesetzgeber im 19. Jahrhundert im Gegensatz zu seinen ursprünglichen im ALR verfolgten Zielen versuchte, die Gerichte in die Rechtsanwendung und Rechtsfortbildung verstärkt mit einzubeziehen. Der Gesetzgeber war bemüht, durch die Gesetzesänderungen im ALR in Bezug auf die Auslegungsvorschriften und die

---

253 GStA, I. HA., Rep. 97 a, Nr. 393, Fol. 126 r; Sammlung sämmtlicher Drucksachen des Hauses der Abgeordneten aus der ersten Session der IV. Legislatur-Periode 1855 bis 1856, Bd. VI, Nr. 268, S. 24. In den Wortlaut des § 5 Nr. 1 des Gesetzentwurfes wurde lediglich die Ergänzung „...einem durch ihn selbst bisher behaupteten Rechts-Grundsatze oder…“ zusätzlich eingefügt.

254 Sammlung sämmtlicher Drucksachen des Herrenhauses Sitzungs-Periode von 1855 bis 1856, Bd. IV, Nr. 214.

255 Das Gesetz betreffend die Erhaltung der Einheit in den richterlichen Entscheidungen des Ober-Tribunals vom 07. Mai 1856 wurde in der Preußischen Gesetzsammlung von 1856, S. 293 f. veröffentlicht.

Kabinettsorder von 1836 und das Gesetz von 1856 die Voraussetzungen für eine freiere Rechtsanwendung durch die Gerichte, aber auch eine Entscheidungspraxis der Gerichte frei von Willkür und Widersprüchen einzuführen. Durch die freiere Gestaltung in Bezug auf die Auslegungsmöglichkeiten sollten die Gerichte und vor allem das Obertribunal als oberster Gerichtshof auf die Rechtsentwicklung in Preußen Einfluss nehmen können.

Als Abhilfe gegen Willkür und Widersprüche dieser freien Rechtsanwendung sollten die Einführung der Plenarentscheidungen und der Veröffentlichung der Entscheidungsgründe in der Revisionsinstanz dienen. Der Gesetzgeber versuchte dadurch, innerhalb der Gesetzhierarchie sowohl horizontal innerhalb des Obertribunals als auch vertikal innerhalb der unterschiedlichen Instanzen eine einheitliche Rechtsprechung zu gewährleisten. Durch wiederholte einheitliche Rechtsprechung in allen Instanzen und Senaten wurde zudem eine Rechtsfortbildung in Bezug auf spezielle Rechtsfragen ermöglicht, wenn sich eine bestimmte Rechtsanwendung, Auslegung oder Analogie durchgängig in der Rechtsprechung festsetzte. Die Transparenz ermöglichte eine bessere Kontrolle der Vorgehensweise der Gerichte, gleichzeitig wurde aber auch das Ansehen der Gerichte nach außen gestärkt. Was früher als Willkür angesehen wurde, konnte der oberste Gerichtshof in seinen Entscheidungen nunmehr plausibel darlegen und der Öffentlichkeit bekannt geben. Entschied jedes Gericht vor der Einführung dieser Regelungen für sich allein und ohne jede Abstimmung mit den anderen Gerichten, so sollte jetzt eine Struktur in die Rechtsprechung zur Verbesserung und Anerkennung der gerichtlichen Rechtsanwendung durch einheitliches Auftreten, zum besseren Verständnis der Öffentlichkeit über das Vorgehen in der Praxis, aber auch als gegenseitige Kontrolle gegen Willkür eingeführt werden.

Die Plenarentscheidungen dienten innerhalb des Obertribunals als Kontrollmechanismus. Das Obertribunal trat zwar nach außen als ein einheitlicher oberster Gerichtshof auf, aufgrund der großen Zahl von Rechtsstreitigkeiten bestand es aber intern aus verschiedenen Senaten, die zwangsläufig unterschiedliche Ansichten in Bezug auf ein Rechtsproblem vertreten konnten. Nach außen aber musste die Einheit gewahrt bleiben, um die Autorität des Obertribunals als obersten Gerichtshof sicherzustellen. Also entschied das Plenum bindend für die Senate in dem jeweiligen Rechtsfall, in dem ein Senat eine abweichende Meinung zu einem anderen Senat vertreten wollte. Diese nach außen hervortretende Einheit wird auch in der Diskussion um das Gesetz von 1856 deutlich. Die Kabinettsorder von 1836 musste auf den rheinischen Senat ausgedehnt werden, um den Einheitsgedanken konsequent durchzuhalten. Die interne Aufteilung, die aufgrund der Vielzahl von Rechtsprüchen und der Aufteilung in preußisches und französisches Recht innerhalb der Landesteile Preußens erforderlich war, durfte die Einheit nicht behindern.

Damit diese einheitliche Rechtsprechung des Obertribunals den unteren gerichtlichen Instanzen als Leitfaden dienen konnte, mussten die Entscheidungen nicht nur den Senaten des Obertribunals und den betroffenen Parteien, sondern insgesamt der Öffentlichkeit bekannt gegeben werden. Das Obertribunal hat sich gegen die Bekanntmachung der Gründe zunächst gesträubt. Hauptsächlich ging es dabei wohl um die Mehrbelastung der Obertribunalsräte, die die Gründe zu verfassen hatten. Sie mussten erst noch überzeugt werden, dass es für die Rechtsanwendung in der Praxis von Vorteil war, die Gründe für die Lösung von Rechtsproblemen offen zu legen.

Durch die Bekanntmachung erreichte der oberste Gerichtshof eine größere Anerkennung in den unteren Instanzen, aber auch bei den Bürgern. Hatte man im letzten Jahrhundert wiederholt eine willkürliche Behandlung durch die Gerichte in den Urteilen angeprangert, wirkte die Transparenz der Urteilsbegründungen diesem entgegen. Durch sorgfältige Darlegung der Entscheidungsgründe konnte das Obertribunal nach außen zeigen, dass es bei der Urteilsfindung nicht um Willkür ging, sondern um vorschriftsmäßige Rechtsanwendung unter Zugrundelegung von Vernunft und Billigkeit. Die veröffentlichten Entscheidungen dienten den unteren Gerichten bei ihren Entscheidungen als Richtlinien. Unter Hinzuziehung bereits gefällter Entscheidungen des Obertribunals konnten sie ihre Urteile einfacher und einheitlicher mit der Gewissheit treffen, dass das oberste Gericht diese Ansicht bestätigen würde. So sollte eine einheitliche Rechtsanwendung sichergestellt werden, die sich durch alle Instanzen in den preußischen Ländern zog.

Neben der Stärkung der Autorität des obersten Gerichtshofes und der einheitlichen Rechtsanwendung in allen Instanzen öffnete der Gesetzgeber den Richtern durch die Präjudizienwirkung der Entscheidungen des Obertribunals die Einflussnahme auf die Rechtsfortbildung durch Gerichtsgebrauch. Die gleichförmige Handhabung eines Rechtsproblems in den veröffentlichten Entscheidungen konnte in der Praxis zu einer Anerkennung einer bestimmten Rechtsanwendung als geltendes Recht führen, ohne dass der Gesetzgeber eine Gesetzänderung vornehmen musste. Was der CJF und das ALR zunächst durch Präjudizien- und Kommentierungsverbote zu verhindern versuchten, wurde im Laufe des 19. Jahrhunderts nicht nur ermöglicht, sondern wurde vom Gesetzgeber sogar gewünscht. Dies ging ganz deutlich aus einem Reskript vom November 1831 hervor. In diesem forderte der König das Obertribunal gerade im Interesse der Präjudizienwirkung seiner Entscheidungen auf Gesetzgebung und Rechtswissenschaft auf, seine Urteile mit den Gründen zu veröffentlichen. Die Auslegung und Rechtsfortbildung in der Praxis sollte nicht mehr der Monarch bzw. der Gesetzgeber durch Reskripte und Verordnungen übernehmen. Auch die Gerichte, allen voran das Obertribunal sollten durch eine freie Rechtsprechung innerhalb der gesetzlichen

Grenzen und ihrer Möglichkeiten als Judikative entsprechend wirken. Natürlich sollte das Obertribunal dabei nicht den Gesetzgeber ersetzen. Das Obertribunal als oberster Gerichtshof sollte aber seine Möglichkeiten bei der Rechtsanwendung nutzen können, um das Recht bei Lücken und Unklarheiten den Gegebenheiten nach Vernunft und Billigkeit anzupassen.

2. Teil: Die Rechtsprechung des Obertribunals zu den Regeln des ALR über die eheliche Gütergemeinschaft

1. Kapitel: Einleitung

Nachdem die Richter des Obertribunals nach den Änderungen der landrechtlichen Vorschriften und der Entwicklung in der Methodenlehre nicht mehr zur mechanischen Anwendung des Gesetzes verpflichtet waren, hatten sie mit Hilfe ihrer Entscheidungen und deren Veröffentlichung die Möglichkeit, auf das Recht und die Rechtsfortbildung Einfluss zu nehmen. Bornemann spricht davon, dass die Richter ab diesem Zeitpunkt zu einer freien Tätigkeit und belebenden Einwirkung berufen waren[256]. Die Richter mussten diese Möglichkeiten zu einer freieren Rechtsanwendung nur aufgreifen.

Im Handwörterbuch zur deutschen Rechtsgeschichte[257] wird in dem Artikel über das Obertribunal festgehalten, dass sich das Obertribunal in seiner zivilrechtlichen Rechtsprechung kaum von dem Wortlaut der Gesetze gelöst habe, ganz im Gegensatz zu der dem Obertribunal vergleichbaren österreichischen Rechtsprechung der obersten Justizstelle in Bezug auf das österreichische ABGB[258]. Für diese Ansicht spricht eine Aufforderung des Gesetzgebers an die Rechtsprechung im Jahr 1842. Mit königlichem Erlass vom 13. Juni 1842[259] wurden die Richter ausdrücklich angewiesen, sich bei der Urteilsfindung nicht nur an die Buchstaben der Gesetze zu halten, da sie ansonsten ihre Aufgabe verkennen würden. Die freie Auslegungsmöglichkeit bestand aufgrund der Gesetzänderung des ALR am Ende des 18. Jahrhunderts schon seit einigen Jahrzehnten

---

256 Bornemann, Die Rechtsentwicklung in Deutschland und deren Zukunft mit besonderer Hinsicht auf Preußen, S. 71.

257 Döhring, Obertribunal zu Berlin. In: Handwörterbuch zur deutschen Rechtsgeschichte, Bd. III, Sp. 1167 ff.

258 Vgl. Festschrift zur Jahrhundertfeier des Allgemeinen Bürgerlichen Gesetzbuches, 1. Teil, Das allgemeine bürgerliche Gesetzbuch in der Praxis der obersten Justizstelle bis 1820 – Fünf Abhandlungen von Dr. Rudolf Hermann, Dr. Robert Bartsch, Dr. Otto Leonhard, Dr. Ludwig Bernhart und Dr. Erich Fortner, S. 579 ff. In diesen Abhandlungen stellten die Verfasser als Ergebnis fest, dass die oberste Justizstelle nicht starr die Gesetzbuchstaben des ABGB anwandte, sondern durchaus die vorhandenen Vorschriften nach Vernunft und Billigkeit gemäß den damaligen naturrechtlichen Anschauungen für den einzelnen Rechtsfall auslegte.

259 Allerhöchste Kabinettsorder vom 13. Juni 1842, Justiz-Ministerial-Blatt 1842, S. 214 f.

und dennoch hielt der Gesetzgeber es für notwendig, die Richter Mitte des 19. Jahrhunderts noch einmal ausdrücklich darauf hinzuweisen.

Eine Untersuchung der richterlichen Praxis des Oberappellationssenates des Kammergerichts als Gericht 2. Instanz in Zivilsachen in der Zeit zwischen 1790 und 1800 zeigte, dass die Richter des Kammergerichts das ALR zwar in den Fällen anwandten, in denen der Wortlaut eine eindeutige Entscheidung zuließ, in den anderen Fällen aber beriefen sie sich weiterhin auf die herkömmlichen gemeinrechtlichen Grundsätze, nach denen sie ausgebildet worden waren[260]. Entgegen der Zielsetzung des ALR, das gemeine Recht abzulösen, stützten die Richter des Kammergerichts in den Anfangsjahren des ALR ihre Entscheidungen weiterhin auf das gemeine Recht und interpretierten die Vorschriften des ALR mit seiner Hilfe oder legten Lücken des ALR mit Hilfe des gemeinen Rechts aus[261]. In den Begründungen der Entscheidungen des Kammergerichts nahmen zwar die Zitate der Paragraphen des ALR nach seinem Inkrafttreten langsam zu, doch fand zumeist eine Interpretation aus gemeinrechtlichen Prinzipien statt und auf die Vorschriften des ALR wurde lediglich zur Begründung der Entscheidung Bezug genommen[262].

Die vorliegende Untersuchung der Entscheidungen des Obertribunals ab 1837 soll nun über die Anwendung der Vorschriften über die eheliche Gütergemeinschaft durch das höchste Gericht für die preußischen Staaten Aufschluss geben und über die Frage, ob die Senate des Obertribunals ihrer neuen Aufgabe gerecht wurden, durch ihre Entscheidungen auf die Rechtsfortbildung Einfluss zu nehmen.

2. Kapitel: Rechtsentwicklung in Preußen und preußisches Ehegüterrecht

Seitdem dem Obertribunal die Entscheidungsgewalt in letzter Instanz zugewiesen worden war, sollte es auf die Rechtsprechung der Gerichtshöfe bestätigend oder korrigierend Einfluss nehmen und so eine Einheit der Rechtsprechung schaffen. Die Praxis hatte in der Vergangenheit gezeigt, dass die rechtsprechende Tätigkeit der Richter rechtsfortbildend wirken konnte durch den sog. Gerichtsgebrauch[263].

260 Eckert, Gesetzesbegriff und Rechtsanwendung im späten Naturrecht. In: Der Staat. Bd. 37, Heft 4, 1998, S. 571, 588 f.

261 Eckert, Gesetzesbegriff und Rechtsanwendung im späten Naturrecht. In: Der Staat. Bd. 37, Heft 4, 1998, S. 571, 588 f.

262 Eckert, Gesetzesbegriff und Rechtsanwendung im späten Naturrecht. In: Der Staat. Bd. 37, Heft 4, 1998, S. 571, 587.

263 Vgl. Jordan, Bemerkungen über den Gerichtsgebrauch, dabei auch über den Gang der Rechtsbildung und die Befugnisse der Gerichte, AcP, Bd. 8, S. 191, 232 ff.

Dies war vor allem dann der Fall, wenn die Auslegung der Gesetze und deren analoge Anwendung die gerichtlichen Entscheidungen trugen und die getroffenen Bewertungen nicht nur für den Einzelfall Geltung erlangten, sondern sich über einen längeren Zeitraum hin in mehreren Entscheidungen festigten. Durch Rechtsanwendung, Auslegung und die Plenarentscheidungen sollte das Obertribunal nach Ansicht des Gesetzgebers die Möglichkeiten besitzen, das Recht, ohne natürlich gegen die materiellen und prozessualen Gesetze zu verstoßen, zeitlichen Entwicklungen anzupassen, Härten einzuschränken, Unklarheiten zu beseitigen und/oder Verhältnisse und Bestimmungen zu erweitern. Voraussetzung hierfür waren materielle Regelungsbedürfnisse, die im ALR und in den anderen im preußischen Rechtsgebiet geltenden Provinzialrechten durchaus vorhanden waren. Die Vorschriften über die Gütergemeinschaft, über ihre Entstehung, ihren Ausschluss und ihre Rechtsfolgen wiesen Unklarheiten und Lücken auf. Der Gesetzgeber hatte es zum Beispiel unterlassen, das Wesen der Gütergemeinschaft in seinen Vorschriften zu definieren. Unstimmigkeiten in Bezug auf spezielle Fragen bei den Wirkungen der Gütergemeinschaft gegenüber Dritten und in Bezug auf bevormundete Ehegatten mussten beseitigt werden. Bevor auf die einzelnen Rechtsprobleme im Recht der ehelichen Gütergemeinschaft und deren Behandlung durch das Obertribunal eingegangen wird, folgt zuerst ein Überblick über die allgemeine Rechtsentwicklung und das bestehende Recht in Preußen.

A) Rechtslage in den preußischen Staaten

Als ab 1837 die ersten Entscheidungen durch das Obertribunal veröffentlicht wurden, befasste sich eine speziell dafür eingesetzte Kommission des Justizministeriums bereits seit Jahren mit der Revision des geltenden materiellen und prozessualen Rechts in den preußischen Staaten. Zwar war mit dem seit 1794 geltenden ALR für die preußischen Staaten eine umfangreiche Kodifikation vorhanden, doch galt diese weder in allen preußischen Landesteilen, noch schien die Kodifikation ihren eigenen Ansprüchen an Vollkommenheit und Angemessenheit ihrer Regelungen gerecht zu werden.

I. Geltungsbereich des ALR

Zu Beginn des 19. Jahrhunderts galten in Preußen das ALR (seit 1794), der Code Civil für das zu Preußen gehörende Rheinland (seit 1804) sowie das gemeine Recht der einzelnen Provinzen mit zahlreichen besonderen Gesetzen, Verordnungen und Gewohnheiten, sog. Provinzialrechte, nebeneinander.

Aufgrund des Publikationspatentes vom 05. Februar 1794[264] war das ALR für die preußischen Staaten als allgemeines Gesetzbuch mit Wirkung zum 01. Juni 1794 in Kraft getreten. Vermehrte Klagen über die Langwierigkeit des Geschäftsgangs der preußischen Justiz und die sog. Müller-Arnold-Prozesse aus dem Jahr 1779/1780[265] hatten König Friedrich II. veranlasst, eine umfangreiche Justizreform in Preußen einzuleiten, die schließlich unter König Friedrich Wilhelm II. beendet wurde. Mit der Kabinettsorder vom 14. April 1780 gab Friedrich II. den Auftrag zur Verbesserung des preußischen Justizwesens und Reformierung der Gerichtsverfassung, des Prozessrechts und des materiellen Rechts[266]. Neben der bereits angesprochenen Neuordnung der Gerichte (Kammergericht, Obertribunal) hatten die Redaktoren sich für die Reformierung des materiellen Rechts – im Hinblick auf die Vermeidung von Prozessen – das Ziel gesetzt, das ALR als ein allumfassendes Gesetzbuch zu gestalten, welches das bestehende materielle Recht für die preußischen Staaten und deren Untertanen abschließend zusammengefasst in einer verständlichen Art und Weise und in deutscher Sprache festhalten sollte[267]. Durch die neue Kodifikation sollte ein allgemeines Gesetzbuch für die preußischen Staaten als Ergänzung zu den Partikularrechten entstehen. Römisches und gemeines Recht, sowie ältere Edikte und Verordnungen, welche bisher in den unterschiedlichen Provinzen des preußischen Staatsgebietes gegolten hatten, wurden durch die Einführung des ALR aufgehoben[268]. Allerdings wurde die allgemeine Geltung des ALR zunächst durch eine Subsidiarität

264 Publikationspatent vom 05. Februar 1794, GStA, I. HA., Rep. 84, XVI, Nr. 7, Bd. 83, Fol. 437 ff.

265 Hülle, Müller Arnold-Prozess. In: Handwörterbuch zur deutschen Rechtsgeschichte, Bd. III, Sp. 726-728: In dem Müller-Arnold Prozess hatte sich 1779 ein Müller namens Arnold an den König gewandt. Der Müller trug vor, dass sein Gutsherr durch einen Graben und eine Schleuseneinrichtung Wasser abgeleitet hatte, wodurch ihm das Führen des Mühlbetriebes unmöglich gemacht worden sei. Dennoch verlangte der Gutsherr den Pachtzins. Nachdem der Müller den Zins nicht zahlen konnte, wurde nach einer gerichtlichen Entscheidung die Mühle beschlagnahmt. Die Klage des Müllers gegen diese Entscheidung hatte keinen Erfolg. Der königlichen Aufforderung, das Urteil abzuändern, kam die Rechtsprechung nicht nach. Daher sprach der König einen Machtspruch zugunsten des Müllers und ordnete ein Vorgehen wegen Rechtsbeugung gegen die verhandelnden Richter an, da er der Ansicht war, dass die Richter willkürlich zugunsten des adligen Gutsherrn gegen den Müller entschieden hatten.

266 Vgl. Bornemann, Systematische Darstellung des Preußischen Civilrechts, Bd. I, S. 6, 7; Bornhak, a.a.O., S. 259.

267 Hattenhauer, Allgemeines Landrecht für die preußischen Staaten von 1794, Einführung S. 8.

268 Publikationspatent vom 05. Februar 1794, GStA, I. HA., Rep. 84, XVI, Nr. 7, Bd. 83, Fol. 437 ff.

zu den Provinzialgesetzen und Statuten beschränkt[269]. Diese Subsidiarität galt vor allem auch für das Familienrecht im ersten Titel des zweiten Teils des ALR, u.a. bezogen auf die Rechte der Eheleute in Bezug auf Vermögen und die Gemeinschaft der Güter unter Eheleuten. Damit sollte den provinziellen Eigenarten Tribut gezollt werden.

Neben dem Auftrag, ein allgemeines Gesetzbuch für die preußischen Staaten auszuarbeiten, enthielt die Kabinettsorder vom 14. April 1780 auch die Anordnung, die in den einzelnen Provinzen vorhandenen Provinzialgesetze und Statuten zu überarbeiten und zu kodifizieren[270]. Bei der Revision und Redaktion des Provinzialrechts sollten die bestehenden rechtlichen Verschiedenheiten der einzelnen Provinzen möglichst beseitigt und nur solche Abweichungen berücksichtigt werden, für deren Beibehaltung besondere Gründe sprächen[271]. Im Gegensatz zu der Kodifikation des allgemeinen Gesetzbuches blieben die Kodifikationsvorhaben der Provinzialgesetzbücher größtenteils in Vorarbeiten stecken; publiziert wurden lediglich das ostpreußische Provinzialgesetzbuch 1801/02 sowie 1844 die westpreußischen Provinzialgesetze und Statuten[272].

Die Gebietsveränderungen innerhalb des preußisches Staatsgebietes, vor allem nach 1814, führten zu einer Dreiteilung des geltenden Rechts. In den preußischen Stammprovinzen blieb das ALR größtenteils mit seiner subsidiarischen Geltung bestehen, in einigen wieder- oder neuvereinigten Ländern wurde es direkt eingeführt oder die Subsidiarität aufgehoben[273]. In einigen Gebieten des Rheinlands hingegen behauptete sich der französische Code Civil[274].

II. Allgemeine Grundlagen des ehelichen Güterrechts im preußischen Recht

Im 18. Jahrhundert trafen im preußischen Reichsgebiet unterschiedliche Güterrechtssysteme aufeinander. Eine Rechtseinheit bestand nicht und wurde auch durch die Vorschriften des ALR nicht eingeführt. Die Redaktoren des ALR fanden bei der Kodifikation vor allem zwei unterschiedliche Systeme in den preußischen Reichsgebieten vor: das römische Dotalsystem und die gemeinrechtlichen

269 §§ I und III Publikationspatent vom 05. Februar 1794, GStA, I. HA., Rep. 84, XVI, Nr. 7, Bd. 83, Fol. 437 ff.

270 Vgl. Bornemann, Systematische Darstellung des Preußischen Civilrechts, Bd. I, S. 7.

271 Bornemann, Systematische Darstellung des Preußischen Civilrechts, Bd. I, S. 7, 14.

272 Koselleck, Preußen zwischen Reform und Revolution, Allgemeines Landrecht, Verwaltung und soziale Bewegung von 1791 bis 1848, S. 46.

273 Patent vom 09. November 1816 für Posen, Preußische Gesetzsammlung 1816, S. 225, und für die Westpreußischen Kreise, Preußische Gesetzsammlung 1816, S. 217.

274 Koselleck, a.a.O., S. 46 f.

Gütergemeinschaftssysteme, wobei die Theorie der Gütergemeinschaft sich in den einzelnen Provinzen und Orten, wo sie galt, sehr verschiedenartig ausgebildet hatte[275], so dass es äußerst schwierig war, ein allgemeines Recht für alle Rechtsverhältnisse aufzustellen.

1. Römisches Dotalsystem

Das römische Dotalsystem beruhte auf dem Prinzip der Gütertrennung[276]. Die Ehefrau konnte allerdings einen gewissen Anteil ihres Vermögens, die sog. „Dos", dem Ehemann zur Bestreitung der Lasten der Ehe zur Verfügung stellen[277]. Nach römischem Recht war der Ehemann nämlich allein für die ehelichen Aufwendungen und Lasten verantwortlich[278]. Der Mann durfte aber trotz der Bereitstellung des Dos-Vermögens unter seine Verfügungsgewalt dieses nur für erforderliche eheliche Aufwendungen einsetzen[279]. Bei Auflösung der Ehe fiel das Dos-Vermögen wieder an die Ehefrau oder deren Erben zurück[280]. Der Teil des Vermögens, den die Ehefrau nicht als Dos an den Ehemann übertrug, verblieb ihr als eigenes Vermögen. Der Ehemann konnte über dieses Vermögen aufgrund des alleinigen Verwaltungs- und Verfügungsrechts der Ehefrau nicht verfügen[281].

---

275 Coing, a.a.O., Bd. II, S. 312; Phillips, Die Lehre von der ehelichen Gütergemeinschaft, S. 153 ff.

276 Weiske, Güterrechte der Ehegatten. In: Rechtslexikon für Juristen aller teutschen Staaten enthaltend die gesamte Rechtswissenschaft, Bd. IV, S. 902, 904 ff.; Schmid, Die Entstehung der güterrechtlichen Vorschriften im Bürgerlichen Gesetzbuch: unter besonderer Berücksichtigung der sozialen Stellung der Frau, S. 36; Kaser, Römisches Privatrecht, S. 293; Dölle, Familienrecht, Bd. 1, S. 681; Puchta, Pandekten, § 413.

277 Windscheid, Lehrbuch des Pandektenrechts, § 491; Puchta, Pandekten, § 414.

278 Malsbenden, Die rechtliche Stellung der Frau im ehelichen Güterrecht vom ALR zum BGB, S. 11; Windscheid, Lehrbuch des Pandektenrechts, § 492.

279 Weiske, Güterrechte der Ehegatten. In: Rechtslexikon für Juristen aller teutschen Staaten enthaltend die gesamte Rechtswissenschaft, Bd. IV, S. 902, 904 ff.; Malsbenden, Die rechtliche Stellung der Frau im ehelichen Güterrecht vom ALR zum BGB, S. 11 ff.; Dölle, Familienrecht, Bd. 1, S. 681; Puchta, Pandekten, § 416.

280 Kaser, Römisches Privatrecht, S. 295; Windscheid, Lehrbuch des Pandektenrechts, §§ 500, 501.

281 Weiske, Güterrechte der Ehegatten. In: Rechtslexikon für Juristen aller teutschen Staaten enthaltend die gesamte Rechtswissenschaft, Bd. IV, S. 902, 904 ff.; Malsbenden, Die rechtliche Stellung der Frau im ehelichen Güterrecht vom ALR zum BGB, S. 11 ff.; Windscheid Lehrbuch des Pandektenrechts, § 507; Puchta, Pandekten, § 423.

2. Allgemeine Gütergemeinschaft nach gemeinem Recht

Neben diesem römischen Dotalsystem waren in den deutschen Reichsgebieten und damit auch in den preußischen Ländern die deutschrechtlichen Güterrechtssysteme aus dem gemeinen Recht weit verbreitet[282]. Diese waren auf die Herbeiführung einer allgemeinen Gütergemeinschaft oder einer Gütergemeinschaft des Erwerbes gerichtet[283]. Teilweise hingen nach einigen Provinzialrechten die Wirkungen der Gütergemeinschaft von dem Vorhandensein von Kindern, also von dem Bestehen einer beerbten Ehe, ab[284].

Grundsätzlich führte nach diesen Systemen die Eheschließung zu einer Veränderung der vermögensrechtlichen Verhältnisse insoweit, als das Vermögen der Ehefrau automatisch mit der Eheschließung in den Verwaltungsbereich des Ehemannes überging[285]. Durch die Vereinigung des Vermögens der beiden Ehegatten entstand ein Gesamtgut. Die Kosten der Ehe waren nicht durch den Ehemann allein zu tragen, sondern von beiden Vermögensmassen gemeinsam. Das so entstandene Gesamtgut unterlagt der alleinigen Verwaltungs- und Verfügungsgewalt des Ehemannes[286].

3. System der Verwaltungsgemeinschaft des ALR

Die Redaktoren des ALR hatten für das eheliche Güterrecht bei der Kodifikation Rechtsgedanken beider Systeme aufgegriffen und als Grundprinzip im ALR, d.h. als gesetzliches Güterrecht, ein abgewandeltes Dotalsystem, eine eheliche Verwaltungsgemeinschaft, festgehalten[287]. Grundsätzlich verblieb danach das eingebrachte Vermögen auch nach der Eheschließung im Eigentum des jeweiligen

---

282 Phillips, Die Lehre von der ehelichen Gütergemeinschaft, S. 86.

283 Weiske, Güterrechte der Ehegatten. In: Rechtslexikon für Juristen aller teutschen Staaten enthaltend die gesamte Rechtswissenschaft, Bd. IV, S. 902, 932 ff; Malsbenden, a.a.O., S. 14 ff.

284 Vgl. Phillips, Die Lehre von der ehelichen Gütergemeinschaft, S. 153 ff.

285 Weiske, Güterrechte der Ehegatten. In: Rechtslexikon für Juristen aller teutschen Staaten enthaltend die gesamte Rechtswissenschaft, Bd. IV, S. 902, 922 ff., Phillips, Die Lehre von der ehelichen Gütergemeinschaft, S. 131 ff.

286 Weiske, Güterrechte der Ehegatten. In: Rechtslexikon für Juristen aller teutschen Staaten enthaltend die gesamte Rechtswissenschaft, Bd. IV, S. 902, 922 ff.; Phillips, Die Lehre von der ehelichen Gütergemeinschaft, S. 131 ff.

287 §§ 205 – 344 Teil II Titel 1 ALR Rechte und Pflichten der Ehegatten in Beziehung auf ihr Vermögen; Die Bezeichnung der Verwaltungsgemeinschaft wurde durch die Rechtswissenschaft geprägt; vgl. Dernburg, Preußisches Privatrecht, Bd. IV, S. 80 ff.

Ehegatten[288]. Eine automatische Verschmelzung der beiden Vermögensmassen wie bei der allgemeinen Gütergemeinschaft fand nicht statt. Der Ehemann hatte allein die Lasten der Ehe zu tragen. Allerdings wurde das Vermögen der Ehefrau in vorbehaltenes und eingebrachtes Vermögen aufgespalten. Nur die Vermögensgegenstände, die durch Vertrag oder Gesetz dem Vorbehaltsgut der Frau zugerechnet wurden, unterlagen ihrer persönlichen Verwaltungs- und Verfügungsbefugnis[289]. Die Gegenstände des eingebrachten Vermögens unterstanden hingegen der Verwaltung und der Verfügungsgewalt des Ehemannes[290]. So wurde die typische Folge der Gütergemeinschaft, das Vermögen und die Verfügungsgewalt nicht getrennt den Ehegatten zu belassen, im ALR durch das ausgedehnte Verwaltungs- und Nießbrauchrecht des Mannes herbeigeführt. Andererseits sollte das Vermögen der Frau gegen Ausbeutung geschützt werden, indem Gläubiger des Mannes nicht auf ihr vorbehaltenes Vermögen zurückgreifen konnten[291].

4. Ausnahmeregelung der Gütergemeinschaft im ALR

Grundsätzlich sollte zwar diese eheliche Verwaltungsgemeinschaft eingreifen, aber wegen des Nebeneinanders des ALR mit den Provinzialrechten und Statuten bestimmte das ALR ausnahmsweise die Geltung der ehelichen Gütergemeinschaft, wenn diese durch Provinzialgesetze, Statuten oder durch Vertrag durch die Eheleute eingeführt wurde[292]. In einem speziellen Abschnitt enthielt das ALR daher Vorschriften über die eheliche Gütergemeinschaft[293]. Dies bedeutete aber nicht, dass das ALR gleich hinter das nach dem Wohnsitz anwendbare Provinzialrecht zurücktrat, wenn dieses die Gütergemeinschaft anordnete. Vielmehr sollten die Provinzialrechte nur dann direkt angewandt werden, wenn sie abweichende Vorschriften vom ALR festhielten. Sah ein Provinzialrecht oder ein Ver-

---

288 Esser, Rechtsstellung und Ansprüche der Ehefrau gegen ihren Mann, S. 36.

289 §§ 205 ff. Teil II Titel 1 ALR; § 221 Teil II Titel 1 ALR: „In Ansehung des vorbehaltenen Vermögens gebühret der Frau die Verwaltung, der Nießbrauch, und die freye Disposition, wenn sie sich nicht des einen oder des andern ausdrücklich begeben hat."

290 § 205 Teil II Titel 1 ALR: „Durch die Vollziehung der Ehe geht das Vermögen der Frau in die Verwaltung des Mannes über; in so fern diese Verwaltung der Frau durch Gesetze oder Verträge nicht ausdrücklich vorbehalten worden."
§ 231 Teil II Titel 1 ALR: „In Ansehung des eingebrachten Vermögens der Frau hat der Mann alle Rechte und Pflichten eines Nießbrauchers."

291 Bornemann, Systematische Darstellung des Preußischen Civilrechts, Bd. V, S. 77.

292 § 354 Teil II Titel 1 ALR: „Die Gemeinschaft der Güter unter Eheleuten findet nur da statt, wo sie durch Provinzialgesetze oder Statuten eingeführt ist."

293 Vgl. §§ 345-433 Teil II Titel 1 ALR.

trag die Gütergemeinschaft vor, kamen die Vorschriften des ALR zur Anwendung, wenn diese nicht ausdrücklich etwas anderes bestimmten[294].

Über die Entstehung des Abschnitts des ALR über die Gemeinschaft der Güter unter Eheleuten heißt es in einer Anmerkung im gedruckten Entwurf zu dem Allgemeinen Gesetzbuch: „Die Gemeinschaft der Güter unter Eheleuten ist zwar nicht gemeinen Rechtens, sie findet aber, ob zwar unter sehr verschiedenen Bestimmungen und Gestalten, in den meisten königlichen Provinzen statt. Da nun darüber vorhandenen Provinzialgesetze größtenteils sehr dunkel, unvollständig und unbestimmt sind, so hat man nötig gefunden, die allgemeine Theorie dieser wichtigen Lehre, besonders auf den Grund des Lübischen Rechts, näher auseinander zu setzen, und Bestimmungen einzuführen, wodurch die aus der Kommunion sonst so häufig entstehenden Prozesse verhütet werden könnten.“[295]

5. *Zusammenfassung*

Als Ergebnis soll hier festgehalten werden, dass zwar mit dem ALR eine umfangreiche Kodifikation geschaffen worden war, die die güterrechtlichen Verhältnisse preußischer Eheleute ausführlich, aber nicht vollkommen bestimmte. Nach Abschaffung des Nebeneinanders von römischem Recht und dem Recht der Provinzen verblieb es auch nach Inkrafttreten des ALR bei unterschiedlichen Güterrechtssystemen. Das ALR kannte die eheliche Verwaltungsgemeinschaft und die eheliche Gütergemeinschaft, wobei bei der Bestimmung der ehelichen Gütergemeinschaft auch Vorschriften der Provinzialrechte und Statuten herangezogen werden mussten. Legte ein Provinzialrecht in einem Landesgebiet die Gütergemeinschaft fest, traten die Regeln über die Verwaltungsgemeinschaft hinter die Vorschriften über die Gütergemeinschaft im ALR zurück. Regelten die Provinzialrechte die eheliche Gütergemeinschaft abweichend von den Vorschriften im ALR, mussten diese vorrangig herangezogen werden.

Die Kodifikation des ALR für die preußischen Staaten sollte zu mehr Sicherheit und Einheitlichkeit innerhalb der preußischen Landesteile führen. Die Erreichung dieser Ziele schränkte das ALR allerdings selbst erheblich ein, indem es keine allumfassende Geltung beanspruchte, sondern den Provinzialgesetzen weiterhin den Vorrang einräumte. Eine Abgleichung der Provinzialrechte, wie sie durch die Revision der Provinzialgesetze und Statuten eigentlich vorgesehen war, wurde überwiegend unterlassen. Unterschiede blieben weiterhin bestehen. Die

---

294 § 360 Teil II Titel 1 ALR: „Wo Verträge, Statuten oder Provinzialgesetze nicht ein Anderes ausdrücklich verordnen, da finden, wegen der Gütergemeinschaft, und deren rechtlichen Folgen, nachstehende allgemeine Vorschriften Anwendung.“

295 Anmerkung zu den §§ 237 ff., GStA, I. HA., Rep. 84, XVI, Nr. 7, Bd. 10, Fol. 337.

Bestrebungen nach einer einheitlicher Rechtsordnung waren erst im Aufkommen. Zu diesem Zeitpunkt beanspruchten die einzelnen Provinzialrechte noch Geltung. Gleichzeitig hatte sich nach den napoleonischen Kriegen das französische Recht im preußischen Rheinland so gefestigt, dass das ALR dort aufgrund des großen Widerstandes nicht in Kraft treten konnte.

III. Rechtsentwicklung nach Inkrafttreten des ALR in den preußischen Staaten / Gesetzgebung

Nach den Befreiungskriegen und dem am 20. November 1815 abgeschlossenen Zweiten Pariser Frieden waren in Preußen wesentliche Änderungen und Verbesserungen notwendig, um nach der teilweisen Wiederherstellung und teilweisen Neuordnung des preußischen Staatsgebietes aufgrund der Wiener Kongressakte vom 06. Juli 1816 wieder Gleichmäßigkeit und Ordnung in den preußischen Staaten herzustellen. Die Geltung des preußischen Allgemeinen Landrechts von 1794 und der Allgemeinen Gerichtsordnung von 1793 musste überdacht und neu geregelt werden. Gerichtszuständigkeiten und -hierarchien mussten neu geordnet und festgelegt werden.

Das Für und Wider der Erhaltung der Provinzialgesetze und der Subsidiarität und Bedeutung des ALR wurde immer wieder diskutiert[296]. Zwar wurde die allgemeine Anwendung des ALR nach und nach für einzelne Gebiete angeordnet, wie z.B. durch die Verfügung vom 25. Mai 1818 für einige mit Preußen durch die Wiener Kongressakte wieder oder neu vereinigte Distrikte und Ortschaften[297]. In anderen neu- oder zurückgewonnen Gebieten hingegen wurde das ALR nicht eingeführt. So behauptete sich in den rheinischen Provinzen weiterhin das dort unter der Herrschaft Napoleons eingeführte französische Recht, der „Code Civil“.

Bornemann hielt in seinem Lehrbuch über das Landrecht das ALR zwar nicht für ein vollkommenes, aber doch für ein geeignetes und zeitgemäßes Gesetz-

296 Bornemann, Systematische Darstellung des Preußischen Civilrechts, Bd. I, S. 15; Gans, a.a.O., S. 357 ff.; Lentze, Bemerkungen über die Aufrechterhaltung der Provinzialrechte und die Provinzialgesetzbücher mit besonderer Rücksicht auf die links der Elbe belegenen preußischen Landestheile, v. Kamptz Jahrbücher, Bd. 37, S. 48 ff.; Pinder, Über die Grenzen und Quellen des Provinzialrechtes überhaupt und des für das Herzogthum Sachsen zu entwerfenden insbesondere, v. Kamptz Jahrbücher, Bd. 39, S. 324 ff.

297 Verordnung vom 25. Mai 1818 wegen der Einführung des Allgemeinen Landrechts und der Allgemeinen Gerichtsordnung in den mit den Preußischen Staaten vereinigten, zwischen den älteren Provinzen belegenen Distrikten und Ortschaften, Preußische Gesetzsammlung 1818, S. 45.

buch[298]. Die Ausführlichkeit sei vor allem notwendig gewesen, um die vielen Kontroversen, die vor Inkrafttreten des ALR die Rechtsanwendung in Preußen erschwerten, aus der Welt zu schaffen[299]. Außerdem sollte das Gesetzbuch allen Volksschichten und nicht nur den Juristen zugänglich sein, daher müsse es sich mit allen Einzelheiten auseinandersetzen und könne nicht nur auf leitende Grundsätze, die nur für Rechtsgelehrte verständlich waren, beschränkt werden[300].

Die Ausführlichkeit seiner Regelungen und sein Lehrbuchcharakter machten das ALR zunächst auch nach Aufhebung des Kommentierungsverbotes wohl für ausführliche wissenschaftliche Bearbeitungen uninteressant[301], zumal sich die Untersuchung aufgrund der historischen Rechtsschule mehr auf die geschichtliche Entwicklung des deutschen Privatrechtes richtete als auf die geschaffenen Kodifikationen. Zwar hatten die Redaktoren des ALR in einem Preisausschreiben die Rechtswissenschaftler aufgefordert, nach gewissen Grundsätzen ein Lehrbuch über die Vorschriften des ALR zu entwerfen[302]. Doch erst einige Jahrzehnte später in der Mitte des 19. Jahrhunderts verarbeiteten Rechtswissenschaftler das ALR ausführlicher in Zeitschriften, Kommentaren und systematischen Darstellungen[303].

Während sich die Rechtswissenschaft entwickelte, erhielt das ALR bereits 1803 erste Abänderungen durch einen ersten Anhang, welcher die bis dahin durch Reskripte und Verordnungen erlassenen Veränderungen und Ergänzungen des ALR zusammenfasste und an das ALR anfügte[304]. Der Gesetzgeber hatte nach Inkrafttreten des ALR dessen Vorschriften nicht nur durch Gesetze, sondern auch durch Reskript, Verordnung oder Kabinettsorder ergänzt, erläutert oder abgeändert. Dabei kamen diesen legislativen Akten gesetzesähnliche Bindungswirkung zu; die unterschiedliche Bezeichnung wurden durch Äußerlichkeiten bestimmt[305]. So waren die Kabinettsorder zumeist als Anweisung an Minister ge-

---

298 Bornemann, Systematische Darstellung des Preußischen Civilrechts, Bd. I, S. 12.

299 Bornemann, Systematische Darstellung des Preußischen Civilrechts, Bd. I, S. 12, 13.

300 Bornemann, Systematische Darstellung des Preußischen Civilrechts, Bd. I, S. 13.

301 Gans, a.a.O., S. 15; vgl. Savigny, Vom Beruf unserer Zeit. In: Thibaut und Savigny. Ihre programmatischen Schriften, S. 97, 150 f.

302 GStA, I. HA., Rep. 84, XVI, Nr. 7, Bd. 10, Fol. 299 f.

303 Koch, Allgemeines Landrecht für die preußischen Staaten; Bornemann Systematische Darstellung des Preußischen Civilrechts mit Benutzung der Materialien des Allgemeinen Landrechts; Dernburg, Lehrbuch des Preußischen Privatrechts und der Privatrechtsnormen des Reich; Förster / Eccius, Preußisches Privatrecht.

304 Vgl. Erster Anhang, worin die bisher ergangenen Abänderungen und Ergänzungen des allgemeinen Landrechts verkürzt gesammelt sind, Berlin 1803.

305 Vgl. Busch, a.a.O., S. 90.

richtet[306] und Reskripte erfolgten aufgrund spezieller Anfrage gerichtet auf die Lösung eines Einzelfalls[307]. Spätere Gesetze, Verordnungen und Reskripte wurden ab 1810 in der preußischen Gesetzsammlung publiziert. Die Uneinheitlichkeit der Rechtsordnung und die Notwendigkeit, das Recht weiterhin mit Reskripten für Einzelfälle und Verordnungen weiterzuentwickeln und anzupassen, blieben bestehen. Ein zweiter Anhang erging allerdings nie. Stattdessen wurde eine umfassende Revision des Gesetzbuches angeordnet. Materielles und prozessuales Recht sollten den veränderten Gegebenheiten und Ansichten angepasst und eine Lösung für das Nebeneinander von preußischem und französischem Recht im preußischen Staatsgebiet gefunden werden[308].

B) Gesetzrevision (1825-1848) / Revisionsbemühungen im 19. Jahrhundert

In der ersten Hälfte des 19. Jahrhunderts versuchte das Justizministerium, das ALR zu bearbeiten und anzupassen. Zunächst sollte das ALR als Gesetzbuch noch erhalten bleiben. Es sollte lediglich eine modernere Fassung entstehen. Aber zum Ende der Revisionsarbeiten wurden verstärkt Teile aus dem Gesetzbuch ausgegliedert und in eigenständigen Gesetzesentwürfen verarbeitet. Obwohl zwischenzeitlich Entwürfe für ein neues Gesetzbuch vorgelegt wurden[309], konnte das eigentliche Ziel der Revision der gesamten Vorschriften des ALR nicht vorangetrieben werden und die Revisionsarbeiten wurden 1848 endgültig eingestellt.

Erstes Anzeichen für die bevorstehenden Revisionsbemühungen im 19. Jahrhundert in Preußen war der königliche Erlass vom 03. November 1817[310], in dem der König klarstellte, dass das ALR und die AGO einer Revision bedürften, um die preußischen Gesetze den in den letzten Jahren eingetretenen Veränderungen anzupassen:

---

306 Vgl. Busch, a.a.O., S. 90.

307 Vgl. Dilcher, Reskript, Reskriptenprozeß. In: Handwörterbuch zur deutschen Rechtsgeschichte, Bd. IV, Sp. 933-936.

308 Bornhak, a.a.O., S. 451 f; Dölemeyer, Kodifikation Deutschland. In: Handbuch der Quellen und Literatur der neueren europäischen Privatrechtsgeschichte, Bd. III/2, S. 1491 ff.; Stölzel, a.a.O., Bd. II , S. 448 f.

309 Stölzel, a.a.O., Bd. II, S. 516: 1840 lagen u.a. der erste Teil des Gesetzbuches die Rechtsquellen bestreffend und der zweite Teil über das Sachenrecht im Entwurf vor. Des Weiteren lagen gesonderte Entwürfe bezüglich des Bergrechts und Lehnrechts vor. Aus dem Bereich des Obligationenrechts waren Entwürfe für das Wechsel-, Handels- und Aktienrecht vorhanden sowie für den allgemeinen Teil der Rechte und Verbindlichkeiten des Vertragsrecht und des Rechts der unerlaubten Handlungen.

310 Allerhöchste Kabinettsorder wegen der Geschäftsführung bei den Oberbehörden in Berlin, Preußische Gesetzsammlung 1817, S. 289, 290.

„Die Justizverwaltung ist in einem grossen Theile der Monarchie noch nicht definitiv geordnet. Insonderheit ist in den Provinzen am Rhein noch nicht bestimmt, was von der bisherigen fremden Gesetzgebung beizubehalten sei oder nicht. Ich habe vorlängst eine Justiz-Kommission angeordnet, die dieses für die Rheinprovinzen prüfen soll; der Gang derselben ist aber zu langsam, und es ist dringend nothwendig, dass in dieser wichtigen Angelegenheit bald eine Entscheidung erfolge. Das A.L.R. und die A.G.O. erfordern eine Revision, um beide den Veränderungen anzupassen, die seit ihrer Publikation vorgefallen sind. Alle diese Gegenstände übersteigen die Kräfte eines Mannes, der zugleich mit der gewöhnlichen Leitung des Justiz-Ministeriums beladen ist. Ich habe daher beschlossen, sie dem St.-M. Beyme aufzutragen und ihm zugleich Sitz und Stimme im Ministerium beizulegen, Vorschläge, wie jene Gegenstände zu betreiben und zu beschleunigen sein werden, will Ich sobald wie möglich vom Ministerium erwarten."[311]

Als Ziel der Revision wurde in dem Erlass festgehalten, „daß kein neues Gesetzbuch an die Stelle des gegenwärtigen treten, daß vielmehr die bestehende Gesetzgebung der Revision zum Grunde gelegt und im Wesentlichen aufrecht erhalten, in dieselbe aber nicht bloß das, was seit ihrem Erscheinen neu hinzugekommen oder abgeändert worden, eingeschaltet, sondern auch das, was sich nach den von den Behörden aus mehrjähriger Erfahrung geschöpften Bemerkungen in der Ausführung und Anwendung als unrichtig, mangelhaft, unbestimmt, oder auch für das Bedürfnis der gegenwärtigen Verhältnisse als unzureichend erwiesen habe, einer gründlichen Überprüfung unterworfen, und nach dem Ergebnis derselben berichtigt, ergänzt, erläutert, und vervollkommt werden solle." [312]

Es sollte demnach nicht wie bisher durch vereinzelte Verordnungen eine Anpassung erfolgen, sondern aufgrund des bestehenden Gesetzbuches eine moderne Version des ALR entstehen. Der Auftrag an den Staatsminister Karl Friedrich von Beyme in Bezug auf die Revision lautete Wiederherstellung der Rechtssicherheit, Vollständigkeit der Gesetzgebung und Anpassung an den tatsächlichen Rechtszustand und zudem Erfüllung des noch immer bestehenden Auftrages zur Kodifikation der Provinzialrechte.

Für die Revisionsarbeiten vor allem im Hinblick auf eine Lösung für die Rheinlande wurde vorübergehend ein eigenes Ministerium zur Gesetzgebung und Justizorganisation in den Rheinprovinzen unter der Leitung von Beyme geschaffen[313].

---

311 Allerhöchste Kabinettsorder wegen der Geschäftsführung bei den Oberbehörden in Berlin, Preußische Gesetzsammlung 1817, S. 289, 290.

312 Allerhöchste Kabinettsorder wegen der Geschäftsführung bei den Oberbehörden in Berlin, Preußische Gesetzsammlung 1817, S. 289, 290.

313 Stölzel, a.a.O., Bd. II, S. 447 ff.

1819 wurden die beiden Justizministerien zwar wieder vereinigt, der Auftrag zur Revision für Beyme blieb zunächst bestehen[314]. Fortschritte verzeichneten die Revisionsarbeiten aber nicht[315].

Als 1825 der amtierende Justizminister Kircheisen verstarb, übertrug der König die Revision auf den neuen Justizminister Heinrich Wilhelm August von Danckelmann[316]. Danckelmann bildete eine Kommission für die Planung der Revisionsarbeiten, der u.a. führende Juristen wie Kamptz, Eichhorn, Savigny angehörten[317]. Die Rechtsgebiete wurde in unterschiedliche Pensen eingeteilt und den einzelnen Bearbeitern zugeordnet. Grundlage für die Revisionsarbeiten stellten aufgrund der königlichen Vorgaben die geltenden Gesetzbücher und die aufgrund dieser Gesetzbücher erlassenen Verordnungen, Reskripte und Gesetze dar. Des Weiteren sollten aus der Praxis die Akten der Rechtssprechung und Verwaltung herangezogen werden. Die Rechtsprechung und die Wissenschaft wurden aufgefordert, in Gutachten und Berichten Stellungnahmen zu den Revisionsarbeiten abzugeben[318].

Zu den Reformvorhaben zählten sowohl das Prozessrecht als auch das materielle Recht des Allgemeinen Landrechts; auch das Familien- und Eherecht sollte reformiert werden. Revisor des Familienrechts, dem Pensum XV war der Oberlandesgerichtsrat Wünsch. Dieser legte seine Entwürfe mit den Motiven zum Familienrecht 1830/1831 vor, die Entwürfe zum Ehescheidungsrecht folgten 1833. Referenten waren u.a. Eichhorn, Scheibler und Savigny[319].

Unter der Leitung von Danckelmann ging die Umsetzung der Revisionsarbeiten in den folgenden Jahren nur langsam voran[320]. Im Bereich des Familienrechts bestand große Uneinheitlichkeit zwischen den konservativen und den reformfreudigen Juristen[321]. Insbesondere das Scheidungsrecht stand in der Diskus-

---

314 Stölzel, a.a.O., Bd. II, S. 447 ff., 458.

315 Benthaus, a.a.O., S. 129.

316 Allerhöchste Kabinettsorder, wegen Ernennung des Ober-Landesgerichts-Präsidenten Grafen von Danckelmann zum Staats- und Justiz-Minister, vom 23. April 1825, Preußische Gesetzsammlung 1825, S. 40; Stölzel, a.a.O., Bd. II, S. 484 ff.

317 Stölzel, a.a.O., Bd. II, S. 484 ff.; Benthaus, a.a.O., S. 130; Dölemeyer, Kodifikation Deutschland. In: Handbuch der Quellen und Literatur der neueren europäischen Privatrechtsgeschichte, Bd. III/2, S. 1494.

318 Benthaus, a.a.O., S. 132 f.; Dölemeyer, Kodifikation Deutschland. In: Handbuch der Quellen und Literatur der neueren europäischen Privatrechtsgeschichte, Bd. III/2, S. 1494, 1497, 1498; Schubert / Regge, Quellen zur preußischen Gesetzgebung des 19. Jahrhunderts, Gesetzrevision (1825-1848), Abt. I, Bd. I, S. XVII.

319 Schubert / Regge, a.a.O., Abt II, Bd. 5/ I, S. XIX.

320 Schubert / Regge, a.a.O., Abt. I, Bd. I, S. XIX f.

321 Das Eherecht, insbesondere das Scheidungsrecht und das Nichtehelichkeitsrecht wurden stark bestimmt durch die Religionen und gesellschaftlichen Anschauungen. Problematisch war das Nebeneinander von kirchlichen und staatlichen Regelungen;

sion. Hier sollten grundlegende Veränderungen vorgenommen werden. Beim ehelichen Güterrecht ging es hingegen um Einzelfragen, z.B. um die Subsidiarität der Vorschriften des ALR über die Vermögensrechte und einige spezielle Regeln über die Entstehung und Folgen der ehelichen Gütergemeinschaft. Es ergaben sich Unklarheiten, wie die Provinzialrechte auszulegen und wann die Vorschriften des ALR heranzuziehen waren, zumal das Institut der ehelichen Gütergemeinschaft an sich in den einzelnen Provinzen unterschiedlich ausgestaltet war und die Voraussetzungen und Folgen umstritten waren. Diese Probleme und entsprechende Entwürfe zum ALR wurden zwar diskutiert, aber wie so viele Projekte der Revisionsarbeiten kam es weder zu einer Veränderung der Vorschriften des ALR noch zu einer Revision und Angleichung der Provinzialrechte.

Danckelmann wurde schließlich durch Kamptz[322] ersetzt. Unter der Leitung von Kamptz wurden die Revisionsarbeiten des Pensums XV nicht weiter beraten. Stattdessen wurden die Bereiche des Ehescheidungsrechts und des Nichtehelichkeitsrechts ausgegliedert und separat einer Revision unterzogen[323]. Auch Kamptz konnte die Revision nicht wesentlich vorantreiben bis auf einige wenige Novellen zum Prozess-, Zwangsvollstreckungs- und Subhastationsrecht, sowie zum Recht der Verjährung und zum Handelsrecht[324].

1842 löste Savigny Kamptz in der Leitung der Revisionsarbeiten ab[325]. Die Übernahme der Leitung der Revisionsarbeiten durch Savigny erstaunt, bedenkt man seine ablehnende Haltung gegen jede Art von Kodifikation. In seinem Ministerprogramm zu den Revisionsarbeiten erklärte Savigny, dass eine jeden einzelnen Fall regelnde Kodifikation ein Übel darstelle und die Revision zwar vorübergehende Abhilfe bringen könne, aber keine endgültige Lösung[326]. Savigny stellte die Revision des gesamten Zivilrechts zunächst ein und konzentrierte sich

---

vgl. Herold, Ueber Preussische Gesetzgebung und Rechtswissenschaft seit 1848, Schletter Jahrbücher, Bd. VI, S. 362, 365 ff.; Koselleck, a.a.O., S. 110 ff.; Buchholz, Preußische Eherechtsreform. In: ius commune, Sonderheft 15, S. 150 ff.; Buchholz, Eherecht zwischen Kirche und Staat. In: ius commune, Sonderheft 13.

322 Kabinettsorder vom 09. Februar 1832, betreffend die Ernennung des wirklichen Geheimen Raths v. Kamptz und des Ober-Landesgerichts-Vice-Präsidenten Mühler in Breslau, zu Justizministern, Preußische Gesetzsammlung 1832, S. 15; Stölzel, a.a.O., Bd. II, S. 500 ff.; Bornhak, a.a.O., S. 452.

323 Schubert / Regge, a.a.O., Abt. II, Bd. 5/ I, S. XX; Stölzel, a.a.O., Bd. II, S. 500 ff., 518.

324 Schubert / Regge, a.a.O., Abt. I, Bd. 1, S. XXI.

325 Stölzel, a.a.O., Bd. II, S. 535 ff.; Bornhak, a.a.O., S. 453.

326 Savigny, Vorschläge zu einer zweckmäßigen Einrichtung der Gesetzrevision, sog. Ministerprogramm, in Stölzel, a.a.O., Bd. II, S. 733, 736 f.

auf einzelne Gebiete, wie z.B. das Ehe- und Scheidungsrecht[327]. So erging am 28. Juni 1844 eine Verordnung über das Verfahren in Ehesachen[328]. Insgesamt wurden die Reformen aber aufgrund des großen Widerstandes der Öffentlichkeit nicht umgesetzt[329]. Allerdings wurden z.B. die Revisionsarbeiten zum Nichtehelichenrecht unter der Führung von Savigny später in dem Gesetz vom 24. April 1854[330] verarbeitet, insgesamt aber konnte die Revision aufgrund von Uneinigkeiten und des Widerstandes der Reformgegner in den 40er Jahren des 19. Jahrhunderts nicht zu einem erfolgreichen Abschluss gelangen. Sie wurde daher während der Revolutionswirren 1848 eingestellt[331].

Im Ergebnis blieben viele Reformansätze auf der Stufe von Entwürfen stekken, da eine Einigung nicht erzielt werden konnte. Aus den Revisionsbestrebungen entsprangen nur wenige neue Gesetze, wie z.B. die allgemeine Wechselordnung, ansonsten wurde mehr diskutiert und an Material zusammengetragen, als tatsächlich umgesetzt. Die Revision geriet ins Stocken, da sich die Bearbeiter aufgrund unterschiedlichster Ansichten und Motivationen nicht zu einer Einigung durchringen konnten und andere Rechtswissenschaftler allgemein der Kodifikation des Rechts skeptisch gegenüber traten. Im Eherecht waren die speziellen Gebiete des Scheidungsverfahrens und des Nichtehelichenrechts aus dem ALR ausgeklammert worden. Doch auch dies führte nicht zu einer Verwirklichung der gesamten Projekte. Das während der Revision zusammengetragene Material wurde zwar später teilweise für Gesetze außerhalb des ALR verarbeitet, an den Regelungen im ALR über das Familienrecht und damit auch über das eheliche Güterrecht wurden keine Veränderungen vorgenommen.

---

327 Stölzel, a.a.O., Bd. II, S. 536, 538 ff.; Savigny, Vorschläge zu einer zweckmäßigen Einrichtung der Gesetzrevision, sog. Ministerprogramm. In: Stölzel, a.a.O., Bd. II, S. 733 ff.; Buchholz, Savignys Stellungnahme zum Ehe- und Familienrecht. In: ius commune, Bd. VIII, S. 148, 180 f.

328 Verordnung über das Verfahren in Ehesachen vom 28. Juni 1844, Preußische Gesetzsammlung 1844, S.184.

329 Buchholz, Savignys Stellungnahme zum Ehe- und Familienrecht. In: ius commune, Bd. VIII, S. 148, 165.

330 Gesetz, betreffend die Abänderung des Abschnitts 11. Titel 1. Theil II und des Abschnitts 9. Titel 2. Theil II des Allgemeinen Landrechts vom 24. April 1854, Preußische Gesetzsammlung 1854, S. 193-198.

331 Benthaus, a.a.O., S. 141; Buchholz, Savignys Stellungnahme zum Ehe- und Familienrecht. In: ius commune, Bd. VIII, S. 148, 166; Schubert / Regge, a.a.O., Abt. I, Bd. 1, S. XXI.

C) Ergebnis

Bis zur Reichsgesetzgebung in den 70er Jahren des 19. Jahrhunderts verblieb es zunächst größtenteils bei Novellen, Reskripten, Verordnungen und Einzelgesetzgebungsvorhaben des Gesetzgebers, um die bestehenden Vorschriften zu verbessern, aufzuheben oder abzuändern[332]. Während der Zeit der Revision des ALR konnte das Justizministerium den Bedürfnissen nach Anpassung des Rechts an die fortschreitenden gesellschaftlichen und politischen Entwicklungen nur dadurch abhelfen, indem in Einzelfällen Reskripte und Verordnungen etc. erlassen wurden[333].

So verabschiedete der Gesetzgeber zum Beispiel am 20. März 1837 ein Gesetz über die Errichtung und Bekanntmachung der Verträge wegen Einführung oder Ausschließung der ehelichen Gütergemeinschaft[334]. Dieses Gesetz war notwendig geworden aufgrund der Unklarheiten in der Praxis hinsichtlich der Form von Verträgen bei Vereinbarung und Ausschließung der ehelichen Gütergemeinschaft. Als Ergänzung zu den Vorschriften im ALR in den §§ 354 ff., 412 ff. Teil II Titel 1 ALR, die die öffentliche Bekanntmachung für Verträge über die Ausschließung der Gütergemeinschaft vorsahen, sollte das Gesetz von nun an die Wirksamkeit von Verträgen über die ehelichen Güterrechtsverhältnisse eindeutig klären.

Aber nicht jeder Einzelfall konnte geregelt werden und den Reskripten fehlte es zudem seit der Verordnung von 1815[335] an einer Bindungswirkung gegenüber den Gerichten. Behandelte der Gesetzgeber in seinen Reskripten häufig Einzelanfragen und Probleme der Gerichte in Bezug auf spezielle Fragen und Unklarheiten im Gesetz, wollte er durch die Aufforderung an die Gerichte, ihren Rechtsprechungsaufgaben durch Auslegung des Wortlautes, aber auch der logischen und historischen Auslegung nachzukommen, neben einer autoritären Gerichtstruktur und Rechtseinheit sicherlich auch eine Entlastung erreichen. Aufgabe des Gesetzgebers war nicht die Gesetzesanwendung und -auslegung, sondern die Schaffung neuen Rechts. Die Rechtsanwendung sollte allein den Gerichten zuste-

---

332 Benthaus, a.a.O., S. 143; Herold, Ueber Preussische Gesetzgebung und Rechtswissenschaft seit 1848, Schletter Jahrbücher, Bd. VI, 1860, S. 362, 364.

333 Bornemann, Die Rechtsentwicklung in Deutschland und deren Zukunft mit besonderer Hinsicht auf Preußen, S. 61.

334 Gesetz, über die Errichtung und Bekanntmachung der Verträge wegen Einführung oder Ausschließung der ehelichen Gütergemeinschaft, Preußische Gesetzsammlung 1837, S. 63.

335 Allerhöchste Kabinettsorder wegen der Einwirkung des Chefs der Justiz in die formellen Verfügungen der Gerichtsbehörden vom 06. September 1815, Preußische Gesetzsammlung 1815, S. 198.

hen, Machtsprüche und Entscheidungen durch eine Gesetzkommission sollten der Vergangenheit angehören. Für die Rechtsentwicklung in Preußen sollten also die Entscheidungen der Gerichte und vor allem die Entscheidungen des Obertribunals im Rahmen der gesetzlich zulässigen Auslegungen an Bedeutung gewinnen. Mit der Zunahme der richterlichen Auslegungsmöglichkeiten Anfang des 19. Jahrhunderts, der Publikation der Entscheidungsgründe und der Milderung der Bindungswirkung der Reskripte verlagerte der Gesetzgeber die Rechtsanwendung und -auslegung in den Kompetenzbereich der Rechtsprechung. Die Klärung einzelner zweifelhafter Fragen konnte so den Gerichten überlassen werden. Im Hinblick auf das Scheitern der Revisionsarbeiten konnte den Gerichten dadurch eine entscheidende Rolle bei der Gestaltung des preußischen Rechts im 19. Jahrhundert zufallen.

3. Kapitel: Entscheidungen des Obertribunals

Die Verlagerung der Gesetzesauslegung von der Gesetzeskommission zur Rechtsprechung bedeutet nicht, dass die Gerichte automatisch sofort ihre an den Wortlaut des Gesetzes gebundene Rechtsprechung aufgaben und nun durch Rechtsfortbildung das bestehende Recht beeinflussten. Im Folgenden soll auf einige Entscheidungen aus dem Bereich des Rechts der ehelichen Gütergemeinschaft des ALR eingegangen werden und die konkrete Rechtsanwendung in Einzelfällen, die Auslegung der Gesetze und Gewohnheiten durch das Obertribunal untersucht werden. Anhand dieser Entscheidungen soll der Umgang der verschiedenen Senate mit dem bestehenden Recht, den Unklarheiten und Diskussionspunkten dargelegt werden. Als Quelle werden die seit 1837 offiziell veröffentlichte Entscheidungssammlung des Obertribunals und die privaten Fallsammlungen von Striethorst und Rehbein herangezogen.

Im ehelichen Güterrecht des ALR haben sich unterschiedliche Problemfelder bei der Anwendung der Regeln der ehelichen Gütergemeinschaft aufgetan, auf die sich die Entscheidungen des Obertribunals immer wieder konzentriert haben. Im Mittelpunkt standen das Wesen der ehelichen Gütergemeinschaft, die Entstehung der ehelichen Gütergemeinschaft, die Aussetzung der ehelichen Gütergemeinschaft und deren Folgen bei bestehender Vormundschaft über minderjährige Ehegatten und die Wirkungen der ehelichen Gütergemeinschaft. Zumeist trat die Ehefrau als Klägerin auf, die die Wirksamkeit eines Rechtsgeschäfts, welches ihr Ehemann mit einem Dritten ohne ihre Einwilligung über einen Vermögensteil geschlossen hat, anfocht.

Den Entscheidungsanalysen vorangestellt werden kurze Ausführungen zu den gesetzlichen Regelungen im ALR und, falls vorhanden, den Aktivitäten des Gesetzgebers und der Revisoren sowie den Ansichten im Schrifttum. In Bezug auf die Literatur ist allerdings anzumerken, dass diese sich eigene Auffassungen zu den Vorschriften des ALR im Laufe des 19. Jahrhunderts erst bilden musste. An den Universitäten wurde lange Zeit nach Inkrafttreten des ALR nur eine gemeinrechtliche Wissenschaft betrieben und Vorlesungen über das ALR wurden erst im Laufe des 19. Jahrhunderts nach und nach eingeführt[336]. Zudem legte die anfänglich vorherrschende historische Rechtsschule, der vor allem Savigny angehörte, ihren rechtswissenschaftlichen Schwerpunkt nicht auf die Behandlung der Kodifikation des ALR, sondern auf die Erschließung der rechtsgeschichtlichen Zusammenhänge, vor allem denen des römischen Rechts[337]. Die Nichtveröffentlichung der Materialien zum ALR erschwerte eine historische Bearbeitung. Zum Zeitpunkt der ersten veröffentlichten Entscheidungen durch das Obertribunal entstanden erst die großen Kommentare, Lehrbücher, Materialiensammlungen und systematischen Darstellungen zum ALR[338]. Auffällig war bei diesen Werken die dort vorzufindende Kasuistik. Häufig wurden die Vorschriften inhaltlich systematisch dargelegt und mit Zitaten der Vorschriften und einiger Entscheidungen des Obertribunals oder königlicher Reskripte unterlegt. In der anschließenden Untersuchung sind nur die Literaturansichten ausdrücklich aufgeführt, die für die Analyse hilfreiche Stellungnahmen zu einem Problem liefern.

A) Anwendung und Auslegung der Regeln der Provinzialgesetze und des ALR

Das Nebeneinander des ALR für die preußischen Staaten mit den unterschiedlichen Provinzialrechten und dem französischen Code Civil führte bei den Entscheidungen über Rechtsstreitigkeiten aus dem Bereich des ehelichen Güterrechts zunächst zu der Prüfung und Feststellung des auf den Einzelfall anzuwendenden Rechts. Sollte im ganzen preußischen Staatsgebiet das ALR vorgehen oder waren die Vorschriften der jeweiligen Provinzialrechte im Einzelfall vorrangig anzuwenden?

---

336 Bornhak, a.a.O., S. 277, 460 f.; Wollschläger, Savigny's Landrechtsvorlesung: ein Beitrag zu wissenschaftlicher Juristenausbildung. In: 200 Jahre ALR für die preußischen Staaten, S. 187.

337 Bornhak, a.a.O., S. 460; Dopke, a.a.O., S. 68 ff.; Koselleck a.a.O., S. 23; Döhring, a.a.O, S. 342; Wollschläger, Savigny's Landrechtsvorlesung: ein Beitrag zu wissenschaftlicher Juristenausbildung. In: 200 Jahre ALR für die preußischen Staaten, S. 187.

338 Z.B. Bornemann, Systematische Darstellung des Preußischen Zivilrechts, 1. Auflage 1834 -1839.

I. Grundlagen im ALR

Aus der Übersicht über den Geltungsbereich des ALR geht hervor, dass das ALR mit seinen Vorschriften über das eheliche Güterrecht nicht immer zur Anwendung gelangte. Grundsätzlich sollten nämlich die noch immer bestehenden Provinzialrechte vorgehen, da sie historische Besonderheiten der jeweiligen Provinz regelten, die durch die Vorschriften des ALR nicht einfach übergangen werden sollten[339]. Das ALR war die Ausgangsbasis, sahen die Provinzialrechte aber eine andere Regelung vor, waren diese heranzuziehen.

1. Publikationspatent vom 05. Februar 1794

Die herrschende Meinung nach Inkrafttreten des ALR ging davon aus, dass die Vorschriften des ALR über das ehelichen Güterrecht, und damit die Regeln über die eheliche Gütergemeinschaft aufgrund des Publikationspatentes vom 05. Februar 1794 zunächst als suspendiert anzusehen waren[340]. Nach dem Publikationspatent[341] sollten diejenigen Vorschriften des ALR nicht in Kraft treten, welche das Gegenteil eines klaren und unstreitig fremden oder anderen übernommenen Gesetzes enthielten. Nicht betroffen waren solche Vorschriften, welche lediglich eine bekannte Interpretation eines römischen oder anderen fremden Gesetzes bevorzugten, oder bisher zweifelhaft gewesene Rechtsfragen klärten.

Die Suspension sollte bis zu den in den nächsten Jahren erwarteten revidierten Kodifikationen der Provinzialrechte bestehen. Obwohl die Revision der Provinzialrechte nur in Ostpreußen durchgeführt wurde, hob der Gesetzgeber in den nächsten Jahren nach dem Inkrafttreten nach und nach die Suspension für die einzelnen Provinzen auf[342] bzw. führte das Landrecht in einigen Landesteilen mit direkter absoluter Wirkung ein[343]. So galt das ALR teilweise subsidiär neben den

339 Bornhak, a.a.O., S. 273.

340 Bornhak, a.a.O., S. 274.

341 §§ I und III Publikationspatent vom 05. Februar 1794, GStA, I. HA., Rep. 84, XVI, Nr. 7, Bd. 83, Fol. 437 ff.

342 Z.B. für die Provinz Pommern durch Reskript vom 20. Juli 1795; für die Provinz Schlesien durch Reskript vom 19. Mai 1804.

343 So wurde z.B. in denen an Preußen angegliederten westfälischen Gebieten, in denen die französische Gesetzgebung zunächst die Partikularrechte beseitigt hatte, lediglich die Geltung des ALR eingeführt, die Partikularechte lebten nicht wieder auf. Patent, wegen Einführung des Allgemeinen Landrechts und der Allgemeinen Gerichtsordnung in das Herzogthum Westphalen, das Fürstenthum Siegen mit den Ämtern Burbach und Neuenkirchen (Freie- und Huckengrund) und die Grafschaften Wittgenstein-Wittgenstein und Wittgenstein-Berleburg, vom 21. Juni 1825, Preußische Gesetzsammlung 1825, S. 153.

Provinzialrechten, teilweise absolut, und in einigen Landesteilen galt weiterhin das französische Recht.

2. Sonderregel für die Anwendbarkeit des Rechts der ehelichen Gütergemeinschaft gemäß § 360 Teil II Titel 1 ALR

Neben der generellen Suspensionsregel in dem Publikationspatent von 1794 enthielt das ALR im Abschnitt über die eheliche Gütergemeinschaft eine ausdrückliche Regelung über das Nebeneinander von Provinzialrecht und ALR. War das ALR nicht suspendiert, sollten gemäß § 360 Teil II Titel 1 ALR die Vorschriften des ALR über die eheliche Gütergemeinschaft eingreifen, wenn nicht Verträge, Provinzialgesetze oder Statuten ausdrücklich etwas anderes besagten[344]. Problematisch war dabei, nach welchen Grundsätzen die Provinzialgesetze auszulegen waren und wann auf die Vorschriften des ALR über die Gütergemeinschaft zurückgegriffen werden durfte. Sollte ein Provinzialgesetz oder Statut generell nach seinen eigenen Grundsätzen aufgefasst und ausgelegt werden und welche waren dies, oder konnte das Gericht bei der Interpretation des Provinzialrechts die Grundsätze des ALR heranziehen? Bereitete die Auslegung der Regeln des ALR bereits Schwierigkeiten, so musste sich das Obertribunal in seinen Entscheidungen auch noch aufgrund des weiterhin bestehenden Nebeneinanders von allgemeinen Regeln im ALR und speziellen und individuellen Regeln in den Provinzialgesetzen mit dem Problem der Anwendung und Auslegung der Provinzialgesetze auseinandersetzen.

Die Regeln im ALR über die eheliche Gütergemeinschaft sollten generelle Grundsätze aufstellen[345]. In den amtlichen Schlussvorträgen stellte Svarez die hauptsächlichen Gesichtpunkte für die Einfügung und den Sinn und Zweck der Regelungen über die Gütergemeinschaft im ALR folgendermaßen dar[346]: „Mit der Lehre de communione bonorum inter conjuges verhält es sich beinahe eben so, wie mit den Lehne, dass es nämlich an einem darüber stehenden gemeinen Recht fehlt, welches als ein Maßstab anzunehmen wäre, nach welchem Abweichungen des Gesetzbuches ausgezeichnet und geprüft werden könnten. Die Lübische Kommunion ist von der Kulmischen, diese von der Westfälischen, und diese hinwiederum von der Schlesischen sehr verschieden. Die Märkische, welche erst durch die Wahl post mortem entsteht, weicht von jenen insgesamt weit ab. Es

344 § 360 Teil II Titel 1 ALR: „Wo Verträge, Statuten oder Provinzialgesetze nicht ein Anderes ausdrücklich verordnen, da finden, wegen der Gütergemeinschaft, und deren rechtlichen Folgen, nachstehende allgemeine Vorschriften Anwendung."

345 Bornemann, Systematische Darstellung des Preußischen Civilrechts, Bd. IV, S. 132.

346 Svarez, Amtliche Vorträge bei der Schluß-Revision des Allgemeinen Landrechts, v. Kamptz Jahrbücher, Bd. 41, S. 115 f.

kann also nicht fehlen, dass diese Materie in dem besonderen Gesetzbuche einer jeden Provinz auch besonders und verschieden wird bearbeitet werden müssen. Bei der Verfassung dieses Abschnittes im Gesetzbuche war daher der Zweck:

- durch Aufnahme dieser Lehre im System keine Lücke zu lassen
- durch möglichst vollständige und zusammenhängende Darstellung derselbst die Verfasser der Provinzialbücher zu gleicher Ordnung und Vollständigkeit zu verpflichten
- die zweifelhaften Fragen in dieser Materie zur Sprache zu bringen, vernunftsmäßige Entscheidungen darüber vorzuschlagen und solchergestalt die Konstituierung eines juris certi über diese so wichtige und durch geschriebene Gesetze bisher so wenig entwickelte Materie zu bewirken
- das Publikum gegen Gefährdung zu sichern, deren ein jeder durch Verhandlungen mit verheiraten Personen, von denen er nichts weiß oder irrig glaubt, dass communio bonorum unter ihnen stattfinde, leicht bloßgestellt werden kann."

Bei der Formulierung der Grundsatzregeln im ALR mussten die Redaktoren beachten, dass sich die allgemeine eheliche Gütergemeinschaft in den einzelnen Provinzen nicht einheitlich herausgebildet hatte. Die Redaktoren hatten sich daher überwiegend an dem lübischen Provinzialrecht orientiert, welches weit verbreitet war. Deshalb harmonierten nicht alle Vorschriften des ALR mit den einzelnen Provinzialgesetzen. Zwar sollten die Provinzialrechte auch einer Revision und Angleichung entsprechend den Vorschriften des ALR unterzogen werden, aber wie im ersten Teil dieser Arbeit dargelegt, wurde dieser Auftrag nur in Ostpreußen und später auch noch in Westpreußen umgesetzt. Bis zur Reichsgesetzgebung Ende des 19. Jahrhunderts verblieb es daher in den meisten Provinzen bei einem Nebeneinander von unterschiedlichen Regeln im Provinzialrecht und im ALR, wobei das ALR dann nicht zur Anwendung gelangen sollte, wenn ausdrückliche Regelungen in den Provinzialrechten vorhanden waren[347]. Die Rechtseinheit, die im Laufe des 19. Jahrhunderts immer mehr und mehr gefordert wurde, hatte sich in den Regelungen des ALR noch nicht durchsetzen können.

Unklar war, was die Redaktoren mit dem Wort „ausdrücklich" in § 360 Teil II Titel 1 ALR gemeint hatten. Im ersten Entwurf zum „Allgemeinen Gesetzbuch" lautete die Vorschrift noch dahingehend, dass Verträge, Provinzialgesetze oder Statuten als Richtschnur dienen sollten. Konnte aus ihnen keine Entscheidung entnommen werden, sollte auf die Vorschriften des ALR zurückgegriffen

347 Vgl. § 360 Teil II Titel 1 ALR: „Wo Verträge, Statuten oder Provinzialgesetze nicht ein Anderes ausdrücklich verordnen, da finden, wegen der Gütergemeinschaft, und deren rechtlichen Folgen, nachstehende allgemeine Vorschriften Anwendung."

werden[348]. In der anschließenden Revision des Entwurfs wurde die Vorschrift dahingehend geändert, dass die Regeln des ALR über die eheliche Gütergemeinschaft und ihre Folgen dann anzuwenden seien, wenn die Verträge, Provinzialgesetze oder Stauten nicht etwas anderes deutlich verordneten[349]. Ohne weitere Kommentierung war in der Endfassung des ALR schließlich das Wort „deutlich" durch das Wort „ausdrücklich" ersetzt worden[350]. Fraglich war daher, ob die Redaktoren aufgrund dieser Formulierung einzig eine buchstäbliche Anwendung der Provinzialgesetze und Statuten meinten, oder ob es den Richtern möglich sein sollte, nach Auslegung der Provinzialrechte unter Heranziehung familienrechtlicher Regeln die Lücken und Unklarheit zu füllen?

Wie bereits dargelegt, gingen die Redaktoren des ALR davon aus, dass das Gesetzbuch durch seine Vollständigkeit das gesamte Rechtsgebiet so erschöpfend regeln könne, dass in Zukunft in jedem konkreten Fall nur die zutreffende Bestimmung des Landrechts gesucht werden müsse, um die Entscheidung sogleich zu gewinnen. Die Richter sollten ursprünglich auf reine Wortlautinterpretation beschränkt bleiben. In diesem Sinne ist auch die Haltung der Redaktoren bei der Kodifikation des § 360 Teil II Titel 1 ALR zu interpretieren. Diesem lag ebenfalls der allgemeine Grundsatz zu Grunde, dass die Richter sich nicht an die Meinung von Rechtsgelehrten und andere Interpretationen binden, sondern bei streitigem, zweifelhaftem oder lückenhaftem Provinzialrecht einfach die Regeln des ALR heranziehen sollten. Es musste sich gemäß der ursprünglichen Grundausrichtung des ALR um eine mechanische Anwendung des Gesetzes durch die Richter handeln.

II. Revision

Während der Revision der Vorschriften über die eheliche Gütergemeinschaft beschäftigten sich die Revisoren auch mit dem Problem des Anwendungsvorrangs der Provinzialrechte für den Fall, dass die Provinzialrechte die eheliche Gütergemeinschaft vorsahen. Die Revisoren wollten den § 360 Teil II Titel 1 ALR dahingehend fassen, dass bei unvollständigen, dunklen oder zweifelhaften Verträgen, Statuten oder Provinzialgesetzen in Bezug auf die Gütergemeinschaft und

---

348 Entwurf zu einem allgemeinen Gesetzbuch §§ 246, 247 Titel 1 Teil 1 ALR: „Die vorhandenen Verträge, Provinzialgesetze oder Statuten dienen in allem, was die Gütergemeinschaft betriff, zur hauptsächlichen Richtschnur. Kann aus diesen die Entscheidung nicht genommen werden, so finden erst alsdann nachstehende allgemeine Vorschriften Anwendung."

349 Vgl. Bornemann, Systematische Darstellung des Preußischen Civilrechts, Bd. V, S. 112.

350 Bornemann, Systematische Darstellung des Preußischen Civilrechts, Bd. V, S. 113.

deren rechtliche Folgen die Vorschriften des ALR Anwendung finden sollten[351]. Die Provinzialrechte waren danach buchstäblich anzuwenden, eine Auslegung hatte nicht zu erfolgen, weder am Maßstab der Provinzialrechte selbst, noch denjenigen des ALR. Bei Lücken und Unklarheiten sollten die Vorschriften des ALR direkt und nicht als Auslegungshilfe eingreifen[352].

III. Ansichten in der Literatur

Die Literatur wollte zunächst bei der Auslegung des § 360 Teil II Titel 1 ALR von einer buchstäblichen Anwendung der Provinzialgesetze, Statuten und Verträge ausgehen. Sie vertrat ein Verbot der Auslegung der unbestimmten Rechtsbegriffe und Durchführung von Analogien[353]. Doch mit der Veränderung der Auslegungsregeln hin zu einer freieren Auslegung durch die Gerichte änderte sich auch die Literaturmeinung über die Auslegung des § 360 Teil II Titel 1 ALR. Eine Auslegung der Provinzialrechte sollte ebenso möglich sein wie eine Auslegung des ALR. Bei Misslingen der Auslegung sollten die Vorschriften des ALR als Lückenfüller anzuwenden sein[354]. Allerdings sah die Rechtswissenschaft ein Problem in der Übertragung der Grundsätze des ALR auf ein anderes Rechtssystem, in dem diese Grundsätze nicht galten. Diese Vermischung würde mehr Rechtsunsicherheit als Sicherheit mit sich bringen. Daher könnten die Regelungen des ALR nur dann zur Interpretation herangezogen werden, wenn das Prinzip des Landrechts mit dem kontroversen oder zweifelhaften Recht in der betroffenen Materie übereinstimmte. Nur dies stünde im Einklang mit der Bestimmung des § VII des Publikationspatents vom 05. Februar 1794[355].

Grundsätzlich sollten die Provinzialrechte zunächst nach ihren eigenen Grundsätzen interpretiert werden, unter Umständen auch unter Zuhilfenahme der Regelungen des ALR. Nur bei logischen Fehlschlüssen oder Willkür sollten die

---

351 Revisionsentwurf § 282: „Soweit Verträge, Statuten oder Provinzialgesetze unvollständig, dunkel oder zweifelhaft sind, finden wegen der Gütergemeinschaft und derer rechtlichen Folgen nachstehende Vorschriften Anwendung.“; vgl. Schubert / Regge, a.a.O., Abt. II, Bd. 5/I, S. 30.

352 Vgl. Schubert/ Regge, a.a.O., Abt. II, Bd. 5/I, S. 228 f.

353 Bornemann, Systematische Darstellung des Preußischen Civilrechts, Bd. V, 2. Auflage, § 325, S. 113, mit Hinweis auf die 1. Auflage, S. 165.

354 Bornemann, Systematische Darstellung des Preußischen Civilrechts, Bd. V, S. 113; Koch, Allgemeines Landrecht für die preußischen Staaten, 3. Auflage, Anm. 17 zum § 360, S. 125 und 8. Auflage 1886, Anm. 20 zum § 360, S. 174.

355 Korn, Das Güterrecht und Erbrecht der Eheleute, S. 30; Schmidt, Das preußische Familienrecht nach dem allgemeinen Landrecht mit Rücksicht auf das gemeine und deutsche Recht, S. 283 ff.; Förster/Eccius, Preußisches Privatrecht, Bd. IV, S. 62; Dernburg, Lehrbuch des Preußischen Privatrechts, Bd. III, S. 110.

Provinzialrechte zugunsten der Vorschriften des ALR zu verwerfen und auf das ALR direkt zurückzugreifen sein[356]. Ausnahmsweise sollte das ALR für die Auslegung der Provinzialrechte herangezogen werden, wenn durch Auslegung der landrechtlichen Regel erkennbar wurde, dass die Bestimmung des Landrechts ein älteres Gesetz auslegte oder eine zur Zeit der Publikation des Landrechts bekannte Streitfrage entschied[357]. Dies war dann der Fall, wenn eine nach dem älteren Recht mögliche und tatsächlich vorgenommene Erklärung verarbeitet und kein neues Recht geschaffen wurde[358].

IV. Rechtsanwendung in den Entscheidungen des Obertribunals

Drei Fallgruppen sind bei der Anwendung und Auslegung der Provinzialrechte und der Vorschriften des ALR nach § 360 Teil II Titel 1 ALR zu unterscheiden. Zunächst einmal konnten die Vorschriften der Provinzialrechte in ihren Regelungen mit denen des ALR übereinstimmen, zweitens konnten sie andere Regelungen als das ALR festlegen und drittens konnte in dem Provinzialrecht eine auf den Rechtsfall anzuwendende wörtliche Regelung fehlen.

1. Übereinstimmung der Regeln im Provinzialrecht mit denen des ALR – Entscheidung des III. Senates vom 04. Januar 1869

Bei Übereinstimmung der Vorschriften in dem speziellen Provinzialrecht und dem ALR wandte das Obertribunal direkt die kodifizierten Regeln des ALR an. Dies war zum Beispiel in der Entscheidung des III. Senats vom 04. Januar 1869 der Fall[359]. In dieser Entscheidung setzte sich der III. Senat des Obertribunals mit der Dispositionsbefugnis des in ehelicher Gütergemeinschaft lebenden Ehemannes hinsichtlich eines auf den Namen beider Eheleute geschriebenen Kapitalvermögens nach dem lübischen Provinzialrecht auseinander. Die Eheleute hatten durch einen notariellen Vertrag ein Grundstück an einen Dritten für 200 Taler verkauft. Als der Dritte nicht vereinbarungsgemäß vor der Übergabe zahlte, verklagten die Eheleute diesen auf Zahlung des Kaufpreises. Aufgrund des entsprechenden Urteils wollten die Eheleute im Wege der Exekution gegen den Dritten

356 Korn, a.a.O., S. 36; Schmidt, Das preußische Familienrecht nach dem allgemeinen Landrecht mit Rücksicht auf das gemeine und deutsche Recht, S. 283 ff.; Förster/Eccius, Preußisches Privatrecht, Bd. IV, S. 62; Bornemann, Systematische Darstellung des Preußischen Civilrechts, Bd. V, S. 112 f.

357 Korn, a.a.O., S. 36; Förster/Eccius, Preußisches Privatrecht, Bd. IV, S. 62.; Bornemann, Systematische Darstellung des Preußischen Civilrechts, Bd. V, S. 112 f.

358 Korn, a.a.O., S. 36.

359 Obertribunal Entscheidungen, Bd. 61, S. 143 ff.

vorgehen. Dagegen wehrte sich der Dritte mit dem Argument, er habe in dem vorhergehenden Verfahren mit dem Ehemann gegen Zahlung von 30 Talern und Übernahme der Prozesskosten einen Aufhebungsvertrag geschlossen. Die Kläger wandten ein, dass für diesen Aufhebungsvertrag die Einwilligung der Ehefrau nicht vorgelegen habe[360].

In seiner Entscheidung sprach sich der III. Senat des Obertribunals für die direkte Anwendung der Vorschriften des ALR aus[361]. Nach den Vorschriften des ALR in §§ 378, 379 Teil II Titel 1 ALR[362] konnte der Ehemann gewisse Verfügungen über Grundstücke und Kapitalien, die zum gemeinschaftlichen Vermögen der Eheleute gehörten oder auf den Namen der Ehefrau geschrieben waren, nicht ohne die Einwilligung der Ehefrau treffen. Zwar lebten die Eheleute in ehelicher Gütergemeinschaft, die dem lübischen Provinzialrecht unterstand. Das lübische Recht enthielt aber lediglich eine abweichende Regelung über die Veräußerung und Verpfändung in Notsituationen. Ansonsten entsprachen die Regeln des Provinzialrechts den Vorschriften des ALR. Das Obertribunal berief sich bei seiner Entscheidung auf den § 360 Teil II Titel 1 ALR und einen Plenarbeschluss vom 23. Januar 1843, Obertribunal Entscheidungen, Bd. 10, S. 61[363].

Dieser von dem Plenum zu entscheidende Rechtsstreit betraf die Dispositionsbefugnisse des Ehemannes, der mit seiner Ehefrau in der Gütergemeinschaft nach lübischem Recht lebte. Der I. Senat wollte von Entscheidungen des II. Senates abweichen, daher musste das Plenum die Angelegenheit entscheiden. Dieses sprach sich dafür aus, dass in den Gebieten in Pommern, in denen die eheliche Gütergemeinschaft nach lübischem Recht galt, der Ehemann auch über Grundstücke, die von ihm in die Ehe eingebracht worden seien oder die er während der Ehe erworben habe, nicht ohne Einwilligung seiner Ehefrau verfügen könne[364]. Das Plenum stellte zunächst fest, dass die Suspension aufgrund des Publikationspatentes für Pommern bereits 1795 aufgehoben worden war. Daher war auf § 360 Teil II Titel 1 ALR zurückzugreifen[365]. Die entscheidende Frage war, ob der Anwendung des § 378 Teil II Titel 1 ALR, der die Einwilligung der Ehefrau voraussetzte, eine ausdrückliche Bestimmung im lübischen Provinzial-

---

360 Obertribunal Entscheidungen, Bd. 61, S. 143, 145.

361 Obertribunal Entscheidungen, Bd. 61, S. 143, 145.

362 § 378 Teil II Titel 1 ALR: „Doch kann er Grundstücke und Gerechtigkeiten nicht ohne Einwilligung der Frau verpfänden oder veräußern."
§ 379 Teil II Titel 1 ALR: „Capitalien, die auf den Namen der Frau, ihres Erblassers oder Geschenkgebers, oder auf den Namen beyder Eheleute geschrieben sind, kann er ohne Bewilligung der Frau nicht aufkündigen oder einziehen."

363 Obertribunal Entscheidungen, Bd. 10, S. 61.

364 Obertribunal Entscheidungen, Bd. 10, S. 61.

365 Obertribunal Entscheidungen, Bd. 10, S. 61, 63.

recht entgegenstand. Das Plenum setzte sich mit den unterschiedlichen Auslegungen, die das lübische Recht in der Rechtswissenschaft und Literatur erfahren hatte, auseinander. Es kam zu dem Ergebnis, dass nach lübischem Recht zwischen den Eheleuten die eheliche Gütergemeinschaft eintrat, wenn die Ehe beerbt war[366]. Nach seiner Interpretation war im lübischen Recht aber nur eine Bestimmung über die Verfügungsbefugnisse in Bezug auf das in die Ehe eingebrachte Vermögen der Ehefrau und die Erbgüter enthalten. Hieraus konnte das Plenum nicht den Schluss ziehen, dass dann der Ehemann über das von ihm eingebrachte oder während der Ehe erworbene Vermögen uneingeschränkt, also ohne Einwilligung der Ehefrau, verfügen konnte. Dies erschien dem Plenum als eine zu gewagte Interpretation des lübischen Provinzialrechts[367], zumal das lübische Recht in seiner Geschichte viele Veränderungen und Ergänzungen erfahren habe. Nach verbreiteter Ansicht in der Literatur zum lübischen Recht sei dieses bei Lücken durch das römische, sächsische, gemeine Recht oder sogar durch das Recht des ALR zu ergänzen[368]. Da das lübische Recht nicht eine andere ausdrückliche Bestimmung enthielt, sollte das ALR mit seinen Vorschriften im vorliegenden Fall zur Anwendung gelangen. Anders sei nur dann zu verfahren, wenn das lübische Recht Bestimmungen zu dem vorliegenden Problem der Verfügungsbefugnisse des Ehemannes enthielte, die lediglich in Bezug auf spezielle Fragen lückenhaft oder zweifelhaft seien. Dann hätte eine Auslegung dieser provinzialrechtlichen Vorschriften innerhalb des Systems erfolgen müssen[369]. Im vorliegenden Fall seien aber derartige auslegungsfähige Bestimmungen gar nicht vorhanden. Somit sei eine Ergänzung durch die allgemeinen Statuten des ALR notwendig. So sah auch der Entwurf zu einer revidierten Pommerschen Bauernordnung von 1834 den §§ 378, 379 Teil II Titel 1 ALR entsprechende Bestimmungen über die Dispositionsbefugnisse des Ehemannes in Bezug auf Grundstücke und Kapitalien vor[370]. Somit wandte das Plenum die Vorschrift des § 378 Teil II Titel 1 auf den Rechtsstreit an, so dass der Ehemann nur mit Einwilligung seiner Ehefrau über die fraglichen Grundstücke verfügen durfte.

Dieser Plenarentscheidung entsprechend waren für das Obertribunal die Vorschriften des ALR bei Übereinstimmung der Vorschriften des Provinzialrechts mit denen des ALR maßgebend. An der direkten Anwendung der Vorschriften des ALR konnte nach Ansicht des Obertribunals auch eine einzelne abweichende Bestimmung über die Verfügungsgewalt in Notsituationen, die im vorliegenden

366 Obertribunal Entscheidungen, Bd. 10, S. 61, 64 f.
367 Obertribunal Entscheidungen, Bd. 10, S. 61, 68.
368 Obertribunal Entscheidungen, Bd. 10, S. 61, 69.
369 Obertribunal Entscheidungen, Bd. 10, S. 61, 71.
370 Obertribunal Entscheidungen, Bd. 10, S. 61, 73.

Fall nicht eingriff, nichts ändern[371]. Für das Obertribunal ergaben sich ohne weitere Erklärung keine Unklarheiten oder Zweifel hinsichtlich der Regeln des Provinzialrechts, welche auszulegen waren. Die im Provinzialrecht vorhandenen Vorschriften waren klar und deutlich, im vorliegenden Fall aber nicht anwendbar, so dass das Obertribunal auf das ALR zurückgriff. Es war eine Lücke vorhanden, es gab aber keine lückenhaften Bestimmungen im Provinzialrecht, die einer Auslegung und Anwendung bedurften. Wenn das Provinzialrecht schwieg oder dessen Bestimmungen nicht einschlägig waren, konnte auf das ALR zurückgegriffen werden. Nach Erkenntnis des Obertribunals stimmten die grundlegenden Regelungen über die Verfügungsgewalt überein. Nur weil irgendwo in den Vorschriften des Provinzialrechts eine abweichende bzw. zusätzliche Regelung zu finden war, schloss diese für das Obertribunal die Heranziehung der Vorschriften des ALR auf den Einzelfall nicht aus. Dieser Ansicht folgte auch der III. Senat des Obertribunals in der vorliegenden Entscheidung und verlangte für die wirksame Verfügung über eheliches gemeinschaftliches Vermögen die Einwilligung der Ehefrau nach den Vorschriften des ALR.

2. Wörtlich andere Regelungen im Provinzialrecht – Entscheidung des III. Senates vom 22. Dezember 1851

Fand das Obertribunal in einem Rechtsfall ausdrückliche, vom Wortlaut des ALR abweichende Vorschriften im Provinzialrecht vor, wandte es diese gemäß § 360 Teil II Titel 1 ALR ohne Einschränkungen an, auch wenn im ALR etwas Abweichendes geregelt war. Das war zum Beispiel in der Entscheidung des III. Senates vom 22. Dezember 1851[372] der Fall. In diesem Erkenntnis beschäftigte sich der III. Senat des Obertribunals mit der einseitigen Dispositionsbefugnis eines Ehegatten, der mit seiner Ehefrau in ehelicher Gütergemeinschaft nach dem münsterischen Provinzialrecht lebte.

Nach der Entscheidung des III. Senates des Obertribunals waren nach der Anwendung der vorhandenen Regeln der münsterischen ehelichen Gütergemeinschaft sowohl der Ehemann als auch die Ehefrau berechtigt, über einzelne Gegenstände des gemeinschaftlichen Vermögens ohne Wissen und Willen des anderen Ehegatten einseitig zu verfügen. Nur über den Gesamtbestand des ehelichen gemeinschaftlichen Vermögens durfte nicht einseitig verfügt werden. Das Obertribunal berief sich bei der Rechtsanwendung auf die provinzialrechtlichen Vorschriften der Polizeiordnung der Haupt- und Residenzstadt Münster vom 18. Ja-

---

371 Obertribunal Entscheidungen, Bd. 61, S. 143, 145.
372 Striethorst, Archiv für Rechtsfälle, Bd. 6, S. 3 ff.

nuar 1592 Kap. 5 und 7 und des Adjectum 2 vom 02. Dezember 1607 zu Kap. 5[373].

Dem Sachverhalt nach hatte sich eine Ehefrau als Witwe ausgegeben und sich durch einen gerichtlichen Vertrag zur Übertragung eines Grundstückes mit sämtlichen darauf befindlichen Gebäuden und Gegenständen an ein Ehepaar verpflichtet. Mit der Klage gegen das Ehepaar begehrte die angebliche Witwe die Feststellung der Unwirksamkeit des Vertrages und die Rückübertragung des Grundstückes, da ihr Ehemann noch lebte und sie daher nicht einseitig über das Grundstück verfügen konnte[374].

In erster Instanz hatte der Richter unter Berufung auf die Vorschriften des ALR der Klage stattgeben. Ohne Einwilligung des Ehemanns sei der einseitige Vertrag durch die Ehefrau nach den Regeln des ALR unwirksam[375].

In der zweiten Instanz wurde die Klage abgewiesen, da die Beklagten nachweisen konnten, dass die Eheleute ihren ersten Wohnsitz im Fürstentum Münster genommen hatten und somit automatisch die münsterische eheliche Gütergemeinschaft in ihrer besonderen Gestaltung in Bezug auf einseitige Verfügungen gegolten habe[376].

Auch der III. Senat des Obertribunals wandte die Vorschriften des münsterischen Provinzialrechts auf die vorliegende eheliche Gütergemeinschaft an und nicht die Regeln des ALR. Er befand, dass nach richtiger Anwendung der ausdrücklichen münsterischen provinzialrechtlichen Vorschriften Eheleute, die in der münsterischen ehelichen Gütergemeinschaft zusammenlebten, einseitig und ohne die Einwilligung des anderen Ehegatten über einzelne Vermögensgegenstände verfügen konnten, solange diese Gegenstände nicht das gesamte Vermögen darstellten. Aufgrund der ausdrücklich vorhandenen Regelung im münsterischen Provinzialrecht verbot sich für den III. Senat des Obertribunals ein Rückgriff auf das ALR, auch wenn dort derartige Verfügungen ohne Einwilligung des Ehegatten nicht möglich waren[377].

In seiner Entscheidung folgte der III. Senat des Obertribunals dem Wortlaut des § 360 Teil II Titel 1 ALR, ohne sich weitere Gedanken über die in dem Provinzialrecht vorgefundene Regelung zu machen. Es zog deren Sinn und Zweck nicht in Zweifel und fragte sich auch nicht nach den Gründen für die andersartige Regelung im ALR. Dazu fühlte es sich aufgrund der eindeutigen Anwendungs- und Verweisungsvorschrift im § 360 Teil II Titel 1 ALR nicht berufen. Dies entsprach der Argumentation aus der bereits angesprochenen Plenarentscheidung

---

373 Striethorst, Archiv für Rechtsfälle, Bd. 6, S. 3, 5.
374 Striethorst, Archiv für Rechtsfälle, Bd. 6, S. 3, 4 f.
375 Striethorst, Archiv für Rechtsfälle, Bd. 6, S. 3, 5.
376 Striethorst, Archiv für Rechtsfälle, Bd. 6, S. 3, 5.
377 Striethorst, Archiv für Rechtsfälle, Bd. 6, S. 3, 5 ff.

vom 23. Januar 1843[378]. Nur bei lückenhaften oder zweifelhaften Bestimmungen im Provinzialrecht sollten diese innerhalb des System ausgelegt werden. Bei eindeutigen Bestimmungen im Provinzialrecht sollte eine Auslegung nicht erforderlich und gesetzlich auch nicht möglich sein.

3. Fehlen wörtlicher Regelungen im Provinzialrecht – Entscheidung des III. Senates vom 06. Februar 1852

Die größten Probleme ergaben sich naturgemäß beim Fehlen wörtlicher Regelungen im Provinzialrecht. Bei Lücken und beim Fehlen entsprechender ausdrücklicher Regelungen in dem speziellen Provinzialrecht tendierte das Obertribunal dahin, auf ausdrücklich vorhandene Vorschriften im ALR zurückzugreifen, ohne dass es das Provinzialrecht einer umfangreichen Auslegung unterzog[379]. Entgegen der Auffassung in der Literatur richtete das Obertribunal sein Augenmerk auf die wörtliche Anwendung der Provinzialgesetze und Statuten ohne weitergehende Auslegung, weder nach den eigenen Regeln des Provinzialrechts noch nach denen des ALR. Eine Analogie zur Ausfüllung einer Lücke zog es nicht in Betracht.

So stellte das Obertribunal in einer Entscheidung des III. Senates vom 06. Februar 1852[380] fest, dass es in dem westpreußischen Provinzialrecht keine ausdrücklichen Regelungen zu dem einseitigen Verfügungsrecht für gemeinschaftliche Kapitalien der in Gütergemeinschaft lebenden Ehegatten gab. Eine erweiternde Auslegung der vorhandenen provinzialrechtlichen Regeln anhand vergleichbarer Vorschriften im ALR sprach es in der Urteilsbegründung nicht an.

Der III. Senat des Obertribunals musste sich in diesem Rechtsfall mit der Anwendung und Auslegung der westpreußischen Provinzialrechts und der subsidiären Anwendung der Vorschrift der §§ 379, 380 Teil II Titel 1 ALR[381] auseinandersetzen. Eine Ehefrau hatten ihrem Ehemann die Einwilligung erteilt, eine auf den Namen der beiden Eheleute gutgeschriebene Kapitalforderung gegen einen Dritten aufzukündigen und einzuziehen. Der Ehemann schloss daraufhin mit dem Dritten einen Vergleich über die einzuziehende Summe, ohne die Frau zu diesem Vergleich heranzuziehen. In dem Vergleich wurde dem Dritten ein Teil

---

378 Obertribunal Entscheidungen, Bd. 10, S. 61.

379 Vgl. auch Obertribunal Entscheidungen, Bd. 61, S. 143.

380 Striethorst, Archiv für Rechtsfälle, Bd. 6, S. 22.

381 § 379 Teil II Titel 1 ALR: „Capitalien, die auf den Namen der Frau, ihres Erblassers oder Geschenkgebers, oder auf den Namen beyder Eheleute geschrieben sind, kann er ohne Bewilligung der Frau nicht aufkündigen oder einziehn."
§ 380 Teil II Titel 1 ALR: „Außerdem gelten alle von dem Manne, in Ansehung des gemeinschaftlichen Vermögens, auch einseitig getroffenen Verfügungen: und dies Vermögen haftet für alle während der Ehe von ihm gemachten Schulden."

der Schuld erlassen. Der Schuldner klagte sodann gegen die Eheleute auf Ausstellung einer löschungsfähigen Quittung über die insgesamt geschuldete Summe. Die Richter der ersten und zweiten Instanz hielten den Vergleich nach den Vorschriften des ALR für unverbindlich und erachteten die Ausstellung einer Quittung nur über den ausgezahlten Teil der Schulden für rechtlich zulässig. Die daraufhin erhobene Nichtigkeitsbeschwerde des Schuldners wurde vom III. Senat des Obertribunals zurückgewiesen[382].

In dem Rechtsstreit behauptete der Kläger, dass nach dem westpreußischen Provinzialrecht der Ehemann einseitig über das gesamte zur ehelichen Gütergemeinschaft gehörende Vermögen verfügen könne. Ausgenommen von der Dispositionsbefugnis seien lediglich Grundstücke. In dem vorliegenden Rechtsfall ging es aber um Kapitalien. Eine Einwilligung der Ehefrau sei nach dem Provinzialrecht daher nicht erforderlich[383].

Der III. Senat des Obertribunals folgte dieser Ansicht nicht. In dem auf die Eheleute anzuwendenden westpreußischen Landrecht von 1721 sei keine Bestimmung über die Verwaltungsbefugnis des Ehemannes enthalten. Die einzige in dem Landrecht von 1721 enthaltene wörtliche Regelung zitierte der Senat wie folgt: „dass ein Ehegatte, so in kölmischen Gütern sitze, ein Haus oder Grund ohne des Andern Wissen, nicht ganz verkaufen könne, sondern, da solches geschehen, der Kauf nicht weiter kräftig, als soweit es des Verkäufers kölmische Hälfte betrifft“[384]. Bestimmungen über die Behandlung von Kapitalien und das entsprechende Verfügungs- und Verwaltungsrecht eines Ehegatten wurden in dem Provinzialrecht in keiner Vorschrift wörtlich geregelt. Der III. Senat des Obertribunals gelangte unter Anwendung des § 360 Teil II Titel 1 ALR zu der direkten Anwendung der §§ 379, 380 Teil II Titel 1 ALR über die Dispositionsbefugnisse eines in ehelicher Gütergemeinschaft lebenden Ehegatten bei eingetragenen Kapitalien. Der III. Senat des Obertribunals konnte den provinzialrechtlichen Vorschriften für Westpreußen keine wörtliche Regelung entnehmen. Da keine Regelungen vorhanden waren, erübrigte sich für das Gericht eine Interpretation der vorhandenen Regel, so dass es direkt auf das ALR zurückgriff[385].

Es ist der Entscheidung nicht zu entnehmen, dass sich der III. Senat des Obertribunals mit der möglichen Auslegung der vorhanden Regelung im Provinzialrecht, möglicherweise unter Heranziehung vergleichbarer Regeln im ALR, auseinander setzte. Ob diese Lücke im Provinzialrecht gewollt war und es für Kapitalien nach dem Provinzialrecht vielleicht gar keine Beschränkung der Ver-

382 Striethorst, Archiv für Rechtsfälle, Bd. 6, S. 22, 23.
383 Striethorst, Archiv für Rechtsfälle, Bd. 6, S. 22, 23 f.
384 Striethorst, Archiv für Rechtsfälle, Bd. 6, S. 22, 26.
385 Striethorst, Archiv für Rechtsfälle, Bd. 6, S. 22, 24 ff.

fügungsbefugnis geben sollte, untersuchte der III. Senat des Obertribunals nicht. Sollte die Lücke bewusst gelassen worden sein, hätte das Obertribunal sich die Frage stellen können, ob dies eine ausdrückliche entgegengesetzte Regelung im Provinzialrecht darstellte, die gemäß § 360 Teil II Titel 1 ALR dem ALR vorging. Eine derartige Untersuchung ist vom III. Senat des Obertribunals unterlassen worden. Stattdessen hat er ohne zu zögern gleich die Vorschrift des § 379 Teil II Titel 1 ALR herangezogen, in der die Verfügungsbeschränkung für Kapitalien eindeutig geregelt war. Auch in dieser Entscheidung orientierte sich der III. Senat an der Argumentation der Plenarentscheidung vom 23. Januar 1843[386]. Eine Auslegung sollte nur stattfinden, wenn überhaupt eine Regelung im Provinzialrecht vorhanden war. Bei einer Lücke zog das Obertribunal als Ergänzung ohne weitergehende Auslegung des Provinzialrechts die Vorschriften des ALR heran.

4. Bewertung

Die entscheidende Argumentation hinsichtlich der Behandlung von provinzialrechtlichen Vorschriften und der Anwendung des ALR auf einen Rechtsfall ist der Plenarentscheidung vom 23. Januar 1843[387] zu entnehmen, auf die sich die Senate des Obertribunals in ihren späteren Entscheidungen zu diesem Problemkreis hauptsächlich zur Begründung ihrer Entscheidung hinsichtlich des anwendbaren Rechts auch beriefen. In den nachfolgenden Entscheidungen ist das Obertribunal von den dort entwickelten Grundsätzen für die Anwendung des § 360 Teil II Titel 1 ALR nicht abgewichen. Aus den Entscheidungen des Plenums und der Senate des Obertribunals lässt sich schließen, dass es den Richtern bei ihren Entscheidungen sehr gelegen kam, ein allgemeines Gesetzbuch für die preußischen Staaten vorzufinden, dessen ausdrückliche und umfassende Regelungen bei Lücken in den Provinzialrechten einfach sofort herangezogen werden konnten. Fand das Obertribunal keine wörtliche Regelung im Provinzialrecht, ging es auf eine Auslegung des Provinzialrechts nicht weiter ein. Das Obertribunal beachtete bei der Anwendung des § 360 Teil II Titel ALR zunächst den Wortlaut der Provinzialrechte. Bei dieser Betrachtung verschloss sich das Obertribunal aber nicht generell einer Auslegung der Provinzialrechte. Wenn eine Bestimmung im Provinzialrecht vorhanden war, konnte nach Ansicht des Obertribunals eine Auslegung stattfinden, wenn diese Bestimmung sich dem Wortlaut nach als lückenhaft oder zweifelhaft erwies. Bei Fehlen von wörtlich einschlägigen Vorschriften sollte allerdings keine Auslegung dieser Lücke und der anderen vorhandenen Re-

386 Obertribunal Entscheidungen, Bd. 10, S. 61.
387 Obertribunal Entscheidungen, Bd. 10, S. 61.

gelungen stattfinden. Dass sich durch Auslegung der vorhandenen Regelungen im Provinzialrecht eine ausdrückliche Regelung gewinnen lassen konnte, untersuchte das Obertribunal nicht, sondern griff sogleich auf das ALR zurück. Warum sollten sich die Richter auch lange um die Auslegung von Gesetzeslücken im Provinzialrecht kümmern, wenn doch im ALR für die jeweiligen Fälle die entsprechenden Regeln kodifiziert waren und es bekannt war, dass die Rechtswissenschaft viele Provinzialrechte für ergänzungsbedürftig und ergänzungsfähig hielt. Erkennbar ist aber auch, dass das Obertribunal bei der Behandlung des Rechtsproblems der Anwendung und Auslegung der Provinzialrechte vorrangig den Wortlaut zur Urteilsfindung heranzog und eine weitergehende Auslegung des Wortlauts unterließ.

B) Wesen der ehelichen Gütergemeinschaft

Eine grundsätzlich vom Justizministerium, den Gerichten und den Rechtsgelehrten zu beantwortende Frage bei der Anwendung der Regeln über die eheliche Gütergemeinschaft war sowohl nach den Provinzialgesetzen und -statuten als auch nach dem ALR das Wesen der Gütergemeinschaft. Häufig war die Frage nach dem Wesen der ehelichen Gütergemeinschaft eine Vorfrage in richterlichen Erkenntnissen, die über die Anwendbarkeit gewisser güter- und erbrechtlicher Vorschriften entschied.

Zur Bestimmung des Wesens der ehelichen Gütergemeinschaft zog der Gesetzgeber im 19. Jahrhundert die Obertribunalsräte heran. Bereits in der außergerichtlichen Diskussion und nicht nur in der Revisionsinstanz griff der Gesetzgeber damit auf das Obertribunal zur Festlegung des geltenden Rechts zurück. Außerhalb seiner Entscheidungskompetenzen sollte das Obertribunal die Möglichkeit erhalten, neben dem Gesetzgeber und der Rechtswissenschaft durch wissenschaftliche Gutachten und Stellungnahmen auf die Rechtsfortbildung einzuwirken. Diese Gutachten stellten zwar kein bindendes Recht dar, dienten aber den unteren Instanzen und dem Gesetzgeber als Richtlinien für die Handhabung der Gesetze in der Praxis. Der Gesetzgeber selber legte in Reskripten den Gerichten die Beachtung der Meinung des Obertribunals in ihren Erkenntnissen nahe. So konnte sich die Ansicht des Obertribunals in der Rechtsprechung durch wiederholten Gerichtsgebrauch festsetzen und die Rechtsanwendung in Preußen beeinflussen.

I. Grundlagen im ALR

Aufgrund der unterschiedlichen Ausgestaltung in den einzelnen Provinzialgesetzen und Statuten war es schwierig, den Charakter der ehelichen Gütergemeinschaft festzulegen. Das ALR enthielt keine klare Aussage über den Charakter der ehelichen Gütergemeinschaft. Die Redaktoren des ALR hatten in den Vorschriften einzelne spezielle Bestimmungen über die eheliche Gütergemeinschaft jedoch aber keinen allgemeinen Grundsatzgedanken festgehalten. Die Frage des Wesens der ehelichen Gütergemeinschaft wurde daher in der Praxis und der Rechtswissenschaft sehr unterschiedlich beantwortet.

II. Literaturansichten

Einige Rechtsgelehrte verglichen die eheliche Gütergemeinschaft mit den Verhältnissen in einer Sozietät[388], andere sprachen von dem Eigentum einer ehelichen bzw. moralischen Gesellschaft[389] oder einer Rechtsgemeinschaft zu ideellen Anteilen[390], wieder andere gingen von Gesamteigentum der Eheleute[391] aus oder von Miteigentum bzw. einem modifizierten Miteigentum der Eheleute[392].

Vor allem in der älteren Rechtswissenschaft zum gemeinen und deutschen Privatrecht war die Idee des Gesamteigentums der Ehegatten an dem ehelichen Vermögen verbreitet, nach der jedem Ehegatten die gesamte Vermögensmasse als volles und ungeteiltes Eigentum unterstellt wurde[393].

Vom römischen Recht beeinflusst hatte das deutsche Recht teilweise Rechtsfiguren des gemeinschaftlichen Eigentums aufgenommen. Diese Ansätze des gemeinschaftlichen Eigentums waren auch im ALR zu finden[394]. Danach konnte der

---

388 Duncker, Das Gesammteigenthum, S. 195 verweist auf Lauterbach, diss. de societate bonorum conjugali.

389 Albrecht, Die Gewere als Grundlage des älteren deutschen Sachenrechts, S. 258; Eichhorn, Einleitung in das deutsche Privatrecht mit Einschluss des Lehensrechts, § 300, S. 739; Duncker, a.a.O., S. 209 ff.

390 Runde, Deutsches eheliches Güterrecht, § 63, S. 148 ff.; Maurenbrecher, Lehrbuch des gesamten heutigen gemeinen deutschen Privatrechts, Bd. II, S. 232; vgl. Gerber, System des deutschen Privatrechts, S. 627 ff.

391 Lange, Die Rechtslehre von der Gemeinschaft der Güter unter den teutschen Eheleuten, S. 49ff.; vgl. Gerber, a.a.O., S. 638.

392 Vgl. Förster/Eccius, Preußisches Privatrecht, Bd. IV, S. 64; Bornemann, Systematische Darstellung des Preußischen Civilrechts, Bd. V, S. 113.

393 Vgl. Duncker, a.a.O., S. 197; Gerber, a.a.O., S. 638.

394 Z.B.: § 14 Teil I Titel 8 ALR: „Wenn das volle Eigentum über eine Sache mehreren Personen zukommt, so ist ein gemeinschaftliches Eigentum vorhanden."
§ 15 Teil I Titel 8 ALR: „Die Personen, welche ein solches gemeinschaftliches Eigentum haben, werden Miteigentümer der Sache genannt."

jeweilige Miteigentümer zwar keine separaten Anteile an der gemeinschaftlichen Sache besitzen, aber ihm wurde ein gewisser ideeller Teil zugerechnet. Der Begriff des Gesamteigentums erschien den Rechtsgelehrten in diesem Zusammenhang allerdings fremd, so dass dieser Ansicht in der neueren Literatur zum ALR nicht mehr gefolgt wurde[395]. Beispielhaft sei Maurenbrecher zitiert: „Das sogenannte deutsche Gesamteigentum oder Eigentum mehrerer, von denen jeder Eigentümer des Ganzen sein soll – dominium plurium in solidum – ist etwas durchaus Undenkbares.“[396] Svarez sprach bei der Revision der Monita zum Allgemeinen Gesetzbuch ausdrücklich der Frau ein „condominium pro indiviso“ zu, welches der Mann ohne ihren Konsens nicht einschränken könne[397]. So entwickelte sich in der Literatur überwiegend die Ansicht, die eheliche Gütergemeinschaft stelle gewöhnliches Miteigentum mit ideellen Anteilen im Sinne des ALR dar, welches allerdings einige eherechtlichen Besonderheiten aufweise. Die zunächst auch verbreitete Ansicht von der juristischen Person konnte sich in der Literatur nicht durchsetzen. Dahinter standen erbrechtliche Probleme in Bezug auf die Möglichkeit der Errichtung eines einseitigen Testaments durch einen Ehegatten und das Problem der Erbauseinandersetzung der Gesellschaft mit blutsverwandten Erben[398].

Als logische Schlussfolgerung aus der Annahme einer einfachen Miteigentümerschaft zwischen den Eheleuten hätte man den Eheleuten als Miteigentümer während der Ehe allerdings die gleichen Rechte zugestehen müssen. Aber sowohl nach gemeinem deutschen Recht der ehelichen Gütergemeinschaft[399] als auch nach den Vorschriften des ALR stand dem Ehemann das alleinige Verwaltungs- und Verfügungsrecht über das Vermögen zu[400]. Traf der Ehemann Verfügungen über das eheliche Vermögen, so traf er diese in seinem eigenen und im Namen

§ 1 Teil I Titel 17 ALR: „Gemeinschaftliches Eigentum ist alsdann vorhanden, wenn dasselbe Eigentumsrecht über eine Sache oder ein Recht mehreren Personen ungeteilt zukommt.“

395 Bornemann, Systematische Darstellung des Preußischen Civilrechts, Bd. V, S. 113.

396 Maurenbrecher, a.a.O., Bd. I, S. 452.

397 Vgl. Gutachten des Obertribunals im Justiz-Ministerial-Blatt 1840, S. 370, 375; Bornemann, Systematische Darstellung des Preußischen Civilrechts, Bd. V, S. 138; Schmidt, Das preußische Familienrecht nach dem allgemeinen Landrecht mit Rücksicht auf das gemeine und deutsche Recht, S. 257.

398 Vgl. Maurenbrecher, a.a.O., Bd. II, S. 232.

399 Vgl. Maurenbrecher, a.a.O., Bd. II, S. 200 ff.

400 § 377 Teil II Titel 1 ALR: „Dem Ehemann gebührt die Verwaltung des gemeinschaftlichen Vermögens.“

seiner Frau. Diese wurde auch ohne ihre Mitwirkung verpflichtet[401]. Allein bei Verfügungen über zu dem ehelichen Vermögen gehörende Grundstücke und gewisse Kapitalien konnte der Ehemann nur mit ausdrücklicher Zustimmung der Ehefrau verfügen[402]. Vor allem die Regelung in § 380 Teil II Titel 1 ALR, wonach das gemeinschaftliche Vermögen durch die Verfügungen des Ehemannes über seinen Anteil hinaus mit Schulden belastet werden konnte, sprach nach Ansicht einiger Kritiker gegen die Annahme eines reinen Miteigentums zwischen den Eheleuten[403]. Der Ehemann belastete durch seine Verfügungen nicht nur einen ideellen Anteil, sondern das gesamte Vermögen der Eheleute.

Als Anhaltspunkt für die Annahme von Miteigentum wurden Vorschriften des ALR über das gemeinschaftliche Eigentum angeführt[404]. Außerdem wurde wiederholt in dem Abschnitt von der ehelichen Gütergemeinschaft vom gemeinschaftlichen Vermögen gesprochen[405]. So war an zwei Stellen im Gesetz festge-

---

401 § 380 Teil II Titel 1 ALR: „Außerdem gelten alle von dem Manne, in Ansehung des gemeinschaftlichen Vermögens, auch einseitig getroffenen Verfügungen: und dies Vermögen haftet für alle während der Ehe von ihm gemachten Schulden."

402 § 378 Teil II Titel 1 ALR: „Doch kann er Grundstücke und Gerechtigkeiten nicht ohne Einwilligung der Frau verpfänden oder veräußern."
§ 379 Teil II Titel 1 ALR: „Capitalien, die auf den Namen der Frau, ihrer Erblassers oder Geschenkgebers, oder auf den Namen beyder Eheleuten geschrieben sind, kann er ohne Bewilligung der Frau nicht aufkündigen oder einziehen."

403 Vgl. Bornemann, Systematische Darstellung des Preußischen Civilrechts, Bd. V, S. 116.

404 § 81 Teil I Titel 17 ALR: „Was wegen Trennung einer unter Eheleuten entstandenen Güter-Gemeinschaft Rechtens sey, ist im Titel von der Ehe vorgeschrieben (Th.II.Tit.I, sect.VI.VII.VIII.)."
§ 176 Teil I Titel 17 ALR: „Eine allgemeine Gütergemeinschaft kann durch Vertrag nur unter Eheleuten errichtet werden (Th.II.Tit.I, sect.VI.)."

405 Vgl. § 365 Teil II Titel 1 ALR: „Besitzt einer der Ehegatten Grundstücke unter einer andern Gerichtsbarkeit, wo sonst keine Gütergemeinschaft statt findet: so muß das, nach den Gesetzen des Wohnortes, den andern Ehegatten angefallene Miteigenthum, im Hypothekenbuch vermerkt werden."
§ 373 Teil II Titel 1 ALR: „Doch kann derjenige, welcher einem der Ehegatten ein Grundstück oder ausstehendes Capital solchergestalt zuwendet, das Miteigenthum des andern Ehegatten durch eine ausdrückliche Erklärung ausschließen."
§ 653 Teil II Titel 1 ALR: „Bis zur wirklichen Auseinandersetzung bleibt der überlebende Ehegatte mit den Verwandten des Verstorbenen im Miteigenthume der zur Zeit des Sterbefalls vorhanden gewesenen gemeinschaftlichen Masse."
§ 654 Teil II Titel 1 ALR: „Was also der ungetheilten Masse zuwächst, oder von derselben verloren geht, trifft sämmtliche Miteigenthümer, nach Verhältnis ihres Antheils."
§ 371 Teil II Titel 1 ALR: „Der Erwerb beyder Ehegatten wächst dem gemeinschaftlichen Vermögen zu."

halten, dass der einzelne Ehegatte Miteigentum habe[406]. An anderen Stellen im ALR wurde erwähnt[407], dass gewisse Anteile an dem ehelichen gemeinschaftlichen Vermögen dem einzelnen Ehegatten zustünden. Alle diese Regelungen und Hinweise in den Vorschriften des ALR führten schließlich zu der vorherrschenden Ansicht in der Literatur, dass im ALR die Gütergemeinschaft, wenn nicht als Miteigentum im allgemeinen Sinne mit dem Recht zur Verfügung über einen ideellen Anteil, so doch als eine modifizierte Art des Miteigentums gedacht sei[408]. Im 19. Jahrhundert sprachen sich daher immer mehr Rechtswissenschaftler[409] dafür aus, dass sich nur die Ansicht eines modifizierten Miteigentums mit den Vorschriften des ALR rechtfertigen lasse. Dieses Miteigentum sei durch den Umstand modifiziert, dass während der Ehe von ideellen Anteilen nicht die Rede sein könne und dass, da die Ehe nicht willkürlich auflösbar sei, während der Ehe in der Regel eine Teilung nicht verlangt werden könne [410]. So vertrat Schmidt in seinem Lehrbuch über das preußische Familienrecht die Meinung, die Gütergemeinschaft sei eine Vereinigung des beiderseitigen Gutes der Ehegatten, welche sich im Fall der Teilung nicht, wie im Illatensystem (Verwaltungsgemeinschaft), in die ursprünglichen Bestandteile des beiderseitigen besonderen Vermögens, sondern als ein in gedachte Anteile zerfallendes gemeinschaftliches Eigentum

---

§ 377 Teil II Titel 1 ALR: „Dem Ehemann gebührt die Verwaltung des gemeinschaftlichen Vermögens."

406 § 365 Teil II Titel 1 ALR: „Besitzt einer der Ehegatten Grundstücke unter einer andern Gerichtsbarkeit, wo sonst keine Gütergemeinschaft statt findet: so muß das, nach den Gesetzen des Wohnorts, dem andern Ehegatten angefallene Miteigenthum, im Hypothekenbuche vermerkt werden."
§ 373 Teil II Titel 1 ALR: „Doch kann derjenige, welcher einem der Ehegatten ein Grundstück oder ausstehendes Capital solchergestalt zuwendet, das Miteigenthum des anderen Ehegatten durch eine ausdrückliche Erklärung ausschließen."

407 § 383 Teil II Titel 1 ALR: „Einseitige Schenkungen des Mannes, welche die Frau nach vorstehenden Grundsätzen hätte widerrufen können, werden, wenn kein Widerruf erfolgt, bey der Auseinandersetzung unter den Eheleuten, auf den Antheil des Mannes gerechnet."
§ 386 Teil II Titel 1 ALR: „Grundstücke und Gerechtigkeiten, welche die Frau in die Gemeinschaft gebracht hat, können wegen einseitiger Schulden des Mannes, die derselbe, bei erfolgender Auseinandersetzung, auf seinen Antheil sich anrechnen lassen müsste, nur alsdann angegriffen werden, wenn das übrige gemeinschaftliche Vermögen zu deren Bezahlung nicht hinreicht."

408 Förster/Eccius, Preußisches Privatrecht, Bd. IV, S. 64; Duncker, a.a.O., S. 209; Gerber, a.a.O., S. 640.

409 Bornemann, Systematische Darstellung des Preußischen Civilrechts, Bd. V, S. 119 f.; vgl. Koch, Allgemeines Landrecht für die preußischen Staaten, 8. Auflage, Anm. 21 zum § 361, S. 174.

410 Schmidt, Lehrbuch des preußischen Rechts und Prozesses mit Rücksicht auf das gemeine Recht und den gemeinrechtlichen Prozess, Bd. II, S. 32 f.

auflöse[411]. Bornemann zog in seiner systematischen Darstellung des ALR ebenfalls aus der Betrachtung der einzelnen Bestimmungen die Schlussfolgerung, dass es sich bei der Gütergemeinschaft um eine Gemeinschaft beider Ehegatten an dem beiderseitigen Vermögen handele, bei der jedem Ehegatten zwar ein ideeller Anteil zustehe, dieser ideelle Anteil aber während der Gemeinschaft nicht in rechtliche Erscheinung trete[412].

III. Ansicht des Justizministeriums

Das Justizministerium schloss sich der Ansicht von dem gewöhnlichen Miteigentum an. Es leitete die Wirksamkeit einer Verfügung des Ehemannes über ein gemeinschaftliches Grundstück aus seinem ideellen Anteil an dem Vermögen der Eheleute her. Das Justizministerium vertrat die Ansicht, dass aus dem gemeinschaftlichen Besitz von sich aus folge, dass jedem der Eheleute ein Anrecht zur Hälfte zustehe, auch wenn der Ehefrau während der Ehe die einseitige Verfügungsgewalt gemäß § 378 Teil II Titel 1 ALR entzogen sei. Auf eine Anfrage eines königlichen Land- und Stadtgerichtes stellte das Justizministerium z.B. in dem Reskript vom 01. März 1840[413] ausdrücklich fest, dass Miteigentum zwischen den Eheleuten in Bezug auf das eheliche Vermögen in der Gütergemeinschaft angenommen werden müsse. Speziell stellte das Gericht die Frage, ob die Eintragung einer Hypothek auf den ideellen Anteil eines Ehegatten an einem Grundstück erfolgen könne, von welchem der Besitztitel aufgrund der ehelichen Gütergemeinschaft auf beide Teile berichtigt worden sei. Das Justizministerium verwarf in dem Reskript zwar den Gedanken des Gesamteigentums zwischen den Eheleuten, hielt es aber für möglich, dass ein Ehegatte über den ideellen Anteil alleine disponieren könne[414]. Es folge aus dem ALR, dass den Eheleuten, die in ehelicher Gütergemeinschaft lebten, jeweils Miteigentum an dem gemeinschaftlichen Vermögen zustehe, welches nach den allgemeinen Grundsätzen über gewöhnliches Miteigentum im ALR zu behandeln sei. Aus dem § 378 Teil II Titel 1

411 Schmidt, Das preußische Familienrecht nach dem allgemeinen Landrecht mit Rücksicht auf das gemeine und deutsche Recht, S. 256 ff.

412 Bornemann, Systematische Darstellung des Preußischen Civilrechts, Bd. V, S. 119 f.

413 Verfügung, betreffend die Eintragung einer Hypothek auf den ideellen Antheil eines Ehegatten an einem Grundstück, von welchem der Besitztitel auf den Grund der ehelichen Gütergemeinschaft für beide Theile berichtigt ist, vom 01. März 1840, Justiz-Ministerial-Blatt 1840, S. 106.

414 Verfügung, betreffend die Eintragung einer Hypothek auf den ideellen Antheil eines Ehegatten an einem Grundstück, von welchem der Besitztitel auf den Grund der ehelichen Gütergemeinschaft für beide Theile berichtigt ist, vom 01. März 1840, Justiz-Ministerial-Blatt 1840, S. 106.

ALR sei lediglich zu entnehmen, dass der Ehemann weder über das gesamte Grundstück noch über den ideellen Anteil der Ehefrau ohne deren Einwilligung verfügen könne[415].

IV. Gutachten des Obertribunals

Obwohl das Justizministerium seine Ansicht in Reskripten kundgetan hatte, schien dennoch diese Frage noch immer nicht endgültig gelöst zu sein, da das Justizministerium im April 1840 zusätzlich zu seinem eigenen Reskript vom 01. März 1840 noch eine Stellungnahme des Obertribunals anforderte, um endgültig Klarheit in dieser Rechtsangelegenheit zu schaffen.

1. Einbindung der Gerichte in die Rechtsfortbildung

Im 19. Jahrhundert orientierte sich das Justizministerium wiederholt bei seinen Gesetzesvorhaben und Reskripten an Berichten und Gutachten des Obertribunals. Es war auf eine Zusammenarbeit von Praxis und Gesetzgebung bei der Schaffung von Vorschriften bedacht, um so für den Staat und das Volk ein angemessenes Rechtssystem zu garantieren. Diese Entwicklung konnte bereits bei den Gesetzesvorhaben über die Kabinettsordres und zu den Grundsätzen einer einheitlichen Rechtsprechung im ersten Teil dieser Arbeit beobachtet werden.

Zur Bestimmung, Ergänzung oder Abänderung des geltenden Rechts bei Unklarheiten gab das Justizministerium Gutachten bei dem Obertribunal über spezielle Fragen oder ganze Gesetzentwürfe in Auftrag. Die angeordneten Stellungnahmen waren durch spezielle Anfragen von unteren Gerichten veranlasst. Sie konnten aber auch auf eigene Gesetzesvorhaben des Ministeriums gestützt sein, das sich über die Handhabung dieser Angelegenheit in den Entscheidungen des obersten Gerichtshofes informieren, aber auch Ansichten und Anregungen in Bezug auf seine geplanten Gesetzesvorhaben erhalten wollte[416]. Die Meinung der Praxis war für den Gesetzgeber inzwischen bei seinen Bestimmungen über Neuregelungen und Anpassungen des Rechts an die gegebenen Umstände wichtig geworden. Hand in Hand mit der Praxis sollten angemessene Veränderungen oder Erläuterungen geschaffen werden.

---

415 Verfügung, betreffend die Eintragung einer Hypothek auf den ideellen Antheil eines Ehegatten an einem Grundstück, von welchem der Besitztitel auf den Grund der ehelichen Gütergemeinschaft für beide Theile berichtigt ist, vom 01. März 1840, Justiz-Ministerial-Blatt 1840, S. 106.

416 Vgl. Korrespondenz zwischen Justizministerium und Obertribunal über ein Verordnung zur Einheit der Rechtsprechung und Beifügung der Entscheidungsgründe, GStA, I. HA., Rep. 97 a, Nr. 410, Fol. 1 ff.

2. *Auftrag des Justizministeriums für ein Gutachten des Obertribunals zu den Regeln der Gütergemeinschaft*

Am 26. April 1840 gab das Justizministerium aufgrund von vermehrten Anfragen von Gerichten und Beschwerden in Bezug auf die Anwendung der Vorschriften des Allgemeinen Landrechts Teil II Titel 1 über die Rechte und Pflichten der Eheleute an dem gemeinschaftlichen Vermögen ein Gutachten über einige prozessuale und materielle Rechtsfragen bei dem Obertribunal in Auftrag. Es sollten dadurch Widersprüche beseitigt werden, die in Rechtsprechung und Wissenschaft aufgetreten waren[417]. Folgende spezielle Fragen sollten behandelt werden:

1. „Muss ein Gläubiger, wenn er im Wege der notwendigen Subhastation aus Grundstücken seine Befriedigung suchen will, die zum gemeinschaftlichen Vermögen gehören und die der Ehemann ohne die Einwilligung seiner Frau nach § 378 Titel 1 Teil II des ALR nicht verpfänden oder veräußern kann, zuvor gegen beide Eheleute ein Judikat erstreiten und daraus die Exekution gegen beide nachsuchen?
2. Welche Wirkung hat ein nur gegen den Ehemann erstrittenes Erkenntnis, gibt insbesondere ein solches einen Titel zum Pfandrecht auf den Anteil des Ehemannes an dem gemeinschaftlichen Vermögen gehörigen Grundstücken und kann dieser Anteil allein zur Subhastation gestellt werden?
3. Kann der Ehemann einseitig über einen solchen ideellen Anteil an dem Grundstücke verfügen, darüber testieren oder ihn so veräußern und verpfänden, dass er dadurch verpflichtet bleibt, oder ist jede solche einseitige Verfügung durchaus ungültig und ohne Wirkung, so dass auch die Eintragung einer vom Manne einseitig bestellten Hypothek im Hypothekenbuch unterbleiben muss?“[418]

Neben diesen speziellen Fragen stellte das Justizministerium zum Abschluss des Auftrages noch eine allgemeine Frage, die als Vorfrage für die Beantwortung der Probleme generell entscheidend war. Das Obertribunal sollte Stellung zu der Frage nehmen, ob nach der Theorie des ALR – abgesehen von der Eigentümlichkeit der Gütergemeinschaft nach Provinzialgesetzen oder Statuten – auf das gemeinschaftliche Vermögen der Eheleute in der ehelichen Gütergemeinschaft, insbesondere wenn Grundstücke zum Vermögen gehörten, in Ermangelung spezieller Bestimmungen die Grundsätze über das Miteigentum nach §§ 4, 9, 60 – 74 Teil II Titel 17 und § 20 Teil I Titel 20 ALR zur Anwendung kommen sollten. In

417 Verfügung vom 26. April 1840 des Justizministeriums an das Obertribunal, Justiz-Ministerial-Blatt 1840, S. 369 ff.

418 Verfügung vom 26. April 1840 des Justizministeriums an das Obertribunal, Justiz-Ministerial-Blatt 1840, S. 369 f.

diesem Zusammenhang sprach das Justizministerium als Anhaltspunkt die Erwähnung der ehelichen Gütergemeinschaft in §§ 81 und 176 Teil II Titel 17 ALR an, und dass in §§ 365, 373, 653 und 654 Teil II Titel 1 ALR das Recht des einen Ehegatten ausdrücklich als Miteigentum bezeichnet werde[419]. Der Justizminister verwies am Ende des Auftrags an das Obertribunal als Hilfestellung auf einige Literatur- und Fundstellen, die sich mit diesen Problematiken bereits beschäftigt hätten[420]. Das Justizministerium erwartete in dem zu erstattenden gutachterlichen Bericht auch die Information, inwiefern über jene Fragen schon Entscheidungen des Geheimen Obertribunals erfolgt seien.

3. Stellungnahme des Obertribunals

Auf diese Verfügung des Justizministeriums berichtete das Obertribunal in seinem Gutachten vom 24. August 1840[421] über die Rechte, welche dem Ehemann nach den Vorschriften des ALR an dem gemeinschaftlichen Vermögen, vor allem in Beziehung auf Grundstücke und die denselben gleichstehenden Gerechtigkeiten bei bestehender ehelicher Gütergemeinschaft nach seiner Ansicht zustünden. In seiner Stellungnahme untersuchte das Obertribunal die Ansichten der älteren[422] und neueren Literatur[423] sowie die gesetzlichen Bestimmungen im römischen und deutschen gemeinen Recht und im ALR auf ihre Regelungen. Dabei schloss sich das Obertribunal weder der älteren Ansicht von dem Gesamthandeigentum der Eheleute noch der Ansicht des Justizministeriums vom gewöhnlichen Miteigentum an. In seinem Gutachten nahm das Obertribunal eine moralische Gesellschaft zwischen den Eheleuten als Eigentümerin an[424]. Es hielt die allgemeinen Grundsätze vom Miteigentum und deren Folgerungen für generell nicht

419 Verfügung vom 26. April 1840 des Justizministeriums an das Obertribunal, Justiz-Ministerial-Blatt 1840, S. 369 f.

420 Der Justizminister nannte folgende Fundstellen: Reskripte, v. Kamptz Jahrbücher, Bd. 18, S. 11; Bd. 41, S. 555; Bd. 46, S. 483; Bd. 48, S. 208; Justiz-Ministerial-Blatt 1840, S. 106; Bornemann, Systematische Darstellung des Preußischen Civilrechts, Bd. V, S. 166, 177, 187, 190, 192.

421 Gutachten des Obertribunals vom 24. August 1840, Justiz-Ministerial-Blatt 1840, S. 370 ff.

422 Das Obertribunal zitierte als Fundstellen: Runde, Deutsches Privatrecht, 6. Auflage, § 306; Curtius, Handbuch des sächsischen Rechts, Teil II, § 497 und Nota 6 daselbst.

423 Das Obertribunal zitierte als Fundstelle: Maurenbrecher, Lehrbuch des deutschen Rechts, Bd. I und II.

424 Gutachten des Obertribunals vom 24. August 1840, Justiz-Ministerial-Blatt 1840, S. 370, 373: "das berechtigte Subjekt ist hier ... die eheliche Gesellschaft, das Ehepaar als moralische Person verschieden von dem Individuum".

anwendbar auf das Verhältnis der Eheleute. Vielmehr stützte sich das Obertribunal auf den Gedanken, dass das berechtigte Subjekt eine eheliche Gesellschaft sei, ein Gedanke, der schon während der Gesetzrevision des Personenrechts in den vorhergegangenen Jahren aufgekommen war. Das berechtigte Subjekt seien nicht die Eheleute als Individuen, sondern die eheliche Gesellschaft, das Ehepaar als moralische Person, in deren Eigentum das gemeinschaftliche Vermögen stehe, wobei jedoch dem Manne als Familienoberhaupt die Verwaltung zukomme[425].

Die Grundstücke in der ehelichen Gütergemeinschaft seien dem Recht der Ehegatten unzertrennlich unterworfen. Trotz der Vorschrift § 4 Teil I Titel 17 ALR[426] können die Ehegatten im Gegensatz zu normalen Miteigentümern gerade nicht ihre ideellen Anteile an Dritte veräußern, diesen überlassen oder verpfänden, so dass diese in die Miteigentümergemeinschaft eintreten können[427]. Die eheliche Gütergemeinschaft entstehe durch die Eheschließung, und zwar ausschließlich zwischen den Eheleuten. Dritte Personen können als Miteigentümer keinen Anteil an dieser Gemeinschaft haben. Dies würde die eheliche Gütergemeinschaft zerstören. Die eheliche Gütergemeinschaft könne nur zwischen den Eheleuten bestehen. Einseitige, anteilige Verfügungen über ideelle Anteile könnten nicht – wie vom Justizministerium angenommen – getroffen werden. Diese einseitigen Verfügungen über Grundstücke waren nach allgemeiner Ansicht des Obertribunals ohne Zustimmung des anderen Ehegatten wirkungslos und führten auch nicht zu einer Übertragung nur eines ideellen Anteils[428].

Das Obertribunal ging in seinem Gutachten von 1840 davon aus, dass das Prinzip der Gütergemeinschaft weder als Prinzip des Gesamteigentums noch als wirkliches Miteigentum anzusehen sei. Die Eheleute könnten nur gemeinschaftlich als moralische Person über das Vermögen als eheliche Gesellschaft verfügen.

4. Bewertung

Das Obertribunal schloss sich der vom Justizministerium vertretenen Meinung vom allgemeinen Miteigentum nicht an. Grundsätzlich stimmte das Obertribunal mit der Ansicht vom modifizierten Miteigentum überein, dass anteilige Verfügungen nicht vorgenommen werden konnten. Für das Obertribunal bildete nach

---

425 Gutachten des Obertribunals vom 24. August 1840, Justiz-Ministerial-Blatt 1840, S. 370, 372 ff.

426 § 4 Teil I Titel 17 ALR: „Das Recht eines jeden Theilnehmers auf die gemeinschaftliche Sache gehört zum besonderen Eigenthum desselben.“

427 Gutachten des Obertribunals vom 24. August 1840, Justiz-Ministerial-Blatt 1840, S. 370, 372.

428 Gutachten des Obertribunals vom 24. August 1840, Justiz-Ministerial-Blatt 1840, S. 370, 372 f.

der im Gutachten geäußerten Ansicht aber eine moralische Person, die sich aus den Eheleuten zusammensetzte, die Eigentümerin für das gemeinschaftliche Vermögen. Die Eheleute selber gelangten in keine Eigentümerstellung. Im Hinblick auf die vorhandenen Regelungen über die Verwaltungs- und Verfügungsbefugnis des Ehemannes und deren Folgen für die Verbindlichkeit und Haftung in Bezug auf das Vermögen der Ehegatten stellten sich bei der in dem Gutachten geäußerten Ansicht u.a. Fragen in Bezug auf die Haftung der einzelnen Ehegatten und die erbrechtlichen Konsequenzen. Wie sollten die Eigentumsverhältnisse bei dem Tode eines Ehegatten geregelt werden, da eine Gesellschaft der Eheleute als juristische Person keine blutsverwandten Erben haben konnte. Fraglich blieb auch die Möglichkeit des einen Ehegatten, ein einseitiges Testament aufsetzen zu können, wenn eine Gesellschaft Eigentümerin war. In seinem Gutachten machte sich das Obertribunal über diese Folgen zunächst keine weiteren Gedanken.

5. Reaktionen in der Literatur

Inzwischen hatte die Literatur zum ALR überwiegend die Argumentation im Hinblick auf ein modifiziertes Miteigentum aufgegriffen[429]. So ging z.B. Bornemann davon aus, dass die Rechtsgedanken des Miteigentums auch den Redaktoren bei der Kodifikation vorgeschwebt hätten[430]. Im Unterschied zum Miteigentum könne der Ehemann zwar nicht einseitig über einen ideellen Anteil verfügen und die Aufhebung der Gemeinschaft verlangen, dennoch sei im einzelnen auf die Grundsätze des Miteigentums hinzuweisen[431].

6. Reaktion des Justizministeriums auf das Gutachten

Durch seine Gutachten und Berichte erhielt das Obertribunal einen gewissen Einfluss auf die Gesetzgebung und das bestehende Recht in Preußen. Diesen Einfluss konnte das Obertribunal auf Anfrage durch das Justizministerium ausüben; aber nicht immer setzte es sich mit seinen Ansichten durch. Dies wurde deutlich bei der Entstehungsgeschichte der Verordnungen über die Beifügung der Entscheidungsgründe und deren Veröffentlichung, bei denen der Gesetzgeber einen viel weitgehenderen Weg als das Obertribunal einschlagen wollte und auch einge-

---

429 Koch, Allgemeines Landrecht für die preußischen Staaten, 8. Auflage, Anm. 21 zum § 360, S. 174; Schmidt, Das preußische Familienrecht nach dem allgemeinen Landrecht mit Rücksicht auf das gemeine und deutsche Recht, S. 256; Bornemann, Systematische Darstellung des Preußischen Civilrechts, Bd. V, S. 119 ff.; Dernburg, Lehrbuch des Preußischen Privatrechts, Bd. III, § 35.

430 Bornemann, Systematische Darstellung des Preußischen Civilrechts, Bd. V, S. 119.

431 Bornemann, Systematische Darstellung des Preußischen Civilrechts, Bd. V, S. 114.

schlagen hat. Damals ging es aber nicht um Rechtsanwendung, sondern um die Ermöglichung einer freien und einheitlichen Rechtsprechung. Im vorliegenden Fall aber galt es eine Lücke, eine Unklarheit im Gesetz zu schließen. Das Justizministerium hatte auf die Anfragen mit einem Reskript reagiert und seine Ansicht klargestellt. Aufgrund der Entwicklungen in den letzten Jahrzehnten aber hatte der Gesetzgeber durch Verordnungen und Gesetze die Rechtsauslegung den Gerichten aufgetragen. So lässt sich auch die Beauftragung des Obertribunals mit einem Gutachten zu dieser Frage erklären. Der Gesetzgeber hatte zwar auf Anfrage von Gerichten seine Meinung kundgetan, aber entscheidend für die Rechtsanwendung musste die Ansicht des obersten Gerichtshofes sein. Dieser hatte nun eine vom Justizministerium abgewandelte Meinung vertreten. Also musste das Justizministerium gegenüber den Gerichten klären, welcher Ansicht zu folgen sei, um weitergehende Unklarheiten und Widersprüche zu vermeiden.

Die zunächst vertretene Ansicht vom gewöhnlichen Miteigentum und der Möglichkeit der einseitigen Verfügung über einen ideellen Anteil an dem gemeinschaftlichen Grundstück durch das Justizministerium stand im Gegensatz zu der Ansicht des Geheimen Obertribunals in seinem Gutachten[432]. Nach Ansicht des Gutachtens waren nicht die Eheleute Miteigentümer, sondern eine juristische Person hatte das Eigentum inne. Eine anteilige Verfügung sollte gerade nicht möglich sein. Um diesen Widerspruch aufzuheben, erließ das Justizministerium das Reskript vom 06. November 1840[433]. Mit der Mitteilung des Gutachtens an die anfragenden Gerichte ordnete der Justizminister gleichzeitig an, die Ansicht des Obertribunals zu beachten. Gleichzeitig hob er seine eigenen Reskripte auf: „Wenn auch dem Königlichen Oberlandesgericht überlassen bleibt, in judicando seiner eigenen rechtlichen Überzeugung über die zum Grunde liegenden Rechtsfragen zu folgen, so muss doch, um die Einheit der Rechtspflege aufrecht zu erhalten, von nun an die vom Geheimen Obertribunal ausgesprochene Ansicht in allen Fällen beachtet werden, wo es nicht auf eine rechtliche Entscheidung darüber ankömmt. Es erledigen sich hierdurch auch die in Bezug genommenen Reskripte des Justiz-Ministers, so weit sie dieser Ansicht entgegen stehen.“[434] Das

432 Vgl. Reskript vom 01. März 1840, Justiz-Ministerial-Blatt 1840, S. 106.

433 Verfügung vom 06. November 1840, über die Rechte, welche dem Ehemann nach den Vorschriften des Allgemeinen Landrechts bei bestehender Gütergemeinschaft an dem gemeinschaftlichen Vermögen, besonders in Beziehung auf Grundstücke und die denselben gleichzusetzenden Gerechtigkeiten bestehen, Justiz-Ministerial-Blatt 1840, S. 369.

434 Verfügung vom 06. November 1840, über die Rechte, welche dem Ehemann nach den Vorschriften des Allgemeinen Landrechts bei bestehender Gütergemeinschaft an dem gemeinschaftlichen Vermögen, besonders in Beziehung auf Grundstücke und die denselben gleichzusetzenden Gerechtigkeiten bestehen, Justiz-Ministerial-Blatt 1840, S. 369.

Justizministerium überließ auf diesem Wege die Auslegung des Wesens der Gütergemeinschaft der Beurteilung des Obertribunals, um eine einheitliche Rechtspflege zu garantieren. Da der Gesetzgeber eine eindeutige Definition im ALR unterlassen hatte, sollten die Gerichte nunmehr unter der Leitung des obersten Gerichtshofes die Rechtsauslegung übernehmen. Dass die Auslegung durch das Obertribunal in seinem Gutachten dabei nicht in jeder Hinsicht mit der Ansicht des Justizministeriums übereinstimmte, veranlasste dieses nicht dazu, seine Meinung unter allen Umständen durchzusetzen. Vielmehr nahm das Justizministerium seine Reskripte zurück, um keine Brüche und Widersprüche hervorzurufen. Es war bereit, die Rechtsanwendung der Gerichte unter der Führung des Obertribunals bei vernünftiger Darlegung der Gründe anzuerkennen. Die Lücke im Gesetz sollte im vorliegenden Fall nicht durch gesetzgeberische Maßnahmen, sondern allein durch die Beurteilungen des Obertribunals geschlossen werden.

V. Umgang in den Entscheidungen des Obertribunals mit den verschiedenen Ansichten

Die naheliegende Erwartung, dass das Obertribunal seiner Argumentation aus seinem Gutachten von der moralischen Person folgen würde, wurde in den folgenden Entscheidungen nicht ganz bestätigt. Obwohl das Justizministerium den Gerichten mit seinem Reskript vom 06. November 1840[435] aufgetragen hatte, die Ansicht des Obertribunals zu beachten, folgte das Obertribunal in seinen eigenen Entscheidungen seiner Ansicht nicht ganz konsequent. In der Praxis neigte das Obertribunal[436] zu der Auffassung von einem modifizierten Miteigentum. Ausgangspunkt war zwar immer noch die Argumentation, dass über den gemeinschaftlichen Vermögensgegenstand nur im Ganzen, nicht nach Anteilen verfügt werden konnte. In seinen Begründungen aber stützte sich das Obertribunal entgegen seiner Stellungnahme in dem Gutachten vom 24. August 1840 auf den Rechtsgedanken eines eherechtlich modifizierten Miteigentums. Die moralische Gesellschaft als Eigentümerin wurde nicht mehr erwähnt. In einer Entscheidung des II. Senates vom 08. Januar 1867[437] wurde zunächst die Annahme eines Gesamthandeigentums verworfen, dafür aber ein modifiziertes Miteigentum nach den Regeln des ALR angenommen. Diese Ansicht des II. Senates des Obertribu-

---

435 Verfügung vom 06. November 1840 über die Rechte, welche dem Ehemann nach den Vorschriften des Allgemeinen Landrechts bei bestehender Gütergemeinschaft an dem gemeinschaftlichen Vermögen, besonders in Beziehung auf Grundstücke und die denselben gleichzusetzenden Gerechtigkeiten bestehen, Justiz-Ministerial-Blatt 1840, S. 369.

436 Obertribunal Entscheidungen, Bd. 57, S. 63.

437 Obertribunal Entscheidungen, Bd. 57, S. 63.

nals ist u.a. in einer weiteren Entscheidung des III. Senates des Obertribunals vom 21. Juni 1875[438] bestätigt worden. Dabei gingen beide Senate davon aus, dass sie sich nicht im Widerspruch mit dem Gutachten befänden, da sowohl in dem Gutachten als auch in den Entscheidungen die Anwendung der allgemeinen Grundsätze des Miteigentums abgelehnt wurde.

1. Entscheidung des II. Senates vom 08. Januar 1867

In der Entscheidung des II. Senates vom 08. Januar 1867[439] betraf die Frage der Anwendung der §§ 714, 718 Teil I Titel 18 ALR[440] auf die Fälle, in denen ein Ehegatte, welcher mit dem anderen in gesetzlicher ehelicher Gütergemeinschaft gelebt hatte, nach dem Tod des anderen Ehegatten Grundstücke, die zu dem gütergemeinschaftlichen Vermögen gehört hatten, im Wege der Auseinandersetzung mit den Kindern allein übernehmen wollte. Als Vorfrage musste entschieden werden, ob die eheliche Gütergemeinschaft zu einem Gesamteigentum führte – wie es das Appellationsgericht angenommen und daher den § 718 Teil I Titel 18 ALR für unanwendbar erklärt hatte.

Nachdem das Obertribunal in seinem Gutachten losgelöst von einem zu entscheidenden Rechtsfall mit der Figur einer moralischen Person argumentiert hatte, bei der einseitige Verfügungen über einen ideellen Anteil eines Grundstückes unmöglich waren, musste der II. Senat des Obertribunals nun seinen Standpunkt auf den Einzelfall einer erbrechtlichen Auseinandersetzung anwenden und konkrete Rechtsfolgen bestimmen. Dabei übernahm der II. Senat des Obertribunals nicht einfach seine Ansicht aus dem Gutachten oder diejenige des Reskripts des Justizministeriums, sondern setzte sich mit dem Einzelfall und den anzuwendenden Vorschriften und deren Folgen auseinander, um für den vorgetragenen Rechtsstreit eine angemessene Lösung anhand des geltenden bzw. auszulegenden Rechts zu finden.

Nach dem Tod ihres Ehemannes hatte die Ehefrau aufgrund eines Vertrages mit den Miterben die zu dem gütergemeinschaftlichen Vermögen gehörenden Grundstücke gegen Entgelt übernommen. Aufgrund des § 718 Teil I Titel 18

---

438 Obertribunal Entscheidungen, Bd. 75, S. 257.

439 Obertribunal Entscheidungen, Bd. 57, S. 63 ff.

440 § 714 Teil I Titel 18 ALR: „Jeder neue Erbzinsmann ist dem Obereigenthümer das Laudemium, oder die Lehnwaare, zu entrichten verbunden."
§ 718 Teil I Titel 18 ALR: „Diejenigen, welche vermöge eines Gesetzes, eines Vertrages oder einer letztwilligen Verordnung das Gut mit einem Anderen gemeinschaftlich besessen haben, entrichten, wenn ihnen nach dessen Tode der alleinige Besitz zufällt, die Lehnwaare vollständig, insofern sie dieselbe nicht schon bei Erlangung des Mitbesitzes für ihren Antheil bezahlt haben."

ALR verlangte der Fiskus von der Ehefrau nach der Übertragung der Grundstücke in ihr Eigentum die Zahlung des Laudemiumanteils. In der ersten Instanz unterlag die Ehefrau. Im Appellationsverfahren trug sie vor, dass sie und ihr Ehemann beim Kauf des Grundbesitzes aus dem gütergemeinschaftlichen Vermögen bereits das Laudemium gezahlt hatten. Das Appellationsgericht wies die Klage des Fiskus mit der Begründung ab, dass der § 718 Teil I Titel 18 ALR im vorliegenden Fall der Erbschaft aus einer ehelichen Gütergemeinschaft heraus nicht anwendbar sei. Der II. Senat des Obertribunals hingegen gab der Nichtigkeitsbeschwerde des Klägers gegen die Ehefrau statt[441].

Der II. Senat des Obertribunals setzte sich in seiner Begründung sehr ausführlich mit der Frage des Wesens der Gütergemeinschaft auseinander[442]. Zunächst stellte der II. Senat des Obertribunals fest, dass das schlesische Provinzialrecht nicht anwendbar sei. Dieses sehe zwar in seinen Vorschriften bei der Gütergemeinschaft der Eheleute ein Gesamthandeigentum vor. Doch seien durch das Patent vom 09. November 1816[443] in dem in diesem Fall betroffenen Gebiet des Großherzogtums Posen die preußischen Gesetze eingeführt worden, so dass die Regeln des ALR direkt anzuwenden seien. Nach Ansicht des II. Senates des Obertribunals war den §§ 361 ff. Teil II Titel 1 ALR der Begriff des Gesamthandeigentums fremd. Im ALR wurde zwischen dem Alleineigentum einer Person und dem Eigentum, welches mehreren Personen als Miteigentum zukam, unterschieden. Aufgrund dieser Definition des gemeinschaftlichen Eigentums im ALR als Miteigentum könnten auch die Vorschriften über die eheliche Gütergemeinschaft nach Ansicht des II. Senates des Obertribunals nicht von einem anderen Begriff des gemeinschaftlichen Eigentums ausgehen, wonach einem jedem Ehegatten das Eigentum an dem ganzen gütergemeinschaftlichen Vermögen zustehe[444]. Dabei sei nicht ausgeschlossen, dass der grundsätzliche Begriff des Miteigentums im ALR durch die Vorschriften über die eheliche Gütergemeinschaft Modifikationen erhalte[445].

441 Obertribunal Entscheidungen, Bd. 57, S. 63 f.

442 Obertribunal Entscheidungen, Bd. 57, S. 63, 65 ff.

443 Patent wegen Wiedereinführung der Preußischen Gesetze in das Großherzogthum Posen vom 09. November 1816, Preußische Gesetzsammlung 1816, S. 225.

444 Der II. Senat des Obertribunals berief sich auf die Vorschriften §§ 14, 15 Teil I Titel 8 und § 1 Teil I Titel 17 ALR; § 14 Teil I Titel 8 ALR: „Wenn das volle Eigenthum über eine Sace mehrern Personen zukommt, so ist ein gemeinschaftliches Eigenthum vorhanden.“ § 15 Teil I Titel 8 ALR: „Die Personen, welche ein solches gemeinschaftliches Eigenthum haben, werden Mitegenthümer der Sache genannt.“ § 1 Teil I Titel 17 ALR: „Gemeinschaftliches Eigenthum ist alsdann vorhanden, wenn dasselbe Eigenthumsrecht über eine Sache, oder ein Recht, mehrern Personen ungetheilt zukommt (Tit. VIII § 14.15.17).“

445 Obertribunal Entscheidungen, Bd. 57, S. 63, 67 f.

Weiter führte der II. Senat des Obertribunals aus, dass der Appellationsrichter sich bei seiner Annahme eines Gesamteigentums zu Unrecht auf das Gutachten des Obertribunals vom 24. August 1840 gestützt habe. Das Appellationsgericht sei zu Unrecht davon ausgegangen, dass durch die Gütergemeinschaft Gesamteigentum entstanden sei und dadurch nach dem Tod des einen Ehegatten kein neues Eigentum in der Person des überlebenden Ehegatten entstanden sei und dieser daher auch keinen neuen Erbzinsmann darstellen konnte. Der Argumentation des Gutachtens sei zwar zu entnehmen, dass die Idee des Miteigentums in den gütergemeinschaftlichen Regeln verankert sei. Aber in dem Gutachten sei festgestellt, dass diese Grundsätze nach §§ 4, 9, 60 ff. Teil I Titel 17 ALR, § 20 Teil I Titel 20 ALR bei der Gütergemeinschaft nicht zur Richtschnur dienten. Selbst wenn sie anwendbar seien, würde dies nicht die Verfügungsbefugnis über einen ideellen Anteil an dem Vermögen rechtfertigen noch die Annahme des Gesamteigentums an dem Vermögen für die Ehegatten. Bei richtiger Auslegung des Gutachtens könne daher gerade die Annahme eines Gesamteigentums nicht bejaht werden[446].

Der II. Senat des Obertribunals zog dann die Literaturansicht von Bornemann in seiner Systematischen Darstellung des Preußischen Civilrechts, 2. Ausgabe, Seite 146, Anmerkung 1 heran. Dieser Ansicht folgend lasse sich der Ausschluss der Anwendbarkeit des § 718 Teil I Titel 18 ALR nicht rechtfertigen. Im vorliegenden Fall sei ein gesetzliches Miteigentum an dem ehelichen Vermögen entstanden, das mit dem Tod des einen Ehegatten in den alleinigen Besitz des überlebenden Ehegatten übergehe[447].

Um diese Ansicht weiter zu stärken, argumentierte der II. Senat des Obertribunals mit der historischen Auslegung der Vorschriften, indem er sich auf die Materialien und Monita zum ALR und die Entwicklung der Vorschriften vom Entwurf zur endgültigen Fassung stützte. Der § 718 Teil I Titel 18 ALR war in dem Entwurf wörtlich bereits enthalten, nur die Worte „eines Gesetzes" fehlten. Ebenso bestand die Befreiungsregel des Dezendenten des § 716 Teil I Titel 18 ALR. Zwischen diesen beiden Vorschriften besagte eine andere Vorschrift, dass „Ingleichen Eheleute, welche vermöge der bei Schließung der Ehe oder während derselben entstandenen gesetzlichen Gütergemeinschaft nach dem Tode zuerst versterbender zum alleinigen Besitz des Gutes gelangen." In den Monita waren zwar Abänderungsvorschläge vorhanden, doch behielt Svarez den Wortlaut in seinem endgültigen Entwurf bei, erst durch Entscheidung des Großkanzlers wurden die Vorschrift über die Eheleute, die in Gütergemeinschaft lebten, gestrichen und dem endgültigen § 718 Teil I Titel 18 ALR die Worte „eines Gesetzes" ein-

446 Obertribunal Entscheidungen, Bd. 57, S. 63, 69.
447 Obertribunal Entscheidungen, Bd. 57, S. 63, 69.

gefügt. Der II. Senat des Obertribunals untersuchte diese Entwicklung auf ihren Sinn und Zweck für die Behandlung des gütergemeinschaftlichen Eigentums bei Versterben eines Ehegatten. Für den II. Senat des Obertribunals konnte ein vernünftiger Grund für das Streichen der ursprünglichen Regelung und Einfügung der Worte „eines Gesetzes“ in den § 718 Teil I Titel 18 ALR nur sein, dass durch die Einfügung der Worte „eines Gesetzes“ die Regelung in Bezug auf die Eheleute sinnlos gewesen sei und daher weggelassen wurde, es sich dabei also gerade um einen Fall des durch Gesetz entstehenden Miteigentums, wie es der § 718 Teil I Titel 18 ALR voraussetze, handele[448].

Aufgrund seiner systematischen und historischen Auslegung versuchte der II. Senat des Obertribunals das Regelungsziel der Vorschriften des § 718 Teil I Titel 18 ALR und der Vorschriften über die Gütergemeinschaft zu bestimmen. Das Ergebnis musste mit dem System des ALR im Allgemeinen übereinstimmen. Es durfte nach Ansicht des II. Senates des Obertribunals nicht ein dem ALR fremder Gedanke wie die Annahme eines Gesamteigentums herangezogen werden. Erstaunlich erscheint dabei allerdings seine eigene Auslegung des Gutachtens. Ging das Obertribunal im Gutachten noch von einer moralischen Person aus, argumentierte der II. Senat des Obertribunals in seinen Entscheidungen mit der Annahme eines modifizierten Miteigentums nicht nur im Hinblick auf die Vorschriften der Gütergemeinschaft in §§ 345 ff. Teil II Titel 1 ALR, sondern auch bei der Auslegung anderer Vorschriften. So ergab sich bei dieser Entscheidung für den II. Senat des Obertribunals aus der historischen Entwicklung der §§ 716 ff. Teil I Titel 18 ALR, dass es sich nach dem Sinn und Zweck der Regelungen bei dem Eigentum der Eheleute, die in Gütergemeinschaft gelebt hatten, um ein durch Gesetz entstandenes Miteigentum i.S.d. § 718 Teil I Titel 18 ALR der Eheleute gehandelt haben müsse. Das Obertribunal plädierte in seiner Entscheidung dafür, dass, wenn von einem Miteigentum auszugehen sei, dieses modifiziert werden müsse. Einseitige Verfügungen über einen ideellen Anteil seien danach allerdings ebenso wie bei der Annahme einer juristischen Person in dem Gutachten nicht möglich[449].

Das Gutachten war als Richtschnur für die Rechtsprechung gedacht, dies ging aus dem Reskript des Justizministeriums vom 06. November 1840 hervor. Dies bedeutete aber nicht, dass der einzelne Senat sich aufgrund einer vernünftigen Interpretation und Auslegung der einzelnen Vorschriften nicht auch der Ansicht des modifizierten Miteigentums anschließen konnte. Das Gutachten stellte noch kein Urteil eines Senates des Obertribunals dar, sondern eine abstrakte Stellungnahme. Der II. Senat des Obertribunals widersprach mit seiner Entscheidung kei-

448 Obertribunal Entscheidungen, Bd. 57, S. 63, 70 ff.
449 Obertribunal Entscheidungen, Bd. 57, S. 63, 70 ff.

ner Entscheidung eines anderen Senates, sondern traf eine freie Entscheidung, die sich zwar an dem Gutachten orientierte, aber eine eigene Entscheidung des konkreten Rechtsfalles bildete.

Auf die Figur der moralischen Person haben die Senate des Obertribunals in ihren Entscheidungen nach Erlass des Gutachtens keinen Rückgriff genommen. Das Gutachten wurde zwar als Richtlinie herangezogen. Vor allem gegen die Annahme des Gesamteigentums und die Möglichkeit anteiliger Verfügungen lieferte es die entscheidenden Argumente. Wie im vorliegenden Fall erkennbar, hielten sich bei den weiteren Schlussfolgerungen aber weder die unteren Gerichte noch das Obertribunal selbst strikt an das Gutachten. Aufgegriffen wurde aber die Annahme, dass Verfügungen über eine ideellen Anteil nicht möglich sein sollten. Warum das Obertribunal nicht mehr auf die Annahme einer ehelichen Gesellschaft einging, ist den Begründungen nicht zu entnehmen. Ob dies geschah, um den oben genannten Problemen bei den Folgen der Haftung und des Erbrechts auszuweichen da die Figur des ehelichen Miteigentums z.B. bei der Anwendung der erbrechtlichen Vorschriften weniger Schwierigkeiten bereitete, kann nur vermutet werden. Auf jeden Fall versuchte das Obertribunal in der vorliegenden Entscheidung eine Figur zu kreieren, die sich am besten in das Gefüge der gesamten Vorschriften des ALR einfügte und im einzelnen Rechtsstreit eine vernünftige Lösung im System des ALR bot. Konsequent hielt das Obertribunal an der Ansicht fest, dass im Ergebnis nicht über ideelle Anteile verfügt werden könne. Dies hatte das Obertribunal bereits in dem Gutachten festgehalten. Insoweit bestand kein Widerspruch zu dem Gutachten, und das wird das Obertribunal gemeint haben, wenn es in der Entscheidungsbegründung behauptete, sich nicht in Widerspruch mit dem Gutachten gesetzt zu haben.

2. Entscheidung des III. Senates vom 21. Juni 1875

Mit dieser Entscheidung vom 21. Juni 1875[450] bestätigte der III. Senat die Entscheidung des II. Senates vom 08. Januar 1867. In diesem Rechtsfall musste sich der III. Senat des Obertribunals mit sehr speziellen Rechtsfragen befassen, deren Entscheidung von der grundlegenden Beantwortung der Frage nach dem Wesen der Gütergemeinschaft abhingen. Wieder zog das Obertribunal sein Gutachten heran. Im Ergebnis argumentierte es wie in der vorgehenden Entscheidung mit einem modifizierten Miteigentum für die Eheleute. Wichtig war für das Obertribunal, dass sich seine Rechtsanwendung in das System der Vorschriften des ALR einfügte und keine fremden Figuren einführte, die nicht mit dem Charakter anderer Regelungen im ALR harmonierten.

---

450 Obertribunal Entscheidungen, Bd. 75, S. 257.

Speziell betraf der vorliegende Fall die Frage, ob eine Konventionalstrafe eingeklagt werden konnte, welche ein in Gütergemeinschaft lebender Ehemann bei nur von ihm erteilter Vollmacht zur Veräußerung eines gütergemeinschaftlichen Grundstückes für den Fall versprochen hatte, dass er die Zustimmung seiner Ehefrau nicht beschaffen würde. Des Weiteren musste der Senat als Vorfrage die Form der von der Ehefrau zu erteilenden Zustimmung zu einem Rechtsgeschäft über die Veräußerung eines gütergemeinschaftlichen Grundstückes bestimmen[451].

Der Beklagte, der mit seiner Ehefrau in ehelicher Gütergemeinschaft lebte, hatte den Kläger mit dem Verkauf der Grundstücke der Eheleute beauftragt. Die gerichtliche oder notarielle Vollziehung sollte innerhalb von 14 Tagen stattfinden, ansonsten war eine Konventionalstrafe zu zahlen. Der Beklagte verpflichtete sich zudem zu der Zahlung einer Vertragsstrafe, falls er die Unterschrift seiner Ehefrau nicht innerhalb dieser Frist beschaffen konnte. Bei dem Termin vor dem Notar erschienen die Parteien und die schreibunkundige Ehefrau des Beklagten. Nach Vorlesung des Vertrages bekannten sich die Anwesenden zu dem Inhalt. Eine Woche später widerrief der Beklagte, auch im Namen seiner Ehefrau, den Vertrag. Der Kläger forderte nun die Zahlung der Konventionalstrafe für Nichteinhaltung des Vertrages bzw. Nichtbeschaffung der Unterschrift der Ehefrau. Der Beklagte behauptete, dass der Vertrag aufgrund des fehlenden Vollzuges des Vertrages durch die Ehefrau nicht bindend geworden sei[452].

Das Gericht der ersten Instanz verurteilte den Verklagten gemäß dem Klagantrag. Das Appellationsgericht hingegen wies die Klage ab. Der Kläger ging in Revision. Der III. Senat des Obertribunals bestätigte das Urteil des Appellationsgerichtes[453].

Eine Einwilligung der Ehefrau war nach Ansicht des III. Senates des Obertribunals aufgrund der unstreitig gegebenen ehelichen Gütergemeinschaft gemäß § 378 Teil II Titel 1 des ALR[454] erforderlich gewesen. Diese Einwilligung bedurfte für ihre Wirksamkeit der schriftlichen Form. Zu der Form der Einwilligung schwieg die Vorschrift, so dass die Vorschrift zu ergänzen war um die notwendigen Formerfordernisse. Aus der eigenen Rechtspraxis zu diesem Problem ergab sich die Schriftform für das Obertribunal aus der Entscheidung des Obertribunals vom 27. September 1840[455] und dem Plenarbeschluss vom 22. März 1847[456].

451 Obertribunal Entscheidungen, Bd. 75, S. 257 f.

452 Obertribunal Entscheidungen, Bd. 75, S. 257, 258 f.

453 Obertribunal Entscheidungen, Bd. 75, S. 257, 259.

454 § 378 Teil II Titel 1 ALR: „Doch kann er Grundstücke und Gerechtigkeiten nicht ohne Einwilligung der Frau verpfänden oder veräußern."

455 Obertribunal Entscheidungen, Bd. 10, S. 170 ff.

456 Obertribunal Entscheidungen, Bd. 14, S. 44 ff.

In seiner Entscheidung vom 27. September 1840 hatte der III. Senat des Obertribunals erkannt, dass die in § 378 Teil II Titel 1 ALR geforderte Einwilligung zwar nicht gerichtlich, dafür aber schriftlich erklärt werden müsse. In dem Rechtsstreit hatte der Ehemann mit einem Dritten einen Kaufvertrag über ein Grundstück geschlossen, welches im gemeinschaftlichen Vermögen der in Gütergemeinschaft lebenden Eheleute stand[457]. In dem Vertrag war lediglich unter einem Punkt festgehalten worden, dass die Ehefrau zustimme, sie selber aber hatte den Vertrag und auch sonst keine Erklärungen unterschrieben. Die Ehefrau verweigerte die Übertragung des Grundstücks, worauf der Dritte auf Erfüllung mit der Begründung klagte, Zeugen könnten beweisen, dass die Frau bei Vertragsschluss anwesend gewesen sei und eingewilligt habe. Ausreichend sei, dass die Ehefrau der Veräußerung nicht widersprochen habe[458]. In erster Instanz hatte die Klage keinen Erfolg, in zweiter Instanz wurde ihr stattgegeben. Das Obertribunal bestätigte das erste Urteil. Da der Wortlaut der fraglichen Vorschrift des § 378 Teil II Titel 1 ALR keine Aussage über die abzugebende Einwilligung machte, musste das Obertribunal diese Vorschrift durch seinen Richterspruch um die Formerfordernisse ergänzen. Das Gericht erster Instanz hatte sein Urteil darauf gestützt, dass Verträge über Grundstücksveräußerungen der Schriftform benötigen, daher müsse auch die Einwilligung schriftlich erfolgen. Das Appellationsgericht sah dies anders und ließ auch eine stillschweigende Genehmigung ausreichen, wenn die Ehefrau dem Geschäft nicht ausdrücklich widersprochen hatte. Es stützte sich dabei auf ein Gutachten des Obertribunals vom 05. März 1837[459]. Das Obertribunal folgte der Argumentation des Appellationsgerichtes nicht. Nach Auslegung seines Gutachtens, in dem lediglich auf Anfrage durch das Justizministerium festgehalten worden war, dass es nicht erforderlich sei, eine derartige Einwilligung vor einem Gericht abzugeben, schloss das Obertribunal, dass dadurch nicht die Notwendigkeit der Schriftlichkeit ausgeschlossen worden sei[460]. Es berief sich sodann auf die allgemeine Auslegung und Anwendung des Wortes „Einwilligung". Nach allgemeiner anerkannter Regel sei eine stillschweigende Einwilligung nicht möglich, es sei denn die Person sei gesetzlich gebunden[461]. Grundsätzlich seien Verträge über die Veräußerung von Grundstücken nach den Vorschriften des ALR §§ 15-17 Teil I Titel 10 ALR für ihre Gültigkeit schriftlich abzuschließen. Die Zustimmung der Ehefrau zu dem Vertrag sei einer Verfügung über das Eigentum gleichzustellen und habe daher ebenfalls schriftlich zu erfol-

457 Obertribunal Entscheidungen, Bd. 10, S. 170.
458 Obertribunal Entscheidungen, Bd. 10, S. 170, 171.
459 Gutachten des Obertribunals vom 05. März 1837, v. Kamptz Jahrbücher, Bd. 49, S. 428.
460 Obertribunal Entscheidungen, Bd. 10, S. 170, 174.
461 Obertribunal Entscheidungen, Bd. 10, S. 170, 175.

gen[462]. Dass bei bestehender Gütergemeinschaft grundsätzlich der Ehemann die Verwaltungs- und Verfügungsbefugnis innehabe, ändere an den Formerfordernissen nichts[463]. Der § 378 Teil II Titel 1 ALR enthielt sich einer näheren Bestimmung, daher waren für das Obertribunal die allgemeinen Formvorschriften über Grundstücksverfügungsgeschäfte anzuwenden.

In einer späteren Entscheidung wollte der Senat von dieser Ansicht abweichen und es wurde das Plenum zur Entscheidung der Rechtsfrage über die Form der Einwilligung eingerufen. Dieses stellte verbindlich fest, dass die von der in Gütergemeinschaft lebenden Ehefrau zu erteilende Einwilligung in die von dem Ehemann vorgenommenen oder vorzunehmenden Veräußerungen oder Verpfändungen von Grundstücken und Gerechtigkeiten, die zu dem gemeinschaftlichen Vermögen gehörten, zu ihrer rechtlichen Wirksamkeit der schriftlichen Form bedürfe[464]. Der III. Senat des Obertribunals wollte in dem dem Plenum vorgelegten Rechtsstreit ein konkludentes Verhalten der Ehefrau als ausreichende Einwilligung genügen lassen, wenn durch die konkludenten Handlungen auf eine Zustimmung geschlossen werden könne[465]. U.a. führte er an, dass auch durch stillschweigende Erklärungen im System des ALR Rechtsfolgen bewirkt werden könnten. Dies war z.B. der Fall bei der rückwirkenden Einführung der Gütergemeinschaft nach Stillschweigen einer ehemaligen Pflegebefohlenen nach erlangter Volljährigkeit. Das Plenum analysierte die vorgetragenen Argumente und kam zu der Schlussfolgerung, dass die Einwilligung schriftlich zu erteilen sei, ein konkludentes Verhalten sei für den Schutzzweck nicht ausreichend. Der Ehemann konnte einen Vertrag über die Veräußerung oder Verpfändung eines Grundstückes nur in schriftlicher Form nach dem Vorschriften des ALR abschließen. Zu der Wirksamkeit dieses schriftlichen Vertrages bedurfte er allerdings der Einwilligung der Ehefrau. Ihre Zustimmung sei einer Verfügung über die Substanz gleichzustellen und erforderte daher ebenfalls die Schriftform[466]. Dies folgerte das Plenum u.a. aus dem Charakter der ehelichen Gütergemeinschaft. Das Vermögen stehe in einem modifizierten Miteigentum der beiden Ehegatten. Nach außen besaß zwar der Mann grundsätzlich die Verwaltungs- und Verfügungsbefugnis auch im Namen seiner Ehefrau, in dem Fall der Verfügung über ein Grundstück aber setzte das Gesetz voraus, dass beide zusammen die Verfügungserklärung aussprachen. Daher sei an dem Schriftformerfordernis für die Einwilligung der Ehefrau nach § 378 Teil II Titel 1 ALR festzuhalten[467].

462 Obertribunal Entscheidungen, Bd. 10, S. 170, 175.
463 Obertribunal Entscheidungen, Bd. 10, S. 170, 176.
464 Obertribunal Entscheidungen, Bd. 14, S. 44.
465 Obertribunal Entscheidungen, Bd. 14, S. 44, 46.
466 Obertribunal Entscheidungen, Bd. 14, S. 44, 51.
467 Obertribunal Entscheidungen, Bd. 14, S. 44, 52 f.

Das Obertribunal hielt nach diesen vorangegangenen Entscheidungen die Schriftform für die Wirksamkeit der Einwilligung für erforderlich, um dem Schutzzweck der Vorschrift zu genügen. Im System des ALR könnte eine derartige Einwilligung nicht nur mündlich erfolgen. In dem vorliegenden Fall verfügte der Ehemann zwar nicht direkt selber über das Gründstück, sondern beauftragte einen Dritten. Sollte in diesem Fall aber die Einwilligung nicht notwendig sein, könnte der Ehemann die Vorschrift des § 378 Teil II Titel 1 ALR und die Schutzrechte der Ehefrau einfach umgehen. Nach Ansicht des III. Senates des Obertribunals war daher die schriftliche Einwilligung der Ehefrau erforderlich, wenn der Ehemann einen Dritten mit der Veräußerung des Grundstückes beauftragte[468]. Da die Ehefrau im vorliegenden Fall schreibunkundig war, musste die Einwilligung gemäß § 172 Teil I Titel 5 ALR in gerichtlicher oder notarieller Form erklärt werden. Die im vorliegenden Fall stattgefunden notarielle Verhandlung konnte aber nach Ansicht des Obertribunals nicht die Wirkung einer Notariatsurkunde erfüllen, so dass eine verbindliche, formgemäße Einwilligung der Ehefrau des Beklagten nicht vorhanden war[469].

Für den III. Senat stellte sich nun die Frage, ob der ohne schriftliche Einwilligung der Ehefrau geschlossene Vertrag nur gegenüber der Ehefrau oder auch gegenüber dem Ehemann unverbindlich war[470]. Konnte der Vertrag über einen ideellen Anteil des Ehemanns Bindungswirkung erzeugen, so dass er die Konventionalstrafe zahlen musste?

In seiner Begründung ging der III. Senat des Obertribunals nunmehr erneut auf die Bestimmung des Wesens der Gütergemeinschaft ein[471]. Es berief sich dabei zunächst auf die Darstellung von Bornemann[472]. Danach handele es sich bei dem gütergemeinschaftlichen Vermögen um eine einzige Vermögensmasse, die zwar aus ideellen Anteilen bestehe, diese aber nach außen rechtlich nicht in Erscheinung treten. Der Mann könne nur als Vertreter der gemeinschaftlichen Rechte auftreten. Die gütergemeinschaftlichen Rechte fielen also unter die Regeln über das gemeinschaftliche Eigentum. Dabei handele es sich aber – wie oben bereits beschrieben – um ein Miteigentum der besonderen Art. Des Weiteren zog der III. Senat des Obertribunals zur Unterstützung dieser Ansicht frühere

468 Obertribunal Entscheidungen, Bd. 75, S. 257, 263 f.
469 Obertribunal Entscheidungen, Bd. 75, S. 257, 260.
470 Obertribunal Entscheidungen, Bd. 75, S. 257, 259.
471 Obertribunal Entscheidungen, Bd. 75, S. 257, 265 ff.
472 Das Obertribunal zitierte als Fundstelle: Bornemann, Systematische Darstellung des Preußischen Civilrechts, Bd. V, S. 119 ff.

eigene Entscheidungen[473] und die Meinung des Rechtswissenschaftlers Förster[474] heran. Daraus ergab sich für den III. Senat des Obertribunals, dass der Vertrag für den Ehemann unverbindlich gewesen sein musste, da er über die Anteile oder einzelne Gegenstände nicht alleine verfügen könne, weil die Gegenstände unzertrennlich dem Rechte beider Ehegatten unterworfen seien[475]. Auch hier führte der III. Senat des Obertribunals zur Absicherung mehrere Entscheidungen[476], Literaturansichten aus anerkannten Lehrbücher[477] und das eigene Gutachten vom 24. August 1840[478] an. Dass das Obertribunal in dem Gutachten noch von einer moralischen Gesellschaft gesprochen hatte, erwähnte es in dieser Entscheidung mit keinem Wort. Es folgte in seiner Entscheidung erneut der in der Praxis und Literatur inzwischen vorherrschend vertretenen Ansicht über das modifizierte Miteigentum der Ehegatten über das eheliche Vermögen. Konnte der Ehemann nicht verbindlich über das eheliche Vermögen verfügen, konnte auch eine vertragliche Abrede wie in dem vorliegenden Fall zwischen dem Ehemann und einem Dritten getroffen keine Wirkung entfalten. Das Obertribunal kam aufgrund der Annahme des modifizierten Miteigentums zu dem Ergebnis, dass der Ehemann ohne eine formwirksam erteilte Zustimmung seiner Ehefrau mit dem Dritten kein wirksames Rechtsgeschäft über die Veräußerung der Grundstücke abgeschlossen hatte und somit auch die in der Abrede enthaltene Vereinbarung über die Konventionalstrafe ihm gegenüber keine Wirkung entfalten konnte.

473 Das Obertribunal zitierte als Fundstellen: Plenarbeschluss vom 22. März 1847, Obertribunal Entscheidungen, Bd. 14, S. 68; Erkenntnis vom 08. Januar 1867, Obertribunal Entscheidungen, Bd. 57, S. 68; Erkenntnis vom 09. Juli 1869, Obertribunal Entscheidungen, Bd. 62, S. 24; Erkenntnis vom 27. März 1874, Striethorst, Archiv für Rechtsfälle, Bd. 91, S. 200.

474 Das Obertribunal zitierte als Fundstelle: Förster/Eccius, Preußisches Privatrecht, Bd. III, 3. Auflage, § 209, S. 541 ff.

475 Obertribunal Entscheidungen, Bd. 75, S. 257, 267.

476 Das Obertribunal zitierte als Quellen: Erkenntnis vom 27. September 1844, Obertribunal Entscheidungen, Bd. 10, S. 170, 176; Erkenntnis vom 18. Juni 1852, Striethorst, Archiv für Rechtsfälle, Bd. 7, S. 32 ff.; Erkenntnis vom 15. November 1858, Striethorst, Archiv für Rechtsfälle, Bd. 31, S. 147; Erkenntnis vom 9. Juli 1869, Obertribunal Entscheidungen, Bd. 62, S. 26; und Erkenntnis vom 29. November 1872, Striethorst, Archiv für Rechtsfälle, Bd. 87, S. 124.

477 Das Obertribunal zitierte u.a. als Fundstelle: Förster/Eccius, a.a.O., § 209, S. 547 ff. u. Anm. 58.

478 Gutachten des Obertribunals vom 24. August 1840, Justiz-Ministerial-Blatt 1840, S. 370 ff.

3. Bewertung

Die Entscheidungen zeigen, dass sich die Senate des Obertribunals mit den bestehenden Ansichten in Rechtswissenschaft, Gesetzgebung und Rechtsprechung auseinander setzten. Das Wesen der ehelichen Gütergemeinschaft war weder im ALR noch in den Provinzialrechten ausdrücklich definiert und festgehalten. Es bestand eine Unklarheit, eine Lücke, die es durch Ermittlung des Zusammenhanges, des Sinns und Zweckes der Vorschriften zu füllen galt. Dabei bedachte das Obertribunal auch die Eigenschaften der Gütergemeinschaft, wie sie in den Vorschriften festgehalten waren, welches Wesen mit ihnen am besten einhergehen und weder zu Widersprüchen führen noch geschützte Rechte der Ehegatten verletzen würde. In seinen Untersuchungen stützte sich das Obertribunal nicht nur auf die Vorschriften der Gütergemeinschaft, sondern auf die Rechtsgedanken des ALR im Allgemeinen. War dem ALR in den Vorschriften über gemeinschaftliches Eigentum die Figur des Gesamteigentums fremd, warum sollte diese dem ALR fremde Rechtsfigur dann in den Regeln über die Gütergemeinschaft zur Anwendung kommen?

Auch wenn das Obertribunal in dem Gutachten zunächst eine andere Meinung vertrat, hieß das nicht, dass es im Laufe der Entscheidungen diese Meinung nicht ändern durfte und sich den gegebenen Änderungen nicht anpassen konnte. An die Reskripte des Justizministeriums war es nach eigener Anordnung des Justizministeriums nicht gebunden; diese stellten nach Anordnung vom 06. September 1815 generell nur noch Richtlinien dar. Das Obertribunal hat die in Reskripten, in der Literatur und in seinen Entscheidungen vorgefundenen Ansichten in Bezug auf die Vorschriften des ALR verarbeitet, analysiert und ist dann zu einem ähnlichen Ergebnis wie in seinem Gutachten gekommen. Zwar beschrieb es nicht mehr die Figur einer moralischen Person, sondern sprach von modifiziertem Miteigentum. Im Ergebnis hinsichtlich der Rechtsfolgen aber konnte auch bei dieser Figur durch einen Ehegatten nicht einseitig über einen ideellen Anteil des gemeinschaftlichen Vermögens verfügt werden.

In seinen Begründungen erwähnte das Obertribunal weder das Reskript des Justizministeriums über das Miteigentum als einzigen Grund seiner Entscheidung noch folgte es ohne Bewertung seinem Gutachten von 1840. Vielmehr setzte es sich mit den unterschiedlichen Meinungen auseinander, um ein angemessenes Ergebnis zu finden, welches mit den gesamten Vorschriften des ALR in Einklang zu bringen war und keine Widersprüche hinterließ. Von einer blinden Befolgung des Wortlautes der Gesetzesvorschrift kann aufgrund der detaillierten Begründungen nicht ausgegangen werden. Es kann auch nicht angenommen werden, dass das Obertribunal – aus welchen Gründen auch immer – einfach der Meinung des Justizministeriums folgen wollte. Bereits in seinem Gutachten hatte das

Obertribunal die Ansicht des Justizministeriums vom allgemeinen Miteigentum abgelehnt. Bei den Richtern scheint sich im Laufe der Zeit bei der konkreten Konfrontation mit dem Problem des Wesens der Gütergemeinschaft aufgrund einer umfangreichen Analyse die Meinung des modifizierten Miteigentums durchgesetzt zu haben. Das Obertribunal hat diese Ansichten auch in weiteren Entscheidungen bestätigt[479].

Wie es bereits in der Begründung zu dem Gesetz zur Rechtseinheit von 1856 heißt, können sich Rechtsansichten im Laufe der Zeit ändern, sei es durch bestimmte wissenschaftliche Entwicklungen oder personelle Zusammensetzung der Senate. Das Obertribunal hat in seiner Rechtspraxis von der freien Auslegung Gebrauch gemacht und durch seine Definition des Wesens der Gütergemeinschaft und der damit verbundenen Folgen auf anteilige Verfügungen eine Lücke im Gesetz geschlossen. Seine Rechtsanwendung hat es konsequent in seinen Entscheidungen wiederholt und auf Folgeprobleme wie das Schriftformerfordernis der Einwilligung der Ehefrau zu Verträgen über einen Grundstücksverkauf oder die Wirksamkeit eines ohne Einwilligung der Ehefrau geschlossenen Vertrages übertragen. Aufgrund des Instanzenzuges ist erkennbar, dass sich auch untere Gerichte dieser Ansicht anschlossen, ebenso wie die Rechtswissenschaft. Akzeptiert wurden diese Ansichten auch vom Gesetzgeber. Dies zeigte sich z.B. in den Revisionsarbeiten. Die Revisoren wollten die Schlussfolgerung zur Wirksamkeit der Verträge entsprechend der Rechtsprechung des Obertribunals kodifizieren[480]. Der Gesetzgeber sah sich auch nach Scheitern der Revision nicht genötigt, ein Gesetz über das Wesen der Gütergemeinschaft und der Rechtsfolgen zu erlassen, sondern beließ es bei der Rechtsprechung des Obertribunals. Es wurde keine Regelung in Erwägung gezogen, die in das ALR eingefügt werden sollte. Die Rechtsprechung hatte durch den Gerichtsgebrauch die Unklarheit ausreichend beseitigt.

C) Geltung und Unveränderlichkeit der ehelichen Gütergemeinschaft

Ein weiteres Problem der Rechtsanwendung betraf die Regeln über die Geltung und Unveränderlichkeit der ehelichen Gütergemeinschaft in den §§ 350 ff. Teil II

---

479 Z.B. Obertribunal Entscheidungen, Bd. 68, S. 169, 174; Striethorst, Archiv für Rechtsfälle, Bd. 87, S. 123.

480 Revisionsentwurf § 301: „Hat er es dennoch gethan, so wird er dadurch nur verpflichtet, seine Bemühungen zur Herbeischaffung der Einwilligung der Frau oder deren Ergänzung durch das Vormundschaftsgericht nach § 311 anzuwenden; in deren Entstehung aber ist der Vertrag auch für ohne rechtliche Wirkung.“; vgl. Schubert/Regge, a.a.O., Abt. II, Bd. 5/I, S. 32.

Titel 1 ALR[481]. In ihren Entscheidungen folgten die Senate des Obertribunals hier sowohl restriktiven Auslegungsansätzen als auch das geltende Recht erweiternden Analogien. Es zeigte sich aber auch, dass sich das Obertribunal in Bezug auf Reformen und Veränderungen im Hinblick auf die Regelungen der §§ 350 ff. Teil II Titel 1 ALR in vielen Fällen nicht durch Anregungen und Vorschläge der Revisoren beeinflussen ließ, sondern nach Prüfung des Einzelfalles bei seinen althergekommenen Ansätzen stehen blieb.

I. Ansichten in der Literatur zum gemeinen deutschen Privatrecht

In der Rechtswissenschaft zum gemeinen deutschen Privatrecht wurde die Frage der Bestimmung des anwendbaren Güterrechts bei Verlegung des Wohnortes unterschiedlich beantwortet; einige sprachen sich für die Fortdauer[482] der einmal am ersten Wohnsitz festgestellten Gesetze aus, unter welchen die Ehe eingegangen worden war, andere traten für einen Wechsel des Güterrechtsstatutes ein[483].

Die Anhänger der Unveränderbarkeit der ehelichen Güterrechte führten hauptsächlich das Vorhandensein eines stillschweigenden Vertrages zwischen den Eheleute über das anwendbare Güterrecht durch Eingehung der Ehe an, der durch Veränderungen des Wohnsitzes gemäß den allgemeinen Grundsätzen des Vertragsrechts keinen Veränderungen unterliegen könne. Das einmal gewählte Statut ende damit nicht bei einem Wohnsitzwechsel, sondern gelte fort. Als Begründung wurde vor allem der Schutz der Ehefrau vor willkürlichen Wohnsitzverlegungen durch den Ehemann und damit willkürlichen Änderungen des Güterrechts angeführt, da die Frau nach den geltenden familienrechtlichen Regeln verpflichtet war, dem Ehemann als dem Oberhaupt der Familie bei einem Wohnortwechsel zu folgen[484].

Die Gegenansicht hielt dem entgegen, dass ein stillschweigender Vertrag zwischen den Eheleuten über das anwendbare Güterrecht nicht gegeben sein könne,

---

481 § 350 Teil II Titel 1 ALR: „Durch Provinzialgesetze und Statuten wird die Gemeinschaft der Güter nur alsdann begründet, wenn an dem Orte, wo die Eheleute, nach vollzogener Heirath, ihren ersten Wohnsitz nehmen, dergleichen Gesetze vorhanden sind."
§ 351 Teil II Titel 1 ALR: „Die Veränderung dieses ersten Wohnsitzes verändert in der Regel nichts an den Rechten, welchen sich die Eheleute vorher unterworfen haben."

482 Phillips, Grundsätze des gemeinen deutschen Privatrechts, Bd. III, S. 53 ff. m.w.N.; Mittermaier, Grundsätze des gemeinen deutschen Privatrechts, § 400, S. 354.

483 Eichhorn, a.a.O., § 307, S. 753; Maurenbrecher, a.a.O., Bd. II, S. 229.

484 Gerber, System des deutschen Privatrechts, S. 626; Runde, Deutsches eheliches Güterrecht, § 97; Phillips, Grundsätze des gemeinen deutschen Privatrechts, Bd. III, S. 55.

da die Ehegatten bei der Eingehung der Ehe zwar in die Entstehung von gewissen persönlichen Verhältnissen einwilligten, aber nicht in deren Folgen wie den Bestimmungen des Güterrechts. Die Stellung der Ehefrau und die damit verbundenen Entscheidungsgewalten innerhalb der Ehe seien zudem nun einmal denen des Ehemannes nicht ebenbürtig. Dies bezog sich auch auf die Wahl des Wohnsitzes. Außerdem waren Veränderungen des Güterrechts dem geltenden Recht nicht unbekannt. So traten Änderungen nach anerkanntem Recht auf, wenn der Ehemann in den Adelsstand erhoben wurde. Die Fürsprecher der Veränderbarkeit des Güterrechts hielten daher diese Wandelbarkeit im Hinblick auf die Bedeutung der Ehe als auch im Hinblick auf die Anwendbarkeit des Rechts des jeweiligen Wohnsitzes für angemessen[485].

II. Grundlagen im ALR

Gemäß § 350 Teil II Titel 1 ALR bestimmte sich die Frage, nach welchem Gesetz, Provinzialrecht oder Statut die eheliche Gütergemeinschaft zu beurteilen war, grundsätzlich nach dem an dem ersten Wohnsitz der Eheleute nach vollzogener Heirat geltenden Recht[486]. Die Redaktoren des ALR folgten bei der Kodifikation grundsätzlich den Ansichten über die Unwandelbarkeit des einmal festgesetzten Güterrechts, vgl. § 351 Teil II Titel 1 ALR[487].

Obwohl die §§ 350, 351 Teil II Titel 1 ALR das anwendbare Recht des güterrechtlichen Verhältnisses zwischen den Eheleuten durch den ersten ehelichen Wohnsitz bestimmten und von der grundsätzlichen Unwandelbarkeit ausgegangen werden sollte, enthielt der § 352 Teil II Titel 1 ALR[488] zu diesem Grundsatz der Unwandelbarkeit eine spezielle Ausnahmeregel, deren Auslegung und Übertragbarkeit auf einzelne Rechtsfälle nicht unumstritten war. § 352 Teil II Titel 1 ALR regelte seinem Wortlaut nach den Fall, dass die Eheleute ihren Wohnsitz

485 Phillips, Grundsätze des gemeinen deutschen Privatrechts, Bd. III, S. 54 ff.; Eichhorn, a.a.O., § 307, S. 753.

486 § 350 Teil II Titel 1 ALR: „Durch Provinzialgesetze und Statuten wird die Gemeinschaft der Güter nur alsdann begründet, wenn an dem Orte, wo die Eheleute, nach vollzogener Heirath, ihren ersten Wohnsitz nehmen, dergleichen Gesetze vorhanden sind."

487 § 351 Teil II Titel 1 ALR: „Die Veränderung dieses ersten Wohnsitzes verändert in der Regel nichts an den Rechten, welchen sich die Eheleute vorher unterworfen haben."

488 § 352 Teil II Titel 1 ALR: „Haben jedoch Eheleute ihren Wohnsitz von einem Orte, wo keine Gütergemeinschaft obwaltet, an einen anderen Ort, wo dieselbe statt findet, verlegt; so müssen alle von ihnen an diesem letzteren Orte vorgenommenen Handlungen, in Beziehung auf einen Dritten, nach den Regeln der Gütergemeinschaft beurteilt werden."

von einem Ort, an dem keine eheliche Gütergemeinschaft galt, an einen anderen Ort, wo eine solche galt, verlegten. In diesem Fall sollten alle von den Eheleuten an dem neuen Wohnsitz mit einem Dritten vorgenommenen rechtsgeschäftlichen Handlungen nach den Regeln der an dem neuen Wohnsitz geltenden ehelichen Gütergemeinschaft beurteilt werden. Der umgekehrte Fall, die Eheleute verlegten ihren Wohnsitz von einem Ort, an dem die eheliche Gütergemeinschaft galt, an einen Ort, an dem die Gütergemeinschaft aufgrund der dort geltenden Provinzialgesetze und Statuten nicht galt, war im ALR nicht geregelt. Dies führte zu Streitigkeiten und Unklarheiten, die wiederholt das Obertribunal beschäftigten[489].

III. Revisionsbestrebungen

Der Revisionsentwurf von 1830/1831 über das Familienrecht sah einige Veränderungen für die Regelungen der §§ 350 ff. Teil II Titel 1 ALR vor. Einig waren sich die Revisoren, dass die Grundregel des § 350 Teil II Titel 1 ALR unverändert übernommen werden sollte. Bei den Regelungen des § 351 Teil II Titel 1 ALR und des § 352 Teil II Titel 1 ALR allerdings sollten Änderungen vorgenommen werden. Die Revisoren wandten sich dabei vor allem gegen die Beibehaltung der Ausnahmeregelung in § 352 Teil II Titel 1. Anders als die Redaktoren des ALR hielten die Revisoren nunmehr die Ausnahmeregel für nicht mehr angemessen[490]. In dem § 351 Teil II Titel 1 ALR sollten daher die Worte „in der Regel“ gestrichen und die § 352 Teil II Titel 1 ALR festgehaltene Ausnahmeregelung weglassen werden[491].

Gemäß den Materialien zum ALR war der Grund für die Ausnahmeregelung der Drittschutz[492]. Die Vorschrift war eingeführt worden, um denjenigen zu schützen, der mit den Eheleuten an dem neuen Wohnort, an dem die eheliche Gütergemeinschaft galt, Verträge abschloss und von der Anwendbarkeit des dort geltenden Rechts ausging. Daher sollte die Regel auch keinesfalls im umgekehrten Fall gelten, wenn nämlich am ersten Wohnort die Gütergemeinschaft gesetzlich eingeführt war, am neuen aber nicht; denn in diesem Falle seien die Gläubiger am neuen Wohnort nicht schutzwürdig, da die Gütergemeinschaft mit dem Rückgriff auf beide Ehegatten dem Gläubiger mehr Vorteile einbrachte[493].

---

489 Erkenntnis vom 28. März 1846, Obertribunal Entscheidungen, Bd. 13, S. 297; Erkenntnis vom 22. November 1858, Obertribunal Entscheidung, Bd. 40, S. 172 = Striethorst, Archiv für Rechtsfälle, Bd. 31, S. 172.

490 Schubert / Regge, a.a.O., Abt. II, Bd. 5/I, S. 290 ff.

491 Schubert / Regge, a.a.O., Abt. II, Bd. 5/I, S. 289, 290.

492 Schubert / Regge, a.a.O., Abt. II, Bd. 5/I, S. 291.

493 Schubert / Regge, a.a.O., Abt. II, Bd. 5/I, S. 291.

Allerdings gab es auch schon bei den Redaktoren des ALR Bedenken gegen die zugelassene Ausnahme in § 352 Teil II Titel 1 ALR. Sie hielten den Drittschutz für zu weitgehend. So bemerkte ein Bearbeiter in einer Randnotiz der damaligen Monita: „Es verdient Erwägung, ob es gleich so gar schwer nicht sein würde, zu erfahren, dass Eheleute von einem anderen Orte hergezogen sind, und was da für Rechte gelten"[494].

Die Revisoren hielten es aufgrund ähnlicher Zweifel für gerechtfertigt, die Ausnahmeregelung aufzuheben. Die Ausnahme verletze bereits erworbene Rechte und räume den Gläubigern ungerechtfertigterweise auf Kosten der Eheleute einen zu weitgehenden Schutz ein. Die Revisoren sahen die Gefahr, dass der eheliche Frieden gestört werden könne[495].

Kritisch wurde vor allem die Tatsache betrachtet, dass dem Dritten mehr Schutz gewährt werden sollte als der Ehefrau, besonders in den Fällen, in denen die Veränderung unfreiwillig für die Ehefrau eintrete, in dem der Ehemann einen Wohnortwechseln bestimme, um so die Vorteile der Gütergemeinschaft gegenüber seinen Gläubigern für sich auszunutzen. Auf diese Weise konnten der Ehefrau durch einen aufgezwungenen Wohnortwechsel die Rechtsfolgen der Gütergemeinschaft aufgenötigt werden. Die Regelung in § 352 Teil II Titel 1 ALR gegenüber der Regelung im § 351 Teil II Titel 1 ALR sei unbillig und inkonsequent. Den Gläubigern sei es ohne große Mühen möglich, sich über die Güterverhältnisse zu informieren. Ein Schutz sei nicht notwendig. Jeden, der Rechtsgeschäfte mit Ehegatten abschließen wollte, treffe die Verpflichtung, sich über die güterrechtlichen Verhältnisse zu erkundigen. In großen Städten sei zudem davon auszugehen, dass mit vielen Zugezogenen gerechnet werden müsste und damit auch mit unterschiedlichen Rechtsstrukturen; in kleinen Städten dürfe im allgemeinen bekannt sein, wer zugezogen war und wer nicht. Außerdem bestünden für den Fall der falschen Auskunft immer noch die Rechtsmittel wegen Betruges. Im Gegensatz zu der Ausnahmeregel im Gesetz sei es angemessen, das Güterrecht durch den ersten Wohnsitz unwandelbar zu bestimmen[496].

Die Revisoren sahen weder für die Beibehaltung der Ausnahmeregel in § 352 Teil II Teil 1 ALR noch für weitergehende Ausnahmen eine Veranlassung. Daher wollten sie die Ausnahmen von der Wandelbarkeit insgesamt aufheben. Im Gegensatz zu den Redaktoren des ALR bewerteten die Revisoren den Schutz der einmal entstandenen ehelichen Rechte höher als die Notwendigkeit eines Schutzes dritter Personen. Die Ehefrau könne durch willkürliche Wohnsitzwechsel und Rechtsgeschäfte ihres Ehemannes mit einem Dritten an diesem neuen Ort und ei-

494 Schubert / Regge, a.a.O., Abt. II, Bd. 5/I, S. 291.
495 Schubert / Regge, a.a.O., Abt. II, Bd. 5/I, S. 292.
496 Schubert / Regge, a.a.O., Abt. II, Bd. 5/I, S. 290 f.

ner Wandelbarkeit des ehelichen Güterrechts erhebliche Rechts- und Vermögensverluste erleiden, gegen die sie sich nicht wehren könne, während dem Dritten die Möglichkeit zustehe, auf die Betrugsvorschriften zurückzugreifen. Dies erschien den Revisoren nicht mehr akzeptabel.

Der im ALR geregelte Drittschutz war unangemessen weit gefasst. Vernunft und Billigkeit standen dieser Regelung entgegen. Die gesellschaftlichen Strukturen verlangten eine Änderung des geltenden Rechts und Stärkung des Schutzes der ehelichen Rechte, vor allem in Bezug auf die Ehefrau, die das schwächste Glied in dieser Kette darstellte. Die grundsätzliche Stellung und Unterordnung der Frau unter die Gewalt des Ehemannes sollte nicht geändert werden. Hatte die Ehefrau aber einmal durch die Wahl des ersten Wohnsitzes bestimmte Rechte durch die dort geltenden Güterrechtsverhältnisse erlangt, sollten ihr diese nicht mehr durch einen von ihrem Ehemann bestimmten Wohnsitzwechsel genommen werden können.

IV. Rechtsanwendung in den Entscheidungen des Obertribunals

In seinen Entscheidungen setzte sich das Obertribunal wiederholt mit der Definition des ehelichen Wohnsitzes in § 350 Teil II Titel 1 ALR und der Ausnahmeregel zu dem Unveränderbarkeitsgrundsatz des Güterrechts gemäß §§ 351, 352 Teil II Titel 1 ALR auseinander. Teilweise schränkte es den Drittschutz in diesen Vorschriften ein, teilweise erweiterte es diesen entgegen dem Wortlaut auf nicht geregelte Fälle. Erstaunlicherweise übernahm das Obertribunal zunächst nicht die Argumentation der Revisoren über die bevorzugte Schutzwürdigkeit der ehelichen Rechte im Gegensatz zu den Rechten dritter Personen. Vielmehr ging es in seiner Rechtsanwendung sogar teilweise weiter als die Ansichten der Redaktoren aus den Materialien zu dem Entwurf des allgemeinen Gesetzbuches und verstärkte den Schutz des Dritten über den Wortlaut der Vorschriften hinaus.

1. Auslegung der §§ 350, 351 Teil II Titel 1 ALR (Bestimmung des ehelichen Wohnsitzes als maßgebend für das eheliche Güterrecht)

Die Vorschriften der §§ 350, 351 Teil II Titel 1 ALR bezogen sich ausdrücklich auf den ersten Wohnsitz der Ehegatten, eigentlich ein eindeutiger Wortlaut, und dennoch hat sich das Obertribunal dahingehend ausgesprochen, dass es für die Bestimmung der güterrechtlichen Beziehungen zwischen den Eheleuten einzig auf den ersten Wohnsitz des Ehemannes nach der Heirat ankommen sollte, unabhängig davon, ob die Ehefrau ihr früheres Domizil verlassen hatte oder nicht[497].

a. Entscheidung des I. Senates vom 04. Mai 1857

In der Entscheidung vom 04. Mai 1857[498] hatte der I. Senat des Obertribunals einen Rechtsstreit zu entscheiden, bei dem die Ehefrau nach der Hochzeit ihr früheres Domizil nicht verlassen hatte. In diesem Erkenntnis stellte das Obertribunal die Regel auf, dass es für das nach § 350 Teil II Titel 1 ALR anzuwendende Recht auf den ersten Wohnsitz des Ehemannes nach der Hochzeit ankomme.

In dem Rechtsstreit klagte eine Ehefrau gegen ihren Ehemann auf Feststellung der Gütertrennung. Nach der Heirat hatte die Ehefrau ihren früheren Wohnsitz nicht aufgegeben, sondern dort weiter ihren Mühlenbetrieb fortgeführt. An dem Ort ihres Mühlenbetriebes galt nach dem Provinzialrecht nicht die allgemeine Gütergemeinschaft, sondern Gütertrennung. Der Ehemann war selber Müller und an dem Standort seiner Mühle in Posen galt nach dem Provinzialrecht die allgemeine Gütergemeinschaft zwischen Eheleuten. Die Klage der Ehefrau hatte in den ersten Instanzen keinen Erfolg. Nach Ansicht des Appellationsgerichtes konnte die Ehefrau nicht ausreichend nachweisen, dass der Ehemann seinen vorehelichen Wohnsitz in Posen nach der Heirat aufgegeben hatte. Auch wenn die Ehefrau ihren Wohnsitz nicht verändert hatte, so musste der voreheliche und unveränderte nacheheliche Wohnsitz des Ehemannes als erster ehelicher gemeinsamer Wohnsitz zur Bestimmung der Regeln über das eheliche Güterrechtsverhältnis herangezogen werden. Dieser lag in Posen und damit galt zwischen den Eheleuten die allgemeine Gütergemeinschaft. Der I. Senat des Obertribunals schloss sich der Ansicht des Appellationsgerichtes an und verwarf die Nichtigkeitsbeschwerde der Ehefrau[499].

In seiner Entscheidung über die Auslegung des § 350 Teil II Titel 1 ALR berief sich der I. Senat des Obertribunals auf den Sinn und Zweck der Vorschrift und auf den allgemeinen Grundsatz aus der Vorschrift des § 184 Teil II Titel 1 ALR[500], nach der der Ehemann das Haupt der Gemeinschaft der Ehegatten darstellte. Nach Auslegung des § 350 Teil II Titel 1 ALR sollte dieser nicht nur für den Fall Anwendung finden, dass die Eheleute nach freier Wohnsitzwahl gemeinsam denselben Wohnsitz an einem Ort mit provinzialrechtlicher Gütergemein-

---

497 Z.B. Erkenntnis des Obertribunals vom 4. Mai 1857, Striethorst, Archiv für Rechtsfälle, Bd. 24, S. 256.

498 Striethorst, Archiv für Rechtsfälle, Bd. 24, S. 256.

499 Striethorst, Archiv für Rechtsfälle, Bd. 24, S. 256 f.

500 § 184 Teil II Titel 1 ALR: „Der Mann ist das Haupt der ehelichen Gesellschaft; und sein Entschluß giebt in gemeinschaftlichen Angelegenheiten den Ausschlag."

schaft wählten. Dies konnte nach Ansicht des Obertribunals nicht vom Gesetzgeber gewollt gewesen sein[501]. Aufgrund der Vorschrift § 184 Teil II Titel 1 ALR sei der Wohnsitz des Ehemannes als Oberhaupt der ehelichen Gemeinschaft für die Bestimmung des ersten ehelichen Wohnsitzes für beide Ehegatten ausschlaggebend. Dass es auf die Wahl und das Recht des Ehemannes ankomme, sah der I. Senat des Obertribunals auch durch die Vorschriften des § 175 Teil II Titel 1 ALR[502] und § 679 Teil II Titel 1 ALR[503] als erwiesen an[504]. Nach diesen Vorschriften müssen die Eheleute mit einander leben und die Ehefrau hat dem Ehemann als Oberhaupt bei einem Wohnortwechsel zu folgen. Die Weigerung der Ehefrau, ihrem Ehemann zu folgen, könne zwar einen Scheidungsgrund begründen, aber nicht das einmal anwendbare Güterrecht aufheben[505].

Bei der Frage der anwendbaren Gesetze auf die güterrechtlichen Verhältnisse zwischen den Eheleuten waren außerdem nach Ansicht des I. Senates des Obertribunals die Regeln in Bezug auf die Bestimmung des Gerichtsstandes der Eheleute zu beachten, z.B. der § 353 Teil II Titel 1 ALR[506]. Der Gerichtsstand der Eheleute richtete sich nach der Vorschrift des § 87 Teil I Titel 2 AGO[507] einzig nach dem Gerichtsstand des Mannes, der durch den Wohnsitz des Mannes bestimmt wurde. Nach der Systematik und Logik folgerte der I. Senat des Obertribunals daher, dass die Ehefrau, die mit vollzogener Ehe in den Gerichtsstand ihres Ehemannes übertrete, sich auch der an dessen Wohnsitz stattfindenden ehelichen Gütergemeinschaft unterwerfen müsse, und es daher keinen Unterschied machen könne, ob sie sich mit ausdrücklicher oder stillschweigender Bewilligung ihres Ehemannes nach vollzogener Ehe noch an ihrem früheren Wohnsitz weiter aufhielt oder nicht[508]. Bestimmte sich der Gerichtsstand der Eheleute nach dem

501 Striethorst, Archiv für Rechtsfälle, Bd. 24, S. 256, 257.

502 § 175 Teil II Titel 1 ALR: „Sie müssen vereint mit einander leben, und dürfen ihre Verbindung eigenmächtig nicht auflösen."

503 § 679 Teil II Titel 1 ALR: „Vielmehr ist, wenn der Mann einen neuen Wohnort wählt, die Frau ihm dahin zu folgen verbunden."

504 Striethorst, Archiv für Rechtsfälle, Bd. 24, S. 256, 257.

505 Striethorst, Archiv für Rechtsfälle, Bd. 24, S. 256, 257.

506 § 353 Teil II Titel 1 ALR: „Was von Veränderungen des Wohnsitzes der Eheleute vorstehend verordnet ist, gilt auch von andern Veränderungen des Gerichtsstandes, welchem die Eheleute zur Zeit der geschlossenen Heirath unterworfen waren."

507 § 87 Teil I Titel 2 AGO: „Ehefrauen haben jederzeit mit ihrem Männern einerlei Gerichtsstand, und wenn sie auch durch ihre Geburt zu einer Exemtion berechtigt wären, so könne sie doch darauf, nach erfolgter Verheirathung an einen Nichteximirten, ferner keinen Anspruch machen."

508 Striethorst, Archiv für Rechtsfälle, Bd. 24, S. 256, 258.

Wohnsitz des Ehemannes, so müsse dies auch für die Festlegung des Wohnsitzes für die Bestimmung der Gütergemeinschaft gelten[509].

Der I. Senat des Obertribunals orientierte sich in der Entscheidung an allgemeinen Grundsätzen hinsichtlich ähnlich gelagerter Rechtsfragen aus dem Familienrecht des ALR. Wichtig war dem Obertribunal eine einheitliche Anwendung dieser Grundsätze in allen Regelungsbereichen. Bestimmte sich der Gerichtsstand der Eheleute ausschließlich nach dem Wohnsitz des Ehemannes, so musste dieser auch ausschlaggebend sein für die Bestimmung des ehelichen Güterrechtsverhältnisses. Die Worte „wo die Eheleute nach vollzogener Heirath ihren ersten Wohnsitz nehmen" in § 350 Teil II Titel 1 ALR definierte das Obertribunal dementsprechend mit dem vorhandenen Wohnsitz des Ehemannes nach der Heirat.

b. Entscheidung des I. Senates vom 05. Februar 1872

Der I. Senat des Obertribunals bestätigte seine Auffassung u.a. in dem Urteil vom 05. Februar 1872[510] unter Anwendung und Auslegung der §§ 87 Teil I Titel 2 AGO, §§ 350, 351 Teil II Titel 1 ALR, § 23 der Einleitung des ALR, dass für das eheliche Güterrecht in Ansehung beider Eheleute schlechthin und allein der erste Wohnsitz des Ehemannes dergestalt entscheidend war, dass eine Veränderung dieses Wohnsitzes an sich einen Wechsel der ehelichen Güterrechte nicht nach sich zog.

In dem vorliegenden Sachverhalt hatten zwei österreichische Staatsangehörige, nachdem sie 1857 in den preußischen Untertanenverband aufgenommen worden waren, in Gotha geheiratet. Vor der Trauung hatten sie in Gotha in einem notariellen Vertrag festgehalten, dass sie in ehelicher Gütergemeinschaft leben würden und zwar in der Art, dass das in die Ehe eingebrachte Vermögen und alles weitere während der Ehe erworbene Vermögen beiden Ehegatten gemeinschaftlich gehören sollte. Nach der Trauung in Gotha begaben sich die Eheleute alsbald nach Österreich, wo sie auch größtenteils lebten. Der Ehemann besaß vor und nach der Eheschließung eine Wohnung in Berlin. Zu dem ehelichen gemeinschaftlichen Vermögen zählten auch Aktiva von 10.000,- und 5.000,- österreichischen Gulden. Die Eheleute waren sich einig, dass sie in ehelicher Gütergemeinschaft lebten und diese Aktiva zu dem gemeinschaftlichen Vermögen gehörten. Sie stritten allerdings, ob sich die Verfügungsbefugnis über dieses Vermögen nach den Vorschriften über die eheliche Gütergemeinschaft nach dem preußischen ALR oder dem österreichischen ABGB richtete[511].

509 Striethorst, Archiv für Rechtsfälle, Bd. 24, S. 256, 258.
510 Striethorst, Archiv für Rechtsfälle, Bd. 86, S. 46.
511 Striethorst, Archiv für Rechtsfälle, Bd. 86, S. 46 ff.

Bei Anwendung des preußischen Rechts gemäß §§ 360, 377 Teil II Titel 1 ALR stand dem Ehemann die Verwaltung des Vermögens zu. Aufgrund der Vorschriften im österreichischen Recht[512] hingegen sah die Ehefrau sich als befugt an, die Hälfte der beiden Kapitalien, als den ihr zustehenden Anteil, von Schuldnern einzuklagen. Die österreichischen Gerichte hatten trotz Widerspruchs durch den Ehemann die Klage der Ehefrau aufgrund des österreichischen Rechts zugelassen. Daraufhin klagte der Ehemann beim preußischen Kammergericht mit folgenden Anträgen: Es sollte ihm das Recht zuerkannt werden, die Anteile an den Kapitalien zu verwalten, den Nießbrauch davon zu ziehen und die Nutzungen einzuklagen respektive einzutreiben und demgemäss habe sich seine Ehefrau ohne seine Zuziehung der Verwaltung, des Nießbrauches, der Einklagung und Beitreibung sowie jeder sonstigen Verfügung über die ehelichen Kapitalienanteile zu enthalten. Das Kammergericht hatte den Anträgen stattgegeben und die Ehefrau entsprechend verurteilt. Die Revision und Nichtigkeitsbeschwerde vor dem I. Senat des Obertribunals führte zu einer Bestätigung der Entscheidung des Kammergerichts[513].

Aufgrund der Aufnahme in den preußischen Untertanenverband vor der Hochzeit hatten die Eheleute entsprechend dem Gesetz vom 31. Dezember 1842[514] die Rechte und Pflichten eines preußischen Bürgers erhalten. Für den I. Senat des Obertribunals waren die Eheleute daher seitdem gemäß § 22 der Einleitung des ALR[515] den preußischen Gesetzen unterworfen. Daraus folgerte der I. Senat des Obertribunals, dass nur in dem Fall, in dem eine Vorschrift des preußischen Rechts auf ein ausländisches Recht verwies, dessen Vorschriften Anwendung finden können. Der I. Senat des Obertribunals argumentierte in Bezug auf die Bestimmung des anzuwendenden Rechtes mit der Vorschrift des § 23 der

---

512 Das Obertribunal zitierte die §§ 1237, 1238 ABGB:
§ 1237 ABGB: „Haben Eheleute über die Verwendung ihres Vermögens keine besondere Übereinkunft getroffen, so behält jeder Ehegatte sein voriges Eigentumsrecht, und auf das, was ein jeder Theil während der Ehe erwirbt, und auf was immer für eine Art überkommt, hat der andere keinen Anspruch. Im Zweifel wird vermuthet, daß der Erwerb von dem Manne herrührt."
§ 1238 ABGB: „So lange die Ehegattin nicht widersprochen hat, gilt die rechtliche Vermuthung, daß sie dem Manne als ihrem gesetzmäßigen Vertreter die Verwaltung ihres freien Vermögens anvertraut habe."

513 Striethorst, Archiv für Rechtsfälle, Bd. 86, S. 46 ff.

514 Gesetz über die Erwerbung und den Verlust der Eigenschaft als Preußischer Unterthan, so wie über den Eintritt in fremde Staatsdienste vom 31. Dezember 1842, Preußische Gesetzsammlung 1842, S. 15 ff.

515 § 22 Einleitung ALR: „Die Gesetze des Staats verbinden alle Mitglieder desselben, ohne Unterschied des Standes, Ranges und Geschlechts."

Einleitung des ALR[516]. Gemäß § 23 der Einleitung zum ALR sollten die persönlichen Eigenschaften und Befugnisse einer Person, damit waren Rechts- und Handlungsfähigkeit gemeint, nach den Gesetzen der Gerichtsbarkeit beurteilt werden, unter welcher die Person ihren eigentlichen Wohnsitz genommen hatte. Gemäß § 87 Teil I Titel 2 AGO hatte eine Ehefrau jederzeit mit ihrem Ehemann einen gemeinsamen Gerichtsstand. Für den I. Senat des Obertribunals bedeutete dies, dass für den Gerichtsstand der Ehefrau der Gerichtsstand des Ehemanns entscheidend war, welcher sich wiederum nach dem eigentlichen Wohnsitz des Ehemannes richtete. Unter dem Wohnsitz sei dabei nicht der Ort zu verstehen, an dem eine Person eine Wohnung hatte, sondern der Ort, an welchem die Person ihren beständigen Wohnsitz hatte. Grundsätzlich aber war für die Frage der anzuwendenden Gesetze nach dem Gerichtsstand allein der Wohnsitz des Ehemannes auch für die Ehefrau entscheidend, selbst für den Fall, dass die Eheleute getrennt lebten[517].

Konsequenterweise konnte nach Ansicht des I. Senats des Obertribunals für die Vorschrift des § 350 Teil II Titel 1 ALR, obwohl diese dem Wortlaut nach eindeutig von dem ersten Wohnsitz der Eheleute sprach, nichts anderes für das eheliche Güterrecht gelten. Unter dem ersten Wohnsitz der Eheleute müsse ebenfalls der erste Wohnsitz des Ehemanns nach Eheschließung zu verstehen sein. Der erste Wohnsitz des Ehemannes bestimme das auf das eheliche Güterrecht anwendbare Recht. Nach dem bewiesenen Sachverhalt lag der erste eheliche Wohnsitz des Ehemannes in Berlin, somit war für das Obertribunal preußisches Recht anwendbar[518].

Weiterhin äußerte sich der I. Senat des Obertribunals in dieser Entscheidung[519] auch zu der Wandelbarkeit des Güterrechts, indem er gemäß § 351 Teil II Titel 1 ALR[520] davon ausging, dass aufgrund der Bestimmung des Güterrechts durch den ersten Wohnsitz des Ehemannes bei Eheschließung eine Veränderung des Wohnsitzes an sich eine Wandlung des Güterrechts nicht nach sich ziehen könne. Der erste Wohnsitz bestimme die güterrechtlichen Verhältnisse zwischen den Eheleuten. Dies sollte auch dann gelten, wenn die Eheleuten diesen Wohnsitz nach der Eheschließung später an einen anderen Ort verlegten, oder sogar auch

516 § 23 Einleitung ALR: „Die persönlichen Eigenschaften und Befugnisse eines Menschen werden nach den Gesetzen der Gerichtsbarkeit beurteilt, unter welcher derselbe seinen eigentlichen Wohnsitz hat."

517 Striethorst, Archiv für Rechtsfälle, Bd. 86, S. 46, 50.

518 Striethorst, Archiv für Rechtsfälle, Bd. 86, S. 46, 50.

519 Striethorst, Archiv für Rechtsfälle, Bd. 86, S. 46, 51.

520 § 351 Teil II Titel 1 ALR: „Die Veränderung dieses ersten Wohnsitzes verändert in der Regel nichts an den Rechten, welchen sich die Eheleute vorher unterworfen haben."

für den Fall, dass die Ehefrau nach vollzogener Ehe getrennt von dem Ehemann lebte. In seiner Begründung berief sich der I. Senat des Obertribunals auch auf die Meinungen in der Literatur von Savigny und Förster[521] und früher ergangene Entscheidungen des Obertribunals[522]. Auch wenn die Eheleute oder die Ehefrau später ihren Hauptwohnsitz in dem vorliegenden Fall in Österreich genommen hatten, blieb es nach den Grundsätzen des ALR bei dem anwendbaren preußischen Recht aufgrund des ersten Wohnsitzes der Eheleute nach Eheschließung am Wohnsitz des Ehemannes in Berlin. Unerheblich sei daher, dass der Ehemann seinen Wohnsitz in Berlin später aufgegeben und einen Wohnsitz außerhalb von Preußen genommen habe. Da die Ehefrau nicht nachweisen konnte, dass der Ehemann zum Zeitpunkt der Eheschließung einen Wohnsitz in Österreich besessen hatte, konnte das Obertribunal aufgrund des unstreitig vorhandenen Wohnsitzes des Ehemannes in Berlin das preußische Recht auf die eheliche Gütergemeinschaft anwenden[523]. Nach Ansicht des Obertribunals änderte sich diese Entscheidung auch nicht durch die entgegengesetzte Entscheidung der österreichischen Gerichte, da diese den Ehemann nicht an der Verfolgung der ihm nach preußischem Gesetz zustehenden Rechte vor einem preußischen Gericht hindern könne[524].

c. Bewertung

Das Obertribunal legte in seinen Entscheidungen dem Wortlaut des § 350 Teil II Titel 1 ALR eine andere Bedeutung bei, als bei wortgetreuer Anwendung erwartet werden konnte. Aus dem System der Vorschriften des ALR heraus argumentierte das Obertribunal mit der Vorschrift des § 23 der Einleitung des ALR und § 87 Teil I Titel 2 AGO und übertrug deren Aussagen auf den § 350 Teil II Titel 1 ALR. Eine Beschränkung war dem Wortlaut nicht zu entnehmen. Der § 350 Teil II Titel 1 ALR sprach eindeutig von dem ersten Wohnsitz der Eheleute und nicht nur von dem ersten ehelichen Wohnsitz des Ehemannes. Dem Obertribunal ging es bei dieser Auslegung wohl um die Schaffung einheitlicher Grundsätze zwischen den unterschiedlichen Vorschriften des ALR. Es zog die Regelungen in Bezug auf die Bestimmung des Gerichtsstandes für Eheleute heran, bei der sich der Gerichtsstand einzig nach dem Wohnsitz des Ehemannes richtete. Auch wenn der § 350 Teil II Titel 1 ALR selber nach seinem Wortlaut keine Unklarheiten

521 Das Obertribunal nannte als Quellen: Savigny, System, VIII, S. 325 ff., 330; Förster, Theorie und Praxis, I, § 11, S. 58; III, § 209, S. 524.

522 Striethorst, Archiv für Rechtsfälle, Bd. 36, S. 109; Obertribunal Entscheidungen, Bd. 24, S. 256.

523 Striethorst, Archiv für Rechtsfälle, Bd. 86, S. 46, 51ff.

524 Striethorst, Archiv für Rechtsfälle, Bd. 86, S. 46, 58.

aufwies, wandelte das Obertribunal den Wortlaut ab. Stützen für seine Auslegung fand es im allgemeinen Grundsatz des Güterrechts, nach dem das Haupt der ehelichen Gemeinschaft der Ehemann war. Also schien es nur natürlich, dass sich alle Bestimmungen nach seinen Rechten richten musste. Musste sich die Ehefrau seinem Gerichtsstand unterordnen, konnte dies für die Bestimmung des Wohnsitzes und damit für die Bestimmung des auf die Gütergemeinschaft anzuwendenden Rechts nicht anders sein. Die Bestimmung des § 350 Teil II Titel I ALR erschien dem Obertribunal daher interpretationsbedürftig. Es sollte keine widersprüchliche Behandlung ein und desselben Problems der Bestimmung des anwendbaren Rechts geben. Nur weil die eine Vorschrift in der Einleitung des ALR oder in der AGO auftauchte und die Rechts- und Handlungsfähigkeit betraf, und die andere im ehelichen Güterrecht das anwendbare Recht für das Rechtsverhältnis zwischen den Ehegatten bestimmte, konnte für das Obertribunal kein Unterschied gemacht werden und musste hier einheitlich der Wohnsitz und der Gerichtsstand des Ehemannes entscheidend sein. Nur dies erschien dem Obertribunal nach vernünftiger Auslegung im System der Vorschriften des ALR für angemessen. Auf der anderen Seite hielt es in diesen Entscheidungen an dem Unveränderbarkeitsgrundsatz des geltenden Güterrechts zwischen den Eheleuten nach § 351 Teil II Titel 1 ALR fest. Es war nach Ansicht des Obertribunals unerheblich, ob die Ehefrau mit dem Ehemann an dem ersten Wohnsitz nach Eheschließung lebte oder an einem anderen, der später dann auch der gemeinsame Wohnsitz wurde, oder die Eheleute später einen gemeinsamen Wohnsitz an einem anderen Ort nahmen. Es sollte bei der Bestimmung nach dem ersten Wohnsitz des Ehemannes verbleiben. Von dieser Regel wich es bei der Auslegung und Anwendung der §§ 350, 351 Teil II Titel 1 ALR nicht ab. Diesen Ansichten über die Bestimmung des geltenden Rechts nach dem ersten ehelichen Wohnsitz des Ehemannes wurden weder vom Gesetzgeber noch von der Rechtswissenschaft widersprochen, sondern als Auslegung der Vorschrift und damit als geltendes Recht angenommen.

2. Auslegung des § 352 Teil II Titel 1 ALR (Einfluss der Verlegung des Wohnsitzes der Eheleute auf die Beurteilung ihrer Handlungen in Bezug auf Dritte)

§ 352 Teil II Titel 1 ALR regelte die Ausnahme zu §§ 350, 351 Teil II Titel 1 ALR[525]. So konnte in Bezug auf einen Dritten die Geltung der ehelichen Güter-

---

525 § 352 Teil II Titel 1 ALR: „Haben jedoch Eheleute ihren Wohnsitz von einem Orte, wo keine Gütergemeinschaft obwaltet, an einen andern Ort, wo dieselbe statt findet, verlegt: so müssen alle von ihnen an diesem letztern Orte vorgenommenen Handlungen, in Beziehung auf einen Dritten, nach den Regeln der Gütergemeinschaft beurtheilt werden."

gemeinschaft zwischen den Eheleuten angenommen werden, wenn diese am zweiten Wohnsitz der Eheleute grundsätzlich durch Provinzialrecht eingeführt wurde. Unerheblich blieb in Beziehung zu dem Dritten, dass an dem ersten Wohnsitz das Provinzialrecht gerade keine Gütergemeinschaft eingeführt hatte. Nicht geregelt war der Fall eines möglichen Rechtswechsels durch Umzug der Eheleute von einem Ort, an dem die Gütergemeinschaft zunächst galt, an einen neuen gemeinsamen ehelichen Wohnsitz, nach dessen Provinzialrecht keine Gütergemeinschaft vorgesehen war.

Neben der Frage, wie der in § 352 Teil II Titel 1 ALR nicht geregelte Fall zu lösen war, musste das Obertribunal auch die Schutzrichtung des § 352 Teil II Titel 1 ALR überprüfen. Sicherlich sollte es nicht Sinn und Zweck der Regelung sein, jeden Dritten an dem neuen Wohnort bei Rechtsgeschäften mit einem oder beiden Ehegatten zu schützen und diesem den Zugriff auf das ganze Vermögen der Eheleute zu ermöglichen. In den Entscheidungen interpretierte das Obertribunal die Vorschrift vor allem nach dem Sinn und Zweck der Vorschriften über die Wandelbarkeit des anzuwendenden Rechts und die Schutzwürdigkeit der betroffenen Personen.

a. Entscheidung des III. Senates vom 22. November 1858

Diese Entscheidung des III. Senates vom 22. November 1858[526] betraf die Frage des Einflusses der Verlegung des Wohnsitzes der Eheleute auf die Beurteilung ihrer Handlungen in Beziehungen auf Rechtsgeschäfte mit einem Dritten an dem neuen Wohnsitz gemäß den §§ 351, 352, 428 Teil II Titel 1 ALR. Als Grundlage für dieses Urteil diente dem Obertribunal ein zu diesem Problem bereits 1846 ergangenes Erkenntnis.

In einer Entscheidung vom 28. März 1846[527] hatte der III. Senat des Obertribunals die Schutzrichtung des § 352 Teil II Titel 1 ALR zunächst eingeschränkt, indem er die Vorschrift nur auf gutgläubige Dritte bezogen hatte. Im weiteren Verlauf der Entscheidung allerdings hatte er den Drittschutz durch eine Analogie auf den nicht geregelten Fall ausgedehnt. In dem Rechtsfall hatten die Eheleute ihren ersten Wohnsitz in einem Gebiet genommen, in dem die Gütergemeinschaft nach der Pommerschen Bauernordnung zwischen ihnen galt. Ihren zweiten Wohnsitz nahmen sie in einem Gebiet, welches unter der Herrschaft des lübischen Rechts stand. Da die Ehe kinderlos blieb, wäre nach dem lübischen Recht keine Gütergemeinschaft eingetreten. An dem zweiten Wohnsitz kontrahierte der

526 Obertribunal Entscheidungen, Bd. 40, S. 171 = Striethorst, Archiv für Rechtsfälle, Bd. 31, S. 172.

527 Obertribunal Entscheidungen, Bd. 13, S. 297 ff.

Ehemann ohne Zuziehung der Ehefrau mit einem Dritten über einen Grundstücksverkauf. Die Ehefrau klagte auf Feststellung der Unwirksamkeit des Vertrages aufgrund der fehlenden förmlichen Einwilligung. In erster Instanz unterlag sie. Das Appellationsgericht hingegen gab der Ehefrau Recht. Das Obertribunal schloss sich in seiner Entscheidung dem Urteil der ersten Instanz an. Grundsätzlich erkannte der Senat, dass die Verlegung des Wohnsitzes an einen Ort, an dem die eheliche Gütergemeinschaft nicht galt, an den güterrechtlichen Verhältnissen zwischen den Ehegatten nichts änderte. Gegenüber einem Dritten allerdings, dem die Kenntnis von dem Fortbestand der Gütergemeinschaft zwischen den Eheleuten nicht nachgewiesen werden konnte, könne sich die Ehefrau aber nicht auf eine fehlende Einwilligung zu einem Rechtsgeschäft berufen[528]. Eine ausdrückliche Regelung bestand zwar im ALR nicht, der § 352 Teil II Titel 1 ALR regelte nur den umgekehrten Fall, für das Obertribunal aber stand fest, dass wegen völliger Gleichheit des Rechtsgrundsatzes des Gutgläubigenschutzes und kraft Argumentation aus dem Gegenteil heraus der Dritte auch in diesem Fall bei Unkenntnis über die tatsächlichen Güterverhältnisse zu schützen sei und das Güterrechtsverhältnis zugrunde zu legen sei, von welchem der Dritte ausgegangen sei[529]. An diesem Urteil orientierte sich der III. Senat des Obertribunals in der vorliegenden Entscheidung.

In dem vorliegenden Rechtsstreit hatten die Eheleute ihren ersten Wohnsitz in Treptow genommen, wo nach dem dort geltenden Provinzialrecht keine eheliche Gütergemeinschaft zwischen den Eheleuten galt. 1856 zogen sie nach Kirchhagen. Dort schlossen sie im Mai 1857 durch Vertrag die dort geltende Gütergemeinschaft mit vorschriftsmäßiger Bekanntmachung aus. Im Februar 1857 hatte der Ehemann einem Dritten Wechsel ausgestellt. Der Dritte erwirkte gegen den Ehemann rechtskräftige Titel. Daraufhin erfolgte eine Vollstreckung in eine Hypothekenforderung der Ehefrau. Gegen diese Vollstreckung wehrte sich die Ehefrau und behauptete, dass sie die Forderung mit ihrem eingebrachten Vermögen erworben und der Beklagte davon auch Kenntnis gehabt habe und dass sie mit ihrem Ehemann nicht in Gütergemeinschaft lebe. Da sie daher nicht mit ihrem Vermögen für die Schulden ihres Ehemannes hafte, beantragte sie die Aufhebung der Beschlagnahme. Der Beklagte bestritt den Erwerb aus eingebrachtem Vermögen und seine Kenntnis von dem zwischen den Eheleuten bestehenden Güterverhältnis der Gütertrennung. Eine „mala fides“ sei ihm nicht nachzuweisen und der Vertrag über die Ausschließung entfalte keine rückwirkende Kraft[530].

528 Obertribunal Entscheidungen, Bd. 13, S. 297.
529 Obertribunal Entscheidungen, Bd. 13, S. 297, 301, 302.
530 Obertribunal Entscheidungen, Bd. 40, S. 171 f. = Striethorst, Archiv für Rechtsfälle, Bd. 31, S. 172, 173 f.

In erster und zweiter Instanz wurde die Klage der Ehefrau zurückgewiesen. Auf die von der Klägerin erhobene Nichtigkeitsbeschwerde hob der III. Senat des Obertribunals am 22. November 1858 das Erkenntnis der zweiten Instanz auf und wies die Sache wegen nachträglicher Erörterung und Klärung der streitigen Tatsachen, auf denen der Erwerb der Hypothekenforderung für die Klägerin und die „mala fides" des Beklagten beruhen sollten, zur erneuten Entscheidung zurück[531].

Zunächst klärte der III. Senat des Obertribunals in dieser Entscheidung vom 22. November 1858 die Vorfrage, was unter der Person des Dritten verstanden wurde, da nähere Beschreibungen in der gesetzlichen Vorschrift des § 352 Teil II Titel 1 ALR fehlten. Vernünftigerweise stellte der III. Senat des Obertribunals wie in seiner Entscheidung vom 28. März 1846 in dem Präjudiz Nr. 1370[532] fest, dass diese Vorschrift auf redliche Dritte eingeschränkt werden müsse, da die Unredlichkeit nach Ansicht des Obertribunals nie Rechtsschutz finden könne. Im weiteren Verlauf der Entscheidung definierte der III. Senat des Obertribunals seinen Maßstab für Redlichkeit bzw. Unredlichkeit. Das Obertribunal hatte entsprechend seiner Auslegung des Begriffs des Dritten über die Frage zu entscheiden, ob der Beweis der „mala fides" dritter Personen nur durch den Beweis der Kenntnis von dem Ausschließungsvertrag oder ohne Rücksicht hierauf, auch durch den Nachweis der früheren Kenntnis, dass die Eheleute in Gütertrennung lebten, oder anderer Tatsachen geführt werden konnte[533].

Der III. Senat des Obertribunals stellte in seiner Begründung fest, dass es den Eheleuten freistehe, ihre Güterverhältnisse durch Vertrag zu bestimmen. Die am ersten Wohnsitz ursprünglich begründeten gegenseitigen Verpflichtungen und Rechte, sei es aufgrund Gesetzes oder durch Vertrag, werden durch eine Verlegung des Wohnsitzes grundsätzlich nicht verändert. Eine Ausnahme bestehe allerdings in Bezug auf dritte Personen, die mit den Eheleuten oder nur einem der Eheleute an dem neuen Wohnsitz kontrahierten. Der Dritte dürfe gemäß § 352 Teil II Titel 1 ALR das an dem jeweiligen Wohnsitz der Eheleute geltende örtliche Recht als Regel für die Beurteilung der von ihm mit den Eheleuten eingegangenen Rechtsgeschäfte voraussetzen, so dass ihm das hiervon abweichende Güterrecht nur dann entgegenstehe, wenn er von diesem Kenntnis erlangt habe[534].

Grundsätzlich bestimmte das Recht am ersten Wohnsitz der Eheleute die Güterrechtsverhältnisse. Dieses sah im vorliegenden Fall keine Gütergemeinschaft vor. Gemäß § 351 Teil II Titel 1 ALR sollte ein Wechsel des Güterrechts nicht eintreten. Nach dem Wohnortwechsel der Eheleute kontrahierte der Ehemann vor

531 Striethorst, Archiv für Rechtsfälle, Bd. 31, S. 172, 174.
532 Obertribunal Entscheidungen, Bd. 13, S. 297 ff.
533 Striethorst, Archiv für Rechtsfälle, Bd. 31, S. 172, 174 ff.
534 Striethorst, Archiv für Rechtsfälle, Bd. 31, S. 172, 174 f.

Abschluss eines Ehevertrages über den Ausschluss der ehelichen Gütergemeinschaft und dessen Bekanntmachung mit einem Dritten an dem neuen Wohnort. Dort galt gemäß dem Provinzialrecht grundsätzlich die Gütergemeinschaft. Das Vertrauen des Dritten auf die Geltung der Gütergemeinschaft an diesem Ort wurde durch § 352 Teil II Titel 1 ALR geschützt, indem ein Wechsel des anwendbaren Güterrechts in Bezug auf diesen Dritten angenommen wurde. Geschützt werden sollte aber nur ein gutgläubiger Dritter. Danach hätte im vorliegenden Fall bei einem gutgläubigen Dritten das am Ort des Vertragsschlusses geltende Recht zugrunde gelegt werden müssen und damit die Geltung der Gütergemeinschaft.

Zur weiteren Begründung seiner einschränkenden Auslegung der Ausnahmeregel und deren Anwendung auf gutgläubige Dritte ging der III. Senat des Obertribunals auf die Entstehungsgeschichte des § 352 Teil II Titel 1 ALR und die Bemerkungen von Svarez zu dieser Vorschrift in seinen amtlichen Vorträgen bei der Schlussrevision des ALR[535] ein. Danach war diese Regel in § 352 Teil II Titel 1 ALR als Ausnahme aufgestellt worden, wobei Sinn und Zweck die Verkehrssicherheit gewesen war[536]. Die Geltung privater Abkommen, wie die der Verträge über den Ausschluss oder die Einführung der Gütergemeinschaft, sei für Dritte ohne Publizität nur schwer zu ermitteln[537]. Bei Unkenntnis können sie daher nicht gegen den Dritten geltend gemacht werden[538]. Voraussetzung für die Anwendbarkeit war die Unkenntnis, also die Gutgläubigkeit des Dritten.

Nach der historischen Untersuchung des § 352 Teil II Titel 1 ALR suchte der III. Senat des Obertribunals eine Vorschrift aus dem Bereich des Güterrechts, welche sich mit dem Gutglaubensschutz auseinander setzte, um die Gutgläubigkeit näher zu definieren, und fand die §§ 426 ff. Teil II Titel 1 ALR[539]. Diesen Vorschriften entnahm der III. Senat des Obertribunals dem ALR 2 Fälle, in denen die „bona fides" des Dritten ausgeschlossen sein sollte. Der Dritte war danach bösgläubig bei Publikation eines Vertrages zwischen den Eheleuten und bei

535 Svarez, Amtliche Vorträge bei der Schluß-Revision, v. Kamptz Jahrbücher, Bd. 41, S. 115-117.

536 Striethorst, Archiv für Rechtsfälle, Bd. 31, S. 172, 175 f.

537 Svarez, Amtliche Vorträge bei der Schluß-Revision, v. Kamptz Jahrbücher, Bd. 41, S. 115.

538 Striethorst, Archiv für Rechtsfälle, Bd. 31, S. 172, 175 f.

539 § 426 Teil II Titel 1 ALR: „Wenn Eheleute, welche die an dem Orte ihres ersten Wohnsitzes obwaltende Gemeinschaft durch einen Vertrag ausgeschlossen haben, an einen andern Ort ziehen, wo dergleichen Gemeinschaft ebenfalls statt findet: so muß die Bekanntmachung des ausschließenden Vertrages daselbst wiederholt werden."

§ 428 Teil II Titel 1 ALR: „In Ansehung eines Dritten aber, welcher einer früheren Wissenschaft nicht überführt werden kann, äußern sich diese Wirkungen erst nach Ablauf des zur Bekanntmachung bestimmten vierwochentlichen Zeitraumes."

Kenntnis des Dritten von einem solchem Vertrag vor der Publikation. Daraus folgerte das Obertribunal, dass es generell für die Bösgläubigkeit ausreiche, wenn die Verhältnisse in irgendeiner Art und Weise publik gemacht worden seien oder der Dritte aufgrund von anderen Umständen von den tatsächlichen güterrechtlichen Verhältnissen Kenntnis erlangt habe. Unerheblich war es danach für das Obertribunal, ob die güterrechtlichen Verhältnisse auf Vertrag oder Gesetz beruhten[540].

Bestärkt wurde der III. Senat in seiner Auslegung der Anwendbarkeit des § 352 Teil II Titel 1 ALR und der Definition der Unkenntnis des Dritten durch die entsprechende Entscheidung des Obertribunals vom 28. März 1846[541] in Bezug auf die Bestimmung des anzuwendenden Rechts hinsichtlich eines Dritten bei einem Wohnortwechsel von einem Ort, an dem die eheliche Gütergemeinschaft galt, an einen Ort, an dem diese nicht aufgrund von Provinzialrecht eingeführt worden war. Bereits in diesem Erkenntnis hatte das Obertribunal als Voraussetzung für die Anwendung des Grundsatzes aus dem § 352 Teil II Titel 1 ALR erkannt, dass der Dritte gutgläubig sein müsse, um sich auf das geltende Recht an dem zweiten Wohnsitz der Eheleute und dem Ort der Vertragsverhandlung stützen zu können, und ihm die Kenntnis von dem Fortbestand der ehelichen Gütergemeinschaft oder Kenntnis von der ehelichen Gütertrennung als „mala fides“ angerechnet werden könne[542]. Diese Entscheidung bezog sich dabei auf die Anwendbarkeit des Grundsatzes der Wandelbarkeit des Güterrechtsstatuts aus dem § 352 Teil II Titel 1 ALR auf den nicht geregelten Fall. Im Umkehrschluss verlangte das Obertribunal auch in der vorliegenden Entscheidung des in § 352 Teil II Titel 1 ALR geregelten Fall Gutgläubigkeit, um eine Wandelbarkeit annehmen zu können.

Das Appellationsgericht hatte bei seiner Anwendung des § 352 Teil II Titel 1 ALR keine Unterscheidung zwischen redlichem und unredlichem Dritten getroffen und daher wurde der Rechtsstreit zur erneuten Überprüfung der Tatsachen und der Redlichkeit des Dritten zurückverwiesen[543].

Mit dieser Auslegung des § 352 Teil II Titel 1 ALR schränkte das Obertribunal den Wortlaut, der die zu schützende dritte Person nicht näher beschrieb, durch die Voraussetzung der Gutgläubigkeit des Dritten ein und lieferte in seinen Entscheidungen die Definition für die Voraussetzungen der Gutgläubigkeit. Für die Bösgläubigkeit war danach die Kenntnis von den tatsächlichen früheren gü-

540 Striethorst, Archiv für Rechtsfälle, Bd. 31, S. 172, 175 f.
541 Obertribunal Entscheidungen, Bd. 13, S. 297.
542 Striethorst, Archiv für Rechtsfälle, Bd. 31, S. 172, 176.
543 Striethorst, Archiv für Rechtsfälle, Bd. 31, S. 172, 177.

terrechtlichen Verhältnissen unabhängig von einer öffentlichen Bekanntmachung eines entsprechenden Ehevertrages ausreichend.

b. Entscheidung des III. Senates vom 06. April 1868

In der Entscheidung vom 06. April 1868 bestätigte das Obertribunal die oben aufgezeigten Ansichten über den Gutgläubigkeitschutz erneut[544]. Der III. Senat des Obertribunals legte in dieser Entscheidung allerdings bei der Auslegung des § 352 Teil II Titel 1 ALR noch eine andere Richtung des Drittschutzes dar. Nach der einschränkenden Auslegung, dass sich nur gutgläubige Dritte auf den Schutz des § 352 Teil II Titel 1 ALR berufen können, nahm er wie in der Entscheidung vom 28. März 1846 eine erweiternde Analogie für den in § 352 Teil II Titel 1 ALR nicht geregelten Fall vor. Das Obertribunal hielt es für angemessen, diesen Grundsatz des Drittschutzes auch für den umgekehrten Fall anzuwenden, in dem die Eheleute von einem Ort, an dem die eheliche Gütergemeinschaft herrschte, an einen Ort verzogen, an dem die eheliche Gütergemeinschaft nicht galt. Das Obertribunal war der Ansicht, dass den Eheleuten in einem solchen Fall in der Form der öffentlichen Bekanntmachung ein Mittel gewährt wurde, den Dritten von dem zwischen ihnen bestehenden Güterrecht in Kenntnis zu setzen, von dem sie Gebrauch machen konnten oder nicht. Dabei bezog sich der III. Senat auf die vorgenannten Entscheidungen[545].

Die Ehefrau verlangte mit ihrer Klage die Ungültigkeitserklärung eines notariellen Kaufvertrages, den ihr Ehemann mit den Beklagten am 17. Juni 1863 über den Verkauf und die Übergabe über ein in Stöwen gelegenes Grundstück der Eheleute abgeschlossen hatte, und die Rückgabe dieses Grundstückes. Nach ihrem Vortrag hatten die Eheleute nach der Heirat im Jahre 1816 ihren ersten Wohnsitz in Woldich-Tychow bezogen. Dort galt nach der Pommerschen Bauernordnung von 1764 die allgemeine Gütergemeinschaft zwischen den Eheleuten. Später erst verlegten die Eheleute ihren Wohnsitz nach Stöwen[546], wo das dort geltende Provinzialrecht die eheliche Gütergemeinschaft nicht grundsätzlich zugrunde legte. Die Klägerin trug vor, dass durch diesen Umzug und Wohnortwechsel der Eheleute sich das Verhältnis der ehelichen Gütergemeinschaft nicht

---

544 Obertribunal Entscheidungen, Bd. 60, S. 150 = Striethorst, Archiv für Rechtsfälle, Bd. 71, S. 109.

545 Obertribunal Entscheidungen, Bd. 13, S. 297; Obertribunal Entscheidungen, Bd. 40, S. 171.

546 Der Ort Stöwen lag in der Zeit von 1816 – 1938 im Kreis Dramburg, der zum Regierungsbezirk Köslin in Pommern gehörte.

geändert habe. Der Ehemann habe daher nicht allein über das Grundstück verfügen können[547].

Die Beklagten bestritten, dass zwischen den Eheleuten die Gütergemeinschaft bestanden habe, dass sie ihren ersten Wohnsitz zunächst in Woldich-Tychow gehabt haben und dass diese Tatsachen ihnen bei Abschluss des Vertrages bekannt gewesen seien. Zudem habe die Ehefrau, wenn auch nicht schriftlich, so doch mündlich in den Verkauf eingewilligt[548].

In erster Instanz wies das Gericht die Klage wegen Unzulässigkeit eines Beweisantrages über Vereidigung der Aussage über die Kenntnis des Bestehens der Gütergemeinschaft durch Urteil vom 23. Oktober 1866 ab. In der zweiten Instanz sagte die Ehefrau unter Eid aus, dass vor und bei Abschluss des Kaufvertrages von ihr und ihrem Ehemann den Verklagten wiederholt gesagt worden sei, dass sie in Gütergemeinschaft lebten, weil diese an ihrem ersten Wohnort gelte, und dass den Verklagten bei Abschluss bekannt gewesen sei, dass sie und ihr Ehemann nach ihrer Heirat ihren ersten Wohnsitz in Woldich-Tychow gehabt hätten. Dieses wurde erneut von den Beklagten bestritten[549].

Das Appellationsgericht zu Cöslin erhob sodann Beweis über die Feststellung des ersten Wohnsitzes der Eheleute nach der Heirat. Beweisergebnis war, dass der erste Wohnsitz in Woldich-Tychow belegen war. Das Appellationsgericht machte dann die Entscheidung von der Aussage der Beklagten unter Eid abhängig, dass diesen weder vor noch bei Abschluss des Vertrages vom 17. Januar 1863 von der Klägerin oder ihrem Ehemann oder von beiden gesagt worden sei, dass sie in Gütergemeinschaft lebten, weil solche in Woldich-Tychow, wo sie zuerst nach ihrer Verheiratung gewohnt hätten, allgemein gelte, dass den Beklagten auch sonst zu keinem Zeitpunkt bekannt gewesen sei, dass die Klägerin und deren Ehemann nach ihrer Verheiratung ihren ersten Wohnsitz in Woldich-Tychow gehabt haben. Im Fall der Eidesleistung sollte die Klage abgewiesen werden, im Fall der Nichtleistung sollte dem Klagantrag der Klägerin entsprochen werden. Der Eid sollte dazu beitragen, die Gut- bzw. Bösgläubigkeit des Dritten zu beweisen. Verneinten die Beklagten unter Eid die Kenntnis von dem ersten Wohnsitz, konnte keine Bösgläubigkeit unterstellt werden. Bei Verweigerung des Eides hingegen wollte das Gericht von Bösgläubigkeit ausgehen. Für das Gericht reichte die Kenntnis über den ersten Wohnsitz für das Wissen um die ehelichen Güterrechtsverhältnisse aus; weitergehende Schlussfolgerungen über das dort geltende Recht und die Bestimmungen über die Güterrechtsverhältnisse wurden

547 Obertribunal Entscheidungen, Bd. 60, S. 150, 151.
548 Obertribunal Entscheidungen, Bd. 60, S. 150, 151.
549 Obertribunal Entscheidungen, Bd. 60, S. 150, 151 f.

dem Dritten auf Grund dieser Kenntnis unterstellt[550]. Gegen diese Entscheidung des Appellationsgerichts legten die Beklagten Revision ein gerichtet gegen die unrechtmäßige Auferlegung der Eidesleistung. Die Beklagten wandten sich hauptsächlich gegen den zweiten Teil des Eides, wonach sie unter Eid aussagen sollten, dass ihnen vor und bei Abschluss des Vertrages bekannt gewesen sei, dass für die Klägerin und deren Ehemann nach ihrer Verheiratung ihr erster Wohnsitz in Woldich-Tychow gelegen habe[551].

Der III. Senat des Obertribunals hat am 06. April 1868 das Urteil und die Wertung des Appellationsgerichts bestätigt. Die Beschwerde über die Auferlegung des Eides wurde als unbegründet abgewiesen. Die für den Fall der Ableistung oder Nichtableistung des Eides ausgesprochenen Folgen seien durch das Appellationsgericht richtig bestimmt worden[552]. In der Entscheidung heißt es, dass bei Verlegung des ersten Wohnsitzes der Eheleute, an dem die Gütergemeinschaft galt, an einen Ort, an dem die Gütergemeinschaft nicht durch Gesetz eingeführt war, das Recht der Gütergemeinschaft generell fortbestehe. Bei Fortbestand der Gütergemeinschaft könne der Ehemann ohne formgemäße Einwilligung der Ehefrau nicht über eheliche Grundstück verfügen. Einen gutgläubigen Dritten, der mit dem Ehemann ein derartiges Rechtsgeschäft abschließe, könne zwar sein Nichtwissen von dem Fortbestand der Gütergemeinschaft nicht benachteiligen und die Ehefrau könne in einem solchen Fall dem nicht wissenden Dritten gegenüber den Vertrag nicht mangels Einwilligung anfechten, hatte der Dritte aber Kenntnis von den ursprünglichen gütergemeinschaftlichen ehelichen Verhältnissen, so müsse er sich diese Kenntnis als „mala fides“ anrechnen lassen. Der in diesem Fall nur mit dem Ehemann geschlossene Vertrag sei bei fehlender formgemäßer Einwilligung der Ehefrau unwirksam[553].

Der III. Senat des Obertribunals verlangte entsprechend der bisherigen Rechtsprechung des Obertribunals im vorliegenden Fall für den Nachweis der „mala fides“ des Dritten wenigstens die Kenntnis des Dritten von dem ersten Wohnsitz der Eheleute, an dem die dortigen Provinzialgesetze oder Statuten die Gütergemeinschaft zwischen den Eheleuten vorsahen[554].

Es war in den ersten Instanzen bewiesen worden, dass die Eheleute ihren ersten Wohnsitz in Woldich-Tychow bezogen hatten. Weiterhin galt an diesem Ort unstreitig die Pommersche Bauernordnung von 1764. Gemäß § 350 Teil II Titel 1 ALR wurde die Gütergemeinschaft zwischen den Eheleuten dann begründet, wenn an dem Orte des ersten Wohnsitzes nach vollzogener Heirat Provinzialge-

---

550 Obertribunal Entscheidungen, Bd. 60, S. 150, 151 f.
551 Obertribunal Entscheidungen, Bd. 60, S. 150, 152.
552 Obertribunal Entscheidungen, Bd. 60, S. 150, 152 ff.
553 Obertribunal Entscheidungen, Bd. 60, S. 150, 153 ff.
554 Obertribunal Entscheidungen, Bd. 60, S. 150, 154.

setze dies vorsehen. Das Obertribunal zog die vorhandenen Vorschriften der Bauernordnung über die Gütergemeinschaft heran und wandte sie entsprechend an. Gemäß dem ausdrücklichen Wortlaut der §§ 2, 5, 6 Titel IV der Bauernordnung galt daher unter Eheleuten vom Stande der Kläger mit erstem Wohnsitz in Woldich-Tychow die allgemeine eheliche Gütergemeinschaft[555]. Die so zwischen den Eheleuten begründete eheliche Gütergemeinschaft war aufgrund der Anwendung des § 351 Teil II Titel 1 ALR auch nicht durch den Umzug nach Stöwen aufgehoben worden. Daraus folgerte das Obertribunal, dass aufgrund der fortbestehenden ehelichen Gütergemeinschaft nach dem dort geltenden Recht der Ehemann ohne Einwilligung der Ehefrau nicht berechtigt sei, alleine über das Grundstück zu verfügen[556]. Den Vortrag der Beklagten, die Ehefrau habe mündlich ihre Einwilligung erteilt, betrachtete das Obertribunal aufgrund seiner Rechtsprechung in Bezug auf die Formbedürftigkeit der Einwilligung als unerheblich. Derartige Einwilligungen mussten nach ständiger Rechtsprechung des Obertribunals in schriftlicher Form erfolgen, auch wenn die Vorschriften zu den Formerfordernissen schwiegen[557].

Der III. Senat des Obertribunals bekräftigte seine Ansicht aus den vorangegangenen Entscheidungen[558], dass die Verlegung des Wohnsitzes an einen Ort, wo die eheliche Gütergemeinschaft nicht galt, grundsätzlich nichts an den Rechtsverhältnissen der am ersten Wohnsitz zwischen den Eheleuten gesetzlich begründeten Gütergemeinschaft änderte. Einem redlichen Dritten aber, dem eine Kenntnis über den Fortbestand der ehelichen Gütergemeinschaft an dem neuen Wohnorte der Eheleute nicht nachgewiesen werden konnte, und welcher nach den dort geltenden Gesetzen mit dem Ehemanne allein über Grundstücke kontrahierte, könne die Ehefrau ihre mangelnde Einwilligung nicht entgegenhalten. Hatte dieser Dritte aber Kenntnis von den güterrechtlichen Verhältnissen erlangt, so handelte er mit mala fides und der Veräußerungsvertrag mit dem Ehemann war unverbindlich[559]. Diese Kenntnis um die güterrechtlichen Verhältnisse könne abgeleitet werden aus einer Mitteilung durch die Eheleute an den Dritten oder aber durch das Wissen um den ersten Wohnsitz. Über beide Punkte sei im vorliegen-

555 Vgl. Erkenntnis des Obertribunals vom 13. April 1825 betreffend die Frage, ob die communio bonorum in Pommern eine allgemeine oder eine beschränkte ist, v. Kamptz Jahrbücher, Bd. 28, S. 273, 274: Das Obertribunal entschied in der Entscheidung, dass es sich bei der Gütergemeinschaft gemäß 1764 Tit. IV § 2 und 6 der Bauernordnung um eine allgemeine Gütergemeinschaft handelte.

556 Obertribunal Entscheidungen, Bd. 60, S. 150, 151 ff.

557 Vgl. Obertribunal Entscheidungen, Bd. 10, S. 170; Obertribunal Entscheidungen, Bd. 14, S. 44.

558 Obertribunal Entscheidungen, Bd. 13, S. 297; Obertribunal Entscheidungen, Bd. 40, S. 171.

559 Obertribunal Entscheidungen, Bd. 60, S. 150, 154 f.

den Fall der Eid angetragen und angenommen worden und von diesem Eide mit Recht die Entscheidung abhängig gemacht worden[560]. Dies entsprach der bisherigen Rechtsprechung des Obertribunals.

Kurze Zeit vor diesem Urteil war allerdings ein Urteil des I. Senates am 16. März 1868[561] ergangen, das an die Bösgläubigkeit hohe Anforderungen gestellt hatte. In diesem Fall hatten die Eheleute ihren ersten Wohnsitz in einem Gebiet genommen, an dem nach dem dort geltenden Code Civil nur eine beschränkte Gütergemeinschaft galt, bei der der Ehemann gemäß Art. 1410 und 1424 des Code Civil nicht für Gerichtskosten hafte, die seiner Ehefrau auferlegt worden waren. Später waren die Eheleute an einen Ort verzogen, an dem eine unbeschränkte allgemeine Gütergemeinschaft galt. Der I. Senat des Obertribunals stellte zunächst die Anwendbarkeit der Regel in § 352 Teil II Titel 1 ALR auf diesen Fall fest. Die Bestimmung des § 352 Teil II Titel 1 ALR sollte auch auf solche Fälle Anwendung finden, in denen eine ihrem Umfang nach beschränkte Gütergemeinschaft an dem früheren Wohnorte gegolten habe und die Eheleute ihren zweiten Wohnsitz im Geltungsbereich der allgemeinen Gütergemeinschaft genommen haben[562]. Die Kläger trugen in diesem Fall vor, dass der Gläubiger Kenntnis gehabt habe über den Ort der Eheschließung und den ersten Wohnsitz und somit sich nicht auf den § 352 Teil II Titel 1 ALR berufen könne. Gemäß § 12 der Einleitung des ALR und den §§ 350 ff Teil II Titel 1 ALR sei davon auszugehen, dass der Gläubiger in Kenntnis der beschränkten güterrechtlichen Verhältnisse gehandelt habe. Dieser Argumentation konnte der I. Senat des Obertribunals in dieser Entscheidung nicht folgen. Zwar schütze die Bürger ihre Unkenntnis des geltenden Rechtes grundsätzlich nicht. Daraus allein aber konnte dieser Senat des Obertribunals noch nicht auf die nach Auslegung der §§ 350 ff. Teil II Titel 1 geforderte Bösgläubigkeit schließen. Kenntnis vom ersten Wohnort sollte noch nicht ausreichend sein, um den Schutz des § 352 Teil II Titel 1 ALR nicht in Anspruch nehmen zu können[563]. Diese Entscheidung scheint ein Einzelfall bei der Bestimmung der Bösgläubigkeit geblieben zu sein. In den anderen Entscheidungen, so auch in der hier vorliegenden Entscheidung entschied sich das Obertribunal für geringere Anforderungen an die Kenntnis über die tatsächlichen güterrechtlichen Verhältnisse zwischen den Eheleuten[564]. Die Kenntnis von dem ersten Wohnsitz sollte ausreichen.

§ 350 Teil II Titel 1 ALR legte fest, dass sich das Bestehen der Gütergemeinschaft nach dem Gesetz oder Statut richtet, das an dem ersten Wohnsitz gilt. Ge-

560 Obertribunal Entscheidungen, Bd. 60, S. 150, 154 f.
561 Striethorst, Archiv für Rechtsfälle, Bd. 70, S. 193.
562 Striethorst, Archiv für Rechtsfälle, Bd. 70, S. 193 ff.
563 Striethorst, Archiv für Rechtsfälle, Bd. 70, S. 193 ff.
564 Obertribunal Entscheidungen, Bd. 60, S. 150, 154 ff.

mäß § 12 der Einleitung zum Allgemeinen Landrecht war jeder Einwohner des Staates verpflichtet, sich um die ihn und seine Handlungen betreffenden Gesetze genau zu erkundigen. Mit der Unwissenheit um ein publiziertes Gesetz könne er sich nach Ansicht des III. Senates des Obertribunals in dieser Entscheidung nicht entschuldigen. Die pommersche Bauernordnung stellte ein am 30. Dezember 1764 von dem Landesherrn nach der damaligen Verfassung ordnungsgemäß publiziertes Provinzialgesetz für das Herzogtum Pommern dar. Es war somit der § 12 der Einleitung zum ALR einschlägig[565]. Daher schloss der III. Senat des Obertribunals in dieser Entscheidung im Gegensatz zu der Entscheidung vom 16. März 1868 des I. Senates, dass aus der Kenntnis der Tatsachen, die die Gütergemeinschaft zwischen der Klägerin und ihrem Ehemann gesetzlich begründeten, auch die Kenntnis von dem zwischen diesen bestehenden güterrechtlichen Verhältnissen rechtlich zu folgern war. War daher den Beklagten vor oder bei Abschluss des von der Klägerin angefochtenen Kaufvertrages bekannt, dass die Klägerin nach der Heirat mit ihrem Ehemann ihren ersten Wohnsitz in Woldich-Tychow, einem unter der Herrschaft der Pommerschen Bauernordnung belegenen Dorfes, genommen hatte, so sei ihnen auch die Kenntnis von der zwischen der Klägerin und ihrem Ehemann bestehenden Gütergemeinschaft beizumessen. Auf die Unwissenheit über den Geltungsbereich der Pommerschen Bauernordnung können sich die Beklagten nach Ansicht des III. Senates des Obertribunals nicht berufen. Eines besonderen Nachweises des Fortbestandes der Gütergemeinschaft bedürfe es nicht. Die einmal begründete Gütergemeinschaft bestehe somit auch hinsichtlich einem Dritten mit Kenntnis vom ersten Wohnsitz fort [566].

Der Meinung, dass nicht nur die Kenntnis der die Gütergemeinschaft begründenden Tatsachen nachgewiesen werden müsse, sondern auch des wirklichen Fortbestandes der Gütergemeinschaft, folgte der III. Senat des Obertribunals in dieser Entscheidung nicht. Er stützte sich als Begründung auf die Entscheidungen Band 13 S. 297 und Band 40 S. 171. So heißt es in Band 40 S. 174 : „die Kenntnis von diesem (güterrechtlichen) Verhältnisse ist das Entscheidende, die Art und Weise, wie diese Kenntnis vermittelt wird, ist von untergeordneter Bedeutung und ebenso ist es gleichgültig, ob das güterrechtliche Verhältnis durch speziellen Vertrag oder durch Unterwerfung unter das örtliche Recht des ersten Wohnsitzes nach geschlossener Ehe begründet worden ist“[567]. Entscheidend war somit der Nachweis der Kenntnis der Entstehungsquellen der ehelichen Gütergemeinschaft. Bestätigt wurde diese Ansicht durch das Erkenntnis des Obertribunals vom 29.

565 Obertribunal Entscheidungen, Bd. 60, S. 150, 155.
566 Obertribunal Entscheidungen, Bd. 60, S. 150, 155 ff.
567 Obertribunal Entscheidungen, Bd. 60, S. 150, 157.

Juni 1877[568], welches urteilte, dass bei provinziellen ehelichen Gütergemeinschaften die Kenntnis des Dritten von der eingegangenen Ehe auch die Kenntnis von der nach der Regel des Gesetzes damit verbundenen Gütergemeinschaft in sich mit einschloss. Generell konnte aber bei Gutgläubigkeit des Dritten nach vorherrschender Ansicht der Senate des Obertribunals die Regelung der Wandelbarkeit des Güterrechtsstatuts des § 352 Teil II Titel 1 ALR auch auf den nicht geregelten Fall im Einzelfall angewandt werden.

c. Entscheidung des IV. Senates vom 11. März 1873

Zeigt die vorhergehende Entscheidung, dass die Senate des Obertribunals durchaus geneigt waren, den § 352 Teil II Titel 1 ALR großzügig über den Wortlaut hinaus auch auf den nicht geregelten umgekehrten Fall anzuwenden und so den Drittschutz zu erweitern, verfolgte in der folgenden Entscheidung vom 11. März 1873[569] der IV. Senat in Bezug auf ein weiteres Merkmal der Vorschrift eine restriktivere Tendenz. Bei der Anwendung des § 352 Teil Titel 1 ALR war in diesem Rechtsstreit der Wortlaut der Regelung in Bezug auf den Abschlußort des betroffenen Rechtsgeschäftes zwischen dem Ehemann und einem Dritten als maßgebend herangezogen worden, um den Drittschutz nicht zu weit auszudehnen[570]. Der IV. Senat des Obertribunals hatte über die Frage zu entscheiden, ob der § 352 Teil II Titel 1 des ALR auch Anwendung fand auf Verträge, welche der Ehemann außerhalb der territorialen Grenzen des an seinem neuen Wohnsitze geltenden, die Gütergemeinschaft unter Eheleuten festsetzenden Rechtes geschlossen hatte.

In dem Fall hatten die Eheleute die Ehe in Brandenburg geschlossen, wo keine Gütergemeinschaft galt, und dort auch ihren ersten Wohnsitz genommen. Sie waren 1851 nach Hinterpommern verzogen, wo die eheliche Gütergemeinschaft galt. 1869 kaufte der Mann im Dezember ein Gut in Westpreußen durch einen dort auch geschlossenen Vertrag. Der Gläubiger ging aufgrund des neuen Wohnsitzes in Hinterpommern von der Geltung der Gütergemeinschaft zwischen den Eheleuten aus. Aufgrund der Annahme der ehelichen Gütergemeinschaft sollte die Ehefrau aus diesem Kaufvertrag mit in Anspruch genommen werden. Die Ehefrau bestritt die Gütergemeinschaft. Die Kläger beriefen sich auf den Wortlaut des § 352 Teil II Titel 1 des ALR. In beiden Instanzen ist die Klage gegen

568 Striethorst, Archiv für Rechtsfälle, Bd. 97, S. 285.
569 Obertribunal Entscheidungen, Bd. 69, S. 101.
570 Obertribunal Entscheidungen, Bd. 69, S. 101 = Striethorst, Archiv für Rechtsfälle, Bd. 88, S. 274.

die Ehefrau abgelehnt worden und die Existenz einer Gütergemeinschaft nach dem in Hinterpommern geltenden Recht verneint worden[571].

Der Appellationsrichter stellte bei seiner Begründung auf den Ort des Abschlusses des Kaufvertrages ab. Dieser lag in Westpreußen außerhalb der territorialen Grenzen des Geltungsbereiches der Pommerschen Bauernordnung. Ob die Beklagten aufgrund ihres momentanen Wohnsitzes in Meesow der Pommerschen Bauernordnung und damit den Regeln der Gütergemeinschaft unterworfen waren oder nicht, konnte daher nach Ansicht der zweiten Instanz dahingestellt bleiben[572].

Die Kläger rügten daraufhin mit der Nichtigkeitsbeschwerde eine Verletzung der §§ 23, 28 der Einleitung des ALR und die §§ 350, 352 Teil II Titel 1 des ALR. Der IV. Senat hat mit seiner Entscheidung vom 11. März 1873 die Nichtigkeitsbeschwerde zurückgewiesen[573]. In seiner Begründung führte der IV. Senat des Obertribunals den § 23 der Einleitung des ALR an[574]. § 23 der Einleitung des ALR besagte, dass die persönlichen Eigenschaften und Befugnisse eines Menschen nach den Gesetzen der Gerichtsbarkeit beurteilt werden, unter welchen derselbe seinen eigentlichen Wohnsitz habe. Werde ein neuer Wohnsitz genommen, so können sich die persönlichen Rechte verändern, wenn an dem neuen Wohnsitz andere Gesetze gelten[575]. Diese Grundsätze bezogen sich aber nicht auf Rechte, die bereits an dem ersten Wohnsitz erworben worden seien. Damit werde das eheliche Güterrecht im allgemeinen durch den ersten Wohnsitz der Eheleute bleibend bestimmt. Damit stimmte auch der in § 351 Teil II Titel 1 ALR festgehaltenen Grundsatz überein[576].

Das gemeine deutsche Recht stand nach Ansicht des IV. Senates des Obertribunals mit diesem Grundsatz ebenfalls im Einklang. Im gemeinen Recht wurde nach der Stellungnahme vom Obertribunal zur Zeit der Redaktion des ALR die Ansicht vertreten, dass Eheleute sich, wenn sie durch Verträge nichts anderes

---

571 Obertribunal Entscheidungen, Bd. 69, S. 101 f.

572 Obertribunal Entscheidungen, Bd. 69, S. 101, 102.

573 Obertribunal Entscheidungen, Bd. 69, S. 101, 102.

574 § 23 Einleitung ALR: „Die persönlichen Eigenschaften und Befugnisse eines Menschen werden nach den Gesetzen der Gerichtsbarkeit beurteilt, unter welcher derselbe seinen eigentlichen Wohnsitz hat.“

575 Vgl. § 24 Einleitung ALR: „Eine bloße Entfernung aus seiner Gerichtsbarkeit, bey welcher die Absicht, einen anderen Wohnsitz zu wählen, noch nicht mit Zuverlässigkeit erstellt, verändert die persönlichen Rechte und Pflichten dieses Menschen nicht.“
§ 28 Einleitung ALR: „Das bewegliche Vermögen eines Menschen wird, ohne Rücksicht seines gegenwärtigen Aufenthaltes, nach den Gesetzen der ordentlichen Gerichtsbarkeit desselben beurtheilt.“

576 Obertribunal Entscheidungen, Bd. 69, S. 101, 103.

untereinander vereinbarten, stillschweigend dem ehelichen Güterrecht desjenigen Ortes unterwarfen, an dem sie nach vollzogener Heirat ihren ersten Wohnsitz nahmen, und dass danach das auf diese Weise einmal begründete Recht, als ein auch von der Frau erworbenes Recht durch einen oft willkürlichen Domizilwechsel nicht geändert werden könne[577].

Der IV. Senat des Obertribunals stellte fest, dass die Regelung des § 352 Teil II Titel 1 ALR eine Ausnahme von diesem Rechtsgrundsatz darstelle und daher nach den allgemeinen Interpretationsregeln restriktiv auszulegen sei. Daher sei die Formulierung in § 352 Teil II Titel 1 ALR „an diesem letzteren Orte vorgenommenen Handlungen" auch restriktiv nach dem Wortlaut auszulegen. Sie dürfe nicht als ein bloßer Ausdrucksfehler der Redaktoren gewertet werden. Es sollten nur Rechtsakte erfasst werden, die an dem neuen Wohnort vorgenommen werden und nicht auch außerhalb dieses Rechtsgebietes. Die Tatsache, dass es sich um einen Ausnahmetatbestand handele, sowie die grammatische Interpretation als auch die Natur der Sache sprechen für diese einschränkende Auslegung des Rechtsgedankens. Der Dritte solle nur dann Schutz genießen, wenn auch das Rechtsgeschäft innerhalb der territorialen Grenzen des neuen Wohnsitzes abgeschlossen werde. Außerhalb dieses Gebietes sollten die allgemeinen Regeln der Unveränderbarkeit des einmal etablierten Güterrechts fortgelten[578].

d. Bewertung

Das Obertribunal bestätigte in mehreren Erkenntnissen seine rechtlichen Einschränkungen und Erweiterung des Drittschutzes auf den in § 352 Teil II Titel 1 ALR geregelten und den nicht geregelten Fall. Damit erweiterte es den Ausnahmenbereich zu dem in § 351 Teil II Titel 1 ALR aufgestellten Grundsatz von der Unwandelbarkeit der einmal erworbenen ehelichen Rechte erheblich, obwohl dafür in den gesetzlichen Vorschriften keine Anzeichen bestanden. In seiner Begründung legte es dar, dass der Gutgläubige unter allen Umständen vor Täuschung seitens der Eheleute zu schützen sei. Dieser Schutz musste nach Ansicht des Obertribunals auch in dem im Gesetz nicht geregelten Fall gelten[579].

Das Obertribunal zog die erweiterte Anwendung aus einem nach seiner Ansicht das gesamte ALR durchdringenden Grundsatz vom Gutglaubensschutz. Obwohl nur der Fall, in dem die Eheleute ihren Wohnsitz von einem Orte, wo keine Gütergemeinschaft obwaltete, nach einem Orte, wo dieselbe gesetzlich bestand, verlegten, ausdrücklich im § 352 Teil II Titel 1 ALR geregelt war, müsse

577 Obertribunal Entscheidungen, Bd. 69, S. 101, 103 f.
578 Obertribunal Entscheidungen, Bd. 69, S. 101, 104 f.
579 Obertribunal Entscheidungen, Bd. 13, S. 297 ff.

aufgrund des allgemeinen Grundsatzes vom Gutglaubensschutz auch der Nichtwissende in dem umgekehrten Fall geschützt werden. Das Obertribunal unterstellte damit die Parallele, dass der Dritte in beiden Fällen die Geltung der an dem jetzigen Wohnsitz geltenden Gesetzesvorschriften voraussetzte und dieses Vertrauen geschützt werden müsse. Dabei ging das Obertribunal von der Gleichheit des Rechtsgrundes und damit von einer durch analoge Anwendung auszufüllenden Gesetzeslücke aus.

Die Auslegung bzw. analoge Anwendung durch das Obertribunal war in der Literatur und für den Gesetzgeber nicht ganz unumstritten, da die Regelung in § 352 Teil II Titel 1 ALR bereits eine Ausnahme zu § 351 Teil II Titel 1 ALR darstellte. So ging Koch[580] in seinem Kommentar „Allgemeines Landrecht für die preußischen Staaten" davon aus, dass die Voraussetzungen einer Analogie nicht gegeben sein dürften. Bei dem Vorliegen einer Ausnahme sollte es nach den allgemeinen Regeln der Auslegung nicht möglich sein, den der Ausnahme zugrundeliegenden Rechtsgedanken auf einen nicht geregelten Fall, eine weitere Ausnahme von der Regel, zu übertragen[581]. Außerdem konnte Koch die Gründe für die vorgenommene analoge Anwendung des Drittschutzes nicht nachvollziehen. Der Grund für die Ausnahme sei, den gutgläubigen Dritten in seiner Annahme einer bestehenden Gütergemeinschaft zu schützen, um ihm die Vorteile dieser Annahme zu erhalten. Die Annahme einer bestehenden ehelichen Gütergemeinschaft bedeutete für den Dritten mehr Sicherheit, da beide Ehegatten mit dem gesamten gemeinschaftlichen Vermögen in der Haftung standen. Um dieses Vertrauen zu schützen, wurde eine Ausnahme in Bezug auf die Unwandelbarkeit des Güterrechtsstatutes bei Wohnortwechseln eingefügt. Warum sollte nun aber der Dritte in dem umgekehrten Fall davor geschützt werden, dass seine Annahme der Gütertrennung die richtige sei, wenn ihm das Vorhandensein der Gütergemeinschaft aufgrund des ersten Wohnsitzes doch viel vorteilhafter sei? Nach Koch war der Dritte in diesem Fall vor Täuschungen aufgrund der allgemeinen Betrugsvorschriften genug geschützt; er konnte keine Gründe nach Vernunft und Billigkeit für eine andere Regelung finden. Die Annahme durch das Obertribunal sei rein willkürlich[582].

Diese von Koch geäußerte Kritik war auch bei den Revisionsarbeiten über das Güterrecht angesprochen worden. Die Revisoren vertraten – wie oben bereits dargestellt – eine andere Auffassung über die Ausnahmeregel im ALR als das

---

580 Koch, Allgemeines Landrecht für die preußischen Staaten, 8. Auflage, Anm. 7 zum § 352, S. 171.

581 Koch, Allgemeines Landrecht für die preußischen Staaten, 8. Auflage, Anm. 7 zum § 352, S. 171.

582 Koch, Allgemeines Landrecht für die preußischen Staaten, 8. Auflage, Anm. 7 zum § 352, S. 171.

Obertribunal. Im Gegensatz zum Obertribunal in seinen späteren Entscheidungen, welches die Ausnahmeregel sogar erweiterte, hielten die Revisoren weder eine erweiternde Auslegung noch die eigentliche Ausnahmeregel des § 352 Teil II Titel 1 ALR für angemessen. Die ehelichen Rechte seien vielmehr vor willkürlichen Veränderungen zu schützen, insbesondere die durch die Eheschließung erworbenen Rechte für die Ehefrau, die sich dem Ehemann unterzuordnen habe.

Aufgrund der territorialen Veränderungen und des Zuwachses in den Städten könne ein Gläubiger nicht einfach vermuten, dass die Eheleute in der Stadt des Abschlusses des Rechtsgeschäftes auch ihren ersten Wohnsitz bezogen hätten. Hier ging der Drittschutz nach Ansicht der Revisoren zu weit[583]. Auch die Redaktoren hatten in den Materialien zum allgemeinen Gesetzbuch festgehalten, dass aufgrund des bezweckten Drittschutzes gerade nicht der nicht in § 352 Teil II Titel 1 ALR geregelte Fall schützenswert gewesen sei[584].

Mit seinen Entscheidungen hatte das Obertribunal diese Gedanken der Redaktoren und Revisoren außer Acht gelassen bzw. bei der Anwendung auf den gesetzlich nicht geregelten Fall genau gegensätzlich argumentiert. Im Gegensatz zu den Revisoren hielt das Obertribunal die Rechte des Dritten in jedem Fall der Gutgläubigkeit für schützenswürdiger als die einmal erworbenen Rechte der Ehegatten. Dass der nicht geregelte Fall dem Dritten bei Fortdauer der Gütergemeinschaft sogar zum Vorteil gereichen konnte für einen Rückgriff auf das gemeinsame Vermögen der Eheleute, übersah das Obertribunal in seiner Argumentation. Dabei folgte es weder der ursprünglichen Absicht des Gesetzgebers noch den inzwischen in der Rechtswissenschaft ausgesprochenen Ansichten über den Sinn und Zweck der Vorschriften, sondern einer abweichenden, nach eigener Ansicht nach vernünftigen Auslegung der Vorschriften. Die Redaktoren hatten die Regelung dieser ungeregelten Ausnahme nicht übersehen, sondern gerade nicht für regelungsbedürftig gehalten. Eine durch Analogie zu füllende Lücke war also eigentlich gerade nicht gegeben. Dies ließ das Obertribunal bei seiner Rechtsprechung völlig außer Acht und stellt seine eigene Interpretation des Rechtsproblems auf. Die historische Auslegung sprach das Obertribunal in seiner Entscheidung nicht an. Es erwähnte weder die Materialien zum ALR noch die in der Revision geäußerten Meinungen.

Widersprüchlich erscheint diese Argumentation des Obertribunals zudem in Bezug auf die Zumutbarkeit der Überprüfung der ehelichen Rechtsverhältnisse durch den Dritten. Auf der einen Seite konnte es einem Dritten nach Ansicht des Obertribunals nicht zugemutet werden, bei jedem Rechtsgeschäft mit einem Ehegatten, die ehelichen Güterrechtsverhältnisse zu erkunden, andererseits aber

583 Schubert / Regge, a.a.O., Abt. II, Bd. 5/I, S. 290 ff.
584 Vgl. Schubert / Regge, a.a.O., Abt. II, Bd. 5/I, S. 291.

sollte es einem Dritten für die Bestimmung der Bösgläubigkeit bei Kenntnis über den Wohnsitz der Ehegatten zumutbar sein, das anwendbare Recht und damit das bestehende Güterrechtsverhältnis zu bestimmen und zu kennen.

Im Gegensatz zu den Revisoren des ehelichen Güterrechts griff das Obertribunal in seinen Entscheidungen die Notwendigkeit des Schutzes der ehelichen Rechte, insbesondere den Schutz der Rechte der Ehefrau nicht auf, sondern stellte den Drittschutz in allen möglichen Fällen von Täuschungen der Eheleute an oberste Stelle. Die Revisoren des ALR hatten keine Veranlassung für die Aufrechterhaltung der Ausnahmenregelung in § 352 Teil II Titel gesehen, aber das Obertribunal wandte den Rechtsgedanken des Drittschutzes in dem geregelten und in dem nicht geregelten Fall weiter an. Den Schutz der erworbenen Rechte der Ehefrau bewertet es bei der Analogie dabei geringer als den Drittschutz. Dies wurde zwar nicht ausdrücklich angesprochen, ergibt sich aber indirekt aus dem Ergebnis der Auslegung der Vorschriften. Dadurch schuf das Obertribunal durch wiederholte Entscheidung eine gesetzliche Regelung, die weder von den Redaktoren des ALR gewollt war, noch von den zu der Zeit herrschenden Ansichten der Revision getragen wurde, aber aufgrund der Institution als höchstes Gericht bindende Kraft für die Parteien als bestehendes Recht durch richterliche Rechtsfortbildung entfaltete.

Diesen weiten Anwendungsbereich schien das Obertribunal allerdings durch die Definition der Bösgläubigkeit wieder einzuschränken. Was es zunächst generell zuließ, schränkte es durch die weite Fassung der Bösgläubigkeit, in dem es die Bösgläubigkeit bereits bei Kenntnis von Umständen, die auf die ehelichen Güterverhältnisse deuten konnten, annahm, wieder ein.

Um so erstaunlicher ist die Analogie und die Ausdehnung des Drittschutzes zudem bei der Betrachtung der Urteilsbegründung des IV. Senates vom 11. März 1873. Der IV. Senat des Obertribunals betonte in dieser Entscheidung aus dem Jahr 1873 bei der Auslegung des Geltungsbereiches des § 352 Teil II Titel 1 ALR bei Veränderung des Wohnsitzes, aber bei Abschluss eines Rechtsgeschäfts an einem dritten Ort den Ausnahmecharakter des § 352 Teil II Titel 1 ALR. Der Gutglaubensschutz könne nicht über den Wortlaut hinaus ausgedehnt werden. Eine Ausnahme sei restriktiv auszulegen. In seiner Begründung hob das Obertribunal hervor, dass die Ehefrau vor willkürlichen Veränderungen der ihr einmal zugesprochenen Rechte zu schützen sei und dieser Schutz dem Drittschutz vorzugehen habe. Im Widerspruch zu seiner analogen Anwendung des § 352 Teil II Titel 1 ALR legte der IV. Senat in dieser Entscheidung dem Drittschutz weniger Bedeutung zu und wandte die Vorschrift bewusst restriktiv an. Zum Schutz der ehelichen Rechte sollten nur solche Rechtsgeschäfte mit Dritten schützenwert sein, die an dem Ort des neuen Wohnsitzes über dort belegene Gegenstände abgeschlossen wurden.

In dieser Entscheidung setzte sich das Obertribunal zum Schutz der erworbenen Rechte und Pflichten der Eheleute in Bezug auf das eheliche Vermögen über den allgemeinen Grundsatz in den Vorschriften über die Bestimmung des anzuwendenden Rechts hinweg. Nach dem allgemeinen Grundsatz des ALR richtete sich das eheliche Güterrecht nach dem Wohnsitz des Ehemannes, unabhängig davon, an welchen Orten eventuell weitere zum ehelichen Vermögen gehörende Güter und Grundstücke belegen waren. Eine Beurteilung dieser Grundstücke nach der „lex rei sitae“ verbot sich generell durch die Vorschriften der §§ 365-369 Teil II Titel 1 ALR[585]. Die außerhalb des ersten Wohnsitzes liegenden Grundstücke sollten grundsätzlich nicht nach der „lex rei sitae“ beurteilt werden, sondern ebenfalls dem Recht am ersten Wohnsitz unterfallen. Bei der Ausnahmeregelung des § 352 Teil II Titel 1 sollte dies nun nach der Ansicht des Obertribunals streng dem Wortlaut folgend der Fall sein.

Es ging zwar um unterschiedliche Rechtsfragen, aber das Obertribunal stützte seine Schlussfolgerungen auf dieselbe Problematik, allerdings mit widersprüchlicher Bewertung. In den Entscheidungen zu der Analogie zum § 352 Teil II Titel 1 ALR ging der Schutz des Dritten vor, in der Entscheidung über die örtliche Begrenzung der direkten Anwendung des § 352 Teil II Titel 1 ALR sollte dieser Schutz zurücktreten und restriktiv anzuwenden sein. Die Annahme, der § 352 Teil II Titel 1 ALR fände keine Anwendung auf Verträge, welche der Ehemann außerhalb der territorialen Grenzen des an seinem neuen Wohnsitze geltenden, die Gütergemeinschaft festsetzenden Rechts, geschlossen hatte, bestätigte das Obertribunal auch in anderen Entscheidungen[586]. Willkürliche Wohnsitzwechsel sollten danach nicht unter allen Umständen zu einer Veränderung und Schutz von Dritten führen. Auf die örtliche Belegenheit des Grundstückes sollte es grundsätzlich nach dem Wortlaut der Grundregel der § 350 ff. Teil II Titel 1 ALR für die Bestimmung, welche Gesetze für die Annahme der Gütergemeinschaft anwendbar waren, eigentlich nicht ankommen. Der § 352 Teil II Titel 1 ALR berief sich nun dem Wortlaut nach aber nur auf von dem Wohnsitz aus getätigte Rechtsgeschäfte. Das Obertribunal legte dieser Wortwahl den Sinn und Zweck bei, dass diese Wortwahl vorgenommen worden war, um den Ausnahmecharakter der Vorschrift zu unterstützen. Die Vermutung des Drittschutzes gegen Täuschungen sollte nur dann eingreifen, wenn die Eheleute nicht nur den Wohnsitz an einen Ort unter der Geltung der Gütergemeinschaft verlegt hatten, sondern

---

585 § 369 Teil II Titel 1 ALR: „Ist nach den Gesetzen des persönlichen Gerichtsstandes der Eheleute keine Gütergemeinschaft unter ihnen vorhanden, so gilt sie auch nicht in Ansehung auswärtiger Grundstücke, wenngleich sonst gleich an dem Orte, wo diese Grundstücke liegen, die Gemeinschaft der Güter obwaltet.“

586 Obertribunal Entscheidungen, Bd. 69, S. 101; Striethorst, Archiv für Rechtsfälle, Bd. 88, S. 274.

auch das Rechtsgeschäft an diesem Wohnsitz über Gegenstände geschlossen wurde, die an diesem neuen Wohnsitz belegen waren. Damit folgte das Obertribunal ganz restriktiv dem Wortlaut. Nach Ansicht des Obertribunals konnten nur Dritte am zweiten Wohnsitz bei dort abgeschlossenen Rechtsgeschäften mit den Eheleuten sich auf den Schutz des § 352 Teil Titel 1 ALR stützen. Außerhalb der territorialen Grenzen des neuen Wohnsitzes galt unverändert das eheliche Güterrecht des ersten Wohnsitzes unabhängig vom Wohnsitzwechsels. Im Gegensatz zu seiner Erweiterung des Drittschutzes bei der analogen Anwendung des § 352 Teil II Titel 1 ALR auf den dort nicht geregelten Fall vertrat das Obertribunal in Bezug auf die territoriale Beschränkung eine restriktive Ansicht über den Drittschutz. Es hielt sich zum Schutz der einmal erworbenen ehelichen Rechte genau an den Wortlaut und führte als Argument den Ausnahmecharakter der Vorschrift an. Indirekt widersprach diese Entscheidung der Rechtsanwendung des Obertribunals bei der analogen Erstreckung des Rechtsschutzes auf den nicht geregelten Fall. Hier hielt der Ausnahmecharakter der Vorschrift das Obertribunal nicht von der Durchführung einer erweiternden Analogie ab.

Bei der Auslegung des Wortlautes der Vorschrift des § 352 Teil II Titel 1 ALR ging das Obertribunal aufgrund des Ausnahmecharakters restriktiv und erweiternd vor. Grundsätzlich waren die einmal entstandenen Rechte für die Eheleute zu schützen. Nur der gutgläubige Dritte war durch den § 352 Teil II Titel 1 ALR zu schützen, wobei nicht nur die Bekanntmachung der güterrechtlichen Verhältnisse durch die Eheleute gegenüber dem Dritten, sondern bereits die Kenntnis von dem ersten Wohnsitz zur Bösgläubigkeit führen konnte. Der Schutz des § 352 Teil I Titel 1 ALR entfaltete zudem nur Wirksamkeit, wenn ein Rechtsgeschäft an dem neuen Wohnsitz über einen an diesem Ort belegenen Gegenstand abgeschlossen wurde. Der Drittschutz wurde durch das Obertribunal in Bezug auf die Person des Dritten und des Abschlußortes des streitigen Vertrages eng am Wortlaut und entsprechend des Ausnahmecharakters ausgelegt. Ging es aber um die analoge Anwendung diese Drittschutzes auf den nicht gesetzlich geregelten Fall, war das Obertribunal großzügig und hatte den Schutz entsprechend ausgeweitet.

Die unterschiedliche Behandlung des Drittschutzes schien für den IV. Senat des Obertribunals in seinen Entscheidungen in Bezug auf die vorangegangen Entscheidungen der anderen Senate keinen Widerspruch darzustellen. Da die Entscheidungen nicht direkt dasselbe Rechtsproblem betrafen, ist wohl auch keine Plenarentscheidung eingeholt worden. Vielmehr schien sich das Obertribunal auf den jeweiligen Einzelfall zu konzentrieren, um diesen einer nach dem System des ALR und dem Verständnis des jeweiligen Senates des Obertribunals von der Materie angemessenen Lösung zuzuführen. Es könnten aber auch durch das zeitliche Auseinanderliegen der Entscheidungen und die Entscheidungen unterschiedlicher Senate innerhalb des Obertribunals eine Weiterentwicklung und ein Umdenken stattgefunden haben, die zu einer Änderung der Rechtsanwendung führten. Dies ist aufgrund der geringen Anzahl von Fällen vor dem Obertribunal, die dieses Rechtsproblem betrafen, schwer zu beurteilen, zumal die Entscheidung des IV. Senates aus dem Jahr 1873 datierte und das Obertribunal nur wenige Jahre später im Jahr 1879 durch die Einsetzung des Reichsgerichts aufgelöst wurde.

Die zuletzt genannte Entscheidung zeigt aber, dass die Senate des Obertribunals sich des Problems durchaus bewusst waren, dass es auf der einen Seite eheliche Rechte vor willkürlichen Rechtsveränderungen zu schützen galt und auf der anderen Seite der Drittschutz zu beachten war. Das Obertribunal versuchte, dieses Problem durch eine dem System des ALR und seinem allgemeinen Verständnis von den güterrechtlichen Verhältnissen angemessene Abwägung im Einzelfall zu lösen. Erstaunlich ist, dass sich das Obertribunal in diesen Entscheidungen nicht von den Anmerkungen der Redaktoren und Revisoren leiten ließ. Im Gegensatz zu vielen anderen Entscheidungen werden die Materialien und Motive zum allgemeinen Gesetzbuch von 1784 in diesen Entscheidungen nicht zitiert und herangezogen. In den vorliegenden Fällen scheinen im Gegensatz zu ihrer sonstigen Vorgehensweise die Senate des Obertribunals nicht die tatsächliche Absicht des Gesetzgebers zugrunde zu legen, sondern sich vielmehr nach der Logik und der Systematik hinter den Vorschriften zu fragen und so zu einer eigenen Meinung zu gelangen. Den Wortlaut legten die Senate nach einer logischen Auslegung teilweise einschränkend aus, in anderen Fällen führte diese Logik zu einer erweiternden Analogie. Diese Vorgehensweise zeigt, dass das Obertribunal durchaus frei mit den Vorschriften des ALR umging und sich nicht in allen Fällen mit der starren Anwendung des Wortlauts oder der Vorgaben des Gesetzgebers zufrieden gab, um eine nach seiner Ansicht gerechte Lösung zu finden. Es zeigt aber auch, dass es sich nicht unbedingt durch die Gedankenströmungen zur Zeit der Revision beeinflussen ließ, sondern von diesen unabhängig zu einer Interpretation gelangte.

D) Verträge über die Einführung oder den Ausschluss der ehelichen Gütergemeinschaft

Unklarheiten ergaben sich wiederholt hinsichtlich der Anwendung der Vorschriften über die Einführung oder den Ausschluss der ehelichen Gütergemeinschaft durch Eheverträge. Regelungen zu diesem Problem waren im ALR und in dem Anhang zum ALR, aber auch in königlichen Reskripten und die vorhandenen Vorschriften ergänzenden oder abändernden Gesetzen enthalten.

Neben der Einführung der ehelichen Gütergemeinschaft aufgrund vorrangig anwendbarer Provinzialgesetze und -statuten sah das ALR auch die Möglichkeit vor, dass die Eheleute die eheliche Gütergemeinschaft aufgrund eines vor der Heirat abgeschlossenen Vertrages einführen bzw. auch ausschließen konnten, vgl. §§ 354 ff. und §§ 412 ff. Teil II Titel 1 ALR[587] sowie § 76 des Anhangs zum ALR[588]. Nach der vollzogenen Heirat konnten die Eheleute bei einem Wohnsitzwechsel die eheliche Gütergemeinschaft gemäß § 355 Teil II Titel 1 ALR[589] vertraglich einführen, wenn diese an dem neuen Wohnsitz gesetzlich galt. Bei einem Wohnortwechsel in eine Gegend, in der die Provinzialgesetze und -statuten die eheliche Gütergemeinschaft nicht vorsahen, konnten die Eheleute die am alten Wohnsitz begründete Gütergemeinschaft gemäß § 417 Teil II Titel 1 ALR[590] durch Vertrag aufheben und so ihre güterrechtliche Verhältnissen den jeweiligen Begebenheiten an ihrem Wohnsitz anpassen.

Nach dem Wortlaut der Vorschriften im ALR war die öffentliche Bekanntmachung keine Voraussetzung für die Wirksamkeit von Verträgen über die Einfüh-

---

587 § 354 Teil II Titel 1 ALR: „An Orten, wo die Gütergemeinschaft nicht aus Provinzialgesetzen oder Statuten statt findet, kann sie durch einen Vertrag nur vor Vollziehung der Heirat eingeführt werden."
§ 355 Teil II Titel 1 ALR: „Wenn jedoch Eheleute ihren Wohnsitz von einem Orte, wo keine Gütergemeinschaft obwaltet, an einen anderen, wo dieselbe statt findet verlegt haben, so können sie sich derselben, auch in Ansehung der Erbfolge, durch einen Vertrag unterwerfen."
§ 356 Teil II Titel 1 ALR: „Jeder Vertrag, wodurch eine Gütergemeinschaft entstehen soll, muß gerichtlich vollzogen werden."
§ 412 Teil II Titel 1 ALR: „Die Gemeinschaft der Güter, oder des Erwerbes, kann durch Verträge vor der Heirath ausgeschlossen werden."
§ 418 Teil II Titel 1 ALR: „Überhaupt stehet es den Eheleuten zu allen Zeiten frey, die Folgen der Gütergemeinschaft, so weit sich dieselben nur auf ihre künftige Succession erstrecken, durch Verträge aufzuheben oder abzuändern."

588 Anh. § 76: „Die Confirmation und Bekanntmachung des über die Gütergemeinschaft geschlossenen Vertrages gehört vor den Richter desjenigen Bezirkes, innerhalb welchem die Verlobten nach geschlossener Ehe ihren Wohnsitz nehmen."; Der Anhang § 76 ist dem Reskript vom 20. Juli 1795 entnommen.

589 § 355 Teil II Titel 1 ALR: „Wenn jedoch Eheleute ihren Wohnsitz von einem Orte, wo keine Gütergemeinschaft obwaltet, an einen andern, wo dieselbe statt findet, verlegt haben: können sie sich derselben auch in Ansehung der Erbfolge, durch einen Vertrag unterwerfen (§ 352)."

590 § 417 Teil II Titel 1 ALR: „Geschieht die Verlegung des Wohnsitzes, in stehender Ehe, von einem Orte, wo Gemeinschaft der Güter oder des Erwerbes obwaltet, an einen andern, wo sie nicht statt findet: so kann die unter den Eheleuten entstandene Gemeinschaft durch einen Vertrag aufgehoben werden."

rung der ehelichen Gütergemeinschaft[591]. Die Mehrheit der Redaktoren hatte die Bekanntmachung für diese Art von Verträgen für unnötig gehalten[592]. Im Gegensatz zu der Nichtregelung hinsichtlich der Art und Weise der vertraglichen Einführung der Gütergemeinschaft bestand gemäß § 422 Teil II Titel 1 ALR eine Veröffentlichungspflicht für alle Verträge, in denen die eheliche Gütergemeinschaft oder die eheliche Gemeinschaft des Erwerbes ausgeschlossen werden sollte[593]. Die §§ 423 ff. Teil II Titel 1 ALR enthielten des Weiteren auch noch spezielle Regelungen hinsichtlich einer Eintragungspflicht der ehelichen Güterregelung ins Handelsregister, wenn Kaufleute involviert waren, oder ins Hypothekenbuch[594].

Diese Regelungen des ALR über die Errichtung, Bekanntmachung und Geltung von Eheverträgen erwiesen sich bei ihrer Anwendung als lückenhaft oder unklar. Problematisch war in der Praxis vor allem die Formbedürftigkeit, d.h. die Notwendigkeit des Abschlusses der Verträge über die Einführung der Gütergemeinschaft vor einem Richter oder die Erforderlichkeit der öffentlichen Bekanntmachung und damit die Verbindlichkeit dieser Verträge. Von der Form und der Art der Bekanntmachung hing nicht nur die Verbindlichkeit der Verträge für die Ehegatten ab, sondern vor allem auch die Frage, inwieweit diese Verträge gegenüber außenstehenden Dritten Wirkungen entfalten konnten, wenn ein Ehegatte mit diesen Dritten Rechtsgeschäfte über sein bzw. das eheliche Vermögen abschloss.

---

591 § 354 Teil II Titel 1 ALR: „An Orten, wo die Gütergemeinschaft nicht aus Provinzialgesetzen oder Statuten statt findet, kann sie durch einen Vertrag nur vor Vollziehung der Heirat eingeführt werden."
§ 355 Teil II Titel 1 ALR: „Wenn jedoch Eheleute ihren Wohnsitz von einem Orte, wo keine Gütergemeinschaft obwaltet, an einen anderen, wo dieselbe statt findet verlegt haben, so können sie sich derselben, auch in Ansehung der Erbfolge, durch einen Vertrag unterwerfen."
§ 356 Teil II Titel 1 ALR: „Jeder Vertrag, wodurch eine Gütergemeinschaft entstehen soll, muss gerichtlich vollzogen werden."

592 Vgl. Bornemann, Systematische Darstellung des Preußischen Civilrechts, Bd. V, S.128.

593 § 422 Teil II Titel 1 ALR: „In allen Fällen, da die Gütergemeinschaft ausgeschlossen, oder aufgehoben werden soll, muß dieses gerichtlich verlautbart, und in den Zeitungen oder Intelligenzblättern der Provinz dreyenmal innerhalb Vier Wochen bekannt gemacht werden."

594 § 423 Teil II Titel 1 ALR: „Bey Kaufleuten in Handelsstädten muß außerdem die Bekanntmachung auf der Börse, oder durch die Kaufmannsältesten; und bei Zunftgenossen durch die Vorsteher der Zunft geschehen."
§ 424 Teil II Titel 1 ALR: „Auch muß die geschehene Ausschließung oder Aufhebung der Gemeinschaft bey allen Grundstücken, welche sonst der Gemeinschaft unterworfen seyn würden, im Hypothekenbuch vermerkt werden."

Die ursprünglichen Regelungen im ALR blieben nicht lange unverändert bestehen. In dem Anhang zum ALR wurde mit dem § 76[595] eine Vorschrift in Bezug auf die gerichtliche öffentliche Bekanntmachung von Verträgen über die eheliche Gütergemeinschaft eingefügt, die die öffentliche Bekanntmachung der Verträge nunmehr als notwendig voraussetzte. Ergänzend zu den Vorschriften im ALR erließ das Justizministerium in der Folgezeit weitere Reskripte, so z.B. am 15. Februar 1819 ein Reskript[596] über die Verlautbarung und Bekanntmachung der Verträge und am 14. Februar 1834[597] ein Reskript, welches klarstellte, dass die eheliche Gütergemeinschaft durch Vertrag auch dann noch während der Ehe eingeführt werden konnte, wenn sie zunächst durch Vertrag ausgeschlossen worden war, und dass die öffentliche Bekanntmachung der durch Vertrag eingeführten Gütergemeinschaft zwischen Eheleuten aufgrund des § 76 des Anhanges zum ALR ratsam sei[598]. Ein anderes Reskript vom 10. April 1835[599] sah z.B. hinsichtlich der Art und Weise des Vertragabschlusses über die ehelichen Güterverhältnisse vor, dass Verträge über die Ausschließung der Gütergemeinschaft nicht vor Notaren geschlossen werden konnten.

Doch auch diese gesetzgeberischen Maßnahmen des Gesetzgebers beseitigten immer noch nicht alle Unklarheiten in der Praxis. Das Justizministerium erließ daher im Jahr 1837 zur endgültigen Klärung der Sachlage ein Gesetz betreffend die Errichtung und Bekanntmachung von Verträgen, die die eheliche Gütergemeinschaft einführten oder ausschlossen[600]. Durch das Gesetz vom 20. März

---

595 Anhang § 76: „Die Confirmation und Bekanntmachung des über die Gütergemeinschaft geschlossenen Vertrages gehört vor den Richter desjenigen Bezirkes, innerhalb welchem die Verlobten nach geschlossener Ehe ihren Wohnsitz nehmen."

596 Reskript vom 15. Februar 1819 über die Verlautbarung und Bekanntmachung der Eheverträge, v. Kamptz Jahrbücher, Bd. 13, S. 8.

597 Reskript vom 14. Februar 1834, ob durch Ehevertrag ausgeschlossene statutarische Gütergemeinschaft nur durch einen neuen Vertrag wiedereingeführt werden kann? und über die Erfordernisse eines solchen Vertrages, v. Kamptz Jahrbücher, Bd. 43, S. 112.

598 Reskript vom 14. Februar 1834, ob durch Ehevertrag ausgeschlossene statutarische Gütergemeinschaft nur durch einen neuen Vertrag wiedereingeführt werden kann? und über die Erfordernisse eines solchen Vertrages, v. Kamptz Jahrbücher, Bd. 43, S. 112, 114.

599 Reskript vom 10. April 1835, v. Kamptz Jahrbücher, Bd. 45, S. 414, 416 f.

600 Gesetz über die Errichtung und Bekanntmachung der Verträge wegen Einführung oder Ausschließung der ehelichen Gütergemeinschaft vom 20. März 1837, Preußische Gesetzsammlung 1837, S. 63:
„Wir verordnen zur Beseitigung der Zweifel, welche über die Auslegung der §§ 412.422.354 und 356 Tit.1 Th. 2, §§ 57 und 59 Tit.17 Th. 2 des Allg. L. R., § 76

1837 wurden die Vorschriften des ALR über die Einführung bzw. Ausschließung der ehelichen Gütergemeinschaft oder der ehelichen Erwerbsgemeinschaft folgendermaßen modifiziert: Durch das Gesetz wurde der § 76 des Anhanges zum ALR und alle zu diesem Thema der Eheverträge über die Güterverhältnisse ergangenen Reskripte aufgehoben. Nach dem neuen Gesetz mussten die Verträge über die Einführung oder den Ausschluss der Gütergemeinschaft vor Schließung der Ehe gerichtlich aufgenommen oder dem Inhalte nach gerichtlich anerkannt werden. Dies konnte vor jedem inländischen Richter geschehen. In denjenigen Landesteilen, in welchen die Aufnahme der Handlungen der freiwilligen Gerichtsbarkeit nur von Notaren vorgenommen wurde, genügte die Aufnahme oder Anerkennung vor diesen. Zu der Aufnahme der Erklärung war der Vater der Ehefrau oder in dessen Ermangelung ein der Frau beizuordnender rechtskundiger Beistand hinzuzuziehen[601]. Einer Verlautbarung und Bestätigung des Vertrages sollte es für die Verbindlichkeit für die Eheleute nicht bedürfen. Das Gesetz vom 20. März 1837 schrieb vor, dass Verträge über die ehelichen Güterverhältnisse

---

des Anhanges zum Allg. L.R., § 6 No. 1 Tit.1 Th.2 der Allg. Ger. Ord., § 416 des Anhangs zu derselben, entstanden sind, auf den Antrag Unsers Staatsministeriums und nach erfordertem Gutachten Unsers Staatsraths, wie folgt:

§ 1. Verträge über die Einführung und Ausschließung der Gemeinschaft der Güter oder des Erwerbs müssen, so weit als sie nach dem Gesetzen nur vor der Heirath errichtet werden können, zur Gültigkeit der Handlung vor der Schließung der Ehe gerichtliche aufgenommen, oder ihrem Inhalte nach, gerichtlich anerkannt werden.

§ 2. Die Aufnahme oder Anerkennung kann vor jedem inländischen Richter erfolgen. In den Landestheilen, in welchen die Aufnahme der Handlungen der freiwilligen Gerichtsbarkeit nur von Notaren geschieht, genügt die Aufnahme oder Anerkennung vor diesen.

§ 3. Einer besondern gerichtlichen Verlautbarung bedarf es eben so wenig, als einer gerichtlichen Bestätigung.

§ 4. Jeder Vertrag dieser Art (§1) erlangt für die Eheleute mit der Schließung der Ehe seine volle Wirksamkeit; in Ansehung eines Dritten aber, in so fern es sich von der Ausschließung der Gütergemeinschaft handelt, erst nach erfolgter öffentlicher Bekanntmachung. Wird jedoch bei dem Richter des Bezirks, innerhalb dessen die Eheleute nach geschlossener Ehe ihren ersten Wohnsitz nehmen, binnen vier Wochen von Schließung der Ehe an gerechnet, auf die öffentliche Bekanntmachung angetragen, und erfolgt dieselbe innerhalb fernerer vier Wochen in der bereits gesetzlich vorgeschriebenen Art, so tritt auch hinsichtlich dritter Personen die Wirkung ein, dass die Gemeinschaft der Güter oder des Erwerbs von Anfang der Ehe an ausgeschlossen bleibt.

§ 5. Verträge über die Einführung der Gütergemeinschaft bedürfen keiner Bekanntmachung."

601 §§ 1-3 des Gesetzes über die Errichtung und Bekanntmachung der Verträge wegen Einführung oder Ausschließung der ehelichen Gütergemeinschaft vom 20. März 1837, Preußische Gesetzsammlung 1837, S. 63 i.V.m. §§ 356-358 Teil II Titel 1 ALR; Anhang § 76 ALR; § 6 Teil II Titel 1 AGO.

grundsätzlich keiner Bekanntmachung bedurften[602]. Lediglich in Bezug auf Dritte war für die Wirksamkeit des Vertrages über die ehelichen Güterverhältnisse nach dem Gesetz eine öffentliche Bekanntmachung notwendig. Diese konnte innerhalb einer 8wöchigen Frist auch noch nach der Heirat erfolgen. Wurde die Frist eingehalten, entfaltete der Vertrag nach der gesetzlichen Regelung auch gegenüber dem Dritten ex-tunc ab der Heirat Wirksamkeit[603].

In diesem Gesetz vom 20. März 1837 verarbeitete das Justizministerium zu diesem Problem bereits vorliegende Entscheidungen des Obertribunals. So finden sich Aussagen des Obertribunals aus seiner Entscheidung vom 04. Juli 1836 in dem Gesetz wieder [604]. Nach der Entscheidung des Obertribunals sollte bei Verträgen über die Ausschließung der ehelichen Gütergemeinschaft die gesetzlich erforderliche Verlautbarkeit, Bestätigung und öffentliche Bekanntmachung rechtsgültig auch noch nach Eingehung der Ehe erfolgen können[605]. Diesen Gedanken übernahm der Gesetzgeber in § 4 seines Gesetzes vom 20. März 1837 [606]. Das Gesetz vom 20. März 1837 sollte für Klarheit sorgen und war dennoch mit den angesprochenen Regelungen in der Folgezeit weiterhin Gegenstand von ergän-

602 § 5 des Gesetzes über die Errichtung und Bekanntmachung der Verträge wegen Einführung oder Ausschließung der ehelichen Gütergemeinschaft vom 20. März 1837, Preußische Gesetzsammlung 1837, S. 63.

603 § 4 des Gesetzes über die Errichtung und Bekanntmachung der Verträge wegen Einführung oder Ausschließung der ehelichen Gütergemeinschaft vom 20. März 1837, Preußische Gesetzsammlung 1837, S. 63.

604 Obertribunal Entscheidungen, Bd. 2, S. 14.

605 Obertribunal Entscheidungen, Bd. 2, S. 14, 30.

606 § 4 des Gesetzes über die Errichtung und Bekanntmachung der Verträge wegen Einführung oder Ausschließung der ehelichen Gütergemeinschaft vom 20. März 1837, Preußische Gesetzsammlung 1837, S. 63: „Jeder Vertrag dieser Art (§1) erlangt für die Eheleute mit der Schließung der Ehe seine volle Wirksamkeit; in Ansehung eines Dritten aber, in so fern es sich von der Ausschließung der Gütergemeinschaft handelt, erst nach erfolgter öffentlicher Bekanntmachung. Wird jedoch bei dem Richter des Bezirks, innerhalb dessen die Eheleute nach geschlossener Ehe ihren ersten Wohnsitz nehmen, binnen vier Wochen von Schließung der Ehe an gerechnet, auf die öffentliche Bekanntmachung angetragen, und erfolgt dieselbe innerhalb fernerer vier Wochen in der bereits gesetzlich vorgeschriebenen Art, so tritt auch hinsichtlich dritter Personen die Wirkung ein, dass die Gemeinschaft der Güter oder des Erwerbs von Anfang der Ehe an ausgeschlossen bleibt."

zenden Erläuterungen des Justizministeriums[607] und auslegenden Entscheidungen des Obertribunals[608].

III. Rechtsanwendung in den Entscheidungen des Obertribunals

Das Obertribunal musste sich verschiedentlich in seinen Entscheidungen mit der Wirkung von Verträgen über die Einrichtung oder den Ausschluss der ehelichen Gütergemeinschaft gemäß dem Gesetz vom 20. März 1837 und den Vorschriften im ALR auseinandersetzen. Aufgrund des Gesetzes vom 20. März 1837 waren einige Unklarheiten, die bis dahin in der Praxis vorhanden gewesen waren, durch den Gesetzgeber geregelt worden, so dass sich das Obertribunal bei seinen Entscheidungen wiederholt auf den Gesetzeswortlaut berufen konnte. Und obwohl die Vorschriften des Gesetzes und des ALR die öffentliche Bekanntmachung für Verträge über die Errichtung und den Ausschluss regelten, kam es wiederholt zu Rechtsstreitigkeiten über die Wirksamkeit von ehelichen Verträge über die Güterrechtsverhältnisse zwischen den Eheleuten gegenüber Dritten und die Rechtsfolgen von erfolgten oder unterlassenen Bekanntmachungen.

---

607 Reskript vom 29. November 1841, Justiz-Ministerial-Blatt 1841, S. 374. So setzte sich z.B. das Reskript vom 29. November 1841 mit der Gültigkeit eines von den Brautleuten an ihrem ausländischen Wohnort aufgenommenen Vertrag über die Ausschließung der Gütergemeinschaft aufgrund der Vorschriften des Gesetzes vom 20. März 1837 auseinander.

608 Z.B. Entscheidung des IV. Senates des Obertribunals vom 28. Oktober 1847, Obertribunal Entscheidungen, Bd. 15, S. 501: So entschied der IV. Senat des Obertribunals über einen Rechtsfall, in dem die Eheleute die Gütergemeinschaft unter sich in einem vor Eingehung der Ehe gerichtlich errichteten Vertrages ausgeschlossen hatten, die öffentliche Bekanntmachung dieser Ausschließung aber war nicht innerhalb der, in dem Gesetz vom 20. März 1837 § 4 festgesetzten 8-wöchigen Frist bewirkt worden. In diesem Rechtsfall musste sich das Obertribunal mit der Auslegung der Vorschriften aus dem Gesetz über die Fristen zur öffentlichen Bekanntgabe auseinandersetzen und der Rechtsfolgen bei Fristversäumung. Das Obertribunal sprach sich dahingehend aus, dass die Versäumung der Frist nicht generell dazu führte, dass der Vertrag seine Wirksamkeit und die Ausschließung der Gütergemeinschaft ihre Rechtsverbindlichkeit verlor. Aber in einem solchen Fall sollte der Vertrag in Ansehung der von den Eheleuten in der Zwischenzeit von Eingehung der Ehe bis zur endgültigen Bekanntmachung mit einem Dritten geschlossenen Rechtsgeschäfte in Beziehung auf diesen Dritten keine rückwirkende Wirksamkeit entfalten. Dies entsprach nach Ansicht des Obertribunals der Anwendung des Rechtsgedankens aus dem § 4 des Gesetzes vom 20. März 1837.

1. Entscheidung des V. Senates vom 16. Oktober 1866

In einer Entscheidung vom 16. Oktober 1866[609] musste sich der V. Senat des Obertribunals mit der Rechtsanwendung der Vorschrift § 10 Nr. 5 Teil II Titel 1 AGO und der abweichenden Regelung des Gesetzes vom 20. März 1837 und des französischen Code Civil auseinandersetzen. Der § 10 Nr. 5 Teil II Titel 1 AGO betraf formelle Voraussetzungen von Eheverträgen, die vor der Eheschließung über die zukünftigen ehelichen Güterrechtsverhältnisse geschlossen wurden[610]. Die Regelung in der AGO ging von einem Wahlrecht der zukünftigen Eheleute hinsichtlich der Art und Weise des Vertragsabschlusses über die ehelichen Güterverhältnisse aus. Sie sollten entscheiden, ob sie den Vertrag gerichtlich oder vor einem Justizkommissar abschließen wollten. Die Vorschriften des Gesetzes vom 20. März 1837[611] setzten bei vertraglicher Regelung der provinzialrechten ehelichen Gütergemeinschaft ausdrücklich nur die gerichtliche Vornahme bzw. Anerkennung voraus. In dem vorliegenden Fall trat noch die Schwierigkeit hinzu, dass die Eheleute ihren Wohnsitz in einem Gebiet nahmen, in dem das französische Recht galt, welches wiederum den notariellen Abschluss derartiger Eheverträge gestattete.

Der V. Senat des Obertribunals hatte sich mit der Auslegung der Vorschriften des Gesetzes vom 20. März 1837 und dessen Anwendungsbereich auseinander zu setzen, insbesondere unter Beachtung der im ALR bzw. in der AGO vorhandenen Regelungen. Das Problem war vor allem, in welchen Fällen der gesetzlichen ehelichen Gütergemeinschaft die Formvorschriften des Gesetzes vom 20. März 1837 abschließend Anwendung finden sollten. Sollten diese Vorschriften auch in dem Fall der Geltung des französischen bürgerlichen Gesetzbuches (Code Civil) anwendbar sein; war das französische Gesetzbuch ein Provinzialrecht im Sinne der Vorschriften des ALR und des Gesetzes vom 20. März 1837? Das Obertribunal

609 Striethorst, Archiv für Rechtsfälle, Bd. 66, S. 118.

610 § 10 Teil II Titel 1 AGO: „Endlich giebt es Handlungen, bei welchen die Gesetze zwar eine bloße außergerichtliche Vollziehung nicht für hinreichend achten; wo sie aber dennoch den Parteien die Wahl lassen: ob sie dieselbe gerichtlich, oder nur vor einem Justizkommissario und Notario vornehmen wollen. Dahin gehören besonders......Nr.5 Eheberedungen und Verträge, welche vor vollzogener Ehe über das Vermögen der künftigen Eheleute, insonderheit der Frau, dessen Einbringung, Verwaltung und Nießbrauch geschlossen werden (ALR Th. I Tit. 1 § 82 u. f. § 440.441). Auch wenn in solchen Verträgen über die künftige Erbfolge unter den Eheleuten etwas verabredet wird, werden sie dennoch, in Rücksicht auf die Form, nicht als Erb-, sondern nur als Eheverträge beurtheilt."

611 Gesetz über die Errichtung und Bekanntmachung der Verträge wegen Einführung oder Ausschließung der ehelichen Gütergemeinschaft, Preußische Gesetzsammlung 1837, S. 63.

entschied im vorliegenden Fall, dass die Vorschriften des Gesetzes vom 20. März 1837 nur die ehelichen Verträge über die im Geltungsbereich des ALR partikulär oder ortsrechtlich geltenden ehelichen Gütergemeinschaft zum Gegenstand haben. Das französische Recht wurde nicht zu den Provinzialrechten gezählt und eröffnete daher nicht den Anwendungsbereich des Gesetzes vom 20. März 1837. Gemäß § 10 Nr. 5 Teil II Titel 1 AGO stand daher den Eheleuten das Recht zu, ihre ehelichen Güterverhältnisse auch vertraglich vor einem Notar zu regeln.

In dem Rechtsstreit hatten die Eheleute vor der Heirat in einem Ehevertrag ihren ersten Wohnsitz in der preußischen Rheinprovinz festgelegt und die Geltung der dort nach dem französischen Recht geltenden ehelichen Gütergemeinschaft ausgeschlossen. In dem Vertrag vereinbarten die Eheleute die Gütertrennung. Der Vertrag wurde vor einem Notar in Pommern geschlossen. Die Hochzeit fand statt und die Eheleute nahmen wie vertraglich vereinbart ihren ersten Wohnsitz im Rheinland, in dem das französische Bürgerliche Gesetzbuch galt. Einige Jahre nach der Hochzeit klagte die Ehefrau auf Durchführung der Scheidung. Gleichzeitig klagte sie basierend auf der vertraglich festgelegten Gütertrennung auf Feststellung ihres Vermögens und dessen Herausgabe durch ihren Ehemann und Übertragung der Verwaltung ihres Vermögens auf sie[612].

In erster und zweiten Instanz hatte die Ehefrau mit ihrer Klage keinen Erfolg. Das Appellationsgericht berief sich auf das Gesetz vom 20. März 1837 und die fehlende gerichtliche Aufnahme oder Anerkennung des Vertrages als formelle Gültigkeitsvoraussetzung für den abgeschlossenen Ehevertrag über den Ausschluss der ehelichen Gütergemeinschaft. Das Appellationsgericht vertrat die Ansicht, dass sich die Wirksamkeit des Vertrages aus dem an dem Ort des Vertragsabschlusses in Pommern geltenden Recht ergebe. Dort hatte das ALR samt seinen ergänzenden gesetzlichen Bestimmungen gegolten und damit auch das Gesetz über die Errichtung und Bekanntmachung der Verträge wegen Einführung oder Ausschließung der ehelichen Gütergemeinschaft vom 20. März 1837[613]. Nach dem Gesetz müssten derartige eheliche Verträge über den Ausschluss der ehelichen Gütergemeinschaft vor der Heirat gerichtlich aufgenommen werden, die Aufnahme vor einem Notar reiche nicht aus. Das Appellationsgericht erkannte zwar, dass Eheleute auch ohne die formellen Voraussetzungen des ALR und des Gesetzes die Gütergemeinschaft unter sich im Innenverhältnis wohl ausschließen können, nach außen hin aber sei die gerichtliche Anerkennung erforderlich. Dabei berief sich das Gericht auf die Anwendung der Vorschriften §§ 412, 413, 418

612 Striethorst, Archiv für Rechtsfälle, Bd. 66, S. 118 f.
613 Striethorst, Archiv für Rechtsfälle, Bd. 66, S. 118, 119 f.

Teil II Titel 1 ALR[614]. Die formellen Voraussetzungen seien als Schutz gegenüber Dritten gedacht, intern aber nicht notwendig. Durch die Klage der Ehefrau sollte dem Ehemann die Verfügungs- und Verwaltungsbefugnis genommen werden. Dies entfaltete Wirkung nach außen, und dafür mussten die formellen Voraussetzungen für die Wirksamkeit des Vertrages gegenüber Dritten gegeben sein. Aufgrund der fehlenden gerichtlichen Vornahme des Vertrages ging das Gericht von der Geltung der Gütergemeinschaft gegenüber Dritten und der generellen Unwirksamkeit des Vertrages über die Gütertrennung aus[615]. Das Appellationsgericht kam auch unter Anwendung des Art. 1394 des französischen Bürgerlichen Gesetzbuches zu keinem anderen Ergebnis. Der Notar unterlag einer anderen Jurisdiktion und konnte sich somit nicht auf die Befugnisse des Bürgerlichen Gesetzbuches berufen. Gegenüber dem Ehemann könne aufgrund der unwirksamen vertraglichen Ausschließung daher die Gütertrennung und damit die Übertragung der Verwaltung des Vermögen der Ehefrau nicht in dem Verfahren festgestellt werden[616].

Dagegen wandte die Ehefrau ein, dass an ihrem ersten Wohnsitz das französische Bürgerliche Gesetzbuch, der Code Civil, gegolten habe und somit dessen formelle Voraussetzungen für einen Vertrag über die Ausschließung der Gütergemeinschaft zu beachten seien und nicht die preußischen gesetzlichen Regelungen. Der Ehevertrag entsprach den Voraussetzungen des Art. 1394 des Code Civil. Entscheidend sei dann nur, dass der Notar in Pommern nach dem dort geltenden Recht befugt gewesen sei, derartige Verträge aufzunehmen. Nach § 209 Teil II Titel 1 ALR[617] konnte ein Notar vor Eheschließung einen Vertrag aufnehmen,

---

614 § 412 Teil II Titel 1 ALR: „Die Gemeinschaft der Güter, oder des Erwerbes, kann durch Verträge vor der Heirath ausgeschlossen werden."
§ 413 Teil II Titel 1 ALR: „Während der Ehe hingegen findet die Aufhebung einer solchen auf Provinzialgesetze oder Statuten sich gründenden Gemeinschaft, auch mit Bewilligung beyder Eheleute, in der Regel nicht statt."
§ 418 Teil II Titel 1 ALR: „Ueberhaupt stehet es den Eheleuten zu allen Zeiten frey, die Folgen der Gemeinschaft, so weit sich dieselben nur auf ihre künftigen Succession erstrecken, durch Verträge aufzuheben oder abzuändern."

615 Striethorst, Archiv für Rechtsfälle, Bd. 66, S. 118, 119 f.

616 Striethorst, Archiv für Rechtsfälle, Bd. 66, S. 118, 122.

617 § 209 Teil II Titel 1 ALR: „Je nachdem dergleichen Vertrag vor, oder nach der Hochzeit errichtet wird, muß dabey die §.82.sqq. oder §.198.sqq. bestimmte Form beobachtet werden."
§ 82 Teil II Titel 1 ALR: „Wenn aber aus einem Ehegelöbnisse ein Recht, auf Vollziehung der Ehe zu klagen, entspringen soll: so muß dasselbe gerichtliche, oder vor einem Justizcommissario und Notario geschlossen und niedergeschrieben werden."
§ 198 Teil II Titel 1 ALR: „In allen Fällen, wo die Frau in stehender Ehe zu etwas, wozu sie die Gesetze nicht verpflichten, dem Manne, oder zu dessen Vortheile ver-

in dem die zukünftigen ehelichen Vermögensverhältnisse geordnet würden. Somit habe der Notar die Gütertrennung in dem Vertrag regeln können[618].

Der V. Senat des Obertribunals nahm diesen Vortrag der Klägerin in seine Bewertung auf. Es rügte die Ansicht des Appellationsgerichts, dass im vorliegenden Fall durch den § 1 des Gesetzes vom 20. März 1837 die Eheleute nicht befugt gewesen seien, durch Vertragsschluss vor einem Notar verbindlich den Ausschlusses der ehelichen Gütergemeinschaft festzulegen. Nach Ansicht des V. Senates des Obertribunals musste der Anwendungsbereich des Gesetzes vom 20. März 1837 genau eingegrenzt werden[619]. Sinn und Zweck des Gesetzes könne es nicht gewesen sein, die Geltung von ehelichen Gütergemeinschaften außerhalb des Geltungsbereiches des ALR zu regeln. So stellte der V. Senat des Obertribunals klar, dass die Bestimmungen des § 4 des Gesetzes vom 20. März 1837[620] und der §§ 422 und 424 Teil II Titel 1 ALR keine Wirkung in dem Bereich des französischen Bürgerlichen Gesetzbuches im Rheinland entfalten könnten. Die Bestimmungen könnten nur Wirkung entfalten in den Gebieten, in denen aufgrund von Provinzialgesetzen oder Statuten die eheliche Gütergemeinschaft gelte, aber nicht im Bereich eines „ius commune", wie im Rheinland. Danach könne das Gesetz vom 20. März 1837 auf einen Vertrag keine Anwendung finden, durch den eine auf dem „ius commune" des ersten Wohnsitzes beruhende eheliche Gütergemeinschaft vor der Ehe ausgeschlossen werde[621].

Das Appellationsgericht war nach Ansicht des V. Senates des Obertribunals fälschlicherweise davon ausgegangen, dass im Sinne des § 413 Teil II Titel 1 ALR das französische Bürgerliche Gesetzbuch einem Provinzialgesetz gleichzusetzen sei. Das französische Gesetzbuch und die Provinzialrechte seien eben gerade nicht gleichzusetzen. Nach Ansicht des Obertribunals wurde diese Unter-

---

bindlich gemacht werden soll, muß der Vertrag, oder die Verhandlung, gerichtlich vollzogen werden."

618 Striethorst, Archiv für Rechtsfälle, Bd. 66, S. 118, S. 122.

619 Striethorst, Archiv für Rechtsfälle, Bd. 66, S. 118, S. 123.

620 § 4 des Gesetzes über die Errichtung und Bekanntmachung der Verträge wegen Einführung oder Ausschließung der ehelichen Gütergemeinschaft vom 20. März 1837, Preußische Gesetzsammlung 1837, S.63: „Jeder Vertrag dieser Art (§1) erlangt für die Eheleute mit der Schließung der Ehe seine volle Wirksamkeit; in Ansehung eines Dritten aber, in so fern es sich von der Ausschließung der Gütergemeinschaft handelt, erst nach erfolgter öffentlicher Bekanntmachung. Wird jedoch bei dem Richter des Bezirks, innerhalb dessen die Eheleute nach geschlossener Ehe ihren ersten Wohnsitz nehmen, binnen vier Wochen von Schließung der Ehe an gerechnet, auf die öffentliche Bekanntmachung angetragen, und erfolgt dieselbe innerhalb fernerer vier Wochen in der bereits gesetzlich vorgeschriebenen Art, so tritt auch hinsichtlich dritter Personen die Wirkung ein, dass die Gemeinschaft der Güter oder des Erwerbs von Anfang der Ehe an ausgeschlossen bleibt."

621 Striethorst, Archiv für Rechtsfälle, Bd. 66, S. 118, 123.

scheidung durch die Wortwahl der einschlägigen Vorschriften verdeutlicht. Die Vorschriften sprachen gerade nicht von Gesetzen im Allgemeinen, sondern von Provinzialgesetzen und Statuten. Das Appellationsgericht hatte diese Abgrenzung nicht beachtet[622].

Der V. Senat des Obertribunals führte als Begründung seiner Ansicht noch weitere Gesichtspunkte an. So sei auch aufgrund der Anwendung des § 33 der Einleitung des ALR[623] keine andere Lösung vertretbar. Die provinzialrechtlichen Vorschriften über die eheliche Gütergemeinschaft kamen gemäß § 33 der Einleitung des ALR nur zur Anwendung, wenn die betroffenen Personen unter die entsprechende Gerichtsbarkeit fielen. Die Eheleuten haben aber aufgrund ihres Wohnsitzes niemals der Jurisdiktion der pommerschen Bauernordung unterlegen und somit sei das Gesetz vom 20. März 1837 als Ergänzung der provinzialrechtlichen Vorschriften nicht anwendbar[624].

Den Schlussfolgerungen des Appellationsgerichts zu der Wirksamkeit des Vertrages nach innen und nach außen gemäß § 413 Teil II Titel 1 ALR wollte der V. Senat des Obertribunals ebenfalls nicht folgen. Gemäß § 418 Teil II Titel 1 ALR waren die Eheleute nach der Heirat befugt, unter sich die eheliche Gütergemeinschaft auszuschließen. Gegenüber Dritten galt bei fehlender gerichtlicher Anerkennung der Vertrag zwar als unwirksam und die Eheleute konnten sich nach außen nicht auf Gütertrennung berufen, das bedeutete aber nach Ansicht des Obertribunals nicht die Nichtigkeit des Vertrages insgesamt. Im internen ehelichen Verhältnis bleibe die Aufteilung der Gütertrennung wirksam bestehen. Der V. Senat sah keinen rechtlichen Grund, insgesamt von einer Nichtigkeit auszugehen und Gütertrennung zwischen den Eheleuten zu verneinen[625].

Das Appellationsgericht hatte nach Ansicht des V. Senates des Obertribunals den Anwendungsbereich des Gesetzes vom 20. März 1837 falsch ausgelegt und damit den Art. 1394 des französischen Zivilgesetzbuches verletzt. Somit wurde die Entscheidung aufgehoben und zur weiteren Verhandlung an die zweite Instanz zurückgewiesen. Der V. Senat des Obertribunals schloss eine Anwendung des Gesetzes bei Geltung der Gütergemeinschaft nach französischem Recht im Rheinland aus, auch wenn dieses ebenso zu dem preußischen Gebiet gehörte wie die anderen Länder mit ihren Provinzialrechten und Statuten. Eine Anwendung auf alle Gesetze im Allgemeinen bejahte der V. Senat des Obertribunals nicht

622 Striethorst, Archiv für Rechtsfälle, Bd. 66, S. 118, 123 f.
623 § 33 Einleitung ALR: „Dass Provinzialgesetze und Statute, welche die äußerliche Feierlichkeit einer Handlung vorschreiben, nur bei Handlungen gelten, die unter der Gerichtsbarkeit, für welche das Gesetz gegen sei, von den ihr unterworfen Personen vorgenommen werden."
624 Striethorst, Archiv für Rechtsfälle, Bd. 66, S. 118, 124.
625 Striethorst, Archiv für Rechtsfälle, Bd. 66, S. 118, 125.

und behielt die Spaltung in französisches und preußisches Recht in seiner Entscheidung bei.

2. Entscheidung des Obertribunals vom 18. Juni 1842

Die vorliegende Entscheidung des Obertribunals[626] bezog sich auf die Anwendung der Regelungen des ALR über die öffentliche Bekanntmachung von Eheverträgen. Dabei ging es speziell um die Bestimmung der Rechtsfolgen für den Fall, dass bei Abschluss eines ehelichen Vertrages über die güterrechtlichen Verhältnisse der Eheleute nach der Heirat voreheliche Schulden eines Ehegatten vorhanden waren. Die Eheleute hatten vor Eheschließung die eheliche Gütergemeinschaft, die an dem ersten ehelichen Wohnsitz aufgrund des anwendbaren Provinzialrechts galt, durch Vertrag ausgeschlossen. Dieser Ehevertrag war aber nicht gemäß § 422 Teil II Titel 1 ALR[627] ordnungsgemäß bekannt gegeben worden. Während der Ehe pfändete ein Gläubiger des Ehemannes aufgrund von vorehelichen Schulden des Ehemannes Gegenstände aus dem Vermögen der Eheleute. Diese Gegenstände beanspruchte die Ehefrau daraufhin aufgrund des Ausschlusses der ehelichen Gütergemeinschaft als ihr alleiniges Eigentum. Ihre Klage hatte in allen Instanzen Erfolg. Zwar war die öffentliche Bekanntmachung nicht gemäß der gesetzlichen Vorschriften erfolgt, aber ein Gläubiger des Ehemannes sollte nach Ansicht der Rechtsprechung nicht durch diese Formvorschriften des ALR auch hinsichtlich vorehelicher Schulden geschützt werden[628].

Die Rechtsprechung stützte sich bei ihrer Entscheidung im vorliegenden Fall auf den Sinn und Zweck der Formvorschriften und legte den Wortlaut nach der Schutzrichtung aus. Nach ihrem Sinn und Zweck sprachen die Vorschriften des ALR für das Obertribunal nicht für die Notwendigkeit, auch voreheliche Gläubiger in den Schutzbereich der Formvorschriften einzubeziehen, auch wenn der Wortlaut derartige Beschränkungen nicht aussprach[629].

Grundsätzlich entstand nach den Regeln des ALR bei bestehender ehelicher Gütergemeinschaft durch den Abschluss von Rechtsgeschäften nach Eheschließung bis zur Trennung der Ehe eine gemeinschaftliche Verpflichtung beider Eheleute, so dass ein Gläubiger auf das gesamte gemeinschaftliche eheliche

626 Obertribunal Entscheidungen, Bd. 7, S. 384.

627 § 422 Teil II Titel 1 ALR: „In allen Fällen, da die Gemeinschaft der Güter oder des Erwerbes ausgeschlossen, oder aufgehoben werden soll, muß dieses gerichtlich verlautbart, und in den Zeitungen oder Intelligenzblättern der Provinz, zu dreyenmalen innerhalb Vier Wochen, bekannt gemacht werden."

628 Obertribunal Entscheidungen, Bd. 7, S. 384 f.

629 Obertribunal Entscheidungen, Bd. 7, S. 384, 388.

Vermögen zurückgreifen konnte[630]. Kontrahierte ein Gläubiger während der Ehe mit einem Ehegatten in einem Gebiet mit gesetzlich festgelegter ehelicher Gütergemeinschaft, so sollte grundsätzlich von der gemeinschaftlichen Verpflichtung ausgegangen werden, es sei denn, der Ausschluss der ehelichen Gütergemeinschaft war vorschriftsmäßig bekannt gemacht worden oder der Gläubiger war bösgläubig[631].

Der Zweck der Bekanntmachung sollte in dem Schutz von Dritten für nach der Eheschließung entstandene Schulden der Ehegatten liegen. Sinn und Zweck der ehelichen Gütergemeinschaft konnte danach nicht die Haftung des gemeinschaftlichen ehelichen Vermögens für alle und somit auch für voreheliche Schulden sein[632]. Das Obertribunal sah sich in seiner Ansicht durch die Materialien zum ALR und die Anmerkungen von Svarez bei der Revision der Monita zum Allgemeinen Gesetzbuch und in seinen amtlichen Schlussvorträgen bestätigt[633]. Aus diesen Materialien und dem allgemeinen Schutzgedanken der Veröffentlichung eines Vertrages zog das Obertribunal den Schluss, dass sich die Vorschrift nur auf Handlungen mit bereits verheirateten Personen bezog, also voreheliche Schulden nicht im Schutzbereich inbegriffen sein konnten[634]. Der gute Glaube an die Gütergemeinschaft könne kein Motiv für einen Dritten sein, mit einer unverheirateten Person ein Rechtsgeschäft abzuschließen und auf eine spätere erweiterte Haftung nach einer Eheschließung zu hoffen[635]. Weder sah das Obertribunal bei der Ausgrenzung der vorehelichen Schulden einen Nachteil für den Gläubiger noch eine Notwendigkeit des Schutzes für diesen. Warum sollte ein Gläubiger eines Mannes nach dessen Eheschließung nun auch Ansprüche gegen die Ehefrau erhalten? Eine derartige Besserstellung sei vom Gesetz nicht gewollt und auch nicht angemessen. Das Obertribunal argumentierte damit, dass die öffentliche Bekanntmachung lediglich bezwecke, dass Gläubiger der Ehegatten während der Ehe keinen Nachteil erlitten, der „status quo“ der güterrechtlichen Verhältnisses also beibehalten werde[636]. Bei vorehelichen Schulden würde die Stellung des Gläubigers aber verbessert werden, sollte er sich auf den Einwand der unterlassenen öffentlichen Bekanntmachung beziehen und so auch gegen die Ehefrau vorgehen können. Gegenüber einem solchen Gläubiger erfüllte nach Ansicht des Obertribunals daher die öffentliche Bekanntmachung gar keinen Zweck und so-

---

630 Obertribunal Entscheidungen, Bd. 7, S. 384, 389.
631 Obertribunal Entscheidungen, Bd. 7, S. 384, 389.
632 Obertribunal Entscheidungen, Bd. 7, S. 384, 389 f.
633 Obertribunal Entscheidungen, Bd. 7, S. 384, 389 f.
634 Obertribunal Entscheidungen, Bd. 7, S. 384, 391.
635 Obertribunal Entscheidungen, Bd. 7, S. 384, 391.
636 Obertribunal Entscheidungen, Bd. 7, S. 384, 391.

mit war ihre Nichtbeachtung unbeachtlich und von einem wirksamen Ausschluss der ehelichen Gütergemeinschaft auch gegenüber dem Dritten auszugehen[637].

3. Entscheidung des III. Senates vom 12. September 1851

Am 12. September 1851 erging eine weitere Entscheidung des III. Senates des Obertribunals[638] betreffend die Auswirkungen der Unterlassung der Bekanntmachung eines Ehevertrages über die Ausschließung der ehelichen Gütergemeinschaft. Die Entscheidung betraf eine Nichtigkeitsbeschwerde gerichtet auf die Auslegung des § 426 Teil II Titel 1 ALR bei Nichtbeachtung der Bestimmungen über die Bekanntmachung des Ausschlusses der ehelichen Gütergemeinschaft an einem neuen Wohnort[639]. Seinem Wortlaut nach besagte der § 426 Teil II Titel 1 ALR, dass die Bekanntmachung des Ausschließungsvertrages an dem neuen Wohnort, an dem wie an dem ersten Wohnort die eheliche Gütergemeinschaft grundsätzlich galt, wiederholt werden musste[640].

In dem vorliegenden Fall hatte ein Gläubiger aufgrund einer titulierten Forderung gegen den Ehemann im August 1849 250 Schafe von einem Gutshof beschlagnahmt. Für die Eheleute war der Gutshof der zweite Wohnsitz nach ihrer Eheschließung. An dem ersten Wohnsitz hatten die Eheleute durch Vertrag die eheliche Gütergemeinschaft ausgeschlossen. Die Ehefrau erhob daraufhin Klage gegen den Gläubiger auf Herausgabe der Schafe und trug vor, dass diese in ihrem Eigentum stünden, da die Eheleute mit Vertrag vom 25. Juni 1832 die eheliche Gütergemeinschaft an ihrem ersten Wohnsitz ordnungsgemäß ausgeschlossen hätten. Zudem sei sie als Eigentümerin des Gutshofes eingetragen. Der Ehemann bestätigte in dem Verfahren die Eigentümerstellung seiner Ehefrau. Der Gläubiger wies den Anspruch zurück, da der Vertrag über die Ausschließung der ehelichen Gütergemeinschaft nicht vorschriftgemäß an dem neuen Wohnsitz der Eheleute bekannt gemacht worden sei. Er trug vor, dass der Ausschluss der ehelichen Gütergemeinschaft vielleicht an dem ersten Wohnsitz der Eheleute ordnungsgemäß bekannt gegeben worden sei, diese Bekanntgabe aber sei nach der Verlegung des Wohnsitzes nach Posen an dem neuen Wohnsitz nicht gemäß § 426 Teil II Titel 1 ALR wiederholt worden. Sowohl das Gericht der ersten Instanz als

637 Obertribunal Entscheidungen, Bd. 7, S. 384, 393 f.
638 Striethorst, Archiv für Rechtsfälle, Bd. 2, S. 348 f.
639 Striethorst, Archiv für Rechtsfälle, Bd. 2, S. 348 f.
640 § 426 Teil II Titel 1 ALR: „Wenn Eheleute, welche die an dem Orte ihres ersten Wohnsitzes obwaltende Gemeinschaft durch einen Vertrag ausgeschlossen haben, an einen andern Ort ziehen, wo dergleichen Gemeinschaft ebenfalls statt findet: so muß die Bekanntmachung des ausschließenden Vertrages daselbst wiederholt werden."

auch das Appellationsgericht gaben dem Gläubiger Recht und wiesen die Klage der Ehefrau zurück. Das Obertribunal hingegen sah die Nichtigkeitsbeschwerde der Klägerin als zulässig und begründet an und hob den vorausgegangenen Urteilsspruch auf[641].

Der III. Senat des Obertribunals urteilte, dass die unterlassene Bekanntmachung des vertraglichen Ausschlusses der Gütergemeinschaft an einem neuen Wohnsitz der Eheleute, an dem die Gütergemeinschaft wie im vorliegenden Fall nach Provinzialrecht grundsätzlich galt, einem Gläubiger dann nicht zu Gute kommen könne, wenn er bereits früher Rechtsgeschäfte mit den Eheleuten getätigt habe, er wusste oder hätte wissen müssen, dass diese die Gütergemeinschaft ausgeschlossen und an ihrem ersten Wohnsitz ordnungsgemäß bekannt gegeben hätten, oder er bei einem späteren Rechtsgeschäft von dem vertraglichen Ausschluss aufgrund anderer Tatsachen Kenntnis erlangt habe[642].

Als Begründung für seine Entscheidung berief sich der III. Senat des Obertribunals auf den durch die Regelung des § 426 Teil II Titel 1 ALR bezweckten Schutz der Gläubiger gegenüber den Eheleuten. Den Wortlaut des § 426 Teil II Titel 1 ALR schränkte das Obertribunal dahingehend ein, dass nur gutgläubige Dritte geschützt werden sollten. Schutzwürdigkeit sei gegeben, wenn sich der Gläubiger zu Recht auf die gesetzliche Vermutung einer bestehenden Gütergemeinschaft verlassen durfte. Die Differenzierung nach gutgläubigen und bösgläubigen Gläubigern war dem Wortlaut der Vorschrift nicht zu entnehmen. Das Obertribunal führte zur Begründung seiner Einschränkung der Schutzrichtung der Vorschrift eine Interpretation nach dem Sinn und Zweck der Regelung durch, um ein möglichst angemessenes und vernünftiges Ergebnis für die betroffenen Parteien zu erreichen.

Für den III. Senat des Obertribunals stand fest, dass ein Gläubiger, der auf Grund früherer Rechtsgeschäfte oder Kontakte mit den Eheleuten oder aufgrund der Bekanntmachung am ersten Wohnsitz Kenntnis von dem wirklichen Rechtsverhältnis zwischen den Eheleuten erlangt habe oder habe erlangen können, nicht durch den § 426 Teil II Titel 1 ALR zu schützen sei. Die Richter der 1. und 2. Instanz haben den § 426 Teil II Titel 1 ALR unrichtig ausgelegt und angewandt, da sie dessen Wirkungen nicht restriktiv nur zu Gunsten gutgläubiger Dritter eintreten ließen, sondern generell ohne Einschränkungen dem Wortlaut der Vorschrift folgten. Die Richter hatten daher den Ursprung der titulierten Forderungen, aufgrund derer die Schafe gepfändet worden waren, für unerheblich erachtet, was für den III. Senat des Obertribunals eine falsche Schlussfolgerung aus dem § 426 Teil II Titel 1 ALR darstellte. Daraus ließ sich ableiten, dass die Richter in den

641 Striethorst, Archiv für Rechtsfälle, Bd. 2, S. 348 f.
642 Striethorst, Archiv für Rechtsfälle, Bd. 2, S. 348, 349.

ersten Instanzen nicht geprüft hatten, wann und wie die Forderungen entstanden waren und ob es für den Dritten Anhaltspunkte gegeben habe, aus denen er den Ausschluss der Gütergemeinschaft habe ableiten können. Diese Vorfrage war nach Ansicht des III. Senates des Obertribunals entscheidend für die Anwendung der Vorschrift des § 426 Teil II Titel 1 ALR und die Wirksamkeit der beanstandeten Beschlagnahme[643].

Im Gegensatz zu der reinen Wortlautübertragung des § 426 Teil II Titel 1 ALR auf den geschilderten Fall durch die Richter der ersten Instanzen versuchte der III. Senat des Obertribunals durch logische Interpretation eine vernünftige Regel zu finden. Der Wortlaut des § 426 Teil II Titel 1 ALR war generell gefasst. Sinn und Zweck konnte aber nur der Schutz gutgläubiger Dritter sein, da der Bösgläubige nach allgemeinem Verständnis des Obertribunals bei der Anwendung der Vorschriften des ALR über die eheliche Gütergemeinschaft nie zu schützen sei. Daher legte der III. Senat des Obertribunals die Vorschrift und deren Folgen restriktiv aus.

Die Rechtsanwendung in dieser Entscheidung ist grundsätzlich vergleichbar mit der Rechtsanwendung der §§ 350 ff. Teil II Titel 1 ALR durch das Obertribunal. In beiden Fällen beschränkten die Senate des Obertribunals den Drittschutz auf gutgläubige Dritte. Bei Kenntnis von den tatsächlichen Güterrechtsverhältnissen bzw. der Bekanntmachung eines Vertrages über den Ausschluss der ehelichen Gütergemeinschaft sollte der Dritte sich nicht auf eine unterlassene Bekanntmachung berufen dürfen, auch wenn die Vorschriften des ALR eigentlich eine Bekanntmachung vorsahen. Das Obertribunal ging systematisch vor, indem es seinen Grundsatz vom Gutglaubensschutz konsequent auf die unterschiedlichen Vorschriften des ALR über die eheliche Gütergemeinschaft anwandte. Es blieb seiner restriktiven, aber durch den Schutzzweck – gerichtet auf den Schutz der gutgläubigen Dritten -begründeten Auslegung des Wortlautes treu.

4. Entscheidung des III. Senates vom 23. April 1866

Das Obertribunal übertrug seine Ansichten über den Drittschutz nicht nur auf unterschiedliche Vorschriften über die eheliche Gütergemeinschaft innerhalb des ALR, sondern auch auf die Anwendung von gesetzlichen Vorschriften, die aus dem ALR ausgegliedert worden waren. In der Entscheidung vom 23. April 1866[644] musste das Obertribunal sich erneut mit der Reichweite des Drittschutzes der Vorschriften §§ 424, 429, 430 Teil II Titel 1 ALR auseinandersetzen, dies-

643 Striethorst, Archiv für Rechtsfälle, Bd. 2, S. 348, 350.

644 Obertribunal Entscheidungen, Bd. 56, S. 215 = Striethorst, Archiv für Rechtsfälle, Bd. 63, S. 155.

mal allerdings vor allem im Hinblick auf den Art. 20 des Einführungsgesetzes zum Allgemeinen Deutschen Handelsgesetzbuch.

Im vorliegenden Rechtsstreit hatten die Eheleute, von denen die Ehefrau kaufmännisch tätig war, vor der Eheschließung die eheliche Gütergemeinschaft durch Vertrag ausgeschlossen. Dieser Ausschluss war vorschriftsmäßig bekannt gegeben worden. Allerdings war keine Eintragung in das Handelsregister beantragt worden. Nach Art. 20 des Einführungsgesetzes zum Allgemeinen Deutschen Handelsgesetzbuch vom 24. Juni 1861[645] waren Kaufleute verpflichtet, die Ausschließung der ehelichen Gemeinschaft der Güter in das Handelsregister eintragen zu lassen und zu veröffentlichen. Als die Ehefrau gegen die Pfändung eines Gläubigers ihres Mannes Einspruch einlegte, da sie die gepfändeten Gegenstände als ihr Eigentum in Anspruch nahm, wiesen beide Instanzen die Klage wegen unterlassener Eintragung in das Handelsregister ab. Der III. Senat des Obertribunals hielt die von der Ehefrau eingelegte Nichtigkeitsbeschwerde für begründet und hob die vorangegangenen Urteile auf[646].

Der III. Senat des Obertribunals ging von dem allgemeinen Grundsatz aus, dass die vertragsgemäße Ausschließung der Gütergemeinschaft vor Eingehung der Ehe zur Wirksamkeit gegenüber Dritten generell der öffentlichen Bekanntmachung bedurfte[647]. Die öffentliche Bekanntmachung war ordnungsgemäß erfolgt. Sinn und Zweck der Vorschriften über die Bekanntmachung waren für das Obertribunal das allgemeine Interesse Dritter, durch die Bekanntmachung der Ausschließung der Gütergemeinschaft vor Nachteilen geschützt zu werden[648].

In der Vorschrift des Art. 20 des Einführungsgesetzes zum Allgemeinen Deutschen Handelsgesetzbuch sah der III. Senat des Obertribunals eine Verschärfung dieser allgemeinen Grundsatzregel. Diese besondere Publikationspflicht verfolge den Zweck, diejenigen, welche mit einem Kaufmann in Geschäftsbeziehungen traten, gegen die Gefahren der Aufteilung des ehelichen Vermögens durch eine doppelte Publikation zu schützen[649]. Aus diesen Regelungen schloss der III. Senat des Obertribunals, dass die Gläubiger der Ehefrau sich bei Unterlassung der Eintragung ins Handelsregisters auf die fehlende Publikation berufen

645 Einführungs-Gesetz zum Allg. Deutschen Handelsgesetz-Buch vom 24. Juni 1861, Preußische Gesetzsammlung 1861, S. 449, 458, Art. 20: „...Bei denjenigen Personen, welche nach Art. 4 des Handelsgesetzbuches als Kaufleute anzusehen sind, jedoch mit Ausschluß der im Art.10 des Handeslgesetzbuches Bezeichneten, muß außerdem die Ausschließung oder Aufhebung der Gemeinschaft der Güter oder des Erwerbes in das Handelsregister eingetragen und nach Maaßgabe des Art.13 des Handelsgesetz-Buches veröffentlicht werden".

646 Obertribunal Entscheidungen, Bd. 56, S. 215, 216.

647 Obertribunal Entscheidungen, Bd. 56, S. 215, 216.

648 Obertribunal Entscheidungen, Bd. 56, S. 215, 217.

649 Obertribunal Entscheidungen, Bd. 56, S. 215, 217 f.

können. Hingegen sah der III. Senat des Obertribunals unter Anwendung der Vorschriften für die Gläubiger des Ehemannes, der selber nicht Kaufmann war, sondern nur seine Ehefrau, dieses doppelte Publikationserfordernis für nicht gegeben an. Dessen Gläubiger müssen sich mit der allgemeinen Bekanntmachung begnügen und können den Einwand der Unterlassung der Eintragung ins Handelsregister nicht erheben[650]. Der Wortlaut der Vorschrift wies zwar keine Beschränkungen auf, doch konnte der III. Senat des Obertribunals dem Sinn und Zweck der Vorschrift im Gegensatz zu dem Appellationsgericht nicht entnehmen, dass für den Fall, dass nur einer der Eheleute ein Kaufmann war, die Gläubiger, die mit dem anderen Ehegatten kontrahiert hatten, ebenfalls Ansprüche auf die doppelte Bekanntmachung haben. Nur derjenige, dem gegenüber die Bekanntmachung erfolgen müsse, könne sich nach Ansicht des Obertribunals gemäß § 429 Teil II Titel 1 ALR[651] auch auf den Formmangel berufen[652].

Der III. Senat des Obertribunals urteilte, dass die Ausnahmevorschriften nicht über ihren erkennbaren Zweck hinaus ausgedehnt werden könnten. Die doppelte Bekanntgabe habe nur bei einem Kaufmann gegenüber seinen Gläubigern zu erfolgen. Die Handelsregister seien zwar öffentlich, wenn aber ein Gläubiger mit einem Schuldner kontrahierte, der kein Kaufmann war, habe er keine Veranlassung, das Handelsregister einzusehen, da dort über Nichtkaufleute keine Eintragungen vorhanden seien. Im vorliegenden Fall hatte der Gläubiger nur mit dem Ehemann, dem Nichtkaufmann, kontrahiert, also weder eine Veranlassung gehabt, das Handelsregister einzusehen, noch bestand die Veranlassung ihm den Anspruch auf die doppelte Bekanntmachung zuzugestehen[653].

Der III. Senat des Obertribunals führte zur Bekräftigung seiner Auslegung der Vorschriften auch die Regelung in § 430 Teil II Titel 1 ALR[654] an. In dieser Regelung war festgehalten, dass der bei Grundstücken durch § 424 Teil II Teil I ALR[655] vorgeschriebene hypothekarische Vermerk über die Ausschließung der Gütergemeinschaft nur zu Gunsten des Dritten notwendig war, welcher ein diese

650 Obertribunal Entscheidungen, Bd. 56, S. 215, 218.

651 § 429 Teil II Titel 1 ALR: „Ist die § 423 vorgeschriebene Art der Bekanntmachung unterblieben: so kann die geschehene Ausschließung oder Aufhebung denjenigen, welchen sie auf diese Art hätte bekannt gemacht werden sollten, nicht entgegen gesetzt werden."

652 Obertribunal Entscheidungen, Bd. 56, S. 215, 218.

653 Obertribunal Entscheidungen, Bd. 56, S. 215, 218.

654 § 430 Teil II Titel ALR: „Ist der § 424 vorgeschriebene Vermerk in den Hypothekenbüchern unterblieben: so kann die Aufhebung der Gemeinschaft , in Geschäften, welche dergleichen Grundstücke betreffen, einem Dritten nicht nachtheilig seyn."

655 § 424 Teil II Titel 1 ALR: „Auch muß die geschehene Ausschließung oder Aufhebung der Gemeinschaft bey allen Grundstücken, welche sonst der Gemeinschaft unterworfen seyn würden, im Hypothekenbuch vermerkt werden."

Grundstücke betreffendes Geschäft eingegangen war. Andere Dritte konnten sich auf den fehlenden Vermerk nicht berufen, wenn die allgemeine Bekanntmachung des Ausschlusses erfolgt war[656]. Diesen Gedanken übertrug der III. Senat des Obertribunals im vorliegenden Fall auf seine Anwendung und Auslegung des Art. 20 des Einführungsgesetzes zum Allgemeinen Handelsgesetzbuch. Aufgrund des systematischen Zusammenhangs und des gleichen Regelungszwecks schloss das Obertribunal auf die enge Auslegung des § 429 Teil II Titel 1 ALR und des Art. 20 des Einführungsgesetzes zum Allgemeinen Deutschen Handelsgesetzbuch.

Eine derartige Ungleichbehandlung der verschiedenen Gläubiger sei auch im Gegensatz zu der Ansicht des Appellationsgerichts im System des ALR und seiner Rechtsanwendung nicht ungewöhnlich. Bei Anwendung des § 352 Teil II Titel 1 ALR z.B. müsse der Bösgläubige sich auf die Regeln der Gütertrennung einlassen, während der Gutgläubige sich auf die Gütergemeinschaft berufen könne. Daher war nach Ansicht des Obertribunals seine in dieser Entscheidung getroffene Unterscheidung zwischen Gläubigern der Ehefrau als Kaufmann und den Gläubigern des Ehemannes durchaus angemessen und vertretbar[657].

Bei seiner Entscheidung argumentierte der III. Senat des Obertribunals zunächst mit dem Wortlaut, unterlegte sein Urteil aber mit dem Sinn und Zweck und der Systematik der einzelnen Vorschriften des ALR. Das Obertribunal war bestrebt, die einzelnen Ausnahmetatbestände über einfache oder doppelte Bekanntmachung gleichförmig zu entscheiden und Unklarheiten im Wortlaut an Regelungen mit klarem Wortlaut anzugleichen, zudem aber das gesamte System im Auge zu behalten und seine generelle Rechtsprechung zu dem Problem der Bekanntmachung bei Bös- und Gutgläubigkeit der Gläubiger zu beachten. Dabei machte es für den Senat des Obertribunals keinen Unterschied, ob sich die Vorschrift im ALR befand oder in einem speziellen Gesetz ausgegliedert worden war. Das Obertribunal legte dementsprechend den Wortlaut eng aus und forderte das Vorliegen einer Gutgläubigkeit des Dritten sowie der Kaufmannseigenschaft des Schuldners des Gläubigers in dem Spezialfall der Regelung im Handelsrecht.

5. Entscheidung des II. Senates vom 22. Oktober 1869

Wiederholt beschäftigte sich das Obertribunal mit dem Drittschutz bei anderweitiger Kenntnisnahme von den güterrechtlichen Verhältnissen zwischen Eheleuten als durch ordnungsgemäße Bekanntmachung des Ehevertrages. Die Rechtsanwendung ist mit den Fällen des § 352 Teil II Titel 1 ALR vergleichbar. Bei

656 Obertribunal Entscheidungen, Bd. 56, S. 215, 219.
657 Obertribunal Entscheidungen, Bd. 56, S. 215, 219.

Kenntnis von Umständen über die Ehe, den Wohnsitz etc. sollte der Dritte als Bösgläubiger keinen Schutz genießen.

So hatte der II. Senat des Obertribunals in dem Erkenntnis vom 30. Januar 1868[658] festgestellt, dass in § 428 Teil II Titel 1 ALR[659] der allgemeine Grundsatz enthalten war, dass derjenige, dem die ehelichen Güterrechtsverhältnisse anderweitig bekannt geworden seien, sich mit der in den Gesetzen zwar vorgeschriebenen, jedoch unterlassenen Bekanntmachung nicht schützen könne. Dieser Grundsatz sollte sowohl bei der vertraglichen Einführung als auch bei dem vertraglichen Ausschluss der ehelichen Gütergemeinschaft Anwendung finden. Der II. Senat des Obertribunals hatte in dieser Entscheidung geurteilt, dass die öffentliche Bekanntmachung allein den Zweck verfolge, den guten Glauben allgemein auszuschließen. Ein Bösgläubiger könne danach keinen Rechtsanspruch besitzen[660]. Dabei führte der II. Senat des Obertribunals die konstante Rechtsprechung der Senate des Obertribunals zu dieser Frage[661] und die Anmerkungen von Svarez in seinen amtlichen Schlussvorträgen zum ALR[662] sowie als Beispiel aus der Literatur die Darstellung von Bornemann an[663].

In seinem Erkenntnis vom 22. Oktober 1869[664] bestätigte der II. Senat des Obertribunals seine Entscheidung vom 30. Januar 1868[665]. In konstanter Fortsetzung seiner Praxis legte das Obertribunal in dieser Entscheidung vom 22. Oktober 1869 erneut der Bekanntmachung der Verträge über den Ausschluss der ehelichen Gütergemeinschaft den Sinn und Zweck bei, die Kenntnis über den Ausschluss allgemein publik zu machen und Dritte vor Nachteilen zu schützen. Daraus folgerte das Obertribunal, im Gegensatz zu der Vorinstanz, dem Appellationsgericht, dass bei anderweitiger Kenntnisnahme über den Ausschluss der ehelichen Gütergemeinschaft der Dritte den Einwand der unterlassenen Bekanntmachung des Ehevertrages nicht erheben dürfe.

---

658 Striethorst, Archiv für Rechtsfälle, Bd. 70, S. 36.

659 § 428 Teil II Titel 1 ALR: „In Ansehung eines Dritten aber, welcher einer früheren Wissenschaft nicht überführt werden kann, äußern sich diese Wirkungen erst nach Ablauf des zur Bekanntmachung bestimmten vierwochentlichen Zeitraumes."

660 Striethorst, Archiv für Rechtsfälle, Bd. 70, S. 36, 44.

661 Der II. Senat berief sich auf folgende Entscheidungen: Erkenntnis vom 18. Oktober 1864, Striethorst, Archiv für Rechtsfälle, Bd. 54, S. 33, Obertribunal Entscheidung, Bd. 52, S. 161; Erkenntnis vom 22. November 1858, Obertribunal Entscheidungen, Bd. 40, S. 171; Erkenntnis vom 12. September 1851, Striethorst, Archiv für Rechtsfälle, Bd. 2, S. 350, Obertribunal Entscheidungen, Bd. 13, S. 303.

662 Svarez, Amtliche Vorträge bei der Schluß-Revision, v. Kamptz Jahrbücher, Bd. 41, S. 115 f.

663 Striethorst, Archiv für Rechtsfälle, Bd. 70, S. 36, 43 f.

664 Obertribunal Entscheidungen, Bd. 62, S. 301.

665 Striethorst, Archiv für Rechtsfälle, Bd. 70, S. 36.

In diesem Rechtsstreit hatte der Vormund der Ehefrau vor Eingehung der Ehe seiner Pflegebefohlenen die an dem ehelichen Wohnsitz provinzialrechtlich bestehende Gütergemeinschaft durch Vertrag mit dem Ehemann ausgeschlossen. Dieser Vertrag war aber weder vor Eingehung der Ehe noch danach ordnungsgemäß bekannt gegeben worden. Nach der Heirat wollte ein Gläubiger des Mannes aufgrund eines Titels gegen diesen in ein Grundstück der Ehefrau die Zwangsvollstreckung betreiben. Diese wandte dagegen ein, dass die Eheleute die eheliche Gütergemeinschaft durch Vertrag ausgeschlossen hätten und dieser Ausschluss auch dem Dritten bekannt gewesen sei. In den ersten beiden Instanzen unterlag die Ehefrau. Das Appellationsgericht erkannte, dass auch der Ausschluss der ehelichen Gütergemeinschaft bei einer unter Vormundschaft stehenden Ehefrau der ordnungsgemäßen Bekanntmachung für seine Wirksamkeit gegenüber Dritten gemäß den §§ 412 ff. Teil II Titel 1 ALR bedürfe. Der Beweis über die Kenntnis des Dritten über das güterrechtliche Verhältnis zwischen den Eheleuten sei gesetzlich nicht vorgesehen. Dem widersprach der II. Senat des Obertribunals. Bei unterlassener Bekanntmachung sei eine anderweitige Kenntnis des Dritten durchaus beachtlich[666].

Das Appellationsgericht war gemäß der wortlautgetreuen Anwendung der Vorschriften des ALR und des § 4 des Gesetzes vom 20. März 1837 davon ausgegangen, dass bei Unterlassung der Bekanntmachung der vertraglichen Regelung die Eheleute dem Dritten gegenüber nicht den Ausschluss der ehelichen Gütergemeinschaft erklärt hätten und er daher von den Folgen des Ausschlusses nicht betroffen gewesen sei. Diese Wortlautanwendung der Vorschriften über die öffentliche Bekanntmachung war dem II. Senat des Obertribunals nach seiner bisherigen Rechtsprechung zu eng. Das Appellationsgericht urteile willkürlich, wenn es bei unterlassener Bekanntmachung unterstelle, dass die Eheleute nicht die Absicht gehabt hätten, die Wirksamkeit des Vertrages auf Dritte auszudehnen. Die Bekanntmachung des Vertrages bezwecke nach Ansicht des II. Senates des Obertribunals lediglich die allgemeine Kenntnis, um das Publikum insgesamt vor Nachteilen zu schützen. Der einzelne Dritte könne sich aber bei eigener Kenntnis von dem tatsächlichen Güterrechtsverhältnis zwischen den Eheleuten nicht auf die unterlassene Bekanntmachung berufen. Dem stehe seine Bösgläubigkeit entgegen[667].

Für den II. Senat des Obertribunals ging es nicht nur um die Erfüllung einer Formalie, deren Mangel nicht geheilt werden könne, sondern um den hinter den Vorschriften liegenden Sinn und Schutzzweck. Daher folgte es bei seiner Rechtsanwendung dem Grundsatz, dass unter Umständen der Formmangel heilbar sei

---

666 Obertribunal Entscheidungen, Bd. 62, S. 301, 302 f.
667 Obertribunal Entscheidungen, Bd. 62, S. 301, 307.

und der Dritte bei Bösgläubigkeit nicht den Einwand der formellen Ungültigkeit des Vertrages erheben könne. Losgelöst vom Wortlaut argumentierte das Obertribunal mit Sinn und Zweck der Vorschriften, um so eine angemessene und vernünftige Rechtsanwendung für alle betroffenen Personen zu gewährleisten. Bei Bösgläubigkeit stand dem Dritten nach dieser Rechtsanwendung zum Schutz der Eheleute kein Anspruch zu, sich auf die mangelnde Form zu berufen. Der II. Senat des Obertribunals verneinte eine enge Auslegung am Wortlaut. Auch wenn die allgemeine Kenntnis aufgrund der fehlenden Bekanntmachung nicht gegeben war, so konnte doch eine spezielle Kenntnis im Einzelfall vorliegen, die dem Einwand der unterlassenen Bekanntmachung entgegenstand.

6. Entscheidung des III. Senates vom 24. Januar 1879

In der Entscheidung vom 24. Januar 1879[668] musste sich das Obertribunal mit dem Problem beschäftigen, dass die Eheleute nach Eheschließung mehrmals ihren Wohnsitz in verschiedene Provinzen verlegten und erst nach Eheschließung und an einem späteren Wohnsitz einen Vertrag über ihre güterrechtlichen Verhältnisse aufsetzten, in dem sie die eheliche Gütergemeinschaft ausschlossen. Musste eine Bekanntmachung am ersten Wohnsitz erfolgen? Reichte die Bekanntmachung am momentanen Wohnsitz aus, an dem auch mit dem Dritten kontrahiert wurde? Der III. Senat des Obertribunals beschäftigte sich im vorliegenden Fall speziell mit der Frage, ob die Ausschließung der Gütergemeinschaft durch Vertrag der Eheleute gegenüber Dritten, denen eine Kenntnis nicht nachgewiesen werden konnte, nur dann wirksam wurde, wenn die Bekanntmachung der Ausschließung an dem Ort des ersten Wohnsitzes der Eheleute erfolgte, und zwar ohne Rücksicht darauf, ob der Dritte sich an einem anderen Orte mit den Eheleuten in Geschäfte eingelassen hatte und an diesen späteren Wohnsitzen die Bekanntmachung erfolgt war.

Die Eheleute hatten in Stettin geheiratet. Dort galt nach dem Provinzialrecht die eheliche Gütergemeinschaft. Die Eheleute hatten diese vor der Eheschließung nicht ausgeschlossen. Nach der Hochzeit hatten die Eheleute verschiedene Wohnsitze zunächst in der Mark Brandenburg, dann in Schlesien und schließlich in Westpreußen genommen. An einem Ort in Schlesien hatten sie durch gerichtlichen Vertrag die Gütergemeinschaft ausgeschlossen, aber nicht öffentlich bekannt gegeben. 1874 schlossen die Eheleute dann in Westpreußen einen neuen Ausschließungsvertrag. Dieser wurde vorschriftsmäßig bekannt gegeben. Ein Gläubiger des Ehemannes wollte an dem letzten Wohnsitz Gegenstände aus dem Vermögen pfänden, die die Ehefrau als ihr alleiniges Eigentum beanspruchte. Die

668 Obertribunal Entscheidungen, Bd. 83, S. 45.

Klage der Ehefrau wurde in allen Instanzen abgewiesen. Auch der III. Senat des Obertribunals wies die von der Klägerin erhobene Nichtigkeitsbeschwerde zurück[669].

Materiell ging es um die Auslegung und Anwendung der Vorschriften §§ 417 ff. Teil II Titel 1 ALR. Gemäß § 417 Teil II Titel 1 ALR war es den Eheleuten gestattet, die Gütergemeinschaft aufzuheben, wenn sie von ihrem ersten Wohnsitz, an dem die Gütergemeinschaft durch Provinzialrecht galt, an einen Ort verzogen, an dem die Gütergemeinschaft nicht galt[670]. Allerdings galten auch für Verträge gemäß § 417 Teil II Titel 1 ALR durch Auslegung des § 425 Teil II Titel 1 ALR die Formvorschriften des § 422 Teil II Titel 1 ALR[671]. Danach musste die öffentliche Bekanntmachung an dem vorherigen Wohnsitz geschehen. Gemäß § 426 Teil II Titel 1 ALR waren die Eheleute verpflichtet die Bekanntmachung zu wiederholen, wenn sie die eheliche Gütergemeinschaft am ersten Wohnsitz ausgeschlossen hatten und nun an einen anderen Ort verzogen, an dem ebenfalls die eheliche Gütergemeinschaft allgemein nach dem dort geltenden Recht galt[672].

Im vorliegenden Fall war der Ausschluss der eheliche Gütergemeinschaft durch die Eheleute nicht an ihrem ersten Wohnsitz bekannt gemacht worden, sondern nur an den späteren Wohnsitzen. Die Klägerin hielt dies zwar für unbeachtlich, da nach ihrer Meinung der § 425 Teil II Titel 1 ALR an die Unterlassung keine nachteiligen Folgen knüpfte und sich auch nur ein Dritter auf diese Unterlassung berufen könne, der mit den Eheleuten an ihrem ersten Wohnsitze kontrahiere. Dieser Meinung folgte der III. Senat des Obertribunals nicht. Es stellte als generellen Zweck dieser Vorschriften auf die Sicherheit des Dritten ab und zwar insoweit, als dass private Verträge zwischen den Eheleuten nach außen

---

669 Obertribunal Entscheidungen, Bd. 83, S. 45, 46 f.

670 § 417 Teil II Titel 1 ALR: „Geschieht die Verlegung des Wohnsitzes, in stehender Ehe, von einem Orte, wo Gemeinschaft der Güter oder des Erwerbes obwaltet, an einen andern, wo sie nicht statt findet: so kann die unter den Eheleuten entstandene Gemeinschaft durch einen Vertrag wieder aufgehoben werden."

671 § 422 Teil II Titel 1 ALR: „In allen Fällen, da die Gemeinschaft der Güter oder des Erwerbes ausgeschlossen, oder aufgehoben werden soll, muß dieses gerichtlich verlautbart und in den Zeitungen oder Intelligenzblättern der Provinz, zu dreyenmalen innerhalb Vier Wochen, bekannt gemacht werden."
§ 425 Teil II Titel 1 ALR : „In dem Falle des § 417 muß die Bekanntmachung an dem Orte des vorigen Wohnsitzes geschehen."

672 § 426 Teil II Titel 1 ALR: „Wenn Eheleute, welche die an dem Orte ihres ersten Wohnsitzes obwaltende Gemeinschaft durch einen Vertrag ausgeschlossen haben, an einen andern Ort ziehen, wo dergleichen Gemeinschaft ebenfalls statt findet: so muß die Bekanntmachung des ausschließenden Vertrages daselbst wiederholt werden."

nur Wirksamkeit entfalten können bei Kenntnis des Dritten von diesem Abkommen[673]. Diese Ansicht beruhte auf einer konstanten Rechtsprechung des Obertribunals. Es führte mehrere Entscheidungen zur Begründung an[674]. Der III. Senat des Obertribunals sah sich im vorliegenden Fall nicht veranlasst, von dieser Rechtsprechung abzuweichen. Er begründete dies damit, dass die Bekanntmachung für den Gesetzgeber nur ein geeignetes Mittel gewesen sei, die Kenntnis eines Dritten sicherzustellen. Grundsätzlich beweise die Bekanntmachung die Kenntnis eines Dritten nicht unmittelbar. Daher sei die Wirkung der Bekanntmachung auch nur dann gegeben, wenn sie dem Gesetz entsprechend durchgeführt werde. Dies war nach den oben genannte Vorschriften aber für den Fall, dass die Gütergemeinschaft erst an einem späteren Wohnsitz ausgeschlossen wurde, nur durch Bekanntmachung an dem vorhergehenden Wohnsitz möglich[675].

Den Grund für diese Regelung sah der III. Senat das Obertribunals in den Vorschriften §§ 350, 351 Teil II Titel 1 ALR. Wenn grundsätzlich der erste Wohnsitz das Güterrecht bestimmte, dann mussten auch spätere Veränderungen an diesem ersten Wohnsitz bekannt gegeben werden. Geschah dies nicht, konnte eine Kenntnis des Dritten nach dem Gesetz nicht unterstellt werden, auch wenn eine Bekanntmachung an einem anderen Wohnsitz später erfolge[676].

Es ergab sich für den Fall auch keine andere Lösung bei Beachtung des Provinzialrechts am ersten Wohnsitz. Zwar trug die Klägerin vor, es gelte dort das lübische Recht, nach dem die eheliche Gütergemeinschaft mit der Eingehung der Ehe erst bei der Geburt eines Kindes entstehe, und somit sei der § 345 Teil II Titel 1 ALR verletzt. Doch irrte die Klägerin über das anwendbare Provinzialrecht; in Stettin, dem ersten Wohnsitz, galt nach Ansicht des Obertribunals das magdeburgische Recht, mit welchem die Stadt 1243 bewidmet worden war. Nach dem magdeburgischen Recht galt die allgemeine Gütergemeinschaft mit Eheschließung ohne Bedingungen entsprechend den Vorschriften im ALR, so dass der III. Senat des Obertribunals getreu seiner Rechtsanwendungspraxis bei Übereinstimmung der provinzialrechtlichen Regeln mit dem ALR auf die Regeln des ALR zurückgriff[677].

---

673 Obertribunal Entscheidungen, Bd. 83, S. 45, 51.

674 Erkenntnis vom 28. März 1846, Obertribunal Entscheidungen, Bd. 13, S. 301; Erkenntnis vom 12. September 1851, Striethorst, Archiv für Rechtsfälle, Bd. 2, S. 350; Erkenntnis vom 22. November 1858, Obertribunal Entscheidungen, Bd. 40, S. 174; Erkenntnis vom 23. April 1866, Obertribunal Entscheidungen, Bd. 56, S. 217; Erkenntnis vom 30. Januar 1868, Striethorst, Archiv für Rechtsfälle, Bd. 70, S. 44.

675 Obertribunal Entscheidungen, Bd. 83, S. 45, 51 f.

676 Obertribunal Entscheidungen, Bd. 83, S. 45, 52.

677 Obertribunal Entscheidungen, Bd. 83, S. 45, 53.

Es konnten in dem gerichtlichen Verfahren keine Umständen nachgewiesen werden, aufgrund derer der Dritte von einem Ausschluss der ehelichen Gütergemeinschaft ausgehen musste. Es war zwar eine Bekanntmachung erfolgt, aber diese entfaltete keine allgemeine Wirkung, da sie nicht ordnungsgemäß durchgeführt worden war. Nach der Anwendung der einschlägigen Vorschriften reiche nach dem Gesetz nicht irgendeine Bekanntmachung aus, sondern sie müsse nach den Vorschriften erfolgen. Konnte dem Dritten keine anderweitige Bösgläubigkeit nachgewiesen werden, so hielt sich das Obertribunal strikt an die wörtlichen Vorgaben in den Vorschriften des ALR über die Bekanntmachung der Verträge an dem ersten Wohnsitz und diese war im vorliegenden Fall unterblieben, so dass der Dritte sich auf das Vorliegen einer ehelichen Gütergemeinschaft berufen durfte.

7. *Bewertung*

Bei der Anwendung der Formvorschriften des Gesetzes vom 20. März 1837 hielt sich das Obertribunal an die Aufteilung zwischen dem Provinzialrecht und dem französisches Recht und verneinte deren Gleichbehandlung bei der Anwendung der Formvorschriften des Gesetzes vom 20. März 1837. Hatte der Gesetzgeber es bisher nicht geschafft, eine Rechtseinheit in Preußen herzustellen, so unterstützte das Obertribunal mit seiner Auslegung des Geltungsbereichs die Aufspaltung. Ob dies bewusst geschah oder nur die Folge der konsequenten Wortlautanwendung war, ist der Begründung nicht zu entnehmen. Jedenfalls behielt es die Aufteilung in seinem Urteil bei und versuchte nicht, eigenständig eine Einheit zwischen den Rechtsgebieten herbeizuführen.

In seiner Rechtsanwendungspraxis der Vorschriften des ALR über die vertragliche Ausschließung oder Einführung der Gütergemeinschaft ging das Obertribunal zunächst ebenfalls von dem Wortlaut der Regelungen aus. In einigen Ausnahmefällen aber, in denen der Wortlaut zu weitreichend erschien, schränkte das Obertribunal diese Vorschriften entsprechend seinem Verständnis von einer vernünftigen Regelung ein. Dabei versuchte es im System des ALR und anderen aus dem ALR ausgegliederten Rechtsgebieten eine einheitliche Rechtsauslegung durchzuführen.

So zeigte die letztgenannte Entscheidung[678], dass das Obertribunal grundsätzlich den Wortlaut für entscheidend hielt. In diesem Fall wandte es die Vorschrift des § 425 Teil II Titel 1 ALR über die Bekanntmachung am ersten Wohnsitz strikt an. Trotz mehrfacher Bekanntmachung an verschiedenen Wohnsitzen und dem Ort, an dem das betroffene Rechtsgeschäft vorgenommen worden war,

678 Obertribunal Entscheidungen, Bd. 83, S. 45.

verlangte es als Voraussetzung für die Wirksamkeit des Vertrages die ordnungsgemäße Bekanntmachung am ersten Wohnsitz, mit dem der Dritte im vorliegenden Fall aber überhaupt keine Kontakte hatte. Die Bekanntmachung des Ehevertrages konnte nur Wirksamkeit entfalten und damit die Annahme der Bösgläubigkeit des Dritten begründen, wenn sie vorschriftsgemäß erfolgt war. Ansonsten konnte keine Bösgläubigkeit unterstellt werden. Das Obertribunal untersuchte hier zunächst das Vorliegen der formalen Bekanntmachung, mit der Konsequenz, dass bei Fehlen von anderweitiger Kenntnis der Dritte sich auf die unterlassene vorschriftsmäßige Bekanntmachung am ersten Wohnsitz berufen durfte, auch wenn an einem späteren Wohnsitz eine ordnungsgemäße Bekanntmachung erfolgt war.

Im Allgemeinen aber ließen die Entscheidungen erkennen, dass die wortlautgetreue Anwendung der Vorschriften häufig nur ein Ausgangspunkt war, der unter den Gesichtpunkten der Systematik und Schutzrichtung einschränkend oder erweiternd ausgelegt werden konnte. In den vorgenannten Entscheidungen hatte das Obertribunal seine einmal eingeschlagene Rechtsanwendung in Bezug auf den Drittschutz nur bei Gutgläubigkeit des Dritten auf die verschiedenen Vorschriften im Bereich des Rechts der Gütergemeinschaft übertragen. Konsequent versuchte es, den weitgefassten Wortlaut der Vorschriften, die neutral nur von dem „Dritten“ sprachen, auf gutgläubige Dritte einzuschränken. Diese Grundsätze übertrug es auch auf das Handelsrecht, welches zwischenzeitlich aus dem ALR ausgegliedert worden war, um eine einheitliche Linie in dem gesamten preußischen Rechtssystem beizubehalten. Dabei verzichtete es in bestimmten Fällen der Bösgläubigkeit sogar entgegen dem Wortlaut auf die öffentliche Bekanntmachung der Verträge für deren Wirksamkeit. Das Obertribunal argumentierte in diesen Entscheidungen damit, dass sich der Dritte trotz Unterlassung der Veröffentlichung auf diesen Mangel nicht berufen könne, wenn er anderweitig von den tatsächlichen güterrechtlichen Verhältnis Kenntnis erlangt habe. Teilweise reichte hier nach der Rechtsprechung der Senate des Obertribunals bereits die Kenntnis über den Ort der Eheschließung und den ersten Wohnsitz aus, also Tatsachen, aus denen das anwendbare Recht abzuleiten war.

Das Obertribunal hat in den Entscheidungen vor allem mit dem Sinn und Zweck der Bekanntmachung argumentiert. So sollte die Bekanntmachung lediglich ein mögliches Mittel darstellen, bei dem Dritten eine Kenntnis von den tatsächlichen güterrechtlichen Verhältnissen zwischen den Eheleuten zu vermuten. Konnte die Kenntnis durch andere Begebenheiten nachgewiesen oder unterstellt werden, konnte nach Ansicht des Obertribunals ohne nachträgliche Folgen für die Eheleute auf die Formalie der offiziellen Bekanntmachung verzichtet werden. Sinn und Zweck war die Vermeidung von Nachteilen für einen Dritten. Bei seiner

Kenntnis von den tatsächlichen Verhältnis war dieser Schutz obsolet und die Bekanntmachung unerheblich.

Aus diesen Erkenntnissen der Senate des Obertribunals ist zu schließen, dass grundlegend immer die Wortlautanwendung einer Vorschrift die Rechtsanwendung der Senate des Obertribunals beeinflusste. Ohne offiziell erfolgte Bekanntmachung unterstellte das Gesetz und damit auch das Obertribunal dem Dritten Gutgläubigkeit. Nur bei offensichtlich unbilligen Ergebnissen wich das Obertribunal von diesem Wortlaut ab. Wenn sich aus dem Sachvortrag ergab, dass der Dritte durch andere Umstände Kenntnis erlangt hatte, hielt sich das Obertribunal nicht eng an den Wortlaut, sondern verzichtete auf die Notwendigkeit der obligatorischen Bekanntmachung, um einem Rechtsmissbrauch vorzubeugen.

E) Aussetzung der Gütergemeinschaft während der Vormundschaft eines minderjährigen Ehegatten und bei Eintritt der Volljährigkeit

Ein weiteres Rechtsproblem in den Fällen vor dem Obertribunal betraf die Anwendbarkeit der Vorschriften über die eheliche Gütergemeinschaft auf minderjährige Ehegatten und die Auslegung der gesetzliche Regelung im ALR über die Aussetzung der ehelichen Gütergemeinschaft bis zur Volljährigkeit und der Erklärung des früheren minderjährigen Ehegatten über die Beibehaltung des Aussetzung oder Einführung der ehelichen Gütergemeinschaft. In der Praxis traten vor allem wiederholt Zweifel bei der Anwendung und Übertragbarkeit der im ALR vorhandenen Regelungen auf männliche Ehegatten auf, u.a. hinsichtlich der Fragen, ob nach erlangter Volljährigkeit des männlichen Ehegatten die Gütergemeinschaft ohne Erfüllung weiterer Bedingungen eintrete, oder ob und wie lange es ihm freistehe, die eheliche Gütergemeinschaft nach Entritt seiner Volljährigkeit auszuschließen.

I. Grundlagen im ALR

Gemäß den allgemeinen Regeln über den Geltungsbereich des ALR kamen bei fehlenden Regelungen in den Provinzialgesetzen über die Behandlung von Minderjährigen bei der Frage der Aussetzung der ehelichen Gütergemeinschaft nach Eheschließung bei bestehender Vormundschaft die Vorschriften des ALR zur Anwendung. Diese Vorschriften des ALR waren aber keineswegs eindeutig und allumfassend. Es ergaben sich Rechtsanwendungs- und Auslegungsprobleme bei den Vorschriften §§ 415 Teil II Titel 1 ALR und den 780 ff. Teil II Titel 18 ALR bezüglich der Bestimmung des Eintritts der provinziellen oder statuarischen ehelichen Gütergemeinschaft bei Ehen bevormundeter männlicher oder weiblicher

Ehegatten. Das Problem lag hierbei insbesondere bei der Behandlung der männlichen Pflegebefohlenen. Ein Teil der einschlägigen Vorschriften sprach ausdrücklich nur von weiblichen Pflegebefohlenen, so dass sich in der Praxis Lücken und Unklarheiten ergaben.

In dem Abschnitt über die Ausschließung und Aufhebung der ehelichen Gütergemeinschaft hieß es in § 415 Teil II Titel 1 ALR: „In wie fern aber die Entstehung der Communion bey der Verheirathung minderjähriger Pflegebefohlenen weiblichen Geschlechts ausgesetzt beliebe, ist gehörigen Orts bestimmt. (Tit. XVIII Abschn. VIII)." Der § 415 Teil II Titel 1 ALR sprach wörtlich nur von weiblichen Pflegebefohlenen. Allerdings verwies der § 415 Teil II Titel 1 ALR für die weiteren Bestimmungen auf den Abschnitt des Vormundschaftsrechts im ALR.

Im Vormundschaftsrecht des ALR waren in den §§ 780 ff. Teil II Titel 18 ALR Besonderheiten des Rechts der ehelichen Gütergemeinschaft bei bestehender Vormundschaft zum Zeitpunkt der Eheschließung geregelt. So schlossen die §§ 780 ff. Teil II Titel 18 ALR[679] den Eintritt der ehelichen Gütergemeinschaft bei Schließung einer Ehe bei bestehender Vormundschaft bis zur Aufhebung der Vormundschaft ohne spezielle Erklärung oder Bekanntmachung[680] aus, wenn nach den am Wohnsitz des Ehemannes geltenden Gesetzen oder Statuten die eheliche Gütergemeinschaft zwischen den Eheleuten galt. Die Suspension griff gemäß § 780 Teil II Titel 1 ALR aber nicht, wenn der oder die Pflegebefohlene schon bei Lebzeiten des Vaters die Ehe einging[681]. Der § 780 Teil II Titel 18 ALR sprach ausdrücklich sowohl von weiblichen als auch von männlichen Pflegebefohlenen.

---

679 § 782 Teil II Titel 18 ALR: „Wird die Ehe erst während der Vormundschaft geschlossen: so bleibt die Gemeinschaft bis nach erfolgter Aufhebung der Vormundschaft ausgesetzt."

680 Dernburg, Lehrbuch des Preußischen Privatrechts, Bd. III, S. 114, 115.

681 § 780 Teil II Titel 18 ALR: „Wenn an Orten, wo die Gemeinschaft der Güter unter Eheleuten nach Provinzialgesetzen oder Statuten eingeführt ist, ein Pflegebefohlner männlichen oder weiblichen Geschlechts noch während der Lebzeit des Vaters verheirathet; und dabey die Gemeinschaft durch Vertrag gesetzmäßig nicht ausgeschlossen worden: so können der Vormund und das vormundschaftliche Gericht die Forstsetzung derselben nicht hindern."
§ 781 Teil II Titel 18 ALR: „Wohl aber können und müssen sie, wenn gesetzmäßige Gründe der Aufhebung eintreten, davon zum Besten der Pflegebefohlnen Gebrauch machen. (Tit. I § 420.421)."
§ 782 Teil II Titel 18 ALR: „Wird die Ehe erst während der Vormundschaft geschlossen: so bleibt die Gemeinschaft bis nach erfolgter Aufhebung der Vormundschaft ausgesetzt."

Die §§ 785 ff. Teil II Titel 18 ALR regelten das Vorgehen bei Wegfall der Voraussetzungen der Vormundschaft für weibliche Pflegebefohlene[682]. Nach Beendigung der Vormundschaft war die ehemalige weibliche Pflegebefohlene, bei der die eheliche Gütergemeinschaft nach den oben genannten Vorschriften bei der Eheschließung ausgesetzt geblieben war, unter Zuziehung ihres Vormundes oder eines anderen Beistandes zur Abgabe einer Erklärung über die Fortsetzung der Ausschließung der Gütergemeinschaft aufzufordern und über ihre Rechtsstellung von einem Richter zu belehren. Nach der Belehrung hatte die Pflegebefohlene drei Monate Zeit, die Ausschließung der ehelichen Gütergemeinschaft zu erklären und diese Erklärung entsprechend den Regeln für den Ausschluss der Gütergemeinschaft unter Volljährigen öffentlich bekannt zu geben. Wurde die Erklärung nicht abgegeben oder billigte die ehemalige Pflegebefohlene den Eintritt der ehelichen Gütergemeinschaft, trat die Gütergemeinschaft ein. Die eheliche Gütergemeinschaft und deren Folgen galten dann rückwirkend ab dem Zeitpunkt der Eheschließung. Unterließ das Gericht die Aufforderung und Belehrung, so trat mit Ablauf der 3- Monatsfrist die eheliche Gütergemeinschaft gemäß § 794 Teil II Titel 18 ALR ebenfalls rückwirkend ein[683]. Der ehemaligen Pflege-

682 § 785 Teil II Titel 18 ALR: „Ist die Gemeinschaft ausgesetzt geblieben: so muß das Gericht, gleich nach aufgehobener Vormundschaft, die gewesene Pflegebefohlne vernehmen: ob sie in dergleichen Gemeinschaft mit dem Ehemann zu treten gesonnen sey?“
§ 786 Teil II Titel 18 ALR: „Der Richter muß ihr alsdann ihre Gerechtsame, die Folgen der einzugehenden Gemeinschaft, die Nothwendigkeit einer öffentlichen Bekanntmachung, wenn sie ausgeschlossen werden solle, gehörig erklären.“
§ 787 Teil II Titel 18 ALR: „Der gewesene Vormund vertritt dabey die Stelle ihres Assistenten; doch kann sie sich auch statt seiner, einen andern Beystand wählen.“
§ 788 Teil II Titel 18 ALR: „Daß der Pflegebefohlnen diese Erklärung abgefordert worden; und wohin dieselbe ausgefallen sey? muß in dem nach § 705. bey der Entlassung aus der Vormundschaft ihr zu ertheilenden Zeugnisse ausgedruckt werden.“
§ 789 Teil II Titel 18 ALR: „Trägt die Pflegebefohlne auf die Ausschließung der Gemeinschaft an: so muß wegen dessen Bekanntmachung das Erforderliche sofort verfügt werden.“
§ 790 Teil II Titel 18 ALR: „Willigt sie in die Gemeinschaft: so erstrecken sich die Wirkungen derselben auf den Anfang der Ehe zurück.“
§ 791 Teil II Titel 18 ALR: „Eben das findet statt, wenn die gewesene Pflegebefohlne Drey Monate, nach der von dem Richter ertheilten Belehrung, verstreichen lässt, ohne sich zur Ausschließung der Gemeinschaft zu erklären, und die gehörige Bekanntmachung zu suchen.“

683 § 794 Teil II Titel 18 ALR: „Haben der Vormund, und das vormundschaftliche Gericht, bey Aufhebung der Vormundschaft, die Erklärung der gewesenen Pflegebefohlnen nach §.785.786. zu fordern verabsäumt; und hat auch dieses innerhalb Dreyer Monate nach erlangter Volljährigkeit auf die Ausschließung nicht angetra-

befohlenen stand dann aufgrund des § 795 Teil II Titel 18 ALR ein Regressanspruch gegen den Vormund und das Gericht zu[684].

Problematisch war, dass die Vorschriften § 415 Teil II Titel 1 ALR und die §§ 785 ff. Teil II Titel 18 ALR von weiblichen Pflegebefohlenen sprachen und sich hinsichtlich männlicher Pflegebefohlener näherer Bestimmungen enthielten. Der § 782 Teil II Titel 18 ALR war allgemein gehalten, während der § 780 Teil II Titel 18 ALR sogar sowohl männliche als auch weibliche Pflegebefohlene erwähnte. Daher waren in der Praxis Zweifel entstanden, ob in Ansehung der männlichen Pflegebefohlenen in einer Ehe die Suspension der ehelichen Gütergemeinschaft eintrat, und ob bzw. wie lange es ihnen ebenso wie den weiblichen Pflegebefohlenen freistand, die eheliche Gütergemeinschaft nach Eintritt der Volljährigkeit auszuschließen.

Betrachtete man den § 415 Teil II Titel 1 ALR lediglich als Verweisungsvorschrift und die Regeln des Vormundschaftsrechts als wegweisend, könnte die Aussetzung der Gütergemeinschaft durch § 782 i.V.m. § 780 Teil II Titel 18 ALR auch für männliche Pflegebefohlene vorgeschrieben gewesen sein. In den §§ 785 ff. Teil II Titel 18 ALR für das weitere Verfahren allerdings war nur von weiblichen Pflegebefohlenen die Rede. Die Verweisungsvorschrift aus dem ehelichen Güterrecht, der § 415 Teil II Titel 1 ALR, war teilweise enger gefasst, teilweise gleich eng gefasst wie die speziellen Vorschriften im Vormundschaftsrecht über die Aussetzung der ehelichen Gütergemeinschaft, auf die dieser verwies. Damit konnte die Aussetzung auch für männliche Pflegebefohlene vorgeschrieben sein oder nicht vorgeschrieben sein, je nachdem, ob die Verweisungsvorschrift des § 415 Teil II Titel 1 ALR als maßgebend betrachtet wurde oder nicht. Die Verfahrensvorschriften der §§ 785 ff. Teil II Titel 18 ALR bei Aussetzung der ehelichen Gütergemeinschaft könnten aufgrund von einer Analogie auf männliche Pflegebefohlene übertragen werden, es könnte aber auch eine andere Regelung für diese gelten. Die Meinungen in der Praxis, Gesetzgebung und Rechtswissenschaft über die Lösung dieser Probleme waren aufgrund der unterschiedlichen Wortwahl uneinheitlich.

---

gen: so muß angenommen werden, daß die Gemeinschaft mit der §.790. bestimmten Wirkung vorhanden sey."

684 § 795 Teil II Titel 18 ALR: „Leidet die gewesene Pflegebefohlne dadurch in der Folge Schaden: so bleibt ihr der Regreß an den Vormund und das Gericht, welche ihre Pflicht vernachlässigt haben, vorbehalten."

In der Rechtswissenschaft wurde unterschiedlich mit den Regelungen und ihrer Anwendung umgegangen. So vertrat Schmidt in seinem Lehrbuch[685] die Meinung, ein Widerspruch sei gar nicht vorhanden, da bereits der § 781 Teil II Titel 18 ALR[686] nur von weiblichen Pflegebefohlenen spreche und zwar im Singular. So müsse auch der § 782 Teil II Titel 18 ALR nur auf weibliche zu beziehen sein[687]. Dem wurde aber entgegengehalten, dass der § 781 Teil II Titel 18 ALR selber durch seine Bezugnahme auf die §§ 420, 421 Teil II Titel 1 ALR[688] die Beziehung sowohl zu weiblichen als auch männlichen Pflegebefohlenen herstelle. Die §§ 420, 421 Teil II Titel 1 ALR bezogen sich auf beide Ehegatten und machten keine Einschränkungen in Bezug auf nur männliche oder nur weibliche Ehegatten für den Ausschluss der ehelichen Gütergemeinschaft. Zu beachten sei auch, dass der § 415 Teil II Titel 1 ALR im ursprünglichen Entwurf zum allgemeinen Landrecht fehlte[689].

Auch in der Rechtsprechungspraxis gab es Stimmen für die Anwendung der Vorschriften des ALR auf männliche Pflegebefohlene, um eine Gleichbehandlung zu gewährleisten. So hatte sich das Oberlandesgericht von Ostpreußen dahingehend ausgesprochen, dass auch männliche Pflegebefohlene und Ehegatten nach der Aussetzung der ehelichen Gütergemeinschaft während der Vormundschaft nicht verpflichtet seien, sich sofort über den Ausschluss der Gütergemeinschaft zu erklären. Parallel zu den Regeln für die weiblichen Pflegebefohlenen solle auch ihnen eine 3-Monatsfrist zustehen. Das Gericht erkannte keinen Grund für die Differenzierung zwischen weiblichen und männlichen Pflegebefohlenen[690].

---

685 Schmidt, Das preußische Familienrecht nach dem allgemeinen Landrecht mit Rücksicht auf das gemeine und deutsche Recht, S. 278.

686 § 781 Teil II Titel 18 ALR: „Wohl aber können und müssen sie, wenn gesetzmäßige Gründe der Aufhebung eintreten, davon zum Besten der Pflegebefohlnen Gebrauch machen (Tit. I § 420. 421.)."

687 Schmidt, Das preußische Familienrecht nach dem allgemeinen Landrecht mit Rücksicht auf das gemeine und deutsche Recht, S. 278.

688 § 420 Teil II Titel 1 ALR: „Auf den einseitigen Antrag des einen Ehegatten kann die Aufhebung der Gemeinschaft in dem Falle des § 392.410 erfolgen."
§ 421 Teil II Titel 1 ALR: „Ferner alsdann, wenn der eine Ehegatte in Concurs versunken ist, und der andre von der Gemeinschaft für die Zukunft wieder abgehen will."

689 Vgl. Bornemann, Systematische Darstellung des Preußischen Civilrechts, Bd. V, S. 125 f.

690 Simon und v. Strampff, Rechtssprüche, Bd. II, S. 312 ff.

III. Gesetzgebung

Der Gesetzgeber nahm sich des Problems unter Beachtung der Materialien zum Allgemeinen Landrecht in seinem Reskript vom 14. August 1820 an[691]. In diesem Reskript vertrat das Justizministerium die Ansicht, dass auch für männliche Pflegebefohlene gemäß §§ 780 – 784 Teil II Titel 18 ALR die eheliche Gütergemeinschaft ausgesetzt werde[692]. Sollte die Gemeinschaft der Güter auch hinsichtlich der männlichen Pflegebefohlenen ausgesetzt werden können, so mussten die Lücken und Unklarheiten der gesetzlichen Regeln nach den Regeln der Analogie mit den Regeln ausgefüllt werden, die in Ansehung der Erklärung bei Volljährigkeit für weibliche Pflegebefohlene vorgeschrieben waren. Die männlichen Pflegebefohlenen sollten daher ebenso wie weibliche Pflegebefohlene nach Eintritt der Volljährigkeit über den Ausschluss der Gütergemeinschaft entscheiden können, allerdings gestand das Justizministerium den männlichen Pflegebefohlenen nicht die den Frauen gemäß den §§ 790 ff. Teil II Titel 18 ALR zustehende 3-Monatsfrist zu[693]. Die männlichen Pflegebefohlenen sollten die Erklärung über Ausschluss oder Nichtausschluss „sogleich" abgeben. Eine Belehrung oder Aufforderung durch das Vormundschaftsgericht solle entbehrlich sein[694]. Was unter „sogleich" zu verstehen war, definierte das Justizministerium nicht weiter.

IV. Revisionsbestrebungen

Die Revisoren setzten sich ebenfalls mit den Widersprüchen in den Vorschriften des Vormundschaftsrechts zu der Verweisungsnorm des § 415 Teil II Titel 1 ALR auseinander. So verlangten einige die Streichung der Worte „weiblichen Geschlechts" im § 415 Teil II Titel 1 ALR[695]. Andere wiederum gingen davon aus, dass die Vorschriften des Vormundschaftsrechts anzupassen seien, da die männlichen Pflegebefohlenen nicht schützenswürdig seien[696]. Dabei wurde die Argumentation von Svarez aus seiner Revision der Monita zum Entwurf des allgemeinen Gesetzbuches herangezogen. Danach sei die Suspension allein auf die weiblichen Pflegebefohlenen im Vormundschaftsrecht zu beschränken[697].

Die Entstehungsgeschichte der beiden unterschiedlichen Vorschriften schien wenig hilfreich. Im Entwurf fehlte der § 415 Teil II Titel 1 ALR zunächst. Bei

691 Reskript vom 14. August 1820, v. Kamptz Jahrbücher, Bd. 16, S. 34 ff.
692 Reskript vom 14. August 1820, v. Kamptz Jahrbücher, Bd. 16, S. 34, 36.
693 Reskript vom 14. August 1820, v. Kamptz Jahrbücher, Bd. 16, S. 34, 37 f.
694 Reskript vom 14. August 1820, v. Kamptz Jahrbücher, Bd. 16, S. 34, 38.
695 Schubert / Regge, a.a.O., Abt. II, Bd. 5/I, S. 353.
696 Schubert / Regge, a.a.O., Abt. II, Bd. 5/I, S. 355.
697 Schubert / Regge, a.a.O., Abt. II, Bd. 5/I, S. 355.

der anschließenden Revision des Entwurfes wurde er dann eingefügt und auf weibliche Pflegebefohlene beschränkt, da die Revisoren um Svarez keine Schutzwürdigkeit für männliche Pflegebefohlene sahen, zumal die hauptsächlichen Regelungen zu diesem Problem im Vormundschaftsrecht zu finden seien. Bei der zeitlich versetzt erfolgenden Revision des Vormundschaftsrechts wurden einige Vorschriften über die Aussetzung der Gütergemeinschaft aufgrund von Monita und dem Einverständnis von Svarez ohne weitere Begründung auch auf männliche Pflegebefohlene ausgedehnt, über den Widerspruch schienen sich die Redaktoren nicht im Klaren gewesen zu sein[698].

Nach der Ansicht von Svarez und den Redaktoren des ALR war die wahre Absicht der Regelung dieses Rechtsproblems allerdings in dem Wortlaut des § 415 Teil II Titel ALR ausgesprochen worden, so dass danach eigentlich die Regeln über die Aussetzung der ehelichen Gütergemeinschaft im Vormundschaftsrecht anzupassen gewesen wären. Eine Angleichung der Normen im Vormundschaftsrecht bei der Besprechung des Entwurfes zum ALR war aber unterlassen worden und das ALR mit den widersprüchlichen Normen in Kraft getreten. Während der erneuten Diskussion bei der Revision einige Jahrzehnte später beschlossen die Revisoren, die Vorschrift des § 415 Teil II Titel 1 ALR aufgrund der ursprünglichen Regelungsintention der Redaktoren bei ihrem Wortlaut und der Beschränkung auf weibliche Pflegebefohlene zu belassen. Da es sich bei dem § 415 Teil II Titel ALR um eine Verweisungsnorm handelte, sollte nach Meinung der Revisoren die Lösung in der Auslegung und Anwendung der Vorschriften aus dem Vormundschaftsrecht gefunden werden.

Die Revisoren hielten aufgrund des Reskripts des Justizministeriums vom 14. August 1820[699] das Problem für insoweit gelöst, als dort festgehalten worden war, dass grundsätzlich auch für männliche Pflegebefohlene die Gütergemeinschaft bis zur Volljährigkeit ausgeschlossen sei, ihnen aber nicht das gerichtliche Erklärungsverfahren gemäß §§ 790 ff. Teil II Titel 18 ALR wie den weiblichen Pflegebefohlenen zustehe[700]. Den Bedenken einiger Kritiker über die Unbestimmtheit der zeitlichen Erklärungsfrist für die männlichen Pflegebefohlenen im ALR als auch im Reskript vom 14. August 1820 begegneten die Revisoren mit einer angestrebten Regelungsänderung im ALR[701], durch die die Revisoren den männlichen Pflegebefohlenen emanzipieren wollten, indem die Heirat mit dem Eintritt der Volljährigkeit gleichgesetzt wurde, so dass die §§ 790 ff. Teil II Titel

---

698 Vgl. Bornemann, Systematische Darstellung des Preußischen Civilrechts, Bd. V, S. 125 f.; Förster / Eccius, Preußisches Privatrecht, Bd. IV, S. 68 f.

699 Reskript vom 14. August 1820, v. Kamptz Jahrbücher, Bd. 16, S. 34 ff.

700 Schubert / Regge, a.a.O., Abt. II, Bd. 6/I, S. 309.

701 Revisionsentwurf § 482: „Die Verheirathung des Pflegebefohlnen männlichen Geschlechts hat gleiche Wirkung mit der Volljährigkeitserklärung."

18 ALR sinnvollerweise nur noch für weibliche Pflegebefohlene anwendbar sein würden[702]. Die Revisoren hielten es dann nicht mehr für notwendig, die den weiblichen Pflegebefohlenen eingeräumten Schutzrechte auf einen männlichen Pflegebefohlenen zu übertragen, hier sei kein Schutz mehr erforderlich.

V. Rechtsanwendung in den Entscheidungen des Obertribunals

Das Obertribunal setzte sich in mehreren Entscheidungen mit dem Problem des scheinbaren Widerspruches und der Regelungslücke und den verschiedenen Ansichten auseinander. Grundsätzlich gestand es männlichen Pflegebefohlenen die Aussetzung bis zur Vollendung der Volljährigkeit zu, allerdings machte es Unterschiede für das Verfahren nach Erlangung der Volljährigkeit. Die Aussetzung der ehelichen Gütergemeinschaft sollte bis zu dem Zeitpunkt stattfinden, an dem die betroffene Person eigenständig eine Meinung über ihre Vermögensverhältnisse treffen könne. Für die Ehefrauen waren ausdrückliche Vorschriften vorhanden, da diesen in dieser Hinsicht mehr Schutz eingeräumt werden müsse als den ehemaligen minderjährigen Ehemännern. Männliche Ehegatten erlangten nach der allgemeinen Meinung der damaligen Zeit mit ihrer Volljährigkeit im Gegensatz zu den Frauen die Fähigkeit, allein über ihr Vermögen ohne gerichtliche Anleitung und Belehrung zu entscheiden. Ausführliche Regelungen über ein gerichtliches Verfahren zur Abgabe der Erklärung erschienen daher für männliche Ehegatten nicht erforderlich.

1. Entscheidung des IV. Senates vom 10. Oktober 1854

In einer Entscheidung vom 10. Oktober 1854[703] erklärte das Obertribunal, dass die Bestimmungen im ALR ursprünglich grundsätzlich nur für weibliche Pflegebefohlene geplant gewesen seien. Dies ergebe sich aus den §§ 541 ff. Teil 1 Abt. 3 Titel 6 Abschnitt 8 des Entwurfes des allgemeinen Gesetzbuches. Erst in Folge der Revision des Entwurfes sollten die Bestimmungen auch auf männliche Pflegebefohlene erstreckt werden. Allerdings sei bei der Redaktion der einzelnen Vorschriften dieser Gedanke nicht auf alle Vorschriften übertragen worden. Daher sei es auch korrekt – wie bei der Entscheidung des OLG von Ostpreußen in der Fallsammlung von Simon / v. Strampff, Rechtssprüche, Band 2, S. 312 aufgezeigt, auf die der Senat in seiner Entscheidung verwies –, die Rechtsgedanken

---

702 Schubert / Regge, a.a.O., Abt. II, Bd. 6/I, S. 309 f.

703 Obertribunal Entscheidungen, Bd. 30, S. 123 = Rehbein, Die Entscheidungen des vormaligen Preussischen Ober-Tribunals auf dem Gebiete des Civilrechts, Bd. IV, Nr. 313 a, S. 151.

der §§ 785 ff. Teil II Titel 18 ALR trotz des Wortlauts und der ursprünglichen Intention auch auf männliche Pflegebefohlene zu übertragen. Damit schloss sich das Obertribunal der in der Rechtswissenschaft verbreiteten Ansicht an, dass die Vorschriften der Suspension der Gütergemeinschaft aus dem Vormundschaftsrecht des ALR generell auch auf den Fall der Ehe eines minderjährigen Ehemannes bezogen werden müssen[704].

In der vorliegenden Entscheidung hatte ein minderjähriger, bevormundeter Mann in Ostpreußen geheiratet. Nach dem Eintritt der Volljährigkeit hatte er sofort gemeinsam mit seiner Ehefrau die Ausschließung der ehelichen Gütergemeinschaft erklärt. Diese Ausschließung wurde öffentlich bekannt gegeben. Während der Vormundschaft hatte ein Gläubiger des Ehemannes aufgrund einer Forderung gegen diesen die Eintragung eines Arrests hinsichtlich eines Grundstückes der Ehefrau bewirkt. Diese Eintragung ist auf die Klage eines nacheingetragenen Gläubigers in 2. Instanz für unwirksam erklärt worden. Der Beschwerdeführer berief sich auf die Verletzung der §§ 781-785 Teil II Titel 18 und §§ 415, 414 Teil II Titel 1 ALR durch das Appellationsgericht. Der IV. Senat des Obertribunals sah die Beschwerde als unbegründet an[705].

Eine entscheidende Frage in diesem Rechtsstreit war, ob die eheliche Gütergemeinschaft auch bei Pflegebefohlenen männlichen Geschlechts während der Vormundschaft suspendiert bleiben sollte. Maßgebend waren im vorliegenden Fall die Vorschriften des ALR, da das Ostpreußische Provinzialrecht von 1801 hinsichtlich der Rechtsverhältnisse aus der ehelichen Gütergemeinschaft auf die Regeln des ALR verwies[706].

Der IV. Senat des Obertribunals ging zunächst von dem Wortlaut der §§ 780-784 Teil II Titel 18 ALR aus, die sich auf Pflegebefohlene weiblichen und männlichen Geschlechts bezogen, ohne zwischen den Geschlechter hinsichtlich der Rechtsfolgen zu unterscheiden. Der Wortlaut des § 782 Teil II Titel 18 ALR besagte, dass die eheliche Gütergemeinschaft bis nach erfolgter Aufhebung der Vormundschaft ausgesetzt blieb, wenn die Ehe bereits während der Vormundschaft geschlossen wurde. Aus dem Wortlaut des § 782 Teil II Titel 18 ALR allein ließ sich für das Obertribunal aber nicht erkennen, ob sich dieser nur auf weibliche Pflegebefohlene oder auch auf männliche Pflegebefohlene bezog[707].

Nach der Wortlautinterpretation setzte sich der IV. Senat des Obertribunals daher mit der Systematik der Vorschriften in diesem Abschnitt auseinander. Der § 782 Teil II Titel 18 ALR stand im Zusammenhang mit den Vorschriften

---

704 Obertribunal Entscheidungen, Bd. 30, S. 123 ff.
705 Obertribunal Entscheidungen, Bd. 30, S. 123 ff.
706 Obertribunal Entscheidungen, Bd. 30, S. 123, 125.
707 Obertribunal Entscheidungen, Bd. 30, S. 123, 125.

§§ 780–784 Teil II Titel 18 ALR, so dass nach Ansicht des IV. Senates des Obertribunals auch bei dem § 782 Teil II Titel 1 ALR davon auszugehen sei, dass er sich auf beide Geschlechter beziehe[708]. Allerdings könne sich ein Zweifel an dieser systematischen Auslegung aus dem nachfolgenden § 785 Teil II Titel 18 ALR ergeben, der das weitere Verfahren für die weiblichen Pflegebefohlenen bestimmte. War die Gemeinschaft ausgesetzt geblieben, so musste das Gericht gleich nach aufgehobener Vormundschaft die ehemalige weibliche Pflegebefohlene über die Frage vernehmen, ob sie in Zukunft in Gütergemeinschaft mit dem Ehemanne leben wollte oder in Gütertrennung. Auch die nachfolgenden Paragraphen sprachen lediglich von der weiblichen Pflegebefohlenen. Durch die systematische Auslegung allein konnte der IV. Senat des Obertribunals daher für sich noch keine eindeutige Entscheidung treffen[709].

Bei seiner weiteren Untersuchung griff der IV. Senat des Obertribunals im Wege der historischen Auslegung auf das Gesetzgebungsmaterial für den Entwurf eines allgemeinen Gesetzbuches von 1784 und Aussagen von Svarez in Bezug auf die Auslegung dieser Vorschriften während der Revision der Monita zurück, um den wirklichen Regelungszweck dieser unterschiedlichen Regelungen und Formulierungen in den Abschnitten des Güterrechts und Vormundschaftsrechts und die Intention des Gesetzgebers zu ergründen. So berief sich der IV. Senat des Obertribunals zur Ergründung der Intention des Gesetzgebers auch auf das Reskript vom 14. August 1820, welches zur Anwendung der §§ 780 ff. Teil II Titel 18 ALR[710] erlassen worden war[711].

In dem Entwurf zu dem allgemeinen Gesetzbuch war ursprünglich die Suspension der Gütergemeinschaft nur bei bevormundeten Ehefrauen vorgesehen. Die jetzigen Vorschriften der §§ 780, 781 Teil II Titel 1 ALR fehlten, stattdessen begann der Abschnitt mit der Regelung des in der endgültigen Fassung als § 782 Teil II Titel 1 ALR geführten Paragraphen. Svarez äußerte sich bei der Überarbeitung der Regelungen dieses Abschnittes dergestalt, dass das, was hier für weibliche Pflegebefohlene verordnet war, auch für männliche gelten müsse[712]. Bei der endgültigen Umarbeitung des Entwurfes wurden dann die Regelungen der §§ 780, 781 Teil II Titel 1 ALR mit eingearbeitet.

Als Ergebnis seiner Analyse der historischen Entstehung der Regelungen stellte der IV. Senat des Obertribunals für sich damit fest, dass die Suspension der Gütergemeinschaft sowohl bei weiblichen als auch bei männlichen Pflegebefohlenen gelten sollte. Mit diesem Ergebnis der Auslegung sei auch kein Wider-

708 Obertribunal Entscheidungen, Bd. 30, S. 123, 125.
709 Obertribunal Entscheidungen, Bd. 30, S. 123, 126.
710 Reskript vom 14. August 1820, v. Kamptz Jahrbücher, Bd. 16, S. 34 ff.
711 Obertribunal Entscheidungen, Bd. 30, S. 123, 126.
712 Obertribunal Entscheidungen, Bd. 30, S. 123, 127.

spruch zu den Regelungen der §§ 414, 415 Teil II Titel 1 ALR gegeben. Diese bezogen sich dem Wortlaut nach zwar nur auf die weiblichen Pflegebefohlenen, aber die Aussetzung der ehelichen Gütergemeinschaft während der Vormundschaft sei Folge und Wirkung der Vormundschaft, so dass nach Ansicht des Obertribunals die Regelung im Teil II Titel 18 ALR entscheidend sei und nicht der § 415 Teil II Titel 1 ALR, zumal der § 415 Teil II Titel 1 ALR auf die Regeln des Teil II Titel 18 ALR verwies, deren Bestimmungen daher der Vorzug zu gewähren sei[713].

Danach blieb nach Ansicht des Obertribunals auch bei männlichen Pflegebefohlenen die eheliche Gütergemeinschaft während der Vormundschaft ausgesetzt, daher musste ihnen eine Befugnis zugestanden werden, nach Eintritt der Volljährigkeit und Beendigung der Vormundschaft eine eigene Entscheidung über die Einführung oder den Ausschluss der ehelichen Gütergemeinschaft zu treffen[714]. Das ALR sprach hinsichtlich des Verfahrens über diese Entscheidung dem Wortlaut der §§ 785 ff. Teil II Titel 18 ALR nach nur von den weiblichen Pflegebefohlenen. Nach Ansicht des Obertribunals konnte aber auf jeden Fall nicht angenommen werden, dass bei männlichen Pflegebefohlenen automatisch mit Beendigung der Vormundschaft sofort die Gütergemeinschaft eintrete. Die Aussetzung der ehelichen Gütergemeinschaft war nach Ansicht des Obertribunals nicht eingeführt worden, um besondere Nachteile durch die vormundschaftliche Verwaltung zu vermeiden, sondern deshalb, weil jedem Ehegatten selber die Entscheidungsfreiheit verbleiben sollte, über Einführung oder Ausschluss zu entscheiden. Auf der anderen Seite lehnte der IV. Senat des Obertribunals eine generelle Analogie der Verfahrensvorschriften ab. Aufgrund der Entstehungsgeschichte und des Wortlauts nahm das Obertribunal nicht an, dass die Redaktoren die Notwendigkeit der Regelung des Verfahrens für männliche Pflegebefohlene übersehen hatten[715]. Es verneinte die Voraussetzungen für eine planwidrige Regelungslücke, die im Wege einer analogen Anwendung der gesetzlichen Bestimmungen für weibliche Pflegebefohlene geschlossen werden konnte und musste. Den männlichen Pflegebefohlenen musste nach Beendigung der Vormundschaft eine andere Möglichkeit als die für die weiblichen Pflegebefohlenen festgehaltene eingeräumt werden, sich über den Ausschluss oder die Einführung der ehelichen Gütergemeinschaft zu erklären. Hierbei bezog sich das Obertribunal vor allem auf das Reskript des Justizministeriums vom 14. August 1820[716]. Das Justizministerium hatte darin angeordnet, dass sich die männlichen Pflegebefoh-

713 Obertribunal Entscheidungen, Bd. 30, S. 123, 128.
714 Obertribunal Entscheidungen, Bd. 30, S. 123, 129.
715 Obertribunal Entscheidungen, Bd. 30, S. 123, 130 f.
716 Reskript vom 14. August 1820, v. Kamptz Jahrbücher, Bd. 16, S. 34 ff.

lenen „sogleich“ nach Erlangung der Volljährigkeit über Aussetzung oder Einführung der Gütergemeinschaft zu erklären haben. Da es sich bei dem Begriff „sogleich“ um einen unbestimmten Rechtsbegriff handelte, versuchte der IV. Senat des Obertribunals nach Sinn und Zweck der Vorschriften den Begriff zu definieren[717]. Nach Ansicht des Obertribunals musste den Betroffenen ein angemessener Zeitraum für ihre Erklärung gewährt werden. Da es sich bei der Aussetzung und der anschließenden Erklärung um eine Ausnahmesituation handelte, durfte die Frist nicht zu lang gesetzt werden. Dem ehemaligen männlichen Pflegebefohlenen müsse aber ein ausreichender Zeitraum zugestanden werden, um seine Vermögensverhältnisse genau zu überprüfen und die Entscheidung über die Einführung oder den Ausschluss der ehelichen Gütergemeinschaft treffen zu können. Das Obertribunal vertrat in seiner Entscheidung die Ansicht, dass die Erklärung der Ausschließung der Gütergemeinschaft von männlichen Pflegebefohlenen spätestens in dem Termin zur Entlastung vor dem Vormundschaftsrichter wegen der über sie geführten Vormundschaft und Vorlegung der Akten abzugeben sei, dem sog. „Dechargetermin“[718]. Dies würde nach Ansicht des Obertribunals den männlichen Pflegebefohlenen eine ausreichende Möglichkeit einräumen, sich ebenso wie weibliche Pflegebefohlene nach erlangter Volljährigkeit über Beibehaltung oder Ausschluss der ehelichen Gütergemeinschaft zu erklären. Die im Gesetz für weibliche Pflegebefohlene festgehaltene 3-Monatsfrist sei für männliche Pflegebefohlene unangemessen lang. Mit dem „Dechargetermin“ haben diese zudem im Gegensatz zu den weiblichen Pflegebefohlenen die ausreichende Möglichkeit, die Vor- und Nachteile einer ehelichen Gütergemeinschaft abzuwägen[719].

Im vorliegenden Fall war daher die Gütergemeinschaft während der Minderjährigkeit des Ehemannes ausgesetzt gewesen. Nach Eintritt der Volljährigkeit hatte der Ehemann rechtzeitig im Dechargetermin den Ausschluss erklärt. Der Gläubiger der Ehemannes konnte daher nicht auf das Vermögen der Ehefrau zurückgreifen.

2. Entscheidung des I. Senates vom 04. Mai 1866

Die vorhergenannte Entscheidung wurde durch die Entscheidung des I. Senates des Obertribunals vom 04. Mai 1866[720] bestätigt. In diesem Erkenntnis des I. Senats behandelte das Obertribunal erneut das Problem der Aussetzung der Güter-

717 Obertribunal Entscheidungen, Bd. 30, S. 123, 130 ff.
718 Obertribunal Entscheidungen, Bd. 30, S. 123, 132.
719 Obertribunal Entscheidungen, Bd. 30, S. 123, 131, 132.
720 Striethorst, Archiv für Rechtsfälle, Bd. 62, S. 330.

gemeinschaft bei minderjährigen Ehegatten und der Erklärung über die Ausschließung der ehelichen Gütergemeinschaft seitens eines männlichen Pflegebefohlenen nach erlangter Volljährigkeit.

Dem Fall lag folgender Sachverhalt zu Grunde: Ein Minderjähriger hatte eine Witwe geheiratet. Diese hatte zwei Kinder aus ihrer ersten Ehe. Zusammen hatte das Paar ein weiteres Kind. Am 29. November 1861 vollendete der Mann sein 24. Lebensjahr[721]. Die Ehefrau starb am 27. Januar 1862. Am 13. Mai 1862 fand vor dem Vormundschaftsgericht der „Dechargetermin" statt. Am selben Tag verkaufte der Mann an seine Mutter ein Grundstück, das aus dem Nachlass seines früher verstorbenen Vaters stammte. Der Vormund der beiden minderjährigen Kinder aus der ersten Ehe seiner Ehefrau sah diesen Vertrag als ungültig an. Die Eheleute hätten in ehelicher Gütergemeinschaft gelebt. Durch ihren Vormund vertreten erhoben die Kinder Klage gegen den Ehemann und seine Mutter. Diese wehrten sich mit dem Argument, dass die eheliche Gütergemeinschaft während der Zeit der Vormundschaft des Ehemannes ausgesetzt gewesen sei. Die Ansicht der Kläger wurde sowohl in der ersten Instanz als auch in zweiter Instanz bestätigt. Daraufhin legten die Verklagten Nichtigkeitsbeschwerde beim I. Senat des Obertribunals ein. Dieses gab zwar den Verklagten Recht, dass die Vorschriften über die Aussetzung der ehelichen Gütergemeinschaft auch bei männlichen Pflegebefohlenen einschlägig seien, aber in der Sache habe der Ehemann nach erlangter Volljährigkeit seine Erklärung über den Ausschluss der Gütergemeinschaft nicht rechtzeitig abgegeben, so dass die Wirkungen der ehelichen Gütergemeinschaft nach dem geltenden Recht rückwirkend eingetreten seien[722]. Richtig sei nach Ansicht des I. Senates des Obertribunals, dass auch bei Pflegebefohlenen männlichen Geschlechts die Gütergemeinschaft während der Minderjährigkeit gemäß den §§ 780-789 Teil II Titel 18 des ALR ausgesetzt werde. Dabei hänge der Zeitpunkt der Erklärung über die Ausschließung nach aufgehobener Vormundschaft in dem § 797 Teil II Titel 18 des ALR nicht von dem Eintritt der Volljährigkeit allein, sondern von dem Zeitpunkt ab, an dem der volljährig gewordene Ehegatte zur Abgabe der Erklärung über Ausschließung der Gütergemeinschaft aufgefordert werde[723]. Nach Ansicht des Gerichts brauchten auch Pflegebefohlene männlichen Geschlechts, die Erklärung über Ausschließung der Gütergemeinschaft nicht am Tage der erlangten Volljährigkeit abzugeben; dies

721 § 26 Teil I Titel 1 ALR: „Die Minderjährigkeit aber dauert, ohne Unterschied des Orts der Herkunft und des Standes, bis das vier und zwanzigste Jahr zurückgelegt ist." § 696 Teil II Titel 18 ALR: „Eine wegen Minderjährigkeit angeordnete Vormundschaft hört auf, wenn der Pflegebefohlne das vier und zwanzigste Jahr zurückgelegt hat."

722 Striethorst, Archiv für Rechtsfälle, Bd. 62, S. 330, 331 f.

723 Striethorst, Archiv für Rechtsfälle, Bd. 62, S. 330, 333.

könne vielmehr noch an dem Termin geschehen, an welchem ihnen nach erlangter Volljährigkeit vom Vormundschaftsrichter die Akten der über sie geführten Vormundschaft vorgelegt wurden (Dechargetermin). Zu diesem Zeitpunkt konnte nach Ansicht des I. Senats des Obertribunals die Erklärung über Ausschließung der Gütergemeinschaft auch noch für den Fall abgegeben werden, dass der andere Ehegatte zuvor bereits verstorben war[724]. Allerdings sollte eine Erklärung nach diesem Zeitpunkt als verspätet unbeachtlich sein.

In seinem Erkenntnis berief sich der I. Senat des Obertribunals auf die Entscheidung des Obertribunals im 30. Band, S. 123 ff., in dem zu diesem Problem bereits wie oben dargelegt entschieden worden war. Zwar werden in den Vorschriften über das Verfahren nach erlangter Volljährigkeit ausdrücklich nur weibliche Pflegebefohlene genannt, der Schutz müsse aber auch auf die männlichen übertragen werden. Dem überlebenden Ehegatten dürfe nicht das Recht zur Erklärung der Ausschließung in einem angemessenen Zeitraum genommen werden. Außerdem wirke die Erklärung nicht nur für die Zukunft, sondern auch für die Vergangenheit. Weder mit Eintritt des Todes der Ehefrau noch mit Eintritt der Volljährigkeit sei die Erklärung der Ausschließung automatisch ausgeschlossen. Im vorliegenden Fall sei daher nach Ansicht des I. Senates Obertribunals die eheliche Gütergemeinschaft während der Ehe und der Minderjährigkeit des Ehegatten ausgesetzt gewesen. Danach habe der Ehemann auch nach dem Tod der Ehefrau noch die Möglichkeit gehabt, die eheliche Gütergemeinschaft, die an seinem Wohnsitz gesetzlich herrschte, in einer angemessenen Frist einzuführen oder auszuschließen. Der Ehemann aber habe nach erlangter Volljährigkeit eine Erklärung über die Güterverhältnisse in dem „Dechargetermin" unterlassen, so dass mit Ablauf der angemessenen Erklärungsfrist automatisch die Wirkungen der ehelichen Gütergemeinschaft nach den geltenden Rechten eingetreten seien[725].

Der I. Senat des Obertribunals trat für eine generelle Geltung der Vorschriften über die Aussetzung der Gütergemeinschaft für einen männlichen Pflegebefohlenen ein, allerdings verneinte er eine analoge Anwendung der gesamten Vorschriften und Rechtsgedanken über das Verfahren auf männliche Pflegebefohlene. Die speziellen Regelungen über das gerichtliche Verfahren nach Eintritt der Volljährigkeit bei weiblichen Pflegebefohlenen waren dem Wortlaut nach nur auf weibliche Pflegebefohlene anwendbar, eine Analogie und Übertragung auf männliche Pflegebefohlene war demnach nicht möglich. Für männliche Pflegebefohlene musste auf einem anderen Wege eine angemessene Frist berechnet werden. Den männlichen Pflegebefohlenen stand mit dem sog. „Dechargetermin" ein

724 Striethorst, Archiv für Rechtsfälle, Bd. 62, S. 330, 332 ff.
725 Striethorst, Archiv für Rechtsfälle, Bd. 62, S. 330, 334 ff.

Termin für die Erklärung über die güterrechtlichen Verhältnisse nach erlangter Volljährigkeit zu. Ein separates gerichtlichen Erklärungsverfahren war daher im Vergleich zu den weiblichen Pflegebefohlenen nicht notwendig.

3. Entscheidung des III. Senates vom 28. Mai 1873

Neben dem Problem der Anwendung der Vorschriften über die weiblichen minderjährigen Pflegebefohlenen auf männliche Pflegebefohlene bei Eingehung einer Ehe, stellte sich dem Obertribunal auch das Problem, ob der Gedanke der Aussetzung der ehelichen Gütergemeinschaft generell auf alle Arten von Vormundschaft, unter der ein Ehegatte stehen konnte, übertragbar war.

In dem vorliegenden Rechtsstreit[726] ging es bei der Anwendung der §§ 415 Teil II Titel 1, 780 ff. Teil II Titel 18 ALR um die Frage, ob die Vorschriften auf bei Verheiratung gerichtlich für Verschwender erklärten und deshalb unter Vormundschaft stehenden Personen anwendbar waren. Die Vorschriften im ALR im Vormundschaftsrecht über die Aussetzung der ehelichen Gütergemeinschaft sprachen generell von Pflegebefohlenen und unter Vormundschaft stehenden Personen. Waren damit nur Minderjährige gemeint oder auch andere Personen, denen ein Vormund zugeteilt worden war? Lediglich der § 415 Teil II Titel 1 ALR sprach ausdrücklich von minderjährigen Pflegebefohlenen. Diese Vorschrift hatte das Obertribunal in den anderen Entscheidungen als Verweisungsnorm definiert, so dass in Zweifelsfällen der Wortlaut der Vorschriften im Vormundschaftsrecht, auf die der § 415 Teil II Titel 1 ALR verwies, maßgebend sein sollten. Konnten nun diese Vorschriften nach einer noch weitergehenden Auslegung auch auf eine wegen Verschwendungssucht unter Vormundschaft gestellte Ehefrau angewandt werden?

In dem vorliegenden Rechtsstreit war eine Witwe wegen Verschwendungssucht unter Vormundschaft gestellt worden. Zu ihrem Eigentum gehörte Grundbesitz, der von dem Vormund der Witwe an einen Geesthändler verpachtet wurde. Die Witwe heiratete erneut. Gegen ihren zweiten Ehemann erstritt ein Gläubiger aufgrund einer Forderung einen Titel. Zur Tilgung der Forderung sollte der Pachtzins eingezogen und an den Gläubiger überwiesen werden. Der Pächter verweigerte die Zahlung mit dem Argument, er habe bereits an den Vormund der Ehefrau gezahlt. Daraufhin klagte der Gläubiger gegen den Pächter. Als Nebenintervenientin trug die Ehefrau und Eigentümerin des verpachteten Grundstücks vor, dass sie mit ihrem Ehemann nicht in ehelicher Gütergemeinschaft lebe. Der Pachtzins aus ihrem Eigentum könne daher von einem Gläubiger ihres Ehemannes nicht beansprucht werden. Die eheliche Gütergemeinschaft sei auf-

726 Obertribunal Entscheidungen, Bd. 70, S. 95.

grund der bestehenden Vormundschaft ausgesetzt. Die Klage des Gläubigers hatte in erster und zweiter Instanz Erfolg und auch der III. Senat des Obertribunals wies die Nichtigkeitsbeschwerde des Pächters und der Ehefrau zurück[727].

Obwohl dieser Fall keinen minderjährigen Pflegebefohlenen betraf, sondern eine volljährige Ehefrau, die aufgrund ihrer Verschwendungssucht unter Vormundschaft stand, beschäftigte sich das Obertribunal in seiner Entscheidung mit der Rechtsanwendung der einschlägigen Vorschriften über die Aussetzung der ehelichen Gütergemeinschaft während der Vormundschaft für weibliche und männliche Pflegebefohlene. Da nur die Verweisungsnorm in § 415 Teil II Titel 1 ALR von minderjährigen Pflegebefohlenen sprach, musste das Obertribunal seine Rechtsprechungspraxis in Bezug auf die Auslegung und Anwendung der fraglichen Vorschriften über die Aussetzung der Gütergemeinschaft im Allgemeinen überprüfen. Sollten diese Vorschriften bisher in der Rechtsanwendungspraxis des Obertribunals großzügig angewandt worden sein, konnte sich das unter Umständen für den hier zu entscheidenden Fall und die Rechtsposition der klagenden Ehefrau positiv auswirken.

Wie in den vorangegangenen Entscheidungen leitete der III. Senat des Obertribunals für die entsprechende Anwendung der Vorschriften über die Suspension und die Erklärung über den Ausschluss oder die Einführung der ehelichen Gütergemeinschaft nach Erlangung der Volljährigkeit auf männliche Minderjährige aus der Entstehungsgeschichte und dem Sinn und Zweck der Vorschriften ab. Der Widerspruch im Wortlaut der Vorschriften sei den Redaktoren aufgrund der zeitversetzten Behandlung der Vorschriften in der Revision unterlaufen. Aufgrund der in dieser Rechtsfrage entscheidenden Vorschriften aus dem Vormundschaftsrecht, die in § 780 Teil II Titel 18 ALR eindeutig sowohl von weiblichen als auch von männlichen Pflegebefohlenen sprachen, wurde der § 415 Teil II Titel 1 ALR als Verweisungsnorm entgegen seinem Wortlaut auch auf männliche Pflegebefohlene ausgedehnt[728].

Nachdem der III. Senat des Obertribunals diese generell erweiternde Rechtsanwendung in der Rechtsprechung bestätigt hatte, wandte er sich der Frage zu, ob diese Rechtsanwendung auch noch auf andere unter Vormundschaft stehende Personen ausgedehnt werden könne, z.B. auf unter Vormundschaft stehende Verschwender. Grundsätzlich nahm das Obertribunal in seiner Rechtsprechungspraxis bereits eine Erweiterung des Anwendungsbereiches dieser Vorschriften aus dem Vormundschaftsrecht vor. Die Verweisung des § 415 Teil II Titel 1 ALR auf das Vormundschaftsrecht sollte nicht nur für weibliche minderjährige Pflegebefohlene, sondern auch für männliche Pflegebefohlene zu einer Aussetzung der

727 Obertribunal Entscheidungen, Bd. 70, S. 95 f.
728 Obertribunal Entscheidungen, Bd. 70, S. 95, 97 ff.

Gütergemeinschaft während bestehender Vormundschaft bei Eingehung der Ehe führen. Wenn dies der Fall war, könnte eventuell auch angenommen werden, dass die Vorschriften auch ohne Schwierigkeiten auf andere Arten der Vormundschaft von Ehegatten ausgedehnt werden könnten.

Nach einer Prüfung der Vorschriften im Vormundschaftsrecht und des § 31 Teil II Titel 1 des ALR kam der III. Senat des Obertribunals in dieser Entscheidung allerdings zu dem Ergebnis, dass eine weitergehende Ausdehnung der besagten Vorschriften nicht bezweckt sein könne und damit auch nicht zu erfolgen habe. Für eine Analogie fehlte dem Obertribunal sozusagen eine planwidrige Regelungslücke und die Vergleichbarkeit der Rechtsfälle. Das Obertribunal stellte fest, dass es sich bei den vorliegenden Vorschriften um Ausnahmeregelungen von dem in § 345 Teil II Titel 1 ALR festgehaltenen allgemeinen Grundsatz handele. In Ansehung des Ausnahmecharakters der Aussetzung der ehelichen Gütergemeinschaft bei bestehender Vormundschaft für einen Ehegatten sei eine restriktive Anwendung einzuhalten. Eine gesetzlich geregelte Ausnahme könne auf nicht geregelte Fälle zur Sicherheit des Rechtsverkehrs nicht über ihren Sinn und Zweck hinaus ausgedehnt werden. Zwar enthielten die §§ 780-782 Teil II Titel 18 ALR den allgemeinen Ausdruck „Pflegebefohlene“, aber im Zusammenhang mit dem speziellen Ausdruck in § 415 Teil II Titel 1 ALR „minderjährige Pflegebefohlene“ und den Regelungen in §§ 793, 794 Teil II Titel 18 ALR in Bezug auf die Erklärung über die eheliche Gütergemeinschaft bei Erreichen der Volljährigkeit im unmittelbaren Anschluss an die §§ 780-782 Teil II Titel 18 ALR konnte der III. Senat des Obertribunals nicht erkennen, dass diese Vorschriften über die Aussetzung nicht nur bei minderjährigen, sondern auch bei anderen Pflegebefohlenen eingreifen sollten. Im Gegensatz zu dem Anwendungsproblem bei männlichen Pflegebefohlenen konnte die Anwendung auf andere Vormundschaftsfälle nach Ansicht des III. Senates des Obertribunals nicht unterstellt werden[729]. Der Senat hielt sich damit im vorliegenden Fall strikt an den Wortlaut des § 415 Teil II Titel 1 ALR. In der vorliegenden Entscheidung sollte dieser trotz seines Verweisungscharakters maßgebend sein. Der III. Senat des Obertribunals erklärte dieses Festhalten an dem Wortlaut des § 415 Teil II Titel 1 ALR mit der Systematik und der nichtvorhandenen Notwendigkeit der Übertragung der Regelung der Aussetzung der ehelichen Gütergemeinschaft bei minderjährigen Pflegebefohlenen auf andere bevormundete Personen.

Für eine analoge Anwendung fehlte es dem Obertribunal vor allem an einem vergleichbaren Tatbestand. So bestand die Ausnahme des Ausschlusses der Gütergemeinschaft zeitlich beschränkt für den bestimmbaren Zeitraum bis zur Er-

729 Obertribunal Entscheidungen, Bd. 70, S. 95, 100 ff.

langung der Volljährigkeit[730]. Bei Personen, die aufgrund ihrer Verschwendungssucht durch gerichtlichen Beschluss unter Vormundschaft gestellt worden waren, bestand ein derartiger bestimmbarer Zeitpunkt für das Ende der Vormundschaft und damit für die Aussetzung nicht. Vielmehr musste hier zur Beendigung der Vormundschaft ein Gerichtsentscheid bewirkt werden[731]. In den angedachten Fällen der Verschwendungssucht galt die Vormundschaft so zumeist auf Lebenszeit. Dabei würde es sich für das Obertribunal aber nicht um eine Aussetzung, sondern vielmehr um einen permanenten Ausschluss der ehelichen Gütergemeinschaft handeln, und das sei nicht der Sinn und Regelungszweck der Vorschriften in § 780 ff. Teil II Titel 18 ALR[732].

Auch der § 31 Teil 1 Titel I ALR[733], der von den Parteien in dem Rechtsstreit angeführt wurde, sprach nach Ansicht des Obertribunals nicht für eine Analogie. Zwar wurden danach Verschwender und Minderjährige in Bezug auf die Handlungsfähigkeit gleichgesetzt, doch rechtfertigte dies in den Augen des Obertribunals ohne weitere Indizien noch lange nicht die Anwendung spezieller Rechtsregeln der Minderjährigen auf Verschwender, zumal der Rechtsgedanke des § 49 Teil I Titel 1 ALR[734] nicht auf unter Vormundschaft stehende Verschwender übertragen werden konnte. Danach war nämlich bei minderjährigen vaterlosen Waisen neben der Zustimmung des Vormundes auch die Einwilligung der Mutter zur Eheschließung notwendig. Dies ergebe bei Verschwendern keinen Sinn[735]. Wenn diese Regel über minderjährige Pflegebefohlene nicht auf andere unter Vormundschaft stehende Personen übertragen werden konnte, konnten auch die §§ 415 Teil II Titel 1, 780 ff. Teil II Titel 18 ALR nicht auf Verschwender übertragen werden.

Der III. Senat des Obertribunals konnte aus dem System der Vorschriften und ihrem Sinn und Zweck keine Notwendigkeit für eine entsprechende Anwendung

---

730 Vgl. § 26 Teil I Titel 1 ALR: „Die Minderjährigkeit aber dauert, ohne Unterschied des Orts der Herkunft und des Standes, bis das vier und zwanzigste Jahr zurückgelegt ist."
§ 696 Teil II Titel 18 ALR: „Eine wegen Minderjährigkeit angeordnete Vormundschaft hört auf, wenn der Pflegebefohlne das vier und zwanzigste Jahr zurückgelegt hat."

731 Vgl. § 856 Teil II Titel 18 ALR: „Die Vormundschaft über einen Verschwender muß aufgehoben werden, sobald derselbe überzeugende Proben seiner gründlich erfolgten Besserung beybringt."

732 Obertribunal Entscheidungen, Bd. 70, S. 95, 102.

733 § 31 Teil I Titel 1 ALR: „Diejenigen, welche als Verschwender gerichtliche erklärt sind, werden den Minderjährigen gleichgesetzt."

734 § 49 Teil II Titel 1 ALR: „Bey noch minderjährigen vaterlosen Waisen ist die Einwilligung der Mutter und des Vormunds nothwendig."

735 Obertribunal Entscheidungen, Bd. 70, S. 95, 102 f.

sehen. Die Ausnahme der Aussetzung war bereits durch Auslegung der unklaren Rechtsnormen auf männliche minderjährige Pflegebefohlene ausgedehnt worden, für eine weitergehende Erweiterung fehlten dem Obertribunal die Voraussetzungen und Indizien im Gesetz. So blieb es bei der wortlautgemäßen Anwendung der Verweisungsvorschrift über die Aussetzung der Gütergemeinschaft bei minderjährigen Personen, die bei Eingehung der Ehe unter Vormundschaft standen. Auf die Verschwenderin hingegen kamen diese Vorschriften über die Aussetzung nicht zur Anwendung. Die eheliche Gütergemeinschaft war daher in diesem Fall entsprechend den geltenden Gesetzen am Wohnsitz der Eheleute in Kraft getreten.

4. Bewertung

Nach der Rechtspraxis des Obertribunals stand auch männlichen Pflegebefohlenen die Geltendmachung der Aussetzung der ehelichen Gütergemeinschaft bei Abschluss einer Ehe unter bestehender Vormundschaft und die Möglichkeit einer abschließenden Erklärung über das eheliche Güterrechtsverhältnis nach erlangter Volljährigkeit zu. Das Obertribunal räumte den männlichen Pflegebefohlenen, wenn auch nicht die im Gesetz festgesetzte dreimonatige Erklärungsfrist der weiblichen Pflegebefohlenen, so doch eine angemessene Frist zur Annahme oder zum Ausschluss der ehelichen Gütergemeinschaft nach erlangter Volljährigkeit ein. Der Widerspruch des § 415 Teil II Titel 1 ALR zu den Vorschriften des Vormundschaftsrechts stellte nach Ansicht des Obertribunals ein Versehen der Redaktoren bei der Formulierung der Paragraphen in den beiden Abschnitten bei der Überarbeitung des Entwurfes dar, wobei allein die Regelung im Vormundschaftsrecht, die §§ 780 ff. Teil II Titel 18 ALR, die sich sowohl auf Pflegebefohlene weiblichen als auch männlichen Geschlechts bezogen, entscheidend sein sollten für die Rechtsanwendung. Allerdings waren die Vorschriften aus dem Vormundschaftsrecht nach Ansicht der Senate des Obertribunals nur maßgebend in den Fällen, in denen es um die Frage der Aussetzung der Gütergemeinschaft auch bei männlichen Pflegebefohlenen ging. Bei der Frage der Übertragbarkeit dieser Regelungen auf Personen, die nicht aufgrund ihrer Minderjährigkeit sondern aus anderen Gründen unter Vormundschaft gestellt worden waren, gab der Wortlaut der Verweisungsnorm des § 415 Teil II Titel 1 ALR den Ausschlag bei der Anwendung. Eine weitere Ausdehnung der Ausnahmeregeln lehnte das Obertribunal ab.

Der Wille des Gesetzgebers war bei der Redaktion des Entwurfes des Allgemeinen Gesetzbuches unterschiedlich festgehalten worden, ohne eine klare Linie in dem Wortlaut der verschiedenen Regelungen zu verfolgen. Die Ansicht über die Anwendung der Vorschriften auf männliche Pflegebefohlen entsprach wie oben bereits dargestellt nicht den grundsätzlichen Ansichten der Redaktoren bei der Kodifikation des ALR und der Revisoren des ehelichen Güterrechts. Aus den Materialien hatte sich eigentlich ergeben, dass Svarez als treibende Kraft die Vorschriften nur als Schutz für die weiblichen Pflegebefohlenen auffasste und einen derartigen Schutz für männliche Pflegebefohlene nicht für erforderlich gehalten hatte, insbesondere nicht in Bezug auf das Verfahren nach Erlangung der Volljährigkeit. Aus Versehen seien die Vorschriften im Vormundschaftsrecht nicht angeglichen worden. Gegen diese Ansicht aus den Gesetzesmaterialien setzte sich in der Rechtsprechungspraxis und der Rechtswissenschaft dennoch die Ansicht der möglichen Anwendung der Vorschriften auch auf männliche Pflegebefohlene durch[736]. Die Klärung dieser Rechtsfrage sollte zunächst durch das Reskript des Justizministeriums erfolgen[737]. Übereinstimmend mit den Entscheidungen und Ansichten in der Rechtswissenschaft hatte der Gesetzgeber generell die Anwendbarkeit der Vorschriften des ALR auch auf männliche Pflegebefohlene festgehalten. Allerdings enthielt das Reskript aufgrund der Benutzung unbestimmter Rechtsbegriffe aber selber weiterhin Unklarheiten, vor allem hinsichtlich des Verfahrensablaufs nach erlangter Volljährigkeit. Die abschließende Frage wurde somit der Rechtsprechung der Senate des Obertribunals überlassen. Diese führten eigene Verfahrensregeln für männliche Pflegebefohlene ein. Die Rechtsprechung sah keine Gründe für eine generelle Ungleichbehandlung von weiblichen und männlichen Pflegebefohlenen. Lediglich bei den jeweiligen Verfahren nach Erlangung der Volljährigkeit wurden Unterschiede getroffen, indem die gesetzlichen Vorschriften nur für die weiblichen gelten sollten. Für die männlichen war ein spezielles gerichtliches Verfahren nicht notwendig, da diese Erklärung in dem für ehemalige männliche Pflegebefohlene automatisch anzusetzenden sog. „Dechargetermin" geschehen konnte. Für die männlichen Pflegebefohlenen stellte das Obertribunal demnach unabhängig von dem ALR eigene Regeln aufgrund seiner Entscheidungen durch richterliche Fortbildung auf.

Das Obertribunal hatte durch logische und systematische Auslegung eine Gleichbehandlung zwischen männlichen und weiblichen Pflegebefohlenen in Bezug auf die Aussetzung befürwortet. Der einzige Unterschied lag in der Art und Weise der Abgabe der erforderlichen Erklärung über das güterrechtliche Verhältnis nach erlangter Volljährigkeit. Warum diese Unterscheidung zwischen der Aussetzungswirkung und der Erklärung nach erlangter Volljährigkeit getroffen wurde, erklärte das Obertribunal nicht ausdrücklich. Die Gründe lagen aber erkennbar in der unterschiedlichen rechtlichen Stellung und damit verbundenen

736 Vgl. Förster / Eccius, Preußisches Privatrecht, Bd. IV, S. 68 f.; Bornemann, Systematische Darstellung des Preußischen Civilrechts, Bd. V, S. 125 f.
737 Reskript vom 14. August 1820, v. Kamptz Jahrbücher, Bd. 16, 34 ff.

Entscheidungsgewalten von Frauen und Männern. Dem Ehemann wurde mit Volljährigkeit eine generelle Entscheidungsfähigkeit und -gewalt zugesprochen, während der Ehefrau durch gerichtliche Verfahren und einem ausreichenden Zeitraum eine Hilfestellung gegeben werden musste, eigene Entscheidungen treffen zu können. Daher wurden die Vorschriften der §§ 785 ff. Teil II Titel 18 ALR umfassend nur auf die weiblichen Pflegebefohlenen angewandt und eine entsprechende analoge Anwendung auf die männlichen Pflegebefohlenen nicht für angemessen gehalten. Stattdessen wurde der Mann auf den gesetzlich ohnehin bereits vorgesehenen „Dechargetermin" verwiesen. Mit Eintritt der Volljährigkeit konnte der Mann alleine entscheiden. Die für die weiblichen Pflegebefohlenen daher als notwendig erachtete richterliche Vernehmung und Belehrung benötigten nach Ansicht der Senate des Obertribunals männliche Pflegebefohlene mit Erlangung der Volljährigkeit nicht, da sie nun in der Lage waren, eigenständig ohne Hilfe ihre Geschäfte in die Hand zu nehmen. Der „Dechargetermin" ermöglichte ihnen die Kenntnisnahme von ihren Vermögensverhältnissen und damit auch die Beurteilung und Erklärung über die Gestaltung ihrer ehelichen Güterrechtsverhältnisse. Diese Möglichkeit stand weiblichen ehemaligen Pflegebefohlenen nicht zu.

Eine weitergehende Ausdehnung der Regeln über die Aussetzung der Gütergemeinschaft auf Personen, die aus anderen Gründen unter Vormundschaft standen, die nicht automatisch durch den Eintritt der Volljährigkeit aufgehoben wurden, lehnte das Obertribunal ab. Eine derartige Überdehnung der Rechtsnormen und deren Wortlaut war für das Obertribunal nicht vertretbar. Dafür führte das Gericht neben dem Wortlaut der Vorschriften, konkludent das Fehlen einer planwidrigen Regelungslücke und vor allem der Vergleichbarkeit der Rechtsfälle auf. Nach der Analyse der Vorschriften und der Rechtsfälle verneinte das Obertribunal das Vorliegen der Voraussetzungen für eine Analogie. In den Entscheidungen in Bezug auf die Gesamtauslegung der Vorschriften wird deutlich, dass es den Senaten des Obertribunals hinsichtlich der Vorschriften über die Aussetzung der ehelichen Gütergemeinschaft um eine Gleichbehandlung von vergleichbaren Fällen ging. Entscheidend war Sinn und Zweck der Vorschriften. Es ging bei der Aussetzung der ehelichen Gütergemeinschaft um einen vorübergehend notwendigen Schutz von Minderjährigen und nicht um eine bleibende Einrichtung. Während weibliche und männliche minderjährige Pflegebefohlen daher nach Ansicht des Obertribunals gegen die ursprüngliche Intention generell nicht ungleich behandelt werden konnten, waren Minderjährige und Verschwender eben nicht gleichzustellen und somit eine Anwendung der Vorschriften auf Verschwender abzulehnen. Die Gründe und die Rechtfertigung für die ungleiche Bewertung des § 415 Teil II Titel 1 ALR waren nicht nur der Wortlaut der einschlägigen Vorschriften, sondern vor allem die Systematik und der Schutzzweck der Vorschriften.

F) Wirkungen der ehelichen Gütergemeinschaft

Ein weiteres zentrales Problem bei der Behandlung der Vorschriften des ALR über die eheliche Gütergemeinschaft waren die Regeln über die Wirkungen der ehelichen Gütergemeinschaft hinsichtlich der Verfügungs- und Verwaltungsrechte des Ehemannes. Problematisch war vor allem, welche Handlungen und Rechtsgeschäfte der Ehemann nur mit der Einwilligung der Ehefrau vornehmen konnte und welche Form die eventuell erforderliche Einwilligung der Ehefrau für ihre Wirksamkeit aufzuweisen hatte.

I. Grundlagen im ALR

Bei bestehender ehelicher Gütergemeinschaft oblag dem Ehemann gemäß § 377 Teil II Titel 1 ALR die Verwaltung des gemeinschaftlichen Vermögens der Ehegatten. In den Verwaltungshandlungen waren Veräußerungshandlungen und einseitige Verfügungen (z.B. Schenkung) mit inbegriffen[738]. Der Mann stellte das Oberhaupt der Familie dar und somit oblag ihm die Verwaltung des Vermögens[739].

Die Einwilligung der Ehefrau in die Verwaltungshandlungen des Ehemannes wurde aufgrund der Stellung der Ehegatten innerhalb der ehelichen Gemeinschaft vermutet. Allerdings wurde trotz der generellen Vermutung der Einwilligung der Ehefrau das Recht zugestanden, jede Verfügungshandlung des Mannes durch vorhergehende Einlegung ihres ausdrücklichen Widerspruches bei demjenigen zu verhindern, mit welchem die Handlung vollzogen werden sollte, § 387 Teil II Titel 1 ALR[740]. Eine ausdrückliche Einwilligung der Frau war gemäß §§ 378,

738 § 377 Teil II Titel 1 ALR: „Dem Ehemann gebührt die Verwaltung des gemeinschaftlichen Vermögens."

739 Vgl. § 184 Teil II Titel 1 ALR: „Der Mann ist das Haupt der ehelichen Gesellschaft; und sein Entschluß gibt in gemeinschaftlichen Angelegenheiten den Ausschlag."; Coing, Europäisches Privatrecht, Bd. II, S. 310; Wesenberg, Neuere deutsche Privatrechtsgeschichte im Rahmen der europäischen Rechtsentwicklung, S. 139.

740 § 387 Teil II Titel 1 ALR: „Hat die Frau gegen eine vorhabende Verfügung des Mannes demjenigen, mit welchem sie vollzogen werden soll, ihren Widerspruch ausdrücklich geäußert: so muß die Ergänzung ihrer Einwilligung durch den Richter abgewartet werden."

379 Teil II Titel ALR[741] nur ausnahmsweise dann erforderlich, wenn es um die Veräußerung oder Verpfändung von Grundstücken und Gerechtigkeiten ging oder Kapitalien, welche nicht allein auf den Namen des Ehemannes ausgestellt waren, gekündigt oder eingezogen werden sollten. In den Vorschriften des ALR fehlten allerdings Angaben über die Form dieser Einwilligung durch die Ehefrau. Hatte die Ehefrau die Einwilligung ausdrücklich verweigert, war das Vormundschaftsgericht zur Ergänzung der Einwilligung der Ehefrau sowohl bei Verweigerung als auch bei eingelegtem Widerspruch befugt, wenn die beabsichtigte Verfügung notwendig war oder die Ehefrau keine Nachteile dadurch erlitt, § 388 Teil II Titel 1 ALR[742]. Für Schulden durch Rechtsgeschäfte des Ehemannes haftete grundsätzlich das gütergemeinschaftliche Vermögen gemäß § 380 Teil II Titel 1 ALR[743].

Diese Vorschriften im ALR führten während der Revisionsarbeiten und in der Rechtswissenschaft wiederholt zu Diskussionen. Nicht nur war die Form der Einwilligung nicht festgelegt worden, es fehlten auch Angaben zu den Folgen bei Abschluss eines Rechtsgeschäftes durch den Ehemann mit einem Dritten ohne die nach dem Gesetz erforderliche Hinzuziehung der Ehefrau. So stellte sich die Frage, ob das Rechtsgeschäft schwebend unwirksam sein sollte oder teilwirksam in Bezug auf die Verpflichtung des Ehemannes. Ebenso war unklar, welche Rechtsgeschäfte unter die Vorschriften der §§ 378, 379 Teil II Titel 1 ALR und damit der erforderlichen Einbeziehung der Ehefrau in die Rechtsgeschäfte fielen; sollten z.B. auch Belastungen mit Reallasten von dem einseitigen Veräußerungsverbot des Ehemannes betroffen sein?

II. Revisionsbestrebungen

Bei der Revision der güterrechtlichen Vorschriften über die Wirkungen der allgemeinen ehelichen Gütergemeinschaft wollten die Revisoren den § 377 Teil II

741 § 378 Teil II Titel 1 ALR: „Doch kann er Grundstücke und Gerechtigkeiten nicht ohne Einwilligung der Ehefrau verpfänden oder veräußern."
§ 379 Teil II Titel 1 ALR: „Capitalien, die auf den Namen der Frau, ihres Erblassers oder Geschenkgebers, oder auf den Namen beyder Eheleute geschrieben sind, kann er ohne Bewilligung der Frau nicht aufkündigen oder einziehen."

742 § 388 Teil II Titel 1 ALR: „In allen Fällen, wo die Frau ihre Einwilligung versagt, kann selbige von dem vormundschaftlichen Gerichte ergänzt werden; wenn sich nach vorhergegangener Untersuchung findet, daß die Verfügung des Mannes nach den Umständen nothwendig, oder dem Interesse der Frau unnachtheilig sey."

743 § 380 Teil II Titel 1 ALR: „Außerdem gelten alle von dem Manne, in Ansehung des gemeinschaftlichen Vermögens, auch einseitig getroffenen Verfügungen: und dies Vermögen haftet für alle während der Ehe von ihm gemachten Schulden."

Titel 1 ALR, der dem Ehemann die Verwaltung über das gemeinschaftliche Vermögen einräumte, unverändert belassen[744].

Einige Revisoren und Begutachter meinten zwar, dass aus der Natur der ehelichen Gütergemeinschaft auch gefolgert werden könne, dass eine Veränderung des Vermögens nur mit dem ausdrücklichen Einverständnis beider Eheleute durchzuführen und das einseitige Verfügungs- und Verwaltungsrecht des Ehemannes abzuschaffen sei. Dies zeige sich darin, dass die Einheit des Vermögens in der ehelichen Gütergemeinschaft nicht wie bei der vergleichbaren römischen „conventio in manum“ durch Einverleibung des Vermögens der Frau seitens des Mannes bewirkt werde, sondern der Mann lediglich Verwalter des beiderseitigen Vermögens werde[745].

Die Mehrheit der Revisoren sah aber für derartige Veränderungen keine Veranlassung. Der Natur und dem System des ALR nach sei der Mann in den deutschen Ländern das Oberhaupt der Familie. Kraft dieser Stellung stehe ihm die absolute freie Verfügungsgewalt über das Vermögen der Frau zu. Die Ehefrau habe sich dem Mann unterzuordnen[746]. Auf diesem Gedanken baue das System des ALR und der allgemeinen ehelichen Gütergemeinschaft auf. Der Mann als Vormund der Frau könne daher selbstverständlich das gesamte eheliche Vermögen generell ohne Einfluss der Frau und mit deren vermuteter Zustimmung frei verwalten[747].

Die Diskussion der Redaktoren in Bezug auf den § 378 Teil II Titel 1 ALR, in welchem es um die Erforderlichkeit der Einwilligung der Ehefrau bei Pfändung und Veräußerung von Grundstücken ging, drehte sich um das Problem der Reichweite der Regelung. In der Praxis war es wiederholt zu Streitigkeiten über die Interpretation des Wortlautes gekommen. Diskutiert wurde, was unter die Begriffe „Veräußerung“ und „Verpfändung“ fallen sollte. Umstritten war zum Beispiel, ob der Ehemann Grundstücke mit oder ohne Einwilligung der Ehefrau mit Reallasten belasten konnte. Bei der Vorschrift des § 379 Teil II Titel 1 ALR hinsichtlich der Verfügungen über Kapitalvermögen fand eine ähnliche Diskussion statt in Bezug auf eine mögliche Erweiterung der Vorschrift, z.B. für den Fall der Verpfändung. Die Mehrheit der Revisoren trat für den gleichbleibenden Wortlaut ein. Nur einige, wie z.B. das Oberappellationsgericht zu Posen, vertraten die Ansicht, dass die Verfügungsverbote zu Gunsten der Ehefrau zu erweitern seien[748].

---

744 Vgl. Schubert / Regge, a.a.O., Abt. II, Bd. 5/I, S. 308, 309.

745 Schubert / Regge, a.a.O., Abt. II, Bd. 5/I, S. 308.

746 Vgl. Bornemann, Systematische Darstellung des Preußischen Civilrechts, Bd. V, S. 67.

747 Schubert / Regge, a.a.O., Abt. II, Bd. 5/I, S. 308, 309.

748 Schubert / Regge, a.a.O., Abt. II, Bd. 5/I, S. 309 f., 314 f.

Entstehungsgeschichtlich war im ursprünglichen Entwurf zum Allgemeinen Gesetzbuch im § 378 Teil II Titel 1 ALR nur von Veräußerungen die Rede, der Begriff der Pfändung wurde in der Beratung erst nachträglich hinzugefügt. Nach der Revision des Entwurfes zum ALR hielten die Redaktoren des ALR es für angemessen, die Verpfändung als Vorstufe der Veräußerung ebenfalls unter das Gebot der ausdrücklichen Einwilligung der Ehefrau zu stellen, so dass die Pfändung noch in die Vorschrift aufgenommen wurde[749]. Dieser Zusatz sollte nun nach der erneuten Revision der Vorschriften des ALR über das eheliche Güterrecht ebenfalls in § 379 Teil II Titel 1 ALR eingefügt werden. Weitergehende Änderungen sollten aber nicht erfolgen. Bereits die Materialien zum Entwurf des ALR besagten, dass derartige Einwilligungen für die wirtschaftliche Praxis nur hinderlich seien[750]. Ebenso wenig sollte der § 380 Teil II Titel 1 verändert werden. Gemäß der Natur der ehelichen Gütergemeinschaft war der Mann alleiniger Repräsentant der Ehegemeinschaft[751].

Die Folgen der Rechtsgeschäfte des Ehemannes mit einem Dritten unter Verstoß gegen die in §§ 378, 379 Teil II Titel 1 ALR vorausgesetzten Mitwirkung der Ehefrau waren im ALR nicht ausdrücklich geregelt. Problematisch hierbei war, ob die einseitige Verfügung des Ehemannes ex-tunc als nichtig anzusehen sei, so dass selbst der Ehemann die Erfüllung des mit einem Dritten abgeschlossenen Rechtsgeschäftes verweigern konnte, oder ob wenigstens der Ehemann mit einem Teil seines Vermögens verpflichtet sein sollte. Dieses Problem hing eng mit dem Wesen der Gütergemeinschaft und der Definition der Eigentumsverhältnisse innerhalb der ehelichen Gütergemeinschaft zusammen. Nach der zum Zeitpunkt der Revision des ALR weitverbreiteten Ansicht vom modifizierten Miteigentum konnte ein derartiges einseitiges Rechtsgeschäft auch gegenüber dem Ehemann nach Ansicht der Revisoren nicht verbindlich sein. Vielmehr müsse dieses bis zur Erteilung oder Verweigerung der Genehmigung durch die Ehefrau im Ganzen als schwebend unwirksam behandelt werden. Zu dem Ergebnis gelangten auch die Rechtswissenschaftler, die von einer moralischen Person als Eigentümerin ausgingen. In diesem Fall konnte der Ehemann auch nicht anteilig verbindlich verfügen. Der Ehemann sei vielmehr nach den allgemeinen Vorschriften über Verträge §§ 39 ff. Teil I Titel 5 ALR verpflichtet, die Einwilligung der Ehefrau oder deren gesetzlich geregelte Ergänzung zu erbringen. Kontrahierte der Ehemann ohne Einwilligung, so handelte er nicht als berechtigte Person, sondern als ein unberechtigter Dritter. Die Unwirksamkeit musste dann den gesamten Vertrag betreffen. Einzig die Verpflichtung zur Ermöglichung des

749 Schubert / Regge, a.a.O., Abt. II, Bd. 5/I, S. 309.
750 Vgl. Schubert / Regge, a.a.O., Abt. II, Bd. 5/I, S. 314 f.
751 Schubert / Regge, a.a.O., Abt. II, Bd. 5/I, S. 318 f.

Vertrages und Erbringung der Einwilligung könnte durch eine solche einseitige Verfügung hervorgerufen werden[752]. Aufgrund der Diskussionen über die im ALR nicht geregelten Folgen des Verstoßes gegen das Verbot in § 378 Teil II Titel 1 ALR schlugen die Revisoren daher einen entsprechenden neuen Paragraphen vor, der die Folgen der Nichtbeachtung des Verbotes des Handelns des Mannes ohne die gemäß § 378 notwendige Einwilligung der Ehefrau regeln sollte[753].

III. Rechtsanwendung in den Entscheidungen des Obertribunals

Die Aufnahme des Begriffs der Pfändung in die Vorschrift des § 378 Teil II Titel 1 ALR hatte für die Rechtsanwendungspraxis nicht zu einer Klärung der Frage geführt, ob die Belastung mit Reallasten auch unter die Vorschrift zu fassen war und ebenfalls der ausdrücklich erklärten Einwilligung der Ehefrau bedurfte. In seinen Entscheidungen versuchte das Obertribunal in Bezug auf den Handlungsspielraum des Ehemannes und der Einschränkungen durch die Voraussetzung der Einwilligung durch die Ehefrau aufgrund einer systematischen logischen Rechtsanwendung, eine dem System des preußischen Familienrechts angemessene Lösung für die Auslegung der entsprechenden Vorschriften aus dem ALR zu finden.

Als Vorfrage hatte es sich bei den Vorschriften über die Verfügungs- und Verwaltungsgewalt des Ehemannes mit der Ausformung der in speziellen Fällen notwendigen Einwilligung durch die Ehefrau auseinander zu setzen. Gemäß §§ 378, 379 Teil II Titel 1 ALR bedurfte der Ehemann bei Verfügungen über Grundstücke und Kapitalien der Einwilligung der Ehefrau. Über die Ausgestaltung dieser Einwilligung, wann sie zu erteilen war und in welcher Form, ob mündlich oder schriftlich oder vor Gericht, schwieg das Gesetz. Dies führte zu Rechtstreitigkeiten, mit denen sich das Obertribunal bereits 1837 in einem Gutachten[754] und später seine Ansichten aus dem Gutachten bestätigend in seinen Entscheidungen beschäftigte[755]. Das Obertribunal vertrat dabei die Ansicht, dass die von einer in ehelicher Gütergemeinschaft lebenden Ehefrau für gewisse Rechtsgeschäfte des Ehemannes zu erteilende Einwilligung zu ihrer rechtlichen

752 Schubert / Regge, a.a.O., Abt. II, Bd. 5/I, S. 310 f.

753 Revisionsentwurf § 301: „Hat er es dennoch gethan, so wird er dadurch nur verpflichtet, seine Bemühungen zur Herbeischaffung der Einwilligung der Frau oder deren Ergänzung durch das Vormundschaftsgericht nach § 311 anzuwenden; in deren Entstehung aber ist der Vertrag auch für ihn ohne rechtliche Wirkung."; vgl. Schubert / Regge, a.a.O., Abt. II, Bd. 5/I, S. 32.

754 Gutachten vom 05. Mai 1837, v. Kamptz Jahrbücher, Bd. 49, S. 427, 428 f.

755 Z.B. Obertribunal Entscheidungen, Bd. 10, S. 170; Obertribunal Entscheidungen, Bd. 14, S. 44.

Wirksamkeit nicht der gerichtlichen Erklärung, sondern nur der schriftlichen Form bedürfe.

Neben der Form war bei der Rechtsanwendung der Vorschriften über die Verfügungsgewalt des Ehemannes insbesondere problematisch, welche Rechtsgeschäfte von den einzelnen Vorschriften unter dem Einwilligungsgebot standen. Geklärt werden musste, welche Handlungen eine generelle Einwilligung der Ehefrau mitumfasste, welche Verfügungen die Substanz des Vermögens betrafen und daher einer ausdrücklichen Einwilligung bedurften, die Konsequenzen bei einer fehlenden Einwilligung für die Bindungswirkung des Vertrages bzw. des Rechtsgeschäftes, und ob der Ehemann allein einen Prozess führen konnte oder ob er mit seiner Ehefrau eine notwendige Streitgenossenschaft bildete.

1. Entscheidung des III. Senates vom 18. Juni 1852

Das Problem der Rechtsfolgen löste das Obertribunal in seinen Entscheidungen aufgrund der fehlenden wörtlichen Vorschriften im ALR anhand seiner Rechtsprechungspraxis zu dem Wesen der ehelichen Gütergemeinschaft. Danach konnte nach Ansicht der Senate des Obertribunals keiner der Ehegatten über einen ideellen Vermögensanteil am ehelichen Vermögen verfügen. Entweder fand die Verfügung über den gesamten Vermögensgegenstand statt oder gar keine Verfügung. Daraus leitete das Obertribunal eine generelle Unwirksamkeit der Rechtsgeschäfte und Verträge ab, bei denen ein Ehegatte unbefugt mit einem Dritten über eheliches Gemeinschaftsvermögen kontrahierte. Eine Teilwirksamkeit nur in Bezug auf den Ehemann und eine Übertragung eines Anteils vom ehelichen Vermögen konnte es nach dieser Rechtsprechung nicht geben.

Die vorliegenden Entscheidung des III. Senates vom 18. Juni 1852[756] stellt ein Beispiel für diese Auslegung und Argumentation durch das Obertribunal dar. In dieser Entscheidung musste sich der III. Senat des Obertribunals mit den Rechtsfolgen eines Rechtsgeschäftes über die Veräußerung eines zum ehelichen Vermögen gehörenden Grundstücks durch den Ehemann ohne Hinzuziehung der Ehefrau auseinandersetzen. Der III. Senat des Obertribunals entschied in der Sitzung vom 18. Juni 1852 auf eine Nichtigkeitsbeschwerde, dass ein den Wirkungen der ehelichen Gütergemeinschaft unterworfenes Grundstück nur wirksam von beiden Eheleuten zusammen verkauft werden könne. Der einseitige Verkauf durch nur einen Ehegatten habe auch für den kontrahierenden Ehegatten keine verbindliche Wirkung. Grundlage für die Entscheidung bildeten die §§ 378, 634, 638, 639 Teil II Titel 1, § 40 I 5, § 141, 142 Teil I Titel 11 ALR und die Rechtsanwendung des Obertribunals in Bezug auf die Möglichkeit der anteiligen Ver-

756 Striethorst, Archiv für Rechtsfälle, Bd. 7, S. 31 f.

fügung aufgrund seiner Definition vom Wesen der ehelichen Gütergemeinschaft[757].

Mit dieser Entscheidung bestätigte das Obertribunal die vorhergehenden Urteile der ersten und zweiten Instanz in dem Rechtsstreit, in dem der Ehemann ohne Hinzuziehung seiner Ehefrau ein in gütergemeinschaftlich ehelichem Eigentum stehendes Wiesengrundstück an einen Dritten verkauft hatte. Nach dem Vertragsschluss verstarb der Ehemann und der Dritte forderte von der Witwe und deren Kindern als Erben die Erfüllung des Vertrages. Sowohl in 1. als auch in 2. Instanz wurde der Witwe und den Kindern Recht gegeben, dass der Ehemann ohne Hinzuziehung seiner Ehefrau nicht verbindlich über die Wiese verfügen könne[758]. Für den III. Senat des Obertribunals hatten die Richter der 1. und 2. Instanz zu Recht angenommen, dass ein derartiger Vertrag weder für die Eheleute gemeinsam noch für den kontrahierenden Ehemann allein verbindlich sei[759].

Wörtliche Regelungen waren im ALR über die Wirksamkeit derartiger einseitiger Verträge bezüglich beider oder nur eines Ehegatten nicht vorhanden. Daher musste das Obertribunal aufgrund seiner Definition von dem Wesen der Gütergemeinschaft zu einer Lösung gelangen. Der III. Senat berief sich für seine Begründung auf das Gutachten des Obertribunals vom 24. August 1840[760] und die Entscheidung aus dem Band 14, S. 52 und die Motive eines Plenarbeschlusses vom 22. März 1847, sowie auf die Ausführungen von Bornemann, Preußisches Civilrecht, Bd. V, S. 325 als Literaturansicht[761]. Aufgrund seiner Ansicht, dass kein Ehegatte über einen ideellen Anteil verfügen könne, könne somit auch in dem vorliegenden Fall das Rechtsgeschäft des Ehemannes für ihn nicht teilwirksam sein. Weder verpflichte das Rechtsgeschäft beide Ehegatten noch könne es nur den kontrahierenden Ehemann verpflichten. Der III. Senat des Obertribunals setzte in dieser Entscheidung seine Rechtsanwendung von dem modifizierten Miteigentum konsequent fort und stellte die kausalen Folgen dieser Definition vom Wesen der Gütergemeinschaft auf ein abgeschlossenes Rechtsgeschäft fest. Die Ehefrau hatte nicht eingewilligt, die Einwilligung war auch nicht rückwirkend ergänzt worden, so dass der Vertrag insgesamt für beide Eheleute keine rechtliche Wirkung entfalte[762].

Das weitere Argument des Klägers, dass mit dem Tode des Ehemanns nach dem Gesetz die eheliche Gütergemeinschaft beendet worden sei, wies der III. Senat des Obertribunals ebenfalls zurück. Im Hinblick auf die Verbindlichkeit des

757 Striethorst, Archiv für Rechtsfälle, Bd. 7, S. 31 f.
758 Striethorst, Archiv für Rechtsfälle, Bd. 7, S. 31.
759 Striethorst, Archiv für Rechtsfälle, Bd. 7, S. 31 f.
760 Vgl. Justiz-Ministerial-Blatt 1840, S. 342.
761 Striethorst, Archiv für Rechtsfälle, Bd. 7, S. 31, 32.
762 Striethorst, Archiv für Rechtsfälle, Bd. 7, S. 31, 32.

zwischen dem verstorbenen Ehemann und dem Dritten geschlossenen Vertrages könne sich durch den Tod keine Änderung ergeben. Zwar ende die eheliche Gütergemeinschaft nach dem Gesetz mit dem Tod eines Ehegatten, doch müsse sie zunächst noch abgewickelt werden. Aufgrund der Regelungen in den §§ 635, 653 Teil II Titel 1 ALR[763] können die Erben dem Dritten gegenüber nicht in einem größeren Ausmaße verantwortlich sein als der Verstorbene[764].

Der Vertrag war für den III. Senat des Obertribunals als Ganzes ungültig und nicht wie vom Kläger behauptet nur hälftig. Damit konnten die Erben nicht weitergehend als der Erblasser verpflichtet werden. Ohne wörtliche Regelung argumentierte der III. Senat des Obertribunals mit dem Sinn und Zweck der Abwicklung der ehelichen Gütergemeinschaft nach dem Tod eines Ehegatten und der Stellung der Erben. Der Dritte sollte nicht durch den Tod des Ehegatten in eine bessere Stellung gelangen als zu Lebzeiten des mit ihm kontrahierenden Ehemannes. Wenn zu Lebzeiten der Vertrag kein verbindliche Wirkung entfaltete, auch keine Teilwirksamkeit nur gegen über dem Ehemann, konnte nach seinem Tod keine Verpflichtung der Erben eintreten. Der Vertrag konnte zu Lebzeiten keine Teilverbindlichkeit entfalten, da der Ehemann ohne Hinzuziehung der Ehefrau weder über das Grundstück, welches im gemeinsamen ehelichen Eigentum stand, im Ganzen noch anteilig verfügen konnte. Dies ergab sich für den III. Senat des Obertribunals eindeutig aus dem Charakter der ehelichen Gütergemeinschaft, die unstreitig zwischen den Eheleuten gegolten hatte.

2. Entscheidung des III. Senates vom 06. Februar 1852

In der Entscheidung vom 06. Februar 1852 hatte der III. Senat des Obertribunals[765] über die Frage der Dispositionsrechte des Ehemannes hinsichtlich gemeinschaftlicher Kapitalien nach dem westpreußischen Provinzialrecht zu entscheiden. Das Obertribunal musste sich mit der Anwendung und Auslegung der westpreußischen Provinzialrechts und der subsidiären Anwendung der Vorschrift der §§ 379, 380 Teil II Titel 1 ALR auseinandersetzen.

Eine Ehefrau hatten ihrem Ehemann die Einwilligung erteilt, eine auf den Namen der beiden Eheleute gutgeschriebenen Kapitalforderung gegen einen

763 § 635 Teil II Titel 1 ALR: „Es muß daher vor allen Dingen das gemeinschaftliche Vermögen von dem, was nicht in die Gemeinschaft gekommen ist, abgesondert werden.“
§ 653 Teil II Titel 1 ALR: „Bis zur wirklichen Auseinandersetzung bleibt der überlebende Ehegatte mit den Verwandten des Verstorbenen im Miteigenthume der zur Zeit des Sterbefalls vorhandenen gewesenen gemeinschaftlichen Masse.“

764 Striethorst, Archiv für Rechtsfälle, Bd. 7, S. 31, 32.

765 Striethorst, Archiv für Rechtsfälle, Bd. 6, S. 22.

Dritten aufzukündigen und einzuziehen. Der Ehemann schloss daraufhin mit dem Dritten einen Vergleich über die einzuziehende Summe, ohne die Frau zu diesem Vergleich heranzuziehen. In dem Vergleich wurde dem Dritten ein Teil der Schuld erlassen. Der Schuldner klagte gegen die Eheleute auf Ausstellung einer löschungsfähigen Quittung über die insgesamt geschuldete Summe. Die Richter der ersten und zweiten Instanz hielten den Vergleich nach den Vorschriften des ALR für unverbindlich und erachteten die Ausstellung einer Quittung nur über den zurückgezahlten Teil der Schulden für rechtlich zulässig. Die daraufhin erhobene Nichtigkeitsbeschwerde des Schuldners wurde vom III. Senat des Obertribunals zurückgewiesen[766].

In dem Rechtsstreit behauptete der Kläger, dass nach dem westpreußischen Provinzialrecht der Ehemann allein über das gesamte zur ehelichen Gütergemeinschaft gehörende Vermögen verfügen könne. Ausgenommen von der Dispositionsbefugnis seien lediglich Grundstücke. In dem vorliegenden Rechtsfall ging es um Kapitalien, und daher behauptete der Kläger, dass die Einwilligung der Ehefrau nach dem Provinzialrecht nicht erforderlich gewesen sei[767].

Der III. Senat des Obertribunals folgte dieser Ansicht des Klägers nicht. In dem Provinzialrecht sei keine Bestimmung über die Verwaltungsbefugnis des Ehemannes enthalten. Lediglich eine Vorschrift legte fest: „dass ein Ehegatte, der in kölmischen Gütern saß, ein Haus oder Grund ohne des andern Wissen nicht ganz verkaufen könnte, sondern, wenn solches geschehen war, der Kauf nicht weiter kräftig war, als soweit es die kölmische Hälfte des Verkäufers betraf"[768]. Bestimmungen über die Behandlung von Kapitalien und das entsprechende Verfügungsrecht des Ehegatten waren in dem Provinzialrecht nicht festgehalten. Der III. Senat des Obertribunals gelangte unter Anwendung des § 360 II 1 ALR zu der Anwendung der Vorschriften des ALR in §§ 379, 380 II 1 ALR über die Dispositionsbefugnisse bei eingetragenen Kapitalien. Der III. Senat des Obertribunals konnte den provinzialrechtlichen Vorschriften für Westpreußen keine ausdrückliche andere Regelung entnehmen. Da keine Regelungen vorhanden waren, erübrigte sich, wie oben bereits dargestellt, für den III. Senat des Obertribunals eine weitergehende Interpretation, so dass es direkt auf das ALR zurückgriff. Ob die Lücke im Provinzialrecht bewusst gesetzt war oder nicht, zog der III. Senat des Obertribunals nicht weiter in Erwägung, sondern füllte die Lücke mit den Regeln des ALR aus.

Bei der Anwendung der Vorschriften des ALR musste der III. Senat des Obertribunals den Sinn und Zweck der Vorschriften heranziehen, da die Ehefrau

766 Striethorst, Archiv für Rechtsfälle, Bd. 6, S. 22, 23.
767 Striethorst, Archiv für Rechtsfälle, Bd. 6, S. 22, 23.
768 Striethorst, Archiv für Rechtsfälle, Bd. 6, S. 22, 26.

zwar ihre Einwilligung in die Aufkündigung und Einziehung der auf den Namen beider Ehegatten geschriebenen Kapitalien gegeben hatte, aber nicht zu dem anschließenden Vergleich und Schuldenerlass. Der Kläger trug vor, dass dieser Vergleich durch die erste Einwilligung abgedeckt gewesen sei und es keiner weiteren Einwilligung bedürfe. Dieser Ansicht konnte das Obertribunal nach Auslegung der Erklärung und Anwendung der §§ 378 ff. Teil II Titel 1 ALR nicht folgen und wies den Kläger ab. Aus den einschlägigen Vorschriften konnte der III. Senat des Obertribunals nicht den allgemeinen Rechtsgrundsatz ableiten, dass, wenn dem in der Gütergemeinschaft lebenden Ehemann von der Ehefrau der Konsens zur Aufkündigung und Einziehung eines auf den Namen beider Eheleute geschriebenen Kapitals erteilt worden sei, der Ehemann auch dadurch befugt werde, mit dem Schuldner einseitig und rechtsverbindlich für die Ehefrau einen Vergleich über die einzuzahlende Summe zu schließen und namentlich einen Teil der Schuld dem Schuldner zu erlassen[769].

Die §§ 378, 379 Teil II Titel 1 ALR stellten eine Ausnahme von dem allgemeinen Verfügungsrecht des Ehemannes dar. Aufgrund der Regelung war es für den III. Senat des Obertribunals selbstverständlich, dass eine vorgenommene Verfügung durch den Ehemann mit dem wirklichen Einverständnis der Ehefrau übereinstimmen müsse. Der Ehemann hat sich bei einer im Voraus erteilten Einwilligung wie ein normaler Bevollmächtigter in den Grenzen des Auftrages zu halten. Aus dem Auftrag, die Kapitalforderung aufzukündigen und einzuziehen, konnte der III. Senat des Obertribunals nicht gleichzeitig den Auftrag entnehmen, die Schulden teilweise durch einen Vergleich zu erlassen. Der Vergleich über die Art und Weise der Einziehung stelle vielmehr eine weitergehende einseitige Disposition über das eheliche Vermögen dar, die eine eindeutige Einwilligung der Ehefrau nach § 379 Teil II Titel 1 ALR erfordere[770].

Nach der Ansicht des III. Senates des Obertribunals benötigte jede substanzielle Verfügung über die durch §§ 378, 379 Teil II Titel 1 ALR betroffenen Kapitalien eine ausdrückliche Einwilligung. Aus einer einmal ergangenen generellen Einwilligung, eine Forderung einzuziehen, konnte keine Einwilligung für nachfolgende einseitige Entscheidungen des Ehemannes in Bezug auf die Art und Weise der Einziehung und eines Schuldenerlasses abgeleitet werden. Dies widersprach dem Sinn und Zeck der Ausnahmevorschriften über die Erforderlichkeit der Einwilligung. Der Erlass von Schulden griff in die Vermögenssubstanz ein und stellte damit eine Verfügung über Kapitalien gemäß § 379 Teil II Titel 1 ALR dar. Eine ausdrückliche Einwilligung der Ehefrau in den Schuldenerlass war somit erforderlich gewesen.

769 Striethorst, Archiv für Rechtsfälle, Bd. 6, S. 22, 25.
770 Striethorst, Archiv für Rechtsfälle, Bd. 6, S. 22, 25.

3. Entscheidung des III. Senates vom 18. Mai 1863

Die Entscheidung vom 06. Februar 1852 bestätigte der III. Senat des Obertribunals in seiner Entscheidung vom 18. Mai 1863. Diese Entscheidung des III. Senates des Obertribunals vom 18. Mai 1863[771] betraf die Verfügungsbefugnis des in ehelicher Gütergemeinschaft lebenden Ehemannes gemäß §§ 378, 379 Teil II Titel 1 ALR über eine Entschädigungszahlung für ein enteignetes Grundstück, welches auf den Namen beider Eheleute eingetragen war. Basierend auf der Entscheidung vom 06. Februar 1852 sollte die allgemeine Einwilligung der Frau in die Veräußerung des Grundstückes allein nicht ausreichen, den Mann zur alleinigen Verhandlung über die Bestimmung des Preises und zum Empfang des Kaufgeldes zu legitimieren, vor allem nicht sich über einen niedrigeren Preis zu vergleichen.

Aufgrund von öffentlichen Bauvorhaben war im vorliegenden Fall ein Teil des Grundstückes der in ehelicher Gütergemeinschaft lebenden Eheleute enteignet und von der Verwaltungsbehörde eine entsprechende Entschädigungssumme festgestellt und ausgezahlt worden. Auf die Klage der Eheleute gerichtet auf Feststellung einer höheren Entschädigungssumme wandte die Behörde ein, dass der Ehemann ohne Hinzuziehung der Ehefrau gerichtlich erklärt habe, mit der durch die Behörde festgesetzten Summe einverstanden zu sein und auf eine gerichtliche Festsetzung der Höhe der Entschädigungssumme zu verzichten. Nach Ansicht der Beklagten war die Einwilligung der Ehefrau bei einer derartigen Verwaltungsregelung nicht notwendig. Die Entscheidung des Appellationsgerichts gab jedoch den Klägern Recht und dies hat das Obertribunal in diesem Erkenntnis bestätigt[772].

Der III. Senat des Obertribunals erkannte in seiner Entscheidung, dass der in ehelicher Gütergemeinschaft lebende Ehegatte in Bezug auf ein zur ehelichen Gütergemeinschaft gehörendes Grundstück, das auf den Namen beider Eheleute eingetragen war, nicht berechtigt gewesen sei, ohne Hinzuziehung seiner Ehefrau auf eine höhere Entschädigung durch gerichtliche Festsetzung zu verzichten und sich mit der durch das behördliche Resolut aufgestellten Entschädigungssumme zu begnügen. Nach Ansicht des III. Senates des Obertribunals stellte ein derartiger Verzicht auf das Äquivalent über das zum ehelichen Vermögen gehörende Teilgrundstück eine Verfügung über die Substanz des Grundstückes dar. Ohne Vollmacht bzw. Einwilligung der Ehefrau handele der Ehemann nicht als Verfü-

771 Obertribunal Entscheidungen, Bd. 49, S. 182.
772 Obertribunal Entscheidungen, Bd. 49, S. 182 f.

gungsberechtigter und seine Erklärung reiche daher nicht aus, sich allein mit der Behörde über die Entschädigungssumme zu vergleichen[773].

Der III. Senat des Obertribunal wies als Bestätigung seiner Begründung auf seine Entscheidung vom 06. Februar 1852[774] hin. Eine derartige einseitige Erklärung des Ehemannes verletze das Recht der Ehefrau aus § 378 Teil II Titel 1 ALR. Nach Ansicht des III. Senates des Obertribunals sollte die Substanz des Vermögensgegenstandes – das Grundstück oder sein Preis als Äquivalent – gegen Verfügungen durch den Ehemann geschützt werden, so dass die Ehefrau auch bei einer Festsetzung eines Entschädigungspreises heranzuziehen sei. Der Gedanke des § 380 Teil II Titel 1 ALR könne nicht eingreifen, da § 379 Teil II Titel 1 ALR den vorliegenden Rechtsfall ausdrücklich regele[775].

4. Entscheidung des II. Senates vom 16. Januar 1862

Das Obertribunal setzte in den vorbezeichneten Entscheidungen der in den Vorschriften §§ 378, 379 Teil II Titel 1 ALR erwähnten Veräußerung Handlungen gleich, die genauso wie die Veräußerung in die Substanz des Grundstücks oder der geschützten Kapitalien eingriffen. Dies scheint auf eine weite Auslegung der Vorschriften hinzudeuten; hinsichtlich anderer Rechtsgeschäfte, die nicht mit einer Veräußerung im Zusammenhand standen, sondern auf anderem Wege das Vermögen belasteten, bevorzugte das Obertribunal allerdings ein restriktive Auslegung in Bezug auf den Wortlaut.

In dem vorliegenden Rechtsstreit musste sich der II. Senat des Obertribunals[776] auf eine Nichtigkeitsbeschwerde hin mit der Frage beschäftigen, ob sich der im § 378 Teil II Titel 1 ALR gebrauchte Ausdruck „veräußern“ nur auf die Veräußerung der zum gütergemeinschaftlichen Vermögen der Eheleute gehörenden Grundstücke und Gerechtigkeiten im engeren Sinne oder auch auf die Belastung solcher Grundstücke mit Grundgerechtigkeiten oder anderen dinglichen Lasten bezog. Bedurfte die Belastung der zur ehelichen Gütergemeinschaft gehörenden Grundstücke durch den Ehemann auch der in § 378 Teil II Titel 1 ALR vorgeschriebenen Einwilligung durch die Ehefrau? Der II. Senat des Obertribunals entschied sich nach umfassender Analyse der Vorschrift nach Sinn, Zweck und Entstehungsgeschichte und einem Vergleich mit anderen Vorschriften aus dem ALR zu einer engen Auslegung der §§ 380, 378 Teil II Titel 1 des ALR. Ei-

773 Obertribunal Entscheidungen, Bd. 49, S. 182, 184 f.
774 Striethorst, Archiv für Rechtsfälle, Bd. 6, S. 22.
775 Obertribunal Entscheidungen, Bd. 49, S. 182, 185.
776 Obertribunal Entscheidungen, Bd. 47, S. 231.

ne Einwilligung der Ehefrau war danach für Belastungen mit Reallasten nicht erforderlich.

Der Ehemann lebte mit seiner Frau in der ehelichen Gemeinschaft des Erwerbes. Während der Ehe erwarb er ein Grundstück. Ohne Hinzuziehung seiner Ehefrau schloss der Ehemann mit seinem Nachbarn einen Vertrag über die Verlegung einer gemeinschaftlich nutzbaren Wasserleitung auf dem Grundstück der Eheleute ab. Einige Zeit später klagte der Ehemann gegen den Nachbarn auf Wiederherstellung des früheren Zustandes. Er begründete die Klage damit, dass er nicht befugt gewesen sei, das zum ehelichen Vermögen gehörende Grundstück ohne Hinzuziehung seiner Ehefrau derart zu belasten. In zweiter Instanz wurde die Klage zurückgewiesen. Diese Entscheidung bestätigte der II. Senat des Obertribunals in seinem Erkenntnis über die vom Ehemann eingelegte Nichtigkeitsbeschwerde[777].

Der § 380 Teil II Titel 1 ALR stellte als Regel auf, dass die in Ansehung des gütergemeinschaftlichen Vermögens getroffenen, auch einseitigen Verfügungen des Ehemannes grundsätzlich Wirksamkeit entfalteten. Eine Ausnahme enthielt der § 378 Teil II Titel 1 ALR. Grundstücke und Gerechtigkeiten konnte der Mann nicht ohne ausdrückliche Einwilligung der Ehefrau verpfänden und veräußern. Die Frage im vorliegenden Fall war, ob der Ehemann ohne Einwilligung der Ehefrau das zum ehelichen Vermögen gehörende Grundstücke mit Dienstbarkeitsrechten belasten konnte. Stellte dies ein Äquivalent zu einer Veräußerung oder Verpfändung dar? Das Obertribunal stellte fest, dass zur Beantwortung dieser Frage eine Auslegung nach dem Sinn der Vorschrift unter Berücksichtigung der historischen Entwicklung erforderlich sei[778].

Der II. Senat des Obertribunals ging in seiner Begründung zunächst von dem Sinn der Worte der Vorschrift aus. Der Wortsinn ergab sich dabei für den II. Senat des Obertribunal aus dem Zusammenhang und dem nächsten unzweifelhaften Grunde des Gesetzes. Für diese Bestimmung zog der II. Senat des Obertribunals auch die Entstehungsgeschichte der auszulegenden Vorschriften heran. Unter dem Wort „veräußern“ sei dem Sinn nach die Übertragung des Eigentum seitens des bisherigen Eigentümers auf einen anderen zu verstehen. Es fragte sich, ob an dieser engen Auslegung festzuhalten oder eine umfassendere Auslegung anzunehmen war, wonach jede dauernde Belastung des Eigentums, durch welche Grundstücke in ihrer Substanz geschmälert oder an Wert vermindert wurden, darunter verstanden werden müsse. In einem Vergleich stellte der II. Senat des Obertribunals zunächst fest, dass eine derartige weite Auslegung des Veräuße-

777 Obertribunal Entscheidungen, Bd. 47, S. 231 f.
778 Obertribunal Entscheidungen, Bd. 47, S. 231, 233.

rungsverbotes im römischen Recht im Cod. IV. 51, L.7. zu finden sei[779]. Für das ALR könne diese weite Auslegung aufgrund der Entstehungsgeschichte aber nach Ansicht des II. Senates des Obertribunals nicht gelten. Grundsätzlich können unter dem Ausdruck „veräußern“ nicht solche Dispositionen verstanden werden, durch welche lediglich das Recht des Eigentümers dauernd belastet und das Eigentum in seinem Ertrags- und sonstigen Werte vermindert werde. Denn sei schon das Wort „veräußern“ in diesem weiteren Sinne zu verstehen gewesen, dann hätte das Wort „verpfänden“ nicht durch die Redaktoren mehr eingefügt werden müssen[780]. Im Entwurf zum ALR sprach der § 378 Teil II Titel 1 ALR nur von Veräußerungen, die Pfändung wurde erst nach der Beratung des Entwurfes in die Vorschrift eingefügt. Der Grund der Einfügung liege darin, dass die Verpfändung eines Grundstückes ihrem rechtlichen Wesen nach die wirkliche Veräußerung zum Endziele habe. Wäre der Ausdruck „Veräußerung“ weit auszulegen, hätte er die Pfändung bereits abgedeckt und die Hinzufügung wäre überflüssig gewesen. Die Redaktoren seien daher nach Ansicht des Obertribunals erkennbar an dieser Stelle von dem engen Wortsinn ausgegangen. Diese enge Wortauslegung und Intention des Gesetzgebers übernahm der II. Senat des Obertribunals daher in dieser Entscheidung[781].

Auch der Vergleich mit der Wortwahl der Vorschrift § 232 Teil II Titel 1 ALR[782], in der es in der ehelichen Verwaltungsgemeinschaft ebenfalls um die Verwaltungs- und Verfügungsrechte des Ehemannes in Bezug auf in das eheliche Vermögen eingebrachte Grundstücke und Gerechtigkeiten ging, stützte nach Ansicht des II. Senates des Obertribunals seine enge Auslegung des Wortes „veräußern“ im § 378 Teil II Titel 1 ALR. Im Gegensatz zu dem § 378 Teil II Titel 1 ALR wurden in dieser Vorschrift neben der Veräußerung auch noch Maßnahmen aufgeführt, durch die die Gegenstände mit bleibenden dinglichen Lasten belastet wurden. Für den II. Senat des Obertribunals verdeutlichte diese Wortwahl eindeutig, dass der Gesetzgeber zwischen Veräußerung und Belastung unterscheiden wolle. Daran sei festzuhalten[783].

Auch aus dem unzweifelhaften nächsten Grund des Gesetzes ergab sich nach der Auslegung des II. Senates des Obertribunals keine andere Schlussfolgerung. Grundsätzlich stand dem Ehemann die freie Verfügungsgewalt zu. Nur in den im

779 Obertribunal Entscheidungen, Bd. 47, S. 231, 234.
780 Obertribunal Entscheidungen, Bd. 47, S. 231, 234 f.
781 Obertribunal Entscheidungen, Bd. 47, S. 231, 234 f.
782 § 232 Teil II Titel 1 ALR: „Grundstücke und Gerechtigkeiten, welche zum Eingebrachten gehören, kann der Mann ohne die ausdrückliche Einwilligung der Frau weder veräußern, noch verpfänden, noch sonst etwas vornehmen, wodurch denselben eine bleibende dingliche Last auferlegt würde.“
783 Obertribunal Entscheidungen, Bd. 47, S. 231, 235.

ALR eindeutig festgehaltenen Fällen sollte die ansonsten vermutete Zustimmung der Frau noch einmal ausdrücklich erklärt werden[784]. Eine Überdehnung dieser Ausnahmeregeln lehnte das Obertribunal ab.

Für seine Begründung berief sich der II. Senat auf ein vom Obertribunal selber erstellte Gutachten vom 26. April 1840, Justiz-Ministerial-Blatt 1840, S. 371 ff., und die Ausführungen in den Materialien zum Allgemeinen Gesetzbuch. Das Verhältnis in der ehelichen Gütergemeinschaft gründe sich danach auf Vertrauen, dass der Ehemann nicht danach strebe, seiner Frau durch einseitige Verfügungen zu schaden. Allerdings werde den Grundstücken und Gerechtigkeiten im ALR als Vermögensgegenstand eine eminente Bedeutung beigelegt, so dass hier eine ausdrückliche Zustimmung verlangt werden müsse, um sicher zu gehen, dass wirklich Wissen und Wollen seitens der Frau gegeben seien. Hingegen stellten Belastungen mit Reallasten nicht eine derartige Substanzbeeinträchtigung dar, so dass das übliche Vertrauen in die Verfügungen des Ehemannes auch ohne ausdrückliche Einwilligung der Ehefrau nach Bewertung des II. Senates des Obertribunals als ausreichend zu betrachten sei[785].

Der Unterschied in den Vorschriften § 232 und § 378 Teil II Titel 1 ALR beruhte nach Ansicht des II. Senates des Obertribunals auf den unterschiedlichen Gütersystemen und der dadurch bedingten Größe des Vertrauens unter den Eheleuten. Es sei daher gerechtfertigt, bei der ehelichen Gütergemeinschaft dem Ehemanne mehr Befugnisse einzuräumen als bei der auf Gütertrennung beruhenden Verwaltungsgemeinschaft bezüglich des eingebrachten Vermögens[786]. Daher erweiterte der II. Senat des Obertribunals den Wortlaut des § 378 Teil II Titel 1 ALR auch nicht durch entsprechende Rechtsanwendung. Es sah keine vergleichbaren Rechtslagen und auch keine Regelungslücke für eine Analogie.

5. Entscheidung des II. Senates vom 22. Mai 1862

Kurze Zeit nach der Entscheidung vom 16. Januar 1862 hatte der II. Senat erneut über die Auslegung des § 378 Teil II Titel 1 ALR bei einseitigen Belastungen eines Grundstückes aus dem gemeinschaftlichen Vermögen mit Reallasten zu entscheiden. Das Obertribunal bestätigte seine bisherige Rechtsanwendung.

In dem vorliegenden Rechtsstreit[787] musste sich der II. Senat des Obertribunals auf eine Nichtigkeitsbeschwerde hin mit der Frage beschäftigen, ob ein für die eheliche Gütergemeinschaft erworbenes Grundstück vertraglich nur mittels

784 Obertribunal Entscheidungen, Bd. 47, S. 231, 235 f.
785 Obertribunal Entscheidungen, Bd. 47, S. 231, 236 f.
786 Obertribunal Entscheidungen, Bd. 47, S. 231, 237.
787 Obertribunal Entscheidungen, Bd. 48, S. 178.

eines von beiden Eheleuten gemeinschaftlich oder auch mittels eines vom Ehemann allein geschlossenen Vertrages mit dinglichen Lasten zugunsten eines Dritten belastet werden konnte. Daran schloss sich die prozessrechtliche Frage an, ob zur Führung eines Prozesses über die Wirksamkeit eine derartigen Vertrages der Ehemann allein legitimiert war oder die beiden in Gütergemeinschaft lebenden Eheleuten als Streitgenossen auftreten mussten.

Dem Sachverhalt nach erwarb ein Gutsbesitzer von einem Dritten ein Grundstück. In dem notariellen Vertrag vereinbarten sie ein lebenslanges Wohnrecht für den Verkäufer. Neben dem Wohnrecht vereinbarten sie auch das Recht des Verkäufers, auf dem Grundbesitz eine Kuh zu halten und in der Stallung Futter und Holz einzulagern. Diese zusätzlichen Rechte wurden allerdings nicht eingetragen. In der Nachfolgezeit verkaufte der Gutsbesitzer das Grundstück weiter an einen Kaufmann. Dieser Kaufmann schließlich veräußerte das Grundstück an den letztlich in diesem Rechtsstreit Verklagten. In diesem letzten Kaufvertrag wurde festgesetzt, dass der Käufer dem ursprünglichen Hofbesitzer freies Wohnrecht auf Lebenszeit auf dem Grundstück gewährte. Mit seiner Klage begehrte der ehemalige Eigentümer neben dem lebenslangen Wohnrecht auch das Recht auf Haltung einer Kuh und Überlassung von Stallraum für Futter und Feuerholz gegen den letzten Erwerber des Grundstückes. Der Verklagte beantragte die Abweisung. In dem letzten Kaufvertrag seien diese zusätzlichen Rechte nicht festgehalten[788].

In erster Instanz wurde die Klage wegen der mangelnden Eintragung dieser Rechte abgewiesen. Der Kläger habe nur einen schuldrechtlichen Anspruch gegen seinen ersten Käufer und kein verbindliches Recht gegen die Nachfolger. In der Appellationsinstanz behauptete der Kläger, dass diese Rechte mit dem Verklagten mündlich abgesprochen worden seien. Dies bestritt der Verklagte und trug zudem vor, dass er mit seiner Ehefrau in ehelicher Gütergemeinschaft nach der Pommerschen Bauernordnung lebe. Da das gemeinsame Grundstück mit einer Reallast belegt werden sollte, hätte die Klage zudem auch gegen die Ehefrau gerichtet werden müssen. Das Appellationsgericht wies den Einwand der mangelnden Passivlegitimation zurück. Nach seiner Ansicht sollte keine neue Reallast begründet werden, sondern über die Fortwirkung einer Reallast entschieden werden. Als Verwalter des ehelichen Vermögens könne allein der Ehemann beansprucht werden. Nach der Beweiserhebung über die Kenntnis des verklagten Ehemannes von dem beanspruchten Recht wurde der Klage stattgebeben[789].

Der Verklagte wandte sich mit einer Nichtigkeitsbeschwerde an das Obertribunal. Das Appellationsgericht habe die §§ 378 Teil II Titel 1 ALR, § 10 Teil I

788 Obertribunal Entscheidungen, Bd. 48, S. 178 f.
789 Obertribunal Entscheidungen, Bd. 48, S. 178, 180 f.

Titel 19 ALR und § 23 Titel 1 der Prozessordnung verletzt, indem es nur auf die Kenntnis des Ehemannes abstellte und die Ehefrau zu dem Prozess nicht hinzuzog. Der II. Senat des Obertribunals wies die Nichtigkeitsbeschwerde des verklagten Ehemannes zurück[790].

Der II. Senat des Obertribunals stellte zunächst auf den Ausnahmecharakter des § 378 Teil II Titel 1 ALR ab. Der § 378 Teil II Titel 1 ALR, wonach bei geltender ehelicher Gütergemeinschaft der Ehemann Grundstücke oder Gerechtigkeiten nicht ohne Einwilligung der Frau verpfänden oder veräußern konnte, enthielt eine Ausnahme von der dem Ehemann in den §§ 377 und 380 Teil II Titel 1 ALR erteilten ausgedehnten Verwaltungsbefugnis. Nach dieser Verwaltungsbefugnis waren im Allgemeinen alle vom Ehemann in Ansehung des gütergemeinschaftlichen Vermögens auch allein getroffenen Verfügungen gültig und das Vermögen haftete für alle während der Ehe von ihm gemachten Schulden. Der II. Senat blieb seiner Linie treu, die Ausnahmeregelung in ihrem Wortlaut restriktiv auszulegen und das allgemeine Verfügungs- und Verwaltungsrecht des Ehemannes bei bestehender Gütergemeinschaft nicht zu weit einzuschränken. Der II. Senat des Obertribunals ging in diesem Erkenntnis davon aus, dass die Einräumung einer Reallast nicht unter das Veräußerungsverbot gemäß § 378 Teil II Titel 1 ALR falle[791]. Der II. Senat des Obertribunals sprach zwar die weite Auslegung des Begriffes der „alienatio" im römischen Recht an. Im römischen Recht wurden über den eigentlichen Wortsinn hinausgehend auch Verpfändungen und Einräumungen von Reallasten unter die Veräußerung gefasst. Doch konnte der II. Senat des Obertribunals weder aus dem Sprachgebrauch der Veräußerung in der Vorschrift des § 378 Teil II Titel 1 ALR, dem Sinn und Zweck der Vorschrift noch aus dem Zusammenhang eine derartige ausgedehnte Erklärung in das preußische Recht übernehmen. Dies folgerte der II. Senat des Obertribunals vor allem aus dem Nebeneinander der Begriffsverwendung von Veräußerung und Verpfändung in den unterschiedlichen preußischen Vorschriften über das Verfügungs- und Verwaltungsrecht des Ehemannes in der ehelichen Verwaltungsgemeinschaft und der ehelichen Gütergemeinschaft. Wie in der Entscheidung vom 16. Januar 1862 ging der II. Senat davon aus, dass die Regelung den Zusatz der Verpfändung nicht benötigt habe, wenn die Veräußerung nach dem Willen des Gesetzgebers auch die Verpfändung mit umfasse – wie es im römischen Recht nach der weiten Auslegung der Fall gewesen sei. Aus diesem Sprachgebrauch in der Vorschrift konnte der II. Senat des Obertribunals schließen, dass das Wort

---

790 Obertribunal Entscheidungen, Bd. 48, S. 178, 181.

791 Obertribunal Entscheidungen, Bd. 48, S. 178, 181 f.

„veräußern" eng auszulegen sei, so dass das Einräumen von Reallasten gerade nicht unter den § 378 Teil II Titel 1 ALR fallen könne[792].

Für den II. Senat des Obertribunals ergab sich die enge Wortauslegung zudem aus der Systematik und dem Vergleich zu der Vorschrift des § 232 Teil II Titel 1 ALR[793]. In dieser Vorschrift war dem Ehemann gegenüber neben dem Veräußerungs- und Verpfändungsverbot das ausdrückliche Verbot ausgesprochen worden, die Grundstücke auch nicht einseitig mit dinglichen Lasten zu belasten. Sollte in dem Sprachgebrauch des ALR das Wort „Veräußerung" weit zu fassen sein, wäre dieser Zusatz nach Ansicht des II. Senates des Obertribunals nicht erfolgt. Wenn es die Absicht des Gesetzgebers gewesen sei, auch die Belastung mit Reallasten unter das Verbot zu fassen, hätte es wie in dem § 232 Teil II Titel 1 ALR geschehen eines derartigen Zusatzes im § 378 Teil II Teil 1 ALR nicht bedurft. Dass dieser Wortgebrauch kein Redaktionsversehen darstellte, erklärte der II. Senat des Obertribunals mit dem Unterschied der Güterrechte bei Gütergemeinschaft und Verwaltungsgemeinschaft. Bei dem Verwaltungs- und Verfügungsrecht des Mannes, der mit seiner Frau in Gütergemeinschaft lebte, sei das Vertrauen größer, dass der Mann keine nachteiligen Geschäfte vornehmen werde, da er aufgrund seiner Gemeinschaftsstellung in der Gütergemeinschaft selber von den Verfügungen getroffen werde. Daher sei das Verbot eng auf die Handlungen zu beschränken, die die Vermögenssubstanz direkt betrafen; während es bei der Verwaltungsgemeinschaft erforderlich sei, das Verwaltungsrecht des Ehemannes über das von der Ehefrau eingebrachte Vermögen zum Schutz ihres Vermögens stärker einzuschränken[794].

Mit seiner vergleichenden Auslegung gelangte der II. Senat des Obertribunals erneut zu einer engen Wortlautinterpretation. Dabei stützte er sich auf die Unterschiede der güterrechtlichen Systeme, um eine vernünftige Lösung für den unterschiedlichen Wortgebrauch in den einzelnen Vorschriften herzuleiten. Von einer starren Wortanwendung kann bei dieser Vorgehensweise nicht gesprochen werden. Der II. Senat des Obertribunals hat zwar den Wortlaut nicht erweitert, dafür aber nach einer umfangreichen Prüfung auch angemessene und nachvollziehbare logische und systematische Gründe für seine Rechtsanwendung angeführt. Bei seiner Analyse war der Senat stark beeinflusst durch das Festhalten an dem Grundsatz, dass der Ehemann grundsätzlich zu allen Verfügungen berechtigt war und die Zustimmung der Ehefrau aufgrund von Vertrauen vermutet bzw. unter-

792 Obertribunal Entscheidungen, Bd. 48, S. 178, 182.

793 § 232 Teil II Titel 1 ALR: „Grundstücke und Gerechtigkeiten, welche zum Eingebrachten gehören, kann der Mann ohne die ausdrückliche Einwilligung der Frau weder veräußern, noch verpfänden, noch sonst etwas damit vornehmen, wodurch denselben eine bleibende dingliche Last aufgelegt werden würde."

794 Obertribunal Entscheidungen, Bd. 48, S. 178, 183.

stellt wurde. Konsequenterweise musste das Obertribunal dann auch die Ausnahmen, die eine Einwilligung verlangten, restriktiv auslegen, um sich innerhalb seines Systems ohne Widersprüche zu bewegen. Konnte der Ehemann danach ohne Einwilligung der Ehefrau ein zum gemeinsamen Vermögen gehörendes Grundstück mit Reallasten belasten, war er in dem vorliegenden Rechtsstreit auch allein passivlegitimiert. Daher bestand keine notwendige Streitgenossenschaft zwischen den Eheleuten. Die Nichtigkeitsbeschwerde war aus der Sicht des Obertribunals zurückzuweisen.

6. Bewertung

Das Obertribunal folgte bei der Festlegung der Folgen eines Rechtsgeschäfts ohne die erforderliche Hinzuziehung der Ehefrau seiner bisherigen Rechtspraxis zum Wesen der Gütergemeinschaft. Dies entsprach der inzwischen herrschenden Meinung in der Rechtswissenschaft und stimmte mit den Regelungszielen der Revisoren überein. Es sollte keine Teilwirksamkeit entstehen. Das Rechtsgeschäft konnte lediglich nachträglich durch Beschaffung der Einwilligung Wirksamkeit entfalten, ansonsten war es unwirksam. Aufgrund des Fehlens von Vorschriften sowohl über die Rechtsfolgen als auch die Vorfrage über das Wesen der Gütergemeinschaft bildete das Obertribunal durch seine Entscheidungspraxis zu diesen Rechtsfragen ungeschriebene Regelungen, die als vernünftig und angemessen und als gültiges Recht respektiert wurden.

Hinsichtlich der Auslegung der §§ 378, 379 Teil II Titel 1 ALR hielt das Obertribunal eine enge Rechtsanwendung durch. Der Wortlaut wurde restriktiv angewandt und eine erweiternde Auslegung zugunsten und zum Schutze weitergehender Rechte der Ehefrau nicht zugelassen. Das Obertribunal tendierte im Allgemeinen bei seiner Rechtsanwendung in diesem Bereich der vorhandenen gesetzlichen Ausnahmen zu dem allgemeinen Verwaltungsrecht des Ehemannes dahin, diese eng an dem Wortlaut auszulegen, um den Ausnahmecharakter aufrecht zu erhalten und nicht eine neue allgemeine Regelung aufzustellen. Diese Tendenz hielt es bei. Grundlage war die Ausrichtung des Gesetzgebers dem Ehemann grundsätzlich in einer ehelichen Gütergemeinschaft das allgemeine Verwaltungsrecht zuzugestehen und die Einwilligung der Ehefrau in die Handlungen ihres Ehemannes hinsichtlich des gemeinschaftlichen Vermögens zu vermuten. Die Gründe für die restriktive Rechtsprechungspraxis des Obertribunals lagen in dem allgemeinen System der Verfügungs- und Verwaltungsbefugnisse des Ehemannes, die diesem nach dem generellen Verständnis des Obertribunals von der damaligen sozialen und gesellschaftlichen Struktur der Familie zu diesem Zeitpunkt grundsätzlich unbeschränkt zustanden. Der Mann war das Oberhaupt und die Frau schenkte ihm nach Ansicht des Obertribunals ihr volles Vertrauen für alle seine Handlungen, so dass weitere ausdrückliche Einwilligungen nicht erforderlich erschienen.

Die von einigen Kritikern während der Revision des Familienrechts geforderte Gleichstellung der Eheleute in der ehelichen Gütergemeinschaft in Bezug auf die Verfügungs- und Verwaltungsgewalt griff das Obertribunal nicht auf, sondern beharrte auf dem alten sozialen Verständnis der Kompetenzaufteilung zwischen den Eheleuten. Diese Haltung hatte dem Gesetzgeber bei der Redaktion des ALR vorgeschwebt und daran rüttelte auch das Obertribunal bei seiner Auslegung und Rechtsanwendung nicht. Getreu den allgemein anerkannten Auslegungsregeln, den Willen des Gesetzgebers zu erforschen und anzuwenden, folgte es den neueren Ansichten nicht, da diese nicht mit dem generellen System des ALR übereinstimmten.

3. Teil: Endergebnis der Untersuchung

Die Redaktoren des ALR waren grundsätzlich bei der Abfassung des allgemeinen Gesetzbuches am Ende des 18. Jahrhunderts davon ausgegangen, dass die neue Kodifikation so vollständig alle Rechtsgebiete erschöpfen werde, dass in jedem konkreten Rechtsfall nur noch die zutreffende Vorschrift des Landrechts zu suchen sei, aus deren wörtlicher Bestimmung sofort die Entscheidung gewonnen werde könne. Die Richter sollten das Landrecht ohne eigene Interpretation nur nach dem Wortlaut anwenden, den Rest werde der Gesetzgeber bzw. die Gesetzkommission übernehmen. Auf diesem Wege sollten willkürliche Entscheidungen zu Lasten der Bürger vermieden werden und die Kontrolle über die Rechtsanwendung und Rechtsfortbildung beim Gesetzgeber liegen. Diese die Befugnisse der Rechtsprechung erheblich einschränkende Ansicht hat sich nicht lange halten können.

Zur vernünftigen Rechtsfortbildung war der Gesetzgeber auf die Praxis angewiesen. Schon durch die Kabinettsordres vom 08. und 21. März 1798, aus denen der Anhangsparagraph 2 des Landrechts entnommen wurde, wurde die freie Interpretation der Gesetze durch die Richter zugelassen. Mit der Veröffentlichung der Entscheidungen des Obertribunals eröffneten sich für den obersten Gerichtshof ganz neue Möglichkeiten der Einflussnahme auf die Rechtsfortbildung und den Gesetzgeber. Genauso wie die Rechtswissenschaft sich langsam der Kommentierung und Darstellung der Kodifikation eröffnete, tasteten sich die Gerichte ebenfalls langsam an eine freiere Rechtsanwendung heran.

So zeigte sich in den Urteilsbegründungen der Senate des Obertribunals eine Tendenz des obersten Gerichtshofes, nicht in jedem Fall strikt dem Wortlaut zu folgen. Dies mag vielleicht in der Zeit von 1794 bis zum Jahr 1836 der Fall gewesen sein. In den dem Beginn der Veröffentlichung der Entscheidungsgründe nachfolgenden und dieser Untersuchung zugrunde liegenden Jahrzehnten bis zur Ablösung des Obertribunals durch das Reichsgericht lässt sich durchaus die Tendenz erkennen, dass sich die Senate des Obertribunals in ihren Entscheidungen mit den bereits in der Rechtswissenschaft aufgestellten Auffassungen auseinander setzten und die Materialien zu dem Entwurf heranzogen, um bei Unklarheiten oder Lücken durch erweiternde oder einschränkende oder sogar analoge Anwendung aus ihrer Sicht eine angemessene und vernünftige Lösung für den jeweiligen Rechtsstreit zu finden.

Seine Entscheidungsbegründung begann das Obertribunal stets mit der Analyse des Wortlauts; aber wenn der Wortlaut unklar war oder sich für den speziellen Fall keine ausdrückliche wörtliche Regelung finden ließ, versuchte das Obertribunal nach seinen Maßstäben von Vernunft und Billigkeit, eine entsprechende Regel heranzuziehen oder zu bilden. Die Schwierigkeit, sich von dem Wortlaut zu lösen, lag naturgemäß in der Ausführlichkeit der Regelungen im ALR. Um sich von dem Wortlaut in einer Vorschrift zu lösen, hätte das Obertribunal teilweise den Vorschriften des ALR eine ganz andere Systematik zu Grunde legen müssen. Diesen revolutionären Schritt vollzog das Gericht nicht. Einzelne Regelungen zu kritisieren war schwierig, da diese sich in einem System einer ganzen Abteilung befanden. Das Obertribunal konnte nicht an der Spitze bei einer Vorschrift ansetzen, sondern hätte an der Wurzel ansetzen müssen. So zum Beispiel bei der Behandlung der Voraussetzung der Einwilligung der Ehefrau in Rechtshandlungen, die keine Veräußerung oder Verpfändung darstellten, aber dennoch ihre geschützten Rechte erheblich einschränkten. Die Problem war das allgemeine Verständnis von der Aufteilung der Kompetenzen zwischen Mann und Frau in der Ehegemeinschaft in Wissenschaft und Gesellschaft. In dieser Frage ging das Obertribunal nicht so weit, der Ehefrau, wie z.B. während der Revision angedacht, ein größeres Mitspracherecht innerhalb der ehelichen Gütergemeinschaft einzuräumen. Daher wurden die speziellen Ausnahmeregeln über die Erforderlichkeit einer Einwilligung der Ehefrau in Handlungen des Ehemannes auch nicht über ihren Wortlaut hinaus interpretiert.

Führten die Entscheidungen der Senate des Obertribunals nach historischer, systematischer und logischer Interpretation der umstrittenen Vorschriften manchmal weg vom Wortlaut wie bei der Beschränkung des Drittschutzes auf gutgläubige Dritte in § 352 Teil II Titel 1 ALR, gelangten andere Erkenntnisse des Obertribunals bei anderen Problemen nach umfangreicher Begutachtung der Vorschrift wieder zurück zu dem Wortlaut wie z.B. bei der Auslegung des Anwendungsbereichs des § 378 Teil II Titel 1 ALR. Dennoch konnte das Obertribunal in einigen speziellen Fragen seine neu gewonnenen Interpretationsmöglichkeiten rechtsfortbildend einsetzen, indem es seine Interpretationen immer wieder in Erkenntnissen wiederholte und so eine Bindungswirkung erzeugte. Der Meinungswandel beim Gesetzgeber, dem König und dem Justizministerium und in der Rechtswissenschaft hatte dem Obertribunal als oberstem Gerichtshof ganz neue Möglichkeiten der Einflussnahme auf die Rechtsanwendung und Rechtsentwicklung eröffnet, die es im Einzelfall auch umsetzte.

Die Senate des Obertribunals stellten durch ihre Entscheidungen zum Beispiel eine bindende Regelung über die Rechtsfolgen der einseitig abgeschlossenen Rechtsgeschäfte ohne die erforderliche Hinzuziehung der Ehefrau auf. Ohne schriftliche Einwilligung entfalte das Rechtsgeschäft weder für die Ehefrau noch für den Ehemann eine Bindungswirkung. Weder war die Schriftform im ALR vorgeschrieben, noch waren Vorschriften über die Rechtswirkungen eines nur durch den Ehemann veranlassten Rechtsgeschäftes im ALR vorhanden. Die Entscheidungen des Obertribunals stellten dafür die notwendigen Regelungen verbindlich für die Praxis auf.

Auch die Auslegung und Anwendung des § 352 Teil II Titel 1 ALR in Bezug auf die Wandelbarkeit des Güterrechts entfaltete durch ständige Wiederholung der Rechtsprechung Bindungswirkung. Obwohl in §§ 350 ff. Teil II Titel 1 ALR ausdrückliche Regelungen über die Wandelbarkeit bzw. Unwandelbarkeit des Ehegüterrechtsstatutes festgelegt worden waren, schien die endgültige Klärung dieser umstrittenen Frage der gerichtlichen Praxis überlassen worden zu sein. Das Obertribunal erweiterte die Vorschrift teilweise auf nicht geregelte Fälle durch eine Analogie, was zu einer Rechtsfortbildung führte, die sich in allen seinen Entscheidungen durchsetzte, auch wenn diese von dem Obertribunal vertretene Ansicht im Widerspruch zu den Bestrebungen während der Revision, ja sogar den ursprünglichen Ansichten des Gesetzgebers stand. Aber die Revision war gescheitert, vor allem auch weil konservative Kräfte gegen Veränderungen kämpften, und der Gesetzgeber hatte den Gerichten die Befugnis der Auslegung bei der Rechtsanwendung überlassen und erließ selber keine ergänzenden Rechtsvorschriften. Also berief sich das Obertribunal weiterhin bei seinen Entscheidungen auf seine Ansichten und nicht auf die in der Revision vertretenen Ansichten. Obwohl es in den meisten Entscheidungen bevorzugt auch die Gesetzgebungsmaterialien als Begründung für seine Ansichten heranzog, setzte es sich erstaunlicherweise in dieser speziellen Rechtsfrage nicht mit dem Widerspruch seiner analogen Rechtsanwendung zu der ursprünglichen Absicht des Gesetzgebers auseinander, sondern behielt seine Linie bei.

Es zeigte sich, dass das Obertribunal durchaus gewillt war, bei speziellen Sachverhalten von den gesetzlichen Formalitäten und damit von dem Wortlaut der Vorschriften abzusehen, um keine untragbaren Härten für die betroffenen Personen entstehen zu lassen, die das Gesetz z.B. an die Wirksamkeit des Vertrages über den Ausschluss der Gütergemeinschaft durch die Veröffentlichung der Bekanntmachung knüpfte. Billigkeitsgründe und Vernunft führten das Obertribunal zu einer Ablehnung der strikten Befolgung der Formvorschriften in jedem Fall. Bei Bösgläubigkeit konnte auf die gesetzlich vorgesehene und geforderte Voraussetzung der öffentlichen Bekanntmachung nach Ansicht der Senate des Obertribunals verzichtet werden. Das Obertribunal unterstellte, dass es nicht die Absicht des Gesetzgebers gewesen sein könne, bösgläubige Dritte zu schützen. Dementsprechend legte es die einschlägigen Vorschriften einschränkend zugunsten der Eheleute aus.

Rechtsfortbildend war es auch im Bereich der Geltung oder Aussetzung der Gütergemeinschaft bei männlichen Pflegebefohlenen tätig. Unabhängig vom Gesetzestext stellte es hier in seinen Entscheidungen Regeln für Verfahrensfragen für Ehemänner auf, die bei Schließung der Ehe unter Vormundschaft gestanden hatten. Der Gesetzgeber ist in diesen Fällen nicht tätig geworden, erkennbare Widersprüche zu regeln, und die Literatur hat sich überwiegend den Ansichten der Senate des Obertribunals angeschlossen, so dass von einer allgemeinen Akzeptanz dieser Rechtsauslegung und Rechtsfortbildung des Obertribunals durch Gesetzgeber und Rechtswissenschaft in diesen speziellen Rechtsfragen ausgegangen werden kann. Dabei musste das Obertribunal sich mit dem Problem auseinandersetzen, dass sich die ursprüngliche Absicht des Gesetzgebers nicht in dem Wortlaut aller einschlägigen Vorschriften im ehelichen Güterrecht und dem Vormundschaftsrecht verwirklicht hatte. Eventuell war sogar davon auszugehen, dass der ursprüngliche Wille des Gesetzgebers gegen eine Anwendung der Vorschriften auf männliche Pflegebefohlene sprach. Somit musste das Obertribunal neben dem Willen des Gesetzgebers objektive Gründe für die beabsichtigte unterschiedliche Behandlung von weiblichen und männlichen Pflegebefohlenen heranziehen und anhand dieser Bewertung die Gesetze erweiternd und ergänzend zugunsten männlicher Pflegebefohlener auslegen. Ausdrücklich sprach es zwar nicht von objektiven Gründen, aber es stellte sich die Frage nach dem Sinn der Vorschriften und einer eventuellen Ungleichbehandlung. Es ging um den Schutz von Minderjährigen im Allgemeinen gegen unbedachte Willenserklärungen und Festlegungen, die sie erst mit Volljährigkeit völlig überblicken konnten. Dies betraf sowohl weibliche als auch männliche Pflegebefohlene gleichermaßen. So berücksichtigte das Obertribunal den ursprünglichen Willen des Gesetzgebers dadurch, dass es zwar die Aussetzung der Gütergemeinschaft auch für männliche Pflegebefohlene übernahm, aber nicht die gesetzlichen Verfahrensvorgaben. Als Hilfestellung diente das nachträglich erlassene Reskript des Gesetzgebers, welches die Aussetzung der Gütergemeinschaft auch bei männlichen Pflegebefohlenen festgehalten, spezielle Verfahrensfragen aber der Praxis überlassen hatte. Dem folgte das Obertribunal und legte die Verfahrensfragen für ehemalige männliche Pflegebefohlene nach seiner Billigkeit unter Auslegung des Reskripts verbindlich fest.

Aufgrund der dargelegten Rechtspraxis des Obertribunals sah sich der Gesetzgeber nicht genötigt, tätig zu werden und neue Gesetze zu erlassen oder das Vorgehen des Obertribunals zu rügen. In den Fällen, in denen das Obertribunal eine Vorschrift einschränkte, erweiterte oder analog anwandte, hat dieser Rechtsgebrauch das Recht mit allgemeiner Anerkennung in Praxis und Theorie in Nuancen fortgebildet, die den wörtlichen Regelungen so nicht zu entnehmen waren.

Die vorliegende Untersuchung konzentriert sich auf einen kleinen Kreis der Probleme aus dem ehelichen Güterrecht zu der Anwendung der Vorschriften des ALR über die eheliche Gütergemeinschaft. Hauptsächliche Streitpunkte aus dem Recht der ehelichen Gütergemeinschaft sind in den angesprochenen Entscheidungen des Obertribunals erörtert worden. Möglicherweise lassen sich in anderen Rechtsgebieten andere Methoden der Rechtsanwendung durch die Senate des Obertribunals erkennen. Für diesen Bereich des ehelichen Güterrechts hinsichtlich der Gütergemeinschaft und seine Anwendung jedenfalls lässt sich insgesamt festhalten, dass die Senate des Obertribunals eine relativ freie Interpretation durchführten, wobei Ausgangspunkt zunächst der Wortlaut war.

Aufgrund der ausführlichen Gestaltung des ALR war ein Lösen vom Gesetzestext schwierig, was das Obertribunal aber nicht davon abhielt, in einigen Fällen in spezielle Vorschriften Beschränkungen oder Erweiterungen des Wortlautes hineinzuinterpretieren. Die allgemeine Behauptung, dass das Obertribunal in seiner zivilrechtlichen Rechtsprechung kaum ein Lösen von dem Wortlaut der Gesetze erreichte, kann so nicht übernommen werden.

Die Vorgehensweise des Obertribunals zeigt, dass es einer freien Interpretation der Vorschriften des ALR durchaus nicht abgeneigt war, auch wenn es häufig nach der ausführlichen Auslegung auf die Wortlautanwendung und herkömmliche Ansichten des Gesetzgebers zurückkam.

Aufgrund der in Bezug auf die dargestellten Probleme im Recht der Gütergemeinschaft zumeist übereinstimmenden Darstellungen in der Rechtswissenschaft musste sich das Obertribunal nur selten mit diesen auseinandersetzen. Die Ansichten und Vorschläge der Revisoren wurden in den Entscheidungen nicht zitiert oder für die Auslegung als Hilfestellung herangezogen. Bei fehlenden Regeln für ein Rechtsproblem versuchte das Obertribunal aus den übrigen Vorschriften oder seiner Rechtspraxis eine vernünftige Lösung für den Einzelfall aufgrund des bestehenden Systems innerhalb der Vorschriften des ALR, durchaus teilweise losgelöst vom Wortlaut, zu erhalten.

Ein wichtiger Anhaltspunkt blieben die Materialien zum Entwurf des allgemeinen Gesetzbuches, also der ursprüngliche Wille des Gesetzgebers. Die Senate des Obertribunals sprachen zwar eher selten in den abgedruckten Entscheidungsbegründungen ausdrücklich von „dem Willen des Gesetzgebers“ oder „der Absicht des Gesetzgebers“, auch benutzten sie kaum die Worte „Sinn und Zweck“. Dafür wurden die Materialien und Monita zum allgemeinen Gesetzbuch wörtlich zitiert und zusätzlich die Ausführungen von Svarez bei der Revision und in seinen amtlichen Vorträgen bei der Schluß-Revision des Allgemeinen Landrechts (abgedruckt in den Jahrbüchern für die preussischen Gesetzgebung, Rechtswissenschaft und Rechtsverwaltung, Bd. 41) herangezogen. Daraus lässt sich schließen, dass die Senate des Obertribunals bei ihren Entscheidungen den ursprünglichen Grund und damit den Willen des Gesetzgebers zu erforschen versuchten und für ihre Entscheidung nutzbar zu machen. Sie stellten sich die Frage, was mit der Wortwahl ausgedrückt werden sollte und wie sich dies in das System des ALR einfügte. Diese Vorgehensweise entsprach damit den inzwischen herrschenden Ansichten über die Auslegungsmethoden in der Rechtswissenschaft zu Beginn und Mitte des 19. Jahrhunderts.

Im Grunde entsprachen die Lösungen zumeist den generellen Ansichten über das Familienrecht und spiegelten die dem ALR und Mitte des 19. Jahrhundert zumeist noch vorherrschenden sittlichen und gesellschaftlichen Anschauungen über das Verhältnis von Mann und Frau im ehelichen Güterrechtsverhältnis der ehelichen Gütergemeinschaft oder Gemeinschaft des Erwerbes wider. Die Senate des Obertribunals gingen bei der Auslegung nach den herrschenden Interpretationslehren vor. Zunächst wurde der Wortlaut herangezogen, der aber durchaus in einzelnen Urteilen des Obertribunals nach der ursprünglichen Absicht des Gesetzgebers oder nach einem der Vorschrift bzw. dem gesamten ALR zugrundeliegenden gesetzgeberischen Absicht oder dem Sinn und Zweck eingeschränkt oder erweitert wurde. Nicht in allen Fällen folgte das Obertribunal dabei aber der ursprünglichen Absicht des Gesetzgebers. In Einzelfällen fand eine Rechtsfortbildung durch die Senate des Obertribunals statt. Von den Ideen und Änderungsvorschlägen aus den Revisionsarbeiten im 19. Jahrhundert hingegen ließ sich das Obertribunal wenig beeinflussen. Zumeist blieb das System des ALR mit seinen Vorschriften in Bezug auf das Recht der ehelichen Gütergemeinschaft und der Stellung und Befugnisse der Ehegatten, abgesehen von Einzelfällen, in den Entscheidungen der Senate des Obertribunals erhalten.

Quellen- und Literaturverzeichnis

1. Archivalien

Geheimes Staatsarchiv Preußischer Kulturbesitz Berlin Dahlem.
I. Hauptabteilung, Repositur 84, Abteilung IX, Generalia, Nr. 1, Bd. 2
I. Hauptabteilung, Repositur 84, Abteilung XVI, Bd. 1
I. Hauptabteilung, Repositur 84, Abteilung XVI, Nr. 1, Bd. 2
I. Hauptabteilung, Repositur 84, Abteilung XVI, Nr. 7, Bd. 10
I. Hauptabteilung, Repositur 84, Abteilung XVI, Nr. 7, Bd. 72
I. Hauptabteilung, Repositur 84, Abteilung XVI, Nr. 7, Bd. 83
I. Hauptabteilung, Repositur 97 a, Nr. 410
I. Hauptabteilung, Repositur 97 a, Nr. 393

2. Quellen

Allgemeine Gerichtsordnung für die preußischen Staaten. Unveränderter Nachdruck der Ausgabe von 1816, Berlin 1855.

Allgemeines Landrecht für die preußischen Staaten von 1794. Hrsg. und mit einer Einführung von *Hans Hattenhauer*, 2. erw. Auflage, Neuwied / Krieftel / Berlin 1994.

Erster Anhang, worin die bisher ergangenen Abänderungen und Ergänzungen des allgemeinen Landrechts verkürzt gesammelt sind, Berlin 1803.

Gesetzsammlung für die Königlichen Preussischen Staaten. Berlin, 1810 ff.

Justiz-Ministerial-Blatt für die preussische Gesetzgebung und Rechtspflege. Hrsg. vom Bureau des Justizministeriums, Berlin 1839 ff.

Reichstagsabdrucksache. Entwurf eines Gerichts-Verfassungs-Gesetzes für das Deutsche Reich. Mit Motiven und Anlagen. Besonderer Abdruck der Vorlage f. d. Reichstag, Berlin 1874 -1876.

Sammlung sämmtlicher Drucksachen des Hauses der Abgeordneten aus der ersten Session der IV. Legislatur-Periode 1855 bis 1856. Berlin 1856.
Band IV, Nr. 161 bis 200, Berlin 1856.
Band VI, Nr. 251 bis 310, Berlin 1856.

Sammlung sämmtlicher Drucksachen des Herrenhauses, Sitzungs-Periode 1855 bis 1856. Berlin 1856.
Band II, Nr. 79 bis 153, Berlin 1856.
Band IV, Nr. 199 bis 234, Berlin 1856.

3. Sammlungen von Entscheidungen

Archiv für Rechtsfälle aus der Praxis der Rechtsanwälte des Königlichen Ober-Tribunals. Redigiert und herausgegeben von *Theodor Striethorst*, Berlin 1851 ff.

Die Entscheidungen des vormaligen Preussischen Ober-Tribunals auf dem Gebiete des Civilrechts. Für Studium und die Praxis. Hrsg. von *Hugo Rehbein*, Berlin 1884 ff.

Entscheidungen des Königlichen Geheimen Ober-Tribunals. Hrsg. von *August Heinrich Simon und Heinrich Leopold von Strampff* u.a., Berlin, 1837-1879.

Rechtsprüche der preussischen Gerichtshöfe. Hrsg. von *August Heinrich Simon u. Heinrich Leopold von Strampff*, Berlin 1828 ff.

4. Zeitschriften

Jahrbücher der Deutschen Rechtswissenschaft und Gesetzgebung. Hrsg. von *Hermann Theodor Schletter*, Bd. VI, Erlangen 1860.

Jahrbücher für die Preussische Gesetzgebung, Rechtswissenschaft und Rechtsverwaltung. Im Auftrag des Königlichen Justiz-Ministeriums herausgegeben, *Karl Albert Christoph Heinrich von Kamptz*, Berlin 1814 ff.

5. Literatur

Albrecht, Wilhelm Eduard: Die Gewere, als Grundlage des älteren deutschen Sachenrechts, Königsberg 1828.

Battenberg F. u. Ranieri, F. (Hrsg.): Geschichte der Zentraljustiz in Mitteleuropa, Festschrift für Bernhard Diestelkamp zum 65. Geburtstag, Weimar-Köln-Wien 1994.

Beccaria, Cesare: Über Verbrechen und Strafen (De los delitos y de las penas), deutsche Übersetzung und hrsg. von Karl Esselborn, Nachdruck, Leipzig 1905.

Benthaus, Raimund: Eine Sudeley? – Das ALR für die Preußischen Staaten von 1794 im Urteil seiner Zeit, Kiel 1996.

Beseler, Georg: Volksrecht und Juristenrecht, Leipzig 1843.

Bornemann, F. Wilhelm Ludwig: Die Rechtsentwicklung in Deutschland und deren Zukunft mit besonderer Hinsicht auf Preußen, Berlin 1856.

Bornemann, F. Wilhelm Ludwig: Systematische Darstellung des Preußischen Civilrechts mit Benutzung der Materialien des Allgemeinen Landrechts, 1. Auflage, Berlin 1834 ff.

Bornemann, F. Wilhelm Ludwig: Systematische Darstellung des Preußischen Civilrechts mit Benutzung der Materialien des Allgemeinen Landrechts, Bd. I, 2. Auflage, Berlin 1842, Nachdruck Frankfurt am Main 1987.

Bornemann, F. Wilhelm Ludwig: Systematische Darstellung des Preußischen Civilrechts mit Benutzung der Materialien des Allgemeinen Landrechts, Bd. IV, 2. Auflage, Berlin 1842.

Bornemann, F. Wilhelm Ludwig: Systematische Darstellung des Preußischen Civilrechts mit Benutzung der Materialien des Allgemeine Landrechts, Bd. V, 2. Auflage, Berlin 1842.

Bornhak, Konrad: Preussische Staats- und Rechtsgeschichte, Berlin 1903.

Brinkmann, Rudolf: Ueber die richterlichen Urtheilsgründe, nach ihrer Nützlichkeit und Nothwendigkeit, so wie über ihre Auffindung, Entwicklung und Anordnung; nebst Bemerkungen über den richterlichen Stil und Ton, Kiel 1826.

Buchholz, Stephan: Savigny's Stellungnahme zum Ehe- und Familienrecht. In: ius commune, Bd. VIII, S. 148 ff.

Buchholz, Stephan: Eherecht zwischen Kirche und Staat. Preußische Reformversuche in den Jahren 1854 bis 1861. In: ius commune, Sonderheft 13.

Buchholz, Stephan: Preußische Eherechtsreform im Vormärz (1830-1844). In: ius commune, Sonderheft 15, S. 150 ff.

Busch, Sylvia: Die Entstehung der Allgemeinen Gerichtsordnung für die Preussischen Staaten von 1793/95. Ein Beitrag zur Geschichte der Kodifikationsbewegung und der Reform des Zivilprozesses in Preußen im 18. Jahrhundert. Rechtshistorische Reihe Bd. 194, Frankfurt am Main / Berlin / Bern / New York / Paris / Wien 1999.

Coderch, Pablo Salvador: Die logische Auslegung. In: Das nachfriderizianische Preußen (1786-1806), Rechtshistorisches Kolloquium 11.-13. Juni 1987 Christian-Albrechts-Universität zu Kiel. Hrsg. von Hans Hattenhauer / Götz Landwehr, Heidelberg 1988, S. 245 ff.

Coing, Helmut: Europäisches Privatrecht 1800-1914, Bd. II, 19. Jahrhundert, München 1989.

Coing, Helmut (Hrsg.): Handbuch der Quellen und Literatur der neueren europäischen Privatrechtsgeschichte, Bd. III/2, Das 19. Jahrhundert, München 1982.

Coing, Helmut u. Wilhelm, Walter (Hrsg.): Wissenschaft und Kodifikation im 19. Jahrhundert, Frankfurt 1974.

Conrad, Hermann: Richter und Gesetz vom Absolutismus zum Verfassungsstaat, Kleine Arbeitsreihe des Instituts für europäische und vergleichende Rechtsgeschichte der Rechts- und Staatswissenschaftlichen Fakultät der Universität Graz, Heft 3, Graz 1971.

Dernburg, Heinrich: Lehrbuch des Preußischen Privatrechts und der Privatrechtsnormen des Reiches, 1. Auflage, Halle a. S. 1875 ff.

Dernburg, Heinrich: Lehrbuch des Preußischen Privatrechts und der Privatrechtsnormen des Reiches, Bd. I, 4. Auflage, Halle a. S. 1884.

Dernburg, Heinrich: Lehrbuch des Preußischen Privatrechts und der Privatrechtsnormen des Reiches, Bd. III, 3. Auflage, Halle a.S. 1884.

Dernburg, Heinrich: Lehrbuch des Preußischen Privatrechts und der Privatrechtsnormen des Reiches, Bd. IV, 4. Auflage, Halle a. S. 1884.

Dilcher, Gerhard: Reskript, Reskriptenprozeß. In: Handwörterbuch zur Deutschen Rechtsgeschichte, Bd. IV. Hrsg. von Adalbert Erler / Ekkehard Kaufmann, Berlin 1990, Sp. 933 ff.

Döhring, Erich: Geschichte der deutschen Rechtspflege seit 1500, Berlin 1953.

Döhring, Erich: Obertribunal zu Berlin. In: Handwörterbuch zur deutschen Rechtsgeschichte, Bd. III. Hrsg. von Adalbert Erler / Ekkehard Kaufmann, Berlin 1984, Sp. 1168 f.

Dölemeyer, Barbara: Kodifikationen und Projekte / Kodifikation in Deutschland. In: Handbuch der Quellen und Literatur der neueren europäischen Privatrechtsgeschichte. Hrsg. von Helmut Coing, Bd. III/2 (Das 19. Jahrhundert – Gesetzgebung zum allgemeinen Privatrecht und Verfahrensrecht), München 1982, S. 1440 ff.

Dölemeyer, Barbara u. Mohnhaupt, Heinz (Hrsg.): 200 Jahre Allgemeines Landrecht für die preußischen Staaten, Frankfurt am Main 1995.

Dölemeyer, Barbara u. Klippel, Diethelm (Hrsg.): Gesetz und Gesetzgebung im Europa der Frühen Neuzeit. Zeitschrift für historische Forschung, Bd. 22, Berlin 1998.

Dölle, Hans: Familienrecht, Darstellung des deutschen Familienrechts mit rechtsvergleichenden Hinweisen, Band I, Karlsruhe 1964.

Dopke, Friederike: Eichhorn als Rechtsgutachter – seine Gutachten für Spruchkollegien, das Obertribunal und Private –, Buxtehude 1992.

Duncker, Ludwig: Das Gesammteigenthum, Marburg 1843.

Eckert, Jörn: Der Gesetzesbegriff des Preußischen Allgemeinen Landrechts in Theorie und Praxis. In: Zur Ideen- und Rezeptionsgeschichte des Preußischen Allgemeinen Landrechts. Hrsg. von Walter Gose / Thomas Würtenberger, Stuttgart 1999, S. 39 ff.

Eckert, Jörn: Gesetzesbegriff und Rechtsanwendung im späten Naturrecht. Die Spruchpraxis preußischer Gerichte unter dem Allgemeinen Landrecht. In: Der Staat. Zeitschrift für Staatslehre Öffentliches Recht und Verfassungsgeschichte. Hrsg. von Ernst-Wolfgang Böckenförde, Winfried Brugger, Rolf Grawert, Johannes Kunisch, Fritz Ossenbühl, Helmut Quaritsch, Rainer Wahl, Band 37, Berlin 1998, Heft 4, S. 571 ff.

Eichorn, Karl Friedrich: Einleitung in das deutsche Privatrecht mit Einschluss des Lehenrechts, 4. Auflage, Göttingen 1836.

Erler, Adalbert u. Kaufmann, Ekkehard (Hrsg.): Handwörterbuch zur Deutschen Rechtsgeschichte. Bd. III, Berlin 1984 und Bd. IV, Berlin 1990.

Esser, Claus: Rechtsstellung und Ansprüche der Ehefrau gegen ihren Mann während der Ehe nach dem Allgemeinen Landrecht für die Preußischen Staaten und nach dem Bürgerlichen Gesetzbuch, Köln 1998.

Festschrift zur Jahrhundertfeier des Allgemeinen Bürgerlichen Gesetzbuches: Das allgemeine bürgerliche Gesetzbuch in der Praxis der obersten Justizstelle bis 1820 – Fünf Abhandlungen von Dr. Rudolf Hermann, Dr. Robert Bartsch, Dr. Otto Leonhard, Dr. Ludwig Bernhart und Dr. Erich Fortner, 1. Teil, Wien 1911, S. 579 ff.

Förster, Franz u. Eccius, Max Ernst: Theorie und Praxis des heutigen gemeinen preussischen Privatrechts auf der Grundlage des gemeinen deutschen Rechts, (Preußisches Privatrecht), 1. Auflage, Berlin 1865 ff.

Förster, Franz u. Eccius, Max Ernst: Theorie und Praxis des heutigen gemeinen preussischen Privatrechts auf der Grundlage des gemeinen deutschen Rechts, (Preußisches Privatrecht), Bd. IV, 7. Auflage, Berlin 1897.

Gans, Eduard: Beiträge zur Revision der Preussischen Gesetzgebung, Berlin 1830-1832.

Gerber, Carl Friedrich von: System des deutschen Privatrechts, 13. Auflage, Jena 1878.

Gose, Walter u. Würtenberger, Thomas (Hrsg.): Zur Ideen- und Rezeptionsgeschichte des Preußischen Allgemeinen Landrechts, Stuttgart 1999.

Handwörterbuch zur deutschen Rechtsgeschichte: Hrsg. von Adalbert Erler / Ekkehard Kaufmann, Bd. III, Berlin 1984, Bd. IV, Berlin 1990.

Hattenhauer, Hans: Preußens Richter und das Gesetz (1786-1814). In: Das nachfriderizianische Preußen (1786-1806), Rechtshistorisches Kolloquium 11.-13. Juni 1987 Christian-Albrechts-Universität zu Kiel. Hrsg. von Hans Hattenhauer / Götz Landwehr, Heidelberg 1988, S. 37 ff.

Hattenhauer, Hans: Das ALR im Spiegel von Erwartung, Lob und Kritik. In: Zur Ideen- und Rezeptionsgeschichte des Preußischen Allgemeinen Landrechts. Hrsg. von Walter Gose / Thomas Würtenberger, Stuttgart 1999, S. 101 ff.

Hattenhauer, Hans: Allgemeines Landrecht für die Preußischen Staaten von 1794, Textausgabe mit einer Einführung von Hans Hattenhauer, 3. Auflage, Neuwied Krieftel Berlin 1996.

Hattenhauer, Hans: Thibaut und Savigny. Ihre programmatischen Schriften, München 1973.

Hattenhauer, Hans u. Landwehr, Götz (Hrsg.): Das nachfriderizianische Preußen (1786-1806), Rechtshistorisches Kolloquium 11.-13. Juni 1987 Christian-Albrechts-Universität zu Kiel, Heidelberg 1988.

Herold, W.: Ueber Preussische Gesetzgebung und Rechtswissenschaft seit 1848. In: Jahrbücher der Deutschen Rechtswissenschaft und Gesetzgebung. Hrsg. von Hermann Theodor Schletter, Bd. VI, Erlangen 1860, S. 362 ff.

Hocks, Stephan: Gerichtsgeheimnis und Begründungszwang, (Zur Publizität der Entscheidungsgründe im Ancien Régime und im frühen 19. Jahrhundert), Frankfurt am Main 2002.

Holtze, Friedrich: Geschichte des Kammergerichts in Brandenburg-Preußen, Bd. I: Erster Theil / Bis zur Reformation des Kammergerichts vom 8. März 1540, Berlin 1890.

Holtze, Friedrich: Geschichte des Kammergerichts in Brandenburg-Preußen, Bd. III: Dritter Theil / Das Kammergericht im 18. Jahrhundert, Berlin 1901.

Hülle, Werner: Müller Arnold-Prozeß. In: Handwörterbuch zur Deutschen Rechtsgeschichte, Bd. III. Hrsg. von Adalbert Erler / Ekkehard Kaufmann, Berlin 1984, Sp. 726 ff.

Jordan: Bemerkungen über den Gerichtsgebrauch, dabei auch über den Gang der Rechtsbildung und die Befugnisse der Gerichte, AcP, Bd. 8, S. 191 ff.

Kaser, Max: Römisches Privatrecht, fortgeführt von Rolf Knüttel, 18. Auflage, München 2005.

Klippel, Diethelm: Die Philosophie der Gesetzgebung. Naturrecht und Rechtsphilosophie als Gesetzgebungswissenschaft im 18. und 19. Jahrhundert. In: Gesetz und Gesetzgebung im Europa der Frühen Neuzeit. Zeitschrift für historische Forschung, Bd. 22. Hrsg. von Barbara Dölemeyer und Diethelm Klippel, Berlin 1998.

Koch, Christian Friedrich: Der preußische Civil-Prozeß, 2. Auflage, Berlin 1855.

Koch, Christian Friedrich: Beurtheilung der ersten 10 Bände Entscheidungen des Königlichen Geheimen Ober-Tribunals, Berlin 1847.

Koch, Christian Friedrich: Allgemeines Landrecht für die Preußischen Staaten. Unter Andeutung der obsoleten oder aufgehobenen Vorschriften und Einschaltung der jüngeren noch geltenden Bestimmungen, herausgegeben mit Kommentar in Anmerkung, 1. Auflage, Berlin 1852 ff.

Koch, Christian Friedrich: Allgemeines Landrecht für die Preußischen Staaten. Unter Andeutung der obsoleten oder aufgehobenen Vorschriften und Einschaltung der jüngeren noch geltenden Bestimmungen, herausgegeben mit Kommentar in Anmerkung, Bd. III, 3. Auflage, Berlin 1862.

Koch, Christian Friedrich: Allgemeines Landrecht für die Preußischen Staaten, Unter Andeutung der obsoleten oder aufgehobenen Vorschriften und Einschaltung der jüngeren noch geltenden Bestimmungen, herausgegeben mit Kommentar in Anmerkung, Bd. III, 8. Auflage, Berlin und Leipzig 1886.

Korn, L.: Das Güterrecht und Erbrecht der Eheleute, Berlin Leipzig 1880.

Koselleck, Reinhart: Preußen zwischen Reform und Revolution, Allgemeines Landrecht, Verwaltung und soziale Bewegung von 1791 bis1848, 2. Auflage, Stuttgart 1975.

Landwehr, Götz: Das Allgemeine Landrecht in der Rechtspraxis seiner ersten Jahre – dargestellt an den Vorschriften des ersten Anhangs zum ALR aus dem Jahre 1803. In: Das nachfriderizianische Preußen (1786-1806). Rechtshistorisches Kolloquium 11.-13. Juni 1987 Christian-Albrechts-Universität zu Kiel. Hrsg. von Hans Hattenhauer / Götz Landwehr, Heidelberg 1988, S. 76 ff.

Lange, Heinrich Arnold: Die Rechtslehre von der Gemeinschaft der Güther unter denen teutschen Eheleuten, zu Latein communio bonorum conjugalis genannt, aus ihren ächten Quellen und nach unverwerflichen Grundsätzen erläutert, Bayreuth 1766.

Larenz, Karl: Methodenlehre der Rechtswissenschaft, 6. Auflage, Berlin 1991.

Lentze, Leopold August Wilhelm: Bemerkungen über die Aufrechterhaltung der Provinzialrechte und die Provinzialgesetzbücher mit besonderer Rücksicht auf die links der Elbe belegenen Preußischen Landestheile. In: Jahrbücher für die preussische Gesetzgebung, Rechtswissenschaft und Rechtsverwaltung. Hrsg. von Karl Albert Christoph Heinrich von Kamptz, Bd. 37, S. 48 ff.

Malsbenden, Petra: Die rechtliche Stellung der Frau im ehelichen Güterrecht vom ALR zum BGB, Frankfurt am Main 1991

Maurenbrecher, Romeo: Lehrbuch des gesamten heutigen gemeinen deutschen Privatrechts, Bd. I, 2. Auflage, Bonn 1840.

Maurenbrecher, Romeo: Lehrbuch des gesamten heutigen gemeinen deutschen Privatrechts, Bd. II, 2. Auflage, Bonn 1855.

Mittermaier, C.J.A. : Grundsätze des gemeinen deutschen Privatrechts, Bd. II, 6. Auflage, Regensburg 1843.

Mohnhaupt, Heinz: Privilegien und „gemeines Wohl" im ALR. In: 200 Jahre Allgemeines Landrecht für die preußischen Staaten. Hrsg. von Barbara Döhlemeyer / Heinz Mohnhaupt, Frankfurt am Main 1995, S. 105 ff.

Mohnhaupt, Heinz: Sammlung und Veröffentlichung von Rechtsprechung im späten 18. und 19. Jahrhundert in Deutschland. Zu Funktion und Zweck ihrer

Publizität. In: Geschichte der Zentraljustiz in Mitteleuropa. Hrsg. von F. Battenberg/ F. Ranieri, Festschrift für Bernhard Diestelkamp zum 65. Geburtstag, Weimar-Köln-Wien 1994, S. 403 ff.

Montesquieu, Charles de: Vom Geist der Gesetze (L'Esprit des Lois), deutsche Übersetzung und hrsg. von Ernst Forsthoff, Tübingen 1992.

Ogorek, Regina: Richterkönig oder Subsumtionsautomat? Zur Justiztheorie im 19. Jahrhundert, Rechtsprechung, Materialien und Studien, Veröffentlichungen des Max-Planck-Instituts für Deutsche Rechtsgeschichte, Band 1, Frankfurt a.M. 1986.

Phillips, Georg: Grundsätze des gemeinen deutschen Privatrechts, Bd. III, Berlin 1839.

Phillips, Georg: Die Lehre von der ehelichen Gütergemeinschaft mit besondere Rücksicht auf Preußisches provinzielles und allgemeines Recht, Berlin 1830.

Pinder, D.: Über die Grenzen und Quellen des Provinzialrechtes überhaupt und des für das Gesetzgebung, Rechtswissenschaft und Rechtsverwaltung. Hrsg. von Karl Albert Christoph Heinrich von Kamptz, Bd. 39, S. 324 ff.

Puchta, Georg Friedrich: Pandekten, 10. Auflage besorgt von Adolf Friedrich Rudorff, Leipzig 1872.

Runde, Christian Ludwig: Deutsches eheliches Güterrecht, Oldenburg 1841.

Savigny, Friedrich Carl von: Vom Beruf unserer Zeit für Gesetzgebung und Rechtswissenschaft, Heidelberg 1814. In: Thibaut und Savigny. Ihre programmatischen Schriften. Hrsg. von Hans Hattenhauer, München 1973, S. 97 ff.

Savigny, Friedrich Carl von: Juristische Methodenlehre, nach der Ausarbeitung von Jacob Grimm. Hrsg. von Gerhard Wesenberg, Stuttgart 1951.

Savigny, Friedrich Carl von: Über den Zweck dieser Zeitschrift. In: Zeitschrift für geschichtlich Rechtswissenschaft, (ZgeschRW). Hrsg. von Friedrich Carl von Savigny / Karl Friedrich Eichhorn, Bd. I, Berlin 1815, S. 1 ff.

Savigny, Friedrich Carl von: Vorschläge zu einer zweckmäßigen Einrichtung der Gesetzrevision, sog. dargestellt im Werken seiner Landesfürsten und obersten Justizbeamten. In: Brandenburg-Preußens Rechtsverwaltung und Rechtsverfassung, dargestellt im Werken seiner Landesfürsten und obersten Justizbeamten. Hrsg. von Adolf Stölzel, Bd. II, Berlin 1888, S. 733 ff.

Schade, Jens: Die Anfrage bei der Gesetzkommission innerhalb des preußischen Zivilprozesses (1781-1798), Bochum 1998.

Schlosser, Johann Georg: Briefe über die Gesetzgebung überhaupt und den Entwurf des preussischen Gesetzbuchs insbesondere, Frankfurt am Main 1798 (Neudruck, Glashütten 1970).

Schmid, Klaus: Die Entstehung der güterrechtlichen Vorschriften im Bürgerlichen Gesetzbuch: unter besonderer Berücksichtigung der sozialen Stellung der Frau, Berlin 1990.

Schmidt, Eberhard: Beiträge zur Geschichte des preußischen Rechtsstaats, Berlin 1980.

Schmidt, Joseph: Lehrbuch des preußischen Rechts und Prozesses mit Rücksicht auf das gemeine Recht und den gemeinrechtlichen Prozess, Bd. I und Bd. II , 4. Auflage, Breslau 1872.

Schmidt, L.E.W.: Das preußische Familienrecht nach dem allgemeinen Landrecht: mit Rücksicht auf das gemeine und deutsche Recht, Leipzig 1843.

Schröder, Jan: Recht als Wissenschaft. Geschichte der juristischen Methode vom Humanismus bis zur historischen Schule (1500-1850), München 2001.

Schubert, Werner: Die Aufhebung des Berliner Obertribunals im Jahre 1879 und die Übertragung des Präsidiums des Reichsgerichts an Eduard von Simson. In: Wege europäischer Rechtsgeschichte: Karl Kroeschell zum 60. Geburtstag dargelegt von Freunden, Schülern u. Kollegen. Hrsg. von Gerhard Köbler, Rechtshistorische Reihe Bd. 60, Frankfurt am Main, Bern, New York, Paris, 1987.

Schubert, Werner u. Regge, Jürgen (Hrsg.): Quellen zur preußischen Gesetzgebung des 19. Jahrhunderts, Gesetzrevision (1825-1848), 23 Bände, Vaduz 1981-1991.

Schubert, Werner u. Regge, Jürgen (Hrsg.): Quellen zur preußischen Gesetzgebung des 19. Jahrhunderts, Gesetzrevision (1825-1848) Abt. I, Bd. 1, mit einer Einführung in die Gesamtedition von Schubert / Regge, Vaduz 1981.

Schubert, Werner u. Regge, Jürgen (Hrsg.): Quellen zur preußischen Gesetzgebung des 19. Jahrhunderts, Gesetzrevision (1825-1848), Abt. II Bd. 5/I, Vaduz 1985.

Schubert, Werner u. Regge, Jürgen (Hrsg.): Quellen zur preußischen Gesetzgebung des 19. Jahrhunderts, Gesetzrevision (1825-1848), Abt. II, Bd. 6/I, Vaduz 1987.

Schubert, Werner u. Regge, Jürgen (Hrsg.): Quellen zur preußischen Gesetzgebung des 19. Jahrhunderts, Gesetzrevision (1825-1848), Abt. II, Bd. 11/I, Vaduz 1991.

Sonnenschmidt, Friedrich Hermann: Geschichte des Königlichen Ober-Tribunals zu Berlin, Berlin 1879.

Stölzel, Adolf: Brandenburg-Preußens Rechtsverwaltung und Rechtsverfassung, dargestellt im Werken seiner Landesfürsten und obersten Justizbeamten, Bd. I und II, Berlin 1888.

Svarez, Carl Gottlieb: Amtliche Vorträge bei der Schluß-Revision des Allgemeinen Landrechts. In: Jahrbücher für die preussische Gesetzgebung, Rechtswissenschaft und Rechtsverwaltung. Hrsg. von Karl Albert Christoph Heinrich von Kamptz, Bd. 41, S.1 ff.

Thibaut, Anton Friedrich Justus: Theorie der Logischen Auslegung des Römischen Rechts, 2. Auflage, Altona 1806, photomechanischer Nachdruck der 2. Auflage. Hrsg. von Lutz Geldsetzer, Düsseldorf 1966.

Thibaut, Anton Friedrich Justus: Über die Notwendigkeit eines allgemeinen bürgerlichen Rechts für Deutschland. In: Thibaut und Savigny. Ihre programmatischen Schriften. Hrsg. von Hans Hattenhauer, München 1973, S. 62 ff.

Thieme, Hans: Die preußische Kodifikation, Privatrechtsgeschichtliche Studien II. In: Zeitschrift der Savigny- Stiftung für Rechtsgeschichte (ZRG), Germanistische Abteilung (GA), Bd. 57, 1937, S. 355 ff.

Thieme, Hans: Die Zeit des späten Naturrechts. In: Zeitschrift der Savigny-Stiftung für Rechtsgeschichte (ZRG), Germanistische Abteilung (GA), Bd. 56, 1936, S. 202 ff.

Wächter: Beitrag zu der Lehre vom Gerichtgebrauch, AcP, Bd. 23, S. 432 ff.

Wagner, Wolfgang: Die Wissenschaft des gemeinen römischen Rechts und des Allgemeinen Landrechts für die preußischen Staaten. In: Wissenschaft und Kodifikation des Privatrechts im 19. Jahrhundert, Hrsg. von Helmut Coing / Walter Wilhelm, Frankfurt 1974, S. 119 ff.

Weiske, Julius: Güterrecht der Ehegatten. Rechtslexikon für Juristen aller teutschen Staaten enthaltend die gesammte Rechtswissenschaft, Bd. IV, 2. Auflage, Leipzig 1844.

Wesenberg, Gerhard: Neuere deutsche Privatrechtsgeschichte im Rahmen der europäischen Rechtsentwicklung. Hrsg. von Günter Wesener, 3. Auflage, Lahr Schwarzwald 1976.

Wieacker, Franz: Privatrechtsgeschichte der Neuzeit unter besonderer Berücksichtigung der deutschen Entwicklung, 2. Auflage, Göttingen 1967.

Windscheid, Bernhard: Lehrbuch des Pandektenrechts, Bd. III, 9. Auflage, Neudruck der Ausgabe Frankfurt am Main 1906, bearbeitet von Theodor Kipp, Aalen 1963.

Wollschläger, Christian: Savigny's Landrechtsvorlesung: ein Beitrag zu wissenschaftlicher Juristenausbildung. In: 200 Jahre Allgemeines Landrecht für die preußischen Staaten. Hrsg. von Barbara Döhlemeyer / Heinz Mohnhaupt, Frankfurt am Main 1995, S. 187 ff.

Schriften zur Preußischen Rechtsgeschichte

Begründet von Jörn Eckert †
Fortgeführt von Stefan Christoph Saar

Band 1 Joachim Steinbeck: Die Anwendung des Allgemeinen Landrechts in der richterlichen Praxis. Sentenzen des Oberappellationssenats des preußischen Kammergerichts von 1794 bis 1803. 2004.

Band 2 Matthias Albrecht: Die Methode der preußischen Richter in der Anwendung des Preußischen Allgemeinen Landrechts von 1794. Eine Studie zum Gesetzesbegriff und zur Rechtsanwendung im späten Naturrecht. 2005.

Band 3 Andrea Wenzel: Das Gewährleistungsrecht in der Spruchpraxis des Preußischen Kammergerichts von 1794–1810. 2006.

Band 4 Simone Leona Schmüser: Die Anwendung der Vorschriften des Allgemeinen Landrechts für die Preußischen Staaten über die eheliche Gütergemeinschaft in der Praxis des Königlichen (Geheimen) Obertribunals in der Zeit von 1837 bis 1879. 2007.

www.peterlang.de

FSC
www.fsc.org
MIX
Papier | Fördert
gute Waldnutzung
FSC® C083411

Kolibri 360 GmbH
Ferdinand-Jühlke-Straße 7
99095 Erfurt, Deutschland
produktsicherheit@kolibri360.de

Druck:
CPI Druckdienstleistungen GmbH
im Auftrag der
Kolibri 360 GmbH
Ferdinand-Jühlke-Str. 7
99095 Erfurt